国家社会科学基金重大课题阶段性成果
国家社会科学基金重点课题阶段性成果
北京市社会科学基金重点课题成果
中共北京市委党校 北京行政学院学术文库系列丛书
北京市习近平新时代中国特色社会主义思想研究中心系列成果

北京市委党校 ｜ 社会学教研部
北京行政学院
北京市人口研究所
北京人口与社会发展研究中心

# 从区划到圈层
## ——国际视野下的京津冀人口发展

尹德挺　史　毅　张　锋　等著

中国社会科学出版社

## 图书在版编目（CIP）数据

从区划到圈层：国际视野下的京津冀人口发展/尹德挺等著.—北京：中国社会科学出版社，2021.7
ISBN 978-7-5203-8620-3

Ⅰ.①从… Ⅱ.①尹… Ⅲ.①人口—发展—研究—华北地区 Ⅳ.①C924.242

中国版本图书馆CIP数据核字（2021）第116812号

| | |
|---|---|
| 出 版 人 | 赵剑英 |
| 责任编辑 | 李庆红 |
| 责任校对 | 李 剑 |
| 责任印制 | 王 超 |
| 出 版 | 中国社会科学出版社 |
| 社 址 | 北京鼓楼西大街甲158号 |
| 邮 编 | 100720 |
| 网 址 | http://www.csspw.cn |
| 发 行 部 | 010-84083685 |
| 门 市 部 | 010-84029450 |
| 经 销 | 新华书店及其他书店 |
| 印刷装订 | 北京君升印刷有限公司 |
| 版 次 | 2021年7月第1版 |
| 印 次 | 2021年7月第1次印刷 |
| 开 本 | 710×1000 1/16 |
| 印 张 | 20.5 |
| 插 页 | 2 |
| 字 数 | 347千字 |
| 定 价 | 109.00元 |

凡购买中国社会科学出版社图书，如有质量问题请与本社营销中心联系调换
电话：010-84083683
版权所有 侵权必究

# 前　言
## 在区划中实践、在圈层中思辨

"S形曲线"的城市化率发展规律显示，全球城市化进程将陆续经历城市化率30%的初期阶段、30%—70%的中期加速阶段以及70%以上的后期成熟阶段。[①] 从全世界来看，世界城市化率已由1950年的30%左右提升到2018年的55%左右，全球正处于城市人口加速增长期。与此同时，全球人口进一步向大城市集聚的态势日臻明显。1950年全球前20位大城市的人口规模均值仅约为500万，而2018年则激增至2142.5万。在我国，由国家发改委及住建部先后确定的北京、天津、上海、广州、重庆、成都、武汉、郑州、西安九个国家中心城市的人口总量均值也由2000年的1242万增至2018年的1755万，九市的全国人口占比也相应地由8%升至11%。由此可见，我国人口也加速向国家中心城市及其城市群汇集，大有"依城而群聚"之势。

值此期间，众多城市既享受着因人口聚集带来的规模效应，也面临着城市盲目扩张、基础设施不足、"城市环岛效应"以及交通拥堵等诸多困境，遭遇了"大城市病"的集中爆发期。2020年10月，习近平总书记在《国家中长期经济社会发展战略若干重大问题》中特别强调，"产业和人口向优势区域集中是客观经济规律，但城市单体规模不能无限扩张……推动城市组团式发展，形成多中心、多层级、多节点的网络型城市群结构"。站在这样一个"十分关键的路口"，如何围绕"推进新型城市化"的战略目标，回答好区域高质量发展的时代命题，诠释好人口高效聚集的核心要义，业已成为我国城市群及其中心城市发展转型的根本遵循。

---

① Northam R. M., *Urban Geography*, New York: John Wiley & Sons, 1979.

人口聚集是城市群和城市发展转型的重要支撑之一。已有研究多以现有行政区划为基本研究单元，运用人口经济协调度、空间自相关、区域几何重心等方法，大体勾勒出全国、区域、市域层面人口集聚格局及其综合影响，并提炼出"人口聚集滞后于经济聚集"的空间分异等特征。① 基于此类结论，关于"城市群及其中心城市高质量发展的人口突破口在哪？"的思想大讨论，却频繁将辩论焦点置于人口调控的"规模之争"，而忽略了人口聚集的"空间之力"和"结构之异"，忽略了按圈层思维描绘人口聚集特征的理论视角，忽视了城市"内核圈—中层圈—外围圈"圈层能级的全面提升对资源匹配效率的助推作用。

从学术史看，圈层结构理论总结了大城市地区空间发展的基本规律，是都市圈理论的基础："圈"体现了向心性，"层"揭示了层次的分异性，即由城市核心至郊外，人口分布、经济活动以及用地方式等均从内向外呈现"圈层状"的规律性变化。从该理论奠基者冯·杜能（1826）提出的"城市腹地农作区围绕城市中心呈向心环带状分布"的圈层空间结构模式，到伯吉斯（1925）提出的以中心商业区为内核的"向心圈状"土地利用结构模式，再到克里斯泰勒（1933）、勒施（1940）、普里戈金（1969）等提出的"中心地理论"，即类似于地理等高线的城市圈层状结构，均涉及包含人口与经济在内的重要资源由城市中心区向外缘区的有序配置。

在我国，相关理论研究始于 20 世纪 80 年代"城市圈"概念的提出。有学者借鉴西方空间单元体系，探索提出"市中心—旧城区—建成区—近市区—市区—城市经济统计区—大都市连绵区"的一整套中国城市地域概念体系②；在讨论中国世界级大城市崛起的条件和路径时，一些学者认为，"都市圈是中国城市化最有效率、最切合实际的模式"③；经济中心城市的空间规划模式选择将逐步由"轴向"扩展为主转向"圈层"扩展

---

① 陆铭、陈钊：《在集聚中走向平衡：城乡和区域协调发展的"第三条道路"》，《世界经济》2008 年第 8 期；张车伟等：《人口与经济分布匹配视角下的中国区域均衡发展》，《人口研究》2013 年第 6 期；倪鹏飞等：《经济重心与人口重心的时空演变——来自省会城市的证据》，《中国人口科学》2014 年第 1 期；李国平等：《京津冀地区人口与经济协调发展关系研究》，《地理科学进展》2017 年第 1 期。

② 周一星：《关于明确我国城镇概念和城镇人口统计口径的建议》，《城市规划》1986 年第 3 期。

③ 杨建荣：《论中国崛起世界级大城市的条件与构想》，《财经研究》1995 年第 6 期。

为主①；在界定都市圈域半径和圈层结构时，部分学者强调了空间、时间、流量和引力四要素的重要性，并提出以1小时通勤圈为基本范围的城镇化空间形态②。由此可见，已有文献为城市群及其中心城市人口聚集研究引入新视角提供了重要的理论支撑。

从现实应用看，圈层结构理论已广泛根植于不同类型和层次的城市空间规划实践，对优化区域人口布局具有重大指导意义。1898年，霍德华提出的具有向心性空间层次分化特征的"田园城市设想"对西欧、北美卫星城镇布局产生了深远影响。在人口、产业高效聚集和高度城市化的日本，圈层结构理论浸染该国历次首都圈规划的区域空间结构布局，成为日本国土规划的重要指导思想。在我国，同样重视吸收该理论精髓，北京、上海、南京等市曾经或正使用多层向心性的圈层结构模式规划城市建设。例如，2017年的《北京城市总体规划（2016—2035年）》就强化了圈层规划的价值，在城市空间布局中明确绘制出距离城市中心15千米、30千米、50千米的圈层规划线。

受此理念影响，研究者随之开始初探世界级城市群中心城市人口聚集的圈层结构特征及其效能。有学者分别以北京天安门广场、上海市政府、东京银座、纽约帝国大厦为城市中心，测算半径0—50千米范围之内城市各圈层的人口密度，结果发现：京沪内核圈（半径0—10千米）人口密度高于东京、纽约；京沪中间圈（半径10—30千米）人口密度降幅快于东京、纽约；东京外围圈（半径30—50千米）人口密度显著高于京沪和纽约，并揭示了京沪存在中心城区人口过度密集与中间及外围区域聚集度不足并存、城市公共资源空间错配与功能失衡、土地利用效率待提升等现实问题③。还有学者初步划分并概括了东京、北京、上海、广州、成都、南京等城市的圈层结构及其特征④，其中，针对东京的研究表明，单个城

---

① 徐海贤：《都市圈空间规划模式研究》，《城市规划》2003年第6期。
② 王建伟等：《都市圈圈层界定方法》，《建筑科学与工程学报》2007年第2期。
③ 卓贤等：《特大城市人口的国际比较》，《中国经济报告》2018年第10期。
④ 陈世栋等：《都市生态圈层结构及韧性演进：理论框架与广州实证》，《规划师》2017年第8期；程大林：《都市圈内部联系与圈层地域界定——南京都市圈的实证研究》，《城市规划》2003年第11期；王建伟等：《都市圈圈层界定方法》，《建筑科学与工程学报》2007年第2期。

市的极限发展半径约50千米,而中间层(30—50千米)人口和经济聚集效应明显,产业竞争优势突出[1];针对上海的研究发现,各圈层人口密度落差大以及人口集中于内核圈层而工业制造业集中于外围圈的矛盾,造成严重的交通拥堵和资源浪费。[2] 这些研究均表明:城市人口圈层聚集特征对经济、社会、生态、交通等领域产生显著的综合影响,关系到城市高质量发展大局。

已有文献建构了圈层结构理论,描述出城市群及其大城市人口聚集总体特点和部分影响,但两个方面的研究有待深入探讨:一是人口圈层分布的内在规律研究有待强化。已有文献重点从现有行政区划开展空间相关性研究,但对人口聚集的圈层特征认识不足,影响城市人口分布形势的精准研判。二是人口空间研究和城市规划实践的互动性有待加强。中心城市圈层结构的规划思路已形成多年并付之实践,但学界按圈层统计人口、经济、生态等要素的基础研究并不多,导致人口分布理论与城市实践的衔接不足。本书试图把以上两点作为逻辑起点开展研究。

本书选择我国发展潜力巨大、域内差异显著的京津冀城市群为空间研究范围,以区域中心城市人口空间优化为先导,辅以世界级城市群及伦敦、纽约、巴黎、东京等世界城市的国际比较,力争形成"由点及面""以点带面""一圈一策""圈际协作"的区域人口发展新格局,以期把人口圈层聚集问题纳入国家战略大局之中加以综合考量。本书的重点主要体现在"四性"上。

一是探寻京津冀城市群及其中心城市人口圈层聚集的规律性,即如何客观提炼区域人口圈层分布的阶段特征。

二是把脉京津冀城市群及其中心城市人口聚集特征的特殊性,即如何准确揭示区域首位城市的特殊定位。

三是嵌入京津冀城市群及其中心城市人口高效聚集的复杂性,即如何在优化人口圈层分布的过程中,将人口与生产、生活、生态、生机进行统合研究,并让市场在资源配置中发挥决定性作用。

四是突出京津冀城市群及其中心城市人口布局建议的实操性,即如何

---

[1] 朱丽娜:《日本东京都市圈对我国都市圈发展的启示》,《上海房地》2018年第2期。
[2] 刘磊:《上海城市圈层结构研究》,博士学位论文,上海交通大学,2008年。

突破已有制度框架，盘活城市存量，做优圈层增量。

围绕上述重点内容，本书将致力于深入开展以下三个方面的研究。

第一，有理有据、分级分类的规律性研究。基于全球化、城镇化、市场化推动人口向大城市聚集的客观规律，在圈层结构理论的指导下，探寻京津冀城市群及其中心城市人口圈层聚集的阶段性特征，明确不同地理层级中不同群体之间的数量比例关系，这是一种学术创新。在此研究中，对中心城市人口和经济变量按圈层进行地理切割、对不同人群进行空间相关度分析，均是多学科研究方法在人口领域的融合应用，属于研究方法的一种新拓展。

第二，打破常规、激活能级的层次性研究。京津冀城市群及其中心城市人口聚集的影响因素之间并非平面的、彼此独立的关系。因此，优化人口圈层布局需要把准城市规划的主要矛盾，紧紧抓住"城市能级蝶变期"这一"牛鼻子"，全面提升人口圈层能级。为了按时序、分人群地实现人口高效聚集，本书拟构建的生产、生活、生态、生机"四位一体"的层次关系，属于理论思维上的一种创新。

第三，立足国情、实证支撑的决策性研究。区域经济的发展应以中心城市为原点、以圈层状的空间分布为特点逐步向外拓展。因此，本书基于实证研究结论，拟提出助推外围圈"微中心"强势崛起，打通城市轨道公共交通动脉，建立"圈层增进型"生态韧性城市的规划建议，这属于实操层面的一种创新。

从具体操作层面来看，本书利用历次人口普查、统计年鉴、统计公报等数据，着重研究了京津冀城市群及其中心城市人口聚集的圈层结构特征；基于国际大都市历史数据的对比，探求京津冀城市群及其中心城市人口分布圈层演进的异同。本书主要强调几类指标的国内外比较：城市群及其中心城市按空间地理半径各圈层（每隔5千米或10千米为一圈层）人口分布结构、人口密度洛伦兹曲线、人口经济重心空间重叠性等。

研究目的有二。

一是基于世界级城市群人口——经济联动性圈层数据，明确京津冀城市群及其中心城市人口合理分布目标，促进内核圈"减量发展"、中间圈"承接增效"、外围圈"生态友好"，激活"圈层空间分布能级"。

二是运用不同类型人口（如常住人口、就业人口等）与城市中心距离的空间相关度、不同行业人口（如制造业、金融业、教育、医疗、批发零售业人口等）与城市中心距离的空间相关度，探讨中心城市在各自功能定位下的劳动力刚性需求，明确城市整体及各圈层的人口适宜结构目标，以盘活"圈层内部结构能级"。

最终，本书期望在控制城市开发强度、遏制城市"摊大饼式"发展及有效治理"大城市病"的目标导向下，探索以圈层结构为基础的大城市人口聚集演进规律及其经济协调关系，努力把京津冀城市群及其中心城市建设成为城市发展水平、人居环境质量、人民生活品质以及城市竞争力同步提升的典范。从学术价值上看，本书在圈层结构理论的指导下，打破不规则行政区的不可比性，按相同口径，比较京津冀城市群及其中心城市人口分布的人口空间统计框架，有利于从全新的视角认识和把握区域人口聚集特征和圈层能级。从现实意义上看，人口圈层分布的实证研究能为业已实施的城市总体规划提供数据支撑，推动城市"内核圈减量、中间圈增效、外围圈环保"的良性循环，助力城市群及其中心城市人口聚集能级的再提升。

本书各篇章的执笔人如下：

前　言　执　笔　人：中共北京市委党校　尹德挺

第一篇　第一章执笔人：中共北京市委党校　尹德挺

　　　　第二章执笔人：中共北京市委党校　尹德挺、营立成、陈志光、廖闻文

　　　　　　　　　　　中国社会科学院　郭冉

　　　　　　　　　　　北京大学　高明柔

　　　　　　　　　　　中国人口与发展研究中心　史毅

　　　　第三章执笔人：中共北京市委党校　陈志光、尹德挺

　　　　第四章执笔人：中共北京市委党校　于倩、尹德挺

第二篇　第五章执笔人：中国人口与发展研究中心　史毅

　　　　　　　　　　　中共北京市委党校　尹德挺、袁尚、廖闻文

　　　　第六章执笔人：中共北京市委党校　于倩、尹德挺

第三篇　第七章执笔人：中共北京市委党校　尹德挺

　　　　　　　　　中国人口与发展研究中心　史毅
　　第八章执笔人：中共北京市委党校　尹德挺
　　　　　　　　　中国人口与发展研究中心　史毅
　　第九章执笔人：中共北京市委党校　张锋、尹德挺
第四篇　第十章执笔人：中共北京市委党校　尹德挺
　　第十一章执笔人：中共北京市委党校　尹德挺、史毅、闫萍

# 目 录

## 第一篇 京津冀视角:区划中的人口

**第一章 协同视域下的人口潮汐** …………………………… (3)
    一 研究意义 ……………………………………………… (3)
    二 研究目的 ……………………………………………… (4)

**第二章 人口引力新转向** ………………………………… (8)
    一 京津冀再出发 ………………………………………… (8)
    二 以首善标准推动首都高质量发展 …………………… (10)
    三 重大国家战略中的京津冀定位 ……………………… (26)
    四 2014年以前的京津冀人口 …………………………… (29)
    五 2014年以后的京津冀人口 …………………………… (51)

**第三章 京津冀流动人口迁徙向何方** …………………… (61)
    一 数据来源与研究方法 ………………………………… (63)
    二 居留意愿是否强烈 …………………………………… (67)
    三 居留意愿强烈者的特征 ……………………………… (76)
    四 怎样顺势而为 ………………………………………… (85)

**第四章 首都核心产业就业如何优化** …………………… (88)
    一 首都服务业仍具就业吸纳潜力 ……………………… (89)
    二 生产性服务业重在"添活力" ………………………… (90)
    三 生活性服务业重在"增效率" ………………………… (91)
    四 公共服务业重在"强基础" …………………………… (92)
    五 适时调节三类服务业的比例结构 …………………… (93)

## 第二篇 全国视角：城市群中的人口

**第五章 区域人口开新局** ……………………………………… (97)
  一 数据来源与研究方法 …………………………………… (98)
  二 区域增长极的孵化 ……………………………………… (101)
  三 城市群发育的圈层对称性 ……………………………… (114)

**第六章 主要城市群中心城市服务业就业特征** ……………… (116)
  一 数据来源与研究方法 …………………………………… (118)
  二 服务业就业结构及其变化 ……………………………… (121)
  三 经济发展与服务业就业的行业配置 …………………… (132)
  四 城市功能与服务业就业的专业化水平 ………………… (136)

## 第三篇 全球视角：圈层中的人口

**第七章 世界级城市群的"面上扫描"** ………………………… (145)
  一 文献评述 ………………………………………………… (146)
  二 数据来源与分析方法 …………………………………… (148)
  三 中美典型城市群人口空间比较 ………………………… (150)

**第八章 50千米城市圈层的"以点带面"** …………………… (178)
  一 数据来源与研究方法 …………………………………… (179)
  二 北京常住人口圈层分布特征 …………………………… (181)
  三 北京与东京、多伦多的国际比较 ……………………… (184)
  四 明晰城市群中心城市人口圈层分布格局 ……………… (189)

**第九章 东京都市圈就业人口圈层演进** ……………………… (192)
  一 数据来源和研究方法 …………………………………… (194)
  二 文献评述 ………………………………………………… (202)
  三 就业结构总体特征 ……………………………………… (216)
  四 "单核"向"多核"转变中的就业密度 ………………… (221)
  五 就业重心的迁移测度及离散趋势 ……………………… (227)

六　就业空间圈层结构分析 …………………………………（230）

## 第四篇　锚定协同

**第十章　首都人口高质量发展** …………………………………（263）
　一　城市治理的宏观背景 …………………………………（264）
　二　城市发展的现实之困 …………………………………（267）
　三　城市转型的改革之力 …………………………………（274）
　四　城市治理的方法感悟 …………………………………（282）
**第十一章　大变局时代的京津冀协同** …………………………（285）
　一　把握风险 ………………………………………………（285）
　二　研判态势 ………………………………………………（291）
　三　打好协同发展主动战 …………………………………（294）
　四　圈层发展的再讨论 ……………………………………（298）

**参考文献** …………………………………………………………（300）

**后　记** ……………………………………………………………（315）

第一篇
京津冀视角：区划中的人口

# 第一章　协同视域下的人口潮汐

## 一　研究意义

从全世界来看，全球正处于城市人口加速增长期。联合国发布的《2018年世界城镇化展望》显示，2018年至2050年，印度、中国和尼日利亚三个国家的城市人口增长量将占世界新增城市人口总数的35%，其中，中国新增城市人口或将达到2.55亿。当前，以劳动力为主体的大规模人口迁移正深刻影响着中国人口空间的分布格局。伴随着经济社会的快速发展，2019年我国城镇化水平达到60.60%，早已超过全世界城市化率的平均水平。

然而，值得注意的是，一方面，在我国人口向城市聚集具有强烈的指向性和区域性，部分城市常住人口增长过快，导致城市人口增长出现严重的内部不均衡，这一点在超大城市表现得尤为突出。依据最近的城市规模划分标准，我国已有北京、上海、天津、广州、深圳、重庆等若干超大城市，其城区人口超过1000万。这些超大城市不同程度地面临着因大量人口涌入而导致的各种经济、社会、环境及公共服务供给等问题。另一方面，在超大城市数量不断增加的同时，我国城市群发育水平相对不足的问题却同步存在。在我国部分城市群，相互关联、错位发展的城市增长极尚未形成"多点支撑"的发展格局，城市群非中心城市的人口吸附力持续低迷，长期饱受着人口流失、产业发展艰难的困境。因此，城市群及其中心城市的人口规模、人口空间分布以及人口结构问题越来越引起政府、学者及社会各界的广泛关注。面对区域内中心城市人口的过度聚集问题，全世界诸多城市群正经历着从"极化"向"扁平化"的发展过程。例如，早在2014年，东京都就以0.6%的国土面积容纳了日本10.5%的人口，伦敦市也以0.6%的国土面积容纳了英国15.7%的人口，单体城市人口规模膨胀带来的客观发展难题迫使这些国家正通过"扁平化"的首都圈建设，缓解区域内中心城市人口的过度聚集，以推动区域内部之协同。

从城市群发育过程而言，假以时日，京津冀城市群将有望成为全球第七大世界级城市群。2014年，习近平总书记明确提出："实现京津冀协同发展是一个重大国家战略，要加快走出一条科学持续的协同发展路子来。"[①] 然而，我国京津冀地区也面临着共性的人口问题。京津冀长期面临的产业结构雷同、市场机制不完善以及基础设施不协调等问题，业已造成该区域人口流动与分布的严重扭曲和失衡。近年来，京津冀超级城市与次级城市之比是2∶1，而珠三角和长三角分别仅为1∶1和2∶5，京津冀"人口双核极化"问题在较大程度上影响了京津冀协同发展的良性运行。

2019年12月16日，习近平总书记在《求是》杂志发表文章《推动形成优势互补高质量发展的区域经济布局》，要求尊重客观规律，发挥比较优势，增强城市群和中心城市等经济发展优势区域的经济和人口承载能力。同年12月10—12日的中央经济工作会议也明确指出，要提高城市群和中心城市综合承载能力。2021年年初，国内著名专家学者也提出"十四五"时期要着力发掘与中速增长期相配套的"1+3+2"结构性潜能框架，其中的"1"即为以都市圈、城市群发展为龙头，通过更高的集聚效应为下一步我国中速高质量发展打开空间。今后5—10年，中国经济百分之七八十的新增长动能将处在这个范围之内。[②]

作为国家重大区域战略融合发展的排头兵，京津冀理应积极建设以首都为核心的世界级城市群，逐步形成"多点支撑"的空间网络格局，而作为首善之都，首都北京理当探索出一条人口经济密集区优化发展的新路子，不断推动京津冀城市群人口合理分布和空间优化。

## 二 研究目的

为解决好这一现实问题，我们有必要对京津冀地区人口发展的历史原貌予以客观描述，并基于国际视野和世界眼光，综合世界主要城市群的发

---

[①] 中共中央、国务院：《京津冀协同发展规划纲要》，2015年。
[②] 刘世锦：《读懂"十四五"新发展格局下的改革议程》，中信出版集团2021年版。

展轨迹，根植我国国情，准确把握京津冀人口规模、结构和分布的基本规律和阶段性特征，做到顺势而为、因势而动、乘势而上。为此，我们亟须回答好以下若干问题。

第一，把京津冀城市群打造成为世界级城市群，需要怎样的人口支撑条件？

第二，在国内外人口普查、统计年鉴、统计公报、抽样调查以及国外经济分析机构提供的多种数据来源下，如何在同一统计口径下探索城市群人口发展的基本共性特征？与美国东北城市群、日本东京都市圈和加拿大多伦多都市圈等世界重要城市群及其中心城市相比，京津冀城市群人口发展（人口规模、人口分布、人口结构）及其圈层分布有何特点，与国内外其他城市群有何异同？

第三，作为京津冀城市群中心城市的首都北京，其未来的人口发展会对京津冀协同产生怎样的影响？

这一系列的研究既具有理论价值，也显示出明确的实践意义。基于这样的目标导向和问题导向，我们对京津冀及相关区域的人口发展文献进行了研阅，发现已有文献大体主要聚焦于以下几类热点。

一是京津冀人口发展的态势分析。文献显示，京津冀人口发展态势可总结为四个特点：（1）人口集聚效应凸显。1982—2010年，京津冀人口增加地区的县域单元比例在80%以上，已形成以北京、天津、石家庄为中心的圈层结构。[1]（2）重心分布变化明显。2000—2010年，京津冀人口重心和经济重心明显向东北方向移动。[2]（3）区域首位度高。2000年以来，京津冀整个区域的人口基尼系数逐年递增，办事人员和专业技术人员高度聚集于北京，区域内人才资源分布悬殊较大。[3]（4）人口聚集滞后于经济聚集。已有研究多以现有行政区划为基本研究单元，运用人口经济协调度、空间自相关、区域几何重心等方法，大体勾勒出全国、京津冀、北京市域层面人口集聚格局及其综合影响，并提炼出"人口聚集滞后于

---

[1] 封志明等：《京津冀都市圈人口集疏过程与空间格局分析》，《地球信息科学学报》2013年第1期。

[2] 郑贞等：《京津冀地区人口经济状况评价及空间分布模式分析》，《人口学刊》2014年第2期。

[3] 杨卡：《大北京人口分布格局与多中心性测度》，《中国人口·资源与环境》2015年第2期。

经济聚集"空间分异等特征。①

二是京津冀人口增长的解释性因素分析。文献表明，人均GDP差距已成为影响该区域人口迁移的首要因素，市场化水平、产业结构对人口的影响在上升②，而城市规模、交通条件③及自然条件等④也是要因。

三是京津冀人口承载力和人口潜能分析。对于人口承载力的研究，有学者用生态足迹法，测算出京津冀区域的理论人口容量仅为目前实际人口规模的1/8，区域生态系统的人口负荷严重⑤；从区域人口潜能来看，京津冀人口潜能高值区分别隶属于北京、天津斑块，人口潜能高值区由交通干线联系起来。⑥

四是京津冀人口合理分布的对策分析。学者认为行政、经济、城市规划、产业升级、社会经济、人口信息管理、法律、教育等措施是有效缓解中心城市人口过度聚集的重要手段。⑦ 部分学者还指出，政府管理缺位及政策导向失误是国外拉美城市化失控、人口长期无序流动的重要原因。⑧

总结起来，已有文献在提炼京津冀人口发展全貌上进行了积极探索并取得了有价值的研究结论。不过，从全球视野和未来展望的角度来看，已有研究可能存在以下几个方面的局限性。

第一，区域人口增长的内在规律性研究新意不足。目前，区域一体化对人口再分布的作用机制仍需加强研究，人口增长规律性的认识影响着对人口发展趋势的研判。已有文献重点从现有行政区划开展空间相关性研究，但对人口聚集的圈层特征认识不足，影响区域人口分布形势的精准研判。

---

① 张车伟等：《人口与经济分布匹配视角下的中国区域均衡发展》，《人口研究》2013年第6期；李国平等：《京津冀地区人口与经济协调发展关系研究》，《地理科学进展》2017年第1期。

② 李培等：《京津冀地区人口迁移特征及其影响因素分析》，《人口与经济》2007年第6期。

③ 孙铁山等：《京津冀都市圈人口集聚与扩散及其影响因素——基于区域密度函数的实证研究》，《地理学报》2009年第8期。

④ 李国平等：《京津冀都市圈人口增长特征及其解释》，《地理研究》2009年第1期。

⑤ 孟庆华：《基于生态足迹的京津冀人口容量研究》，《林业资源管理》2014年第4期。

⑥ 董南等：《基于城市斑块的空间城市人口潜能模拟——以京津冀为例》，《地球信息科学学报》2014年第3期。

⑦ 宋迎昌等：《特大城市人口调控的国际经验》，《人民论坛》2013年第6期；杨柯：《国际大都市与北京市人口疏解政策评述及借鉴》，《西北人口》2013年第3期；马仲良：《国外大城市调控人口的对策与措施研究》，《城市管理与科技》2007年第5期。

⑧ 张惟英：《拉美过度城市化的教训与北京人口调控》，《人口研究》2006年第4期。

第二，支撑京津冀人口发展研究的数据来源相对单一。目前的研究缺乏对人口规模数据、人口空间数据、人口结构数据的综合开发与利用，单一的、相对陈旧的人口指标可能会影响人们对当前京津冀人口发展特征的准确判断。

第三，对京津冀人口发展的特殊性重视不够。京津冀地区首都资源优势对周边人口的"虹吸效应"，导致超大城市人口空间优化政策极具敏感性，重塑人口再分布的不确定性和风险性很强。

以上三点正是本书研究的逻辑起点。本书希望站在历史和未来双向对接的角度，通过广域的国际比较，结合我国的实际情况，综合研判京津冀人口发展趋势。这种趋势的研判不是一味地追求人口模型预测，而是更为强调客观规律影响下的城市群自然发展。因此，本书将沿着北京—京津冀—全国—全球四个空间维度，围绕人口规模、人口结构、人口流动、人口分布四要素，充分挖掘京津冀城市群的人口潜能，综合且立体地探寻京津冀人口发展的现状、困境及其破解。

# 第二章 人口引力新转向

## 一 京津冀再出发

京津冀三地同属京畿重地，濒临渤海，背靠太岳，携揽"三北"，战略地位十分重要，是我国最具经济活力、开放程度最高、创新能力最强以及吸纳人口最多的地区之一，也是拉动我国经济发展的重要引擎。京津冀协同发展是一个大思路、大战略。党的十八大以后，习近平总书记于2014年2月26日第一次视察了北京。截至2021年1月18日，习近平总书记共计九次视察北京、十四次对北京工作发表了重要讲话（如表2-1所示），成为首都北京乃至京津冀协同工作的案头卷、工具书和座右铭。2015年4月30日中央政治局召开会议，审议通过了《京津冀协同发展规划纲要》，明确提出2017年、2020年和2030年区域发展一揽子目标。通过疏解北京非首都功能，调整京津冀经济结构和空间结构，走出一条内涵集约发展的新路子，探索出一种人口经济密集地区优化开发的新模式，是党中央、国务院在新的历史条件下针对区域协同发展作出的重大决策部署，对于协调推进"四个全面"战略布局、实现"两个一百年"奋斗目标和中华民族伟大复兴的中国梦，具有深远的历史价值和重大的现实意义。

表2-1　　　　　　　　2014年2月至2021年1月

**习近平总书记九次视察北京、十四次对北京工作发表讲话概述**

| | 九次视察北京 | 十四次对北京发表重要讲话 |
|---|---|---|
| 1 | 2014年2月26日视察北京 | 2014年2月26日在北京视察并发表重要讲话，明确了"四个中心"的首都城市战略定位，提出了建设国际一流的和谐宜居之都的战略目标，部署了京津冀协同发展重大战略 |

续表

| | 九次视察北京 | 十四次对北京发表重要讲话 |
|---|---|---|
| 2 | 2017年2月24日视察北京 | 2017年2月24日在北京视察并发表重要讲话,就做好北京城市规划建设和冬奥会筹办工作作出重要指示 |
| 3 | | 2017年6月27日,主持中央政治局常委会会议,审议新一版北京城市总体规划,并发表重要讲话 |
| 4 | | 2018年10月29日,主持召开中央政治局党委会会议,审议《北京城市副中心控制性详细规划(街区层面)(2016年—2035年)》,并发表重要讲话 |
| 5 | 2019年1月18日视察城市副中心 | 2019年1月18日,视察北京城市副中心,召开京津冀协同发展座谈会,并发表重要讲话 |
| 6 | 2019年2月1日在北京看望慰问基层干部群众,考察冬奥会、冬残奥会筹办工作 | 2019年2月1日在北京看望慰问基层干部群众,考察北京冬奥会、残奥会筹办工作,并发表重要讲话 |
| 7 | | 2019年8月27日下午,主持召开专题会议听取北京市规划和自然资源领域问题整改工作汇报,并发表重要讲话 |
| 8 | 2019年9月12日视察香山革命纪念地 | 2019年9月12日视察北京香山革命纪念地,并发表重要讲话 |
| 9 | 2019年9月25日出席大兴国际机场投运仪式 | 2019年9月25日出席大兴国际机场投运仪式,并发表重要讲话 |
| 10 | 2020年2月10日在北京调研指导疫情防控工作 | 2020年2月10日深入社区、医院、疾控中心视察,并发表重要讲话 |
| 11 | 2020年3月2日在北京考察新冠肺炎防控科研攻关工作 | 2020年3月2日习近平总书记在北京考察新冠肺炎防控科研攻关工作,并在军事医学研究院、清华大学医学院召开座谈会,听取科技部关于全国药品和疫苗研发工作,国家卫生健康委关于有效临床应用经验和有效诊疗方案总结推广工作的情况汇报,并发表重要讲话 |
| 12 | | 2020年7月2日中央政治局常委会会议审议《首都功能核心区控制性详细规划(街区层面)(2018年—2035年)》,并发表重要讲话 |

续表

| | 九次视察北京 | 十四次对北京发表重要讲话 |
|---|---|---|
| 13 | | 2020年9月4日在中国国际服务贸易交易会全球服务贸易峰会上致辞 |
| 14 | 2021年1月18日对冬奥筹办工作全面巡视 | 2021年1月18日在北京河北考察并主持召开北京2022年冬奥会和冬残奥会筹办工作汇报会时发表重要讲话 |

## 二 以首善标准推动首都高质量发展

### (一) 新版城市总规的历史方位

2017年9月13日,党中央、国务院正式批复《北京城市总体规划(2016年—2035年)》(以下简称《总规》),这是中华人民共和国成立以来北京制定的第七版《总规》,成为新历史征程中的首都新蓝图。在习近平新时代中国特色社会主义思想的指导下,《总规》紧扣"两个一百年"的奋斗目标,立足京津冀协同发展战略,着眼更广阔的区域空间谋划首都发展,系统回答了"建设一个什么样的首都,怎样建设首都"这一重大时代命题,为建设国际一流的和谐宜居之都勾勒了全新图景,人口发展目标在其中也得以描绘规划。推动《总规》落实落细,需要准确把握《总规》形成的重大背景,深刻领会《总规》编制的指导思想,从而深入体会其科学性与权威性。

1. 重大背景

北京是我们伟大祖国的首都、象征和形象,也是中华民族数千年光辉文明之见证。历史上,北京从金中都的延亘阡陌、宫阙壮丽,到元大都的恢宏大气、整齐划一,再到明清京城的严谨规整、金碧辉煌,其设计规划水准代表着中国古代城市的最高成就,无愧于"人类最伟大的个体工程"之称号。中华人民共和国成立后,党和国家切实肩负起这座千年古都现代化规划建设的历史使命。从1953年的《改建和扩建北京市规划草案要点》到2004年的《北京市城市总体规划(2004年—2020年)》,北京城市总规前后历经六个版本,六版规划各有侧重、各有得失,都为相应时期指导北京城市发展发挥了重要的历史作用。站在新时代的崭新时点上,伟大中国和首都北京都面临着前所未有的重大机遇,也存在种种挑战。为更好地抓住机遇和应对挑战，《总规》需要坚持问题导向，深度回应人民关切，以历史的责任感与使命感，重新审视首都北京的规划工作。

第一，民族复兴的伟大梦想赋予首都发展新使命。

作为伟大社会主义祖国的首都，北京在迈向民族复兴的伟大征程中被赋予了新的使命担当。习近平总书记在党的十九大报告中对于全面建成社会主义现代化强国、实现中华民族伟大复兴的时间表和路线图做出了全面细致的论述。作为首都，北京理应"胸怀两个大局"，承担更多责任：一方面，作为向全世界展示中国的首要窗口，作为伟大祖国的象征和形象，《总规》需要以更高的政治要求和国际视野谋划北京的建设发展；另一方面，作为国家治理体系和治理能力现代化的重要内容，《总规》需要发挥代表性、表率性和指向性作用，这是关系改革发展大局的重大问题，让勇于创新、敢为人先成为首都北京的多维品格和城市风尚。在此条件下，厘清首都在国家战略发展中的职责担当，以首善标准谋划北京未来发展之路便成为国家治理的当务之急。

第二，京津冀协同发展的重大国家战略"始于一域"。

京津冀三地历史渊源深厚，交往半径相宜，完全能够互融、互通、互促。京津冀协同发展的重大战略布局离不开首都北京的助力，迫切要求其"跳出北京看北京"，改变以往城市规划"只谋一域"的局限，以京津冀更高层次的协同为要旨，以疏解北京非首都功能为"牛鼻子"，通过《总规》确保其落实落地落细。

第三，新时代要求把握北京城市建设的阶段性特征，满足市民对美好生活的向往。

当前，北京发展进入从聚集资源求增长到疏解功能谋发展[①]的重大转变阶段，如何从城市发展规律出发，走出一条内涵集约发展的新路子，这是解决城市发展深层次问题的切入点和落脚点。北京作为超大型城市，体量大、人口多、问题复杂。由此而产生的关联性矛盾既是北京可持续发展的巨大阻力，也是影响市民对美好生活向往的关键要素。与此同时，经济发展进入新常态进一步对首都发展产生深刻影响，并对重新考量和拟定城市总规提出了迫切要求。

---

① 中国共产党北京市委员会、北京市人民政府：《北京城市总体规划（2016年—2035年）》，中国建筑工业出版社2019年版。

2. 指导思想

规划北京这样一个规模巨大和地位特殊的超大型城市，运用什么思想、坚持走什么道路是一个关键性问题。《总规》以习近平总书记视察北京系列重要讲话为指导思想，坚决保障规划工作的正确性、有效性和科学性。习近平总书记对北京的系列重要讲话站位高远、内容深刻，既对北京服务国家发展大局提出了明确要求，也对北京提高城市发展水平做出了具体指导。以习近平总书记对北京重要讲话精神为指导展开首都规划工作，其根本要旨就是要回答好"建设一个什么样的首都，怎样建设首都"这一重大理论和现实问题，这也是贯穿《总规》的中心线索。

### （二）新版城市总规的核心要义

2017年新版《总规》编制工作启动于2014年，采取"政府组织、专家领衔、部门合作、公众参与、科学决策"的工作模式，汇聚四十余委办局、十六区政府、三十多个国家级和市级权威机构、近两百名专家学者之智，历时三年，通过各种方式收集意见建议5400多条，前后修改16次以后得以完成。这样一部举全市之力、集全市之智的《总规》内容丰富、层次鲜明。主体部分包括八章内容，另有总则、附表、附图，其主要内容分为三个部分：第一部分为明确首都城市战略定位，回答"建设一个什么样的首都"的问题；第二部分为首都建设规划的具体方案，回答"怎样建设首都"的问题；第三个部分为规划实施的保障机制，解决规划的贯彻落实问题。

1. 建设一个什么样的首都

建设一个什么样的首都？这是北京城市建设的根本问题。《总规》站在新的历史起点上，对于这一问题的回答，需要以"四个中心"为战略定位，明确发展目标和城市规模，科学规划城市空间布局，建设伟大社会主义祖国的首都、迈向中华民族伟大复兴的大国首都、国际一流的和谐宜居之都[1]。

第一，以"四个中心"为城市战略定位。

北京规划工作必须坚持全国政治中心、文化中心、国际交往中心、科

---

[1] 中国共产党北京市委员会、北京市人民政府：《北京城市总体规划（2016年—2035年）》，中国建筑工业出版社2019年版。

技创新中心"四个中心"的城市战略定位，履行为中央党政军领导机关工作服务、为国家国际交往服务、为科技和教育发展服务、为改善人民群众生活服务"四个服务"的基本职责①，这是首都发展的全部要义。

作为全国政治中心，就是要为中央党政军领导机关提供优质服务，全力维护首都政治安全，保障国家政务活动安全高效有序运行，做好"四个服务"，严格规划高度管控②。

作为全国文化中心，就是要利用好北京的深厚底蕴与文化资源，更加精心地保护好北京历史文化遗产这张中华文明的金名片，发挥好凝聚荟萃、辐射带动、创新引领、传播交流和服务保障功能③，提升文化软实力和国际影响力，把北京建成传统文化与现代文明交相辉映，历史文脉与时尚创意相得益彰的中国特色社会主义先进文化之都④。

作为国际交往中心，就是要着眼承担重大外交外事活动的重要舞台，服务国家开放大局，持续优化为国际交往服务的软硬件环境，发挥向世界展示我国改革开放和现代化建设成就的首要窗口作用，努力打造国际交往活跃、国际化服务完善、国际影响力凸显的重大国际活动聚集之都。

作为科技创新中心，就是要充分发挥丰富的科技资源优势，不断提高自主创新能力⑤，努力打造世界高端产业和人才的聚集之地。

第二，以"国际一流的和谐宜居之都"为发展目标。

与迈向"两个一百年"奋斗目标和中华民族伟大复兴中国梦的历史进程相适应，《总规》将"国际一流和谐宜居"作为北京的城市发展目标，这就要求北京在城市建设中突出中国特色、参照国际标准，建设成为人民更加和谐幸福的城市家园。"国际一流和谐宜居之都"的发展目标不是一蹴而就的，而是分阶段、分步骤的：第一步是于2020年国际一流的

---

① 中国共产党北京市委员会、北京市人民政府：《北京城市总体规划（2016年—2035年）》，中国建筑工业出版社2019年版。
② 中国共产党北京市委员会、北京市人民政府：《北京城市总体规划（2016年—2035年）》，中国建筑工业出版社2019年版。
③ 中国共产党北京市委员会、北京市人民政府：《北京城市总体规划（2016年—2035年）》，中国建筑工业出版社2019年版。
④ 中国共产党北京市委员会、北京市人民政府：《北京城市总体规划（2016年—2035年）》，中国建筑工业出版社2019年版。
⑤ 中国共产党北京市委员会、北京市人民政府：《北京城市总体规划（2016年—2035年）》，中国建筑工业出版社2019年版。

和谐宜居之都建设取得重大进展，首都功能明显增强，初步形成京津冀协同发展、互利共赢的新局面。第二步是于 2035 年初步建成国际一流的和谐宜居之都，"大城市病"治理取得显著成效，首都功能更加优化，城市综合竞争力进入世界前列，京津冀世界级城市群的构架基本形成。第三步是于 2050 年全面建成更高水平的国际一流的和谐宜居之都，把北京建成富强、民主、文明、和谐、美丽的社会主义现代化强国首都、更具全球影响力的大国首都、超大城市可持续发展的典范，建成以首都为核心、生态环境良好、经济文化发达、社会和谐稳定的世界级城市群[①]。

第三，以"双控三线"促进城市减量发展。

解决好城市发展中的种种问题，有效治理"大城市病"要求北京走集约发展、减量发展之路。坚持严控人口规模、严控用地规模、降低开发强度[②]的基本原则，切实减重减负，这是北京城市未来发展的必由之路。《总规》实行全市域规划总量的管控机制，严守"双控""三线"，其中，"双控"就是控制城市人口规模、控制城市建设规模；"三线"就是人口总量上限、生态控制线和城市开发边界三条红线，同时要将这些底线约束指标细化、分解与落实。一是控制人口规模，优化人口分布。在人口规模上，根据资源禀赋承载能力，2020 年北京常住人口总量控制在 2300 万人[③]以内，并长期稳定在这一水平。在人口分布上，通过疏解非首都功能，实现人随功能走、人随产业走，重点降低城六区常住人口数量，促进职住平衡。在人口结构上，努力形成与城市定位、功能提升相适应的人口结构，发挥公共服务导向对人口结构的调控作用。在人口服务上，构建面向城市实际服务人口的服务管理全覆盖体系，建立以居住证为载体的公共服务提供机制，提高公共服务均等化水平。在控制人口规模的基础上，还要转变发展方式，大幅提高劳动生产率，实现更有效率、更集约化的经济增长。二是控制建设用地规模，提升土地利用效率。坚守建设用地的规模底线，严格落实土地用途管制制度。2020 年全市建设用地总规模控制在

---

① 中国共产党北京市委员会、北京市人民政府：《北京城市总体规划（2016 年—2035 年）》，中国建筑工业出版社 2019 年版。

② 中国共产党北京市委员会、北京市人民政府：《北京城市总体规划（2016 年—2035 年）》，中国建筑工业出版社 2019 年版。

③ 中国共产党北京市委员会、北京市人民政府：《北京城市总体规划（2016 年—2035 年）》，中国建筑工业出版社 2019 年版。

3720平方千米以内，到2035年控制在3670平方千米左右。① 促进城乡建设用地减量提质和集约利用，2020年城乡建设用地规模减到2860平方千米左右，到2035年减到2760平方千米左右。三是降低平原地区开发强度，改善用地结构。降低平原地区开发强度，关键是减少总量、多减少增、优化结构。着力压缩一般城乡建设用地规模，适当增加重点服务保障建设用地规模，降低建设用地面积占平原地区面积的比例。加强分类指导，不同区域确定相宜的开发强度。2020年平原地区开发强度由现状46%下降到45%以内，到2035年力争下降到44%。② 综合各区分区规划和控制性详规，我们整理出"人""地"两个核心指标的未来规划情况（见表2-2、表2-3）。

表2-2　　　　　　　　2035年北京人口规划情况

|  | 2019年常住人口（万人） | 2035年常住人口（万人） | 2035年与2019年相比增减量（万人） |
| --- | --- | --- | --- |
| 首都功能核心区 | 193.1 | 170 | -23.1 |
| 朝阳区 | 347.3 | 333.4 | -13.9 |
| 海淀区 | 323.7 | 313 | -10.7 |
| 丰台区 | 202.5 | 195.5 | -7 |
| 石景山区 | 57 | 55 | -2 |
| 延庆区 | 35.7 | 38 | 2.3 |
| 平谷区 | 46.2 | 50 | 3.8 |
| 密云区 | 50.3 | 55 | 4.7 |
| 门头沟区 | 33.1 | 38 | 4.9 |
| 怀柔区 | 42.2 | 54 | 11.8 |
| 昌平区 | 216.6 | 234 | 17.4 |
| 房山区 | 125.5 | 143 | 17.5 |
| 顺义区 | 122.8 | 145 | 22.2 |

---

① 中国共产党北京市委员会、北京市人民政府：《北京城市总体规划（2016年—2035年）》，中国建筑工业出版社2019年版。

② 中国共产党北京市委员会、北京市人民政府：《北京城市总体规划（2016年—2035年）》，中国建筑工业出版社2019年版。

续表

|  | 2019 年<br>常住人口（万人） | 2035 年<br>常住人口（万人） | 2035 年与 2019 年相比<br>增减量（万人） |
|---|---|---|---|
| 大兴区 | 171.2 | 220 | 48.8 |
| 城市副中心 | — | 130 | — |

注：城市副中心 2019 年的数据没有找到，"—"代表无法计算。

资料来源：2019 年数据来源于《北京统计年鉴》。2035 年数据来源于北京市各区分区规划或控制性详规。

表 2-3　　2035 年北京城乡建设用地规模规划情况

| | 2016 年城乡建设用地规模（平方千米） | 2035 年城乡建设用地规模（平方千米） | 城乡建设用地规模变化（平方千米）（2035 年与 2016 年相比） | 增减比例（%） | 战略留白用地面积（平方千米） |
|---|---|---|---|---|---|
| 首都功能核心区 | 92.5 | 92.5 | 0 | 0 | 0.2 |
| 朝阳 | 340 | 269 | -71 | -20.9 | 2 |
| 海淀 | 235.7 | 227 | -8.7 | -3.7 | 2 |
| 丰台 | 192 | 173 | -19 | -9.9 | 5.3 |
| 石景山 | 54 | 53 | -1 | -1.9 | 2 |
| 亦庄 | 151.2 | 133.4 | -17.8 | -11.8 | 4.1 |
| 昌平 | 279 | 263.35 | -15.65 | -5.6 | 5.7 |
| 大兴 | 350 | 314.25 | -35.75 | -10.2 | 18.67 |
| 顺义 | 285.2 | 277.32 | -7.88 | -2.8 | 18 |
| 房山 | 307 | 282 | -25 | -8.1 | 20 |
| 副中心 | — | 100 | — | — | — |
| 怀柔 | 102.4 | 97.25 | -5.15 | -5 | 2 |
| 门头沟 | 73 | 70 | -3 | -4.1 | 3 |
| 密云 | 141 | 132.5 | -8.5 | -6 | 10 |
| 平谷 | 104 | 103 | -1 | -1 | 3 |
| 延庆 | 89.4 | 89.6 | 0.2 | 0.2 | 2 |

注：城市副中心 2016 年的数据没有找到，"—"代表无法计算。

资料来源：2016 年、2035 年数据来源于北京市各区分区规划或控制性详规。

第四，构建"一核一主一副、两轴多点一区"的城市空间布局。

"一核"即首都功能核心区，包括东城区和西城区，总面积92.5平方千米；"一主"即中心城区，包括东城区、西城区、朝阳区、海淀区、丰台区、石景山区，总面积约1378平方千米；"一副"即北京城市副中心，规划范围为原通州新城规划建设区，总面积约155平方千米。"两轴"即中轴线及其延长线、长安街及其延长线；"多点"即五个位于平原地区的新城，包括顺义、大兴、亦庄、昌平、房山新城，是承接中心城区适宜功能和人口的重点地区，是推进京津冀协同发展的重要区域；"一区"即生态涵养区，包括门头沟区、平谷区、怀柔区、密云区、延庆区，以及昌平区和房山区的山区，是京津冀协同发展格局中西北部生态涵养区的重要组成部分，是保障首都可持续发展的关键区域[①]。

2. 怎样建设首都

对于首都建设的具体方略，新版《总规》以疏解非首都功能为"牛鼻子"，从资源科学配置、历史文化保护、城市治理、城乡统筹、世界级城市群建设等多方面展开详细论述，重点厘清城市建设中"都"与"城"、"舍"与"得"、疏解与提升、"一核"与"两翼"的复杂关系，突出把握首都发展、减量集约、创新驱动、改善民生的要求，为实现首都长远可持续发展奠定坚实基础。

第一，有序疏解非首都功能，优化提升首都功能。

疏解非首都功能是北京城市建设规划的"牛鼻子"[②]，抓好这个"牛鼻子"就要按照各区域功能定位要求，做出有针对性的顶层设计。不断完善核心区的政务环境，疏解区域性交易市场、大型医疗机构，调整传统商业区，更新保护好平房区，提升其文化魅力和人居环境。明确中心城区的功能定位，促进疏解非首都功能与城市综合整治并举，加强城市修补，坚持"留白增绿"，提高生态空间品质。充分发挥副中心对接中心城区功能疏解和人口调节的示范带动作用，坚持世界眼光、国际标准、中国特色、高点定位，把城市副中心打造成国际一流的和谐宜居之都示范区。不断完善"两轴"空间组织功能，强化多点支撑，提升新城综合承接能力，推进生态涵养区保护与绿色发展，实现疏解整治基础上城市整体功能的优

---

① 中国共产党北京市委员会、北京市人民政府：《北京城市总体规划（2016年—2035年）》，中国建筑工业出版社2019年版。
② 中国共产党北京市委员会、北京市人民政府：《北京城市总体规划（2016年—2035年）》，中国建筑工业出版社2019年版。

化与提升。

第二，科学配置资源要素，实现城市可持续发展。

在疏解整治的基础上突出创新发展，统筹把握生产、生活、生态空间的内在联系。在经济发展上要坚持生产空间集约高效，构建高精尖经济结构，以"三城一区"①（中关村科学城、怀柔科学城、未来科学城、创新型产业集群和"中国制造2025"创新引领示范区）为依托，突出发展价值链高端环节，实现产业升级转型。在生活服务上要坚持生活空间宜居适度的原则，构建覆盖城乡、优质均衡的公共服务体系，提高市民生活质量。在生态保护上坚持生态空间山清水秀，大幅度提高生态规模与质量，健全市域绿色空间体系。此外，科学的资源配置还要注重水资源的利用与协调、就业与居住关系的平衡和地下空间的统筹利用等问题。

第三，加强历史文化名城保护，提升首都文化魅力。

一要构建全覆盖、更完善的历史文化名城保护体系，拓展和丰富物质精神文化遗产的保护利用，传承城市历史文脉，深入挖掘保护内涵。

二要重点加强老城整体保护，加强文物腾退、完善保护机制，提升保护效能。

三要加强三山五园地区保护，构建历史文脉与生态环境交融的整体空间结构，促进山水田园的自然历史风貌的恢复重建。

四要加强城市设计，塑造传统文化与现代文明交相辉映的城市特色风貌。

五要以培育和弘扬社会主义核心价值观为统领，以历史文化名城保护为根基，建设国际一流的高品质文化设施，构建现代公共文化服务体系，推进首都文明建设，发展文化创意产业②，增强城市文化软实力，全面提升北京文化的国际影响力。

第四，提高城市治理水平，让城市更宜居。

建设和管理好首都是国家治理体系和治理能力现代化的重要内容③。

---

① 中国共产党北京市委员会、北京市人民政府：《北京城市总体规划（2016年—2035年）》，中国建筑工业出版社2019年版。

② 中国共产党北京市委员会、北京市人民政府：《北京城市总体规划（2016年—2035年）》，中国建筑工业出版社2019年版。

③ 中国共产党北京市委员会、北京市人民政府：《北京城市总体规划（2016年—2035年）》，中国建筑工业出版社2019年版。

《总规》以制约首都可持续发展的重大问题和群众关心的热点难点问题为导向，以解决人口过多、交通拥堵、房价高涨、大气污染等"大城市病"为突破口[1]，以改革发展为手段，标本兼治，综合施策，全面提高城市治理水平，构建超大城市治理体系。做好城市治理工作，一是划定城市开发边界，遏制城市"摊大饼式"发展。二是立足具体问题，在交通问题上标本兼治，缓解城市交通拥堵；在住房问题上完善购租并举的住房体系，实现住有所居；在污染问题上着力攻坚大气污染治理，全面改善环境质量。三是提升基础设施的运行保障能力，按照世界城市标准定位，形成适度超前、相互衔接、满足未来需求的功能体系。四是牢固树立和贯彻落实总体国家安全观，坚持政府主导与社会参与相结合，加强公共安全各领域和重大活动城市安全风险管理。五是立足精治、法治、共治，健全城市管理体制，创新城市治理方式。

第五，加强城乡统筹，实现城乡发展一体化。

深入落实首都城市战略定位，建设国际一流的和谐宜居之都，需要统筹城乡发展，破除城乡二元结构，加强分类指导，打造网络型城镇格局。

第六，立足推进京津冀协同发展，建设以首都为核心的世界级城市群。

对接支持河北雄安新区规划建设[2]，与河北共同筹办好 2022 年北京冬奥会和冬残奥会，强化交界地区规划建设管理，优化生产力布局和空间结构等。

第七，维护规划的严肃性和权威性。

习近平总书记强调，"规划是龙头，在城市建设中发挥着重要的引领作用，规划科学是最大的效益，规划失误是最大的浪费，规划折腾是最大的忌讳，规划上不作为，也是最大的失职"[3]。北京的城市规划一旦确定，就要坚决维护城市总体规划的严肃性和权威性，坚持一张蓝图绘到底。[4]

---

[1] 中国共产党北京市委员会、北京市人民政府：《北京城市总体规划（2016 年—2035 年）》，中国建筑工业出版社 2019 年版。

[2] 中国共产党北京市委员会、北京市人民政府：《北京城市总体规划（2016 年—2035 年）》，中国建筑工业出版社 2019 年版。

[3] 中国共产党北京市委员会、北京市人民政府：《北京城市总体规划（2016 年—2035 年）》，中国建筑工业出版社 2019 年版。

[4] 中国共产党北京市委员会、北京市人民政府：《北京城市总体规划（2016 年—2035 年）》，中国建筑工业出版社 2019 年版。

保证规划的有效实施，需要有效的制度设计和法律保障。《总规》在规划的实施层面也做了比较系统的规定。

其一，建立"多规合一"的规划实施及管控体系。在底图层面，通过建立一张图审批管理平台，形成统一衔接、功能互补、相互协调、一以贯之的一本规划；在指标层面，建立规划指标逐级、分阶段落实机制，完善相关技术标准；在政策层面，通过制定相关保障性、配套性政策，提升实施规划的协同性和积极性，推动规划有效实施。

其二，建立城市体检评估机制，提高规划实施的科学性和有效性。[①]一方面，构建"国际一流的和谐宜居之都评价指标体系"和相关评级机制，提升评估的精确化水平；另一方面，引入专家咨询和公众参与长效机制，使规划更好地反映民意、汇集民智、凝聚民心。

其三，建立实施监督问责制度，维护规划的严肃性和权威性。这主要包括完善城市规划法律法规体系、健全规划公开制度、建立规划实施的监督考核问责制度等，最大限度完善规划执行决策的法定程序，促进规划实施的依法、科学、民主决策。加大行政执法力度，提高违法成本，推进行政执法与刑事司法、纪检监察相衔接。

其四，加强组织领导，在创新区域协同机制、加强宣传培训以及建立重大事项报告制度等方面下功夫。

3. 新版《总规》的突出特点

新版《总规》目标明确、特色鲜明，其突出特点主要表现在以下四个方面。

一是更加明确了"四个中心"的战略定位，将北京的建设提升到国家战略层面。《总规》紧紧围绕实现"都"的功能来谋划"城"的发展，从国家治理现代化和中华民族伟大复兴的高度把握首都的建设发展，并着眼于中华民族伟大复兴的历史进程，城市总体规划提出了分阶段发展目标。

二是更加突出了区域协调联动，放眼京津冀广阔空间谋划首都未来，坚持"跳出北京看北京"。

三是更加凸显了问题导向，针对北京当前的"大城市病"找办法、

---

① 中国共产党北京市委员会、北京市人民政府：《北京城市总体规划（2016年—2035年）》，中国建筑工业出版社2019年版。

谋出路，对治理"大城市病"做出规划安排，最大限度满足市民对美好城市生活的向往。

四是更加重视规划实施保障，提出了确保一张蓝图绘到底的制度机制。规划的作用效力关键在落实，为维护城市总体规划的严肃性和权威性，调动各方面参与和监督规划实施的积极性、主动性和创造性，《总规》专辟一章来论述规划的实施保障，将这一工作提高到了应有高度。

**（三）"跳出北京来看"**

坚持京津冀协同发展的重大战略，跳出北京审视北京的长远发展是新版北京城市总规的理论品质。京津冀发展合作走到今天这样的程度，不能再只依靠浅层次的合作，必须进行顶层设计，用顶层设计推动合作。北京城市总体规划以建设以首都为核心的世界级城市群为遵循，以非首都功能疏解、河北雄安新区规划建设、2022年冬季奥运会等契机为依托，坚持重点领域率先突破，加强统一规划、统一政策、统一管控，正是在顶层设计层面对京津冀协同发展的推动与实践。

1. 京津冀协同发展的重大国家战略

作为我国三大经济区和京畿要地，京津冀地区的协同发展长期受到各界关注。2001年10月，清华大学建筑学家吴良镛院士就提出了以北京市、天津市为"两核"，以唐山市、保定市为"两翼"，廊坊市为腹地，涉及环渤海部分地区一体化的规划设想，并得到建设部论证通过。2004年2月12—13日，国家发改委召集京津冀发改委在廊坊达成加强京津冀经济交流与合作的"廊坊共识"。2010年，"京津冀区域一体化"与"首都经济圈"相继写入国家"十二五"规划纲要。2013年5月，习近平总书记在天津调研时提出，要谱写新时期社会主义现代化的京津"双城记"。2013年8月，习近平在北戴河主持研究河北发展问题时，提出要推动京津冀协同发展。2014年2月26日，习近平在北京主持召开座谈会，听取京津冀协同发展工作汇报并作重要讲话。2015年4月，中央政治局审议通过了《京津冀协同发展规划纲要》（以下简称《纲要》），从而标志着京津冀协同规划的顶层设计初步完成。2016年2月，印发《"十三五"时期京津冀国民经济和社会发展规划》，这是中国历史上第一个跨省市的区域的"五年规划"，标志着京津冀协同发展进入系统化、高水平阶段。

京津冀协同发展有着明确的阶段性发展目标。《纲要》规定了京津冀协同发展的近期目标、中期目标和远期目标，近期目标（2017年）是要求非首都核心功能疏解取得明显进展，协同发展的顶层设计和工作机制基本确立。中期目标（到2020年）要求将北京人口控制在2300万左右，缓解首都存在的突出问题，基本形成区域交通网络，生态环境有效改善、产业联动和公共服务建设有重大进展，协同发展有效机制运转，区域差距缩小。远期目标（到2035年）要求京津冀区域一体化格局基本形成，京津冀成为具有较强国际竞争力和影响力的重要区域，引领、支撑全国经济社会发展。[1]

京津冀协同发展以"一核、双城、三轴、四区、多节点"为空间战略布局。"一核"是明确北京在京津冀中的核心地位，在区域发展中应起到核心、引领和带动作用。"双城"即北京、天津是京津冀协同发展的主引擎，谱写好新时代社会主义现代化的"双城记"。"三轴"即打造京津、京保石、京唐秦三条城镇聚集轴和产业发展带，实现产业化和城镇化的联动效应。"四区"即四大功能区，包括中部核心功能区、东部滨海发展区、南部功能拓展区、西北部生态涵养区。"多节点"包含石家庄、唐山、保定、邯郸四个区域性中心城市，张家口、承德、廊坊、秦皇岛、沧州、邢台、衡水七个节点城市。[2]

京津冀协同发展着眼六大布局，以协同创新推动协同发展。一是交通的协同创新布局，构建便捷、高效、现代化、立体化、综合交通体系。二是产业协同创新布局，建设有国际竞争力的世界级产业集群。三是生态建设协同创新布局，共建生态良好、环境优美的宜居家园。四是公共服务协同创新布局，率先实现基本公共服务均等化。五是城镇体系协同创新布局，打造中心与外围共生互动、多中心网络化城镇体系。六是体制机制的整体创新布局，为京津冀区域协同发展提供有效的制度保障。以协同创新促进协同发展，形成共同促进京津冀一体化的合力。

2. 以首都为核心的世界级城市群建设

以《纲要》的顶层设计为依托，《总规》不仅在整体框架上体现协同

---

[1] 中国共产党北京市委员会、北京市人民政府：《北京城市总体规划（2016年—2035年）》，中国建筑工业出版社2019年版。

[2] 中国共产党北京市委员会、北京市人民政府：《北京城市总体规划（2016年—2035年）》，中国建筑工业出版社2019年版。

发展的精神，还专辟一章论述建设以首都为核心的世界级城市群的具体战略，将京津冀协同发展方案落实为具体的行动方案。

第一，根据建设世界级城市群的总体目标，《总规》提出要围绕首都形成核心区功能优化、辐射区协同发展、梯度层次合理的城市群体系，探索人口经济密集地区优化开发①的新模式，着力建设绿色、智慧、宜居的城市群。着力构筑"一核、双城、两翼、多点"的城市群空间体系，共同营造富有京畿特色、多元活力的文化体系，设施均好、区域均衡的公共服务体系等六大城市可持续发展的支撑体系。

第二，根据对河北省雄安新区的总体战略规划，《总规》提出了对接支持雄安新区规划的建设方案。一是建立与雄安新区便捷高效的交通联系，依托既有高速通道、干线铁路及城市交通廊道，加强建设抵达雄安新区的高速公路、连接相关交通枢纽，同时加强北京新机场、北京首都国际机场等国际航空枢纽与河北雄安新区的快速连接。二是支持在京资源向河北雄安新区转移疏解。加强北京重点公共服务向雄安新区转移，培育新动能，发展高新产业。三是促进公共服务等方面的全方位合作。积极对接河北雄安新区需求，采取新建、托管、共建等多种合作方式，支持市属学校、医院到河北雄安新区合作办学、办医联体，推动在京部分优质公共服务资源向河北雄安新区转移。②

第三，根据协同创新的一体化战略，《总规》提出了交通、生态、产业协作、扶贫四大重点率先突破的领域。一是率先推进区域交通一体化③，建设国际性综合交通枢纽，改变北京单中心、放射状的交通结构，优化城市群交通体系，构建以轨道交通为骨干的多节点、网络化交通格局。二是强化区域生态环境联防联控联治，与津冀携手开展区域环境污染的联防联控联治，推动生态系统的保护与修复，着力扩大区域环境容量和生态空间。三是加强区域产业协作和转移，加强重点领域产业对接协作，聚焦曹妃甸区、北京新机场临空经济区、张（家口）承（德）生态功能

---

① 中国共产党北京市委员会、北京市人民政府：《北京城市总体规划（2016年—2035年）》，中国建筑工业出版社2019年版。
② 中国共产党北京市委员会、北京市人民政府：《北京城市总体规划（2016年—2035年）》，中国建筑工业出版社2019年版。
③ 中国共产党北京市委员会、北京市人民政府：《北京城市总体规划（2016年—2035年）》，中国建筑工业出版社2019年版。

区、滨海新区4个战略合作功能区,构建"4+N"产业合作格局①,促进北京创新资源的溢出辐射,推动重大科技创新成果在津冀转化,构建京津冀协同创新共同体。四是展开精准开展对口帮扶,建立完善北京与张家口、承德、保定三市国家级贫困县(区)结对帮扶关系②,在产业发展、基本公共服务、基础设施建设、劳务合作和劳动力培训等领域精准开展对口帮扶,帮助受援地区实现可持续发展。

第四,根据京津冀一体化统筹要求,重点加强交界地区统一规划、统一政策、统一管控。③ 一是加强统一规划,发展跨界城市组团,要合作编制交界地区整合规划,有序引导跨界城市组团发展,防止城镇连片开发。二是保障统一政策,加强跨界协同对接,要探索建立交界地区规划联合审查机制,规划经法定程序审批后严格执行。制定统一的产业禁止和限制目录,提高产业准入门槛。三是实现统一管控,有序跨界联动,首先要注重严控人口规模,根据疏解北京非首都功能需要,确定交界地区人口规模上限,严格落实属地调控责任,有效抑制人口过度集聚,促进人口有序流动。其次要严控城镇开发强度,共同划定交界地区生态控制线。④ 最后要严控房地产过度开发。2018年以后,廊坊北三县与通州等区域逐步由"三统一"提升为"四统一",增加了"统一标准"。

第五,《总规》提出了依托2022年冬季奥运会的宝贵契机,促进区域整体发展水平提升方案。2022年北京冬奥会是我国重要历史节点的重大标志性活动。坚持绿色办奥、共享办奥、开放办奥、廉洁办奥,办成一届精彩、非凡、卓越的冬奥会,将充分发挥对京津冀协同发展强有力的牵引作用。一是要重视奥运服务保障建设带来的重要契机。由于冬季奥运会涉及北京、延庆、张家口三个赛区,为向运动员、教练员、观众及媒体工作人员提供便捷、顺畅的交通服务,要高标准、高质量完成京张高铁、延崇高速公路建设,同步推进三地相关基础设施建设,发挥首都资源优势,

---

① 中国共产党北京市委员会、北京市人民政府:《北京城市总体规划(2016年—2035年)》,中国建筑工业出版社2019年版。

② 中国共产党北京市委员会、北京市人民政府:《北京城市总体规划(2016年—2035年)》,中国建筑工业出版社2019年版。

③ 中国共产党北京市委员会、北京市人民政府:《北京城市总体规划(2016年—2035年)》,中国建筑工业出版社2019年版。

④ 中国共产党北京市委员会、北京市人民政府:《北京城市总体规划(2016年—2035年)》,中国建筑工业出版社2019年版。

加强人才培养与合作，促进区域协同发展。二是要借助冬季奥运会，提升京张地区整体生态环境质量。

**（四）助力京津冀协同发展**

京津冀协同发展与北京城市规划发展密切相关，不可分割，相互促进、相互支撑。一方面，北京的建设发展需要京津冀的协同，北京地位高、体量大、实力强、变化快、素质好，但在发展中也面临着种种令人揪心的问题，特别是人口过多、交通拥堵、房价高涨、生态严峻等，要解决好北京的问题，仅仅依靠北京自身是远远不够的。从世界上看，当城市发展到一定阶段，往往会出现城市群、城市圈，通过各节点城市的功能分担与协同，能够更好地缓解中心城市压力，形成共同发展的合力。对于北京而言，只有不断加强与河北、天津两地的协同互动，拓展首都圈空间，才能实现长远、可持续发展。另一方面，京津冀协同发展迫切需要北京的深度支持。习近平总书记强调，京津冀在城市布局方面存在的主要问题是京津两级过于"肥胖"、周边中小城市过于"瘦弱"。北京因其特殊的地位、发达的经济和大量的资源对周边形成了强烈的"虹吸效应"，要实现京津冀协同，就需妥善解决好"虹吸效应"问题，打造"反磁力中心"，引导资源、资本、人才向周边、尤其是向河北聚集。因此，只有北京做出切实行动，京津冀协同发展才能从规划转变为切实的实践。北京是京津冀的重要组成部分，而整个京津冀又服务于"大首都圈"建设，服务于中华民族复兴的大战略，这对贯彻《总规》、推动京津冀协同发展提出了更高的要求。

贯彻《总规》和《纲要》需要理念的转变。要明确树立首都首善意识，充分意识到首都的战略定位和责任职责，将北京的工作放到全国发展战略的大局中考虑，树立"四个服务"意识，用"都"的思维统领"城"的发展。要坚决打破"一亩三分地"的思维定式，破除行政壁垒，由过去的要求对方为自己做什么，变成大家抱成团朝着顶层设计的目标一起做。要打破"增量发展、聚集资源求发展"的固有模式，寻求减量发展、创新发展，促进各类资源在京津冀三地有效流动，最大限度降低发展给环境、生态带来的负面效应。

贯彻《总规》和《纲要》需要机制体制的整合。以《纲要》《总规》为北京建设的蓝图，从根本上解决了顶层设计的问题，将顶层设计转变为具体实践，需要我们形成更加完善的体制机制保障。这些体制机制既包括北京层面的，更包括京津冀协同层面，还有全国层面的，从而最大限度降低北京减量发展和京津冀协同发展的制度性障碍，为区域发展的转型升级保驾护航。

贯彻《总规》和《纲要》需要不断注入创新驱动力。不论是北京的发展还是京津冀协同，都不是完全通过行政手段能够解决的问题。只有充分发挥市场的主体作用，用人民群众的智慧为城市建设和区域发展添砖加瓦，注入创新驱动力量，才能最大限度保障各类资源的有效分配，为创新创业提供必要的制度支持与技术保障，引导更多优秀人才支持京津冀三地建设发展，从根本上激发京津冀发展的活力。

贯彻《总规》和《纲要》需要更加强调城市治理与市民需求的满足。长期以来，城市规划重"建"轻"管"，重"经"轻"社"。在新时代讨论城市发展的问题，需要将更多的力量放到解决人民群众的迫切需求之中，放到人民美好向往的满足之中，放到促进城市的长效治理之中。京津冀三地城市发展层次不齐，城市治理能力各异，只有立足城市的具体特点和市民的实际需求，才能在理顺各类关系的前提下实现整合，形成更加巨大合力。

总之，贯彻《总规》和《纲要》既是京津冀解决既有矛盾困难，谋求发展空间的迫切需求，也是提升国家区域发展水平，实现国家发展战略的必然要求。

## 三 重大国家战略中的京津冀定位

### （一）北京的"四个中心"

北京简称"京"，是中华人民共和国省级行政区、首都、直辖市、国家中心城市和超大城市，是世界著名古都和现代化国际城市，是中国共产党中央委员会、中华人民共和国中央人民政府和全国人民代表大会常务委员会的办公所在地。北京市位于华北平原北部，毗邻渤海湾，上靠辽东半岛，下临山东半岛，总面积 16410.54 平方千米；与天津相邻，并与天津一起被河北省环绕。截至 2019 年年末，北京市常住人口 2153.6 万人，地区生产总值（GDP）35371.3 亿元，人均地区生产总值实现 16.4 万元。北京市的功能定位是全国政治中心、文化中心、国际交往中心和科技创新中心。①

在新时代,作为我们伟大祖国的首都,北京如何在各方面工作中发挥好代表性、指向性和表率作用,如何走出一条具有中国特色的超大城市发展道路,是我们亟须回答的"新时代之问"。古语云:"建首善自京师始",这表明"首善"是首都的应有之义。对新时代的北京而言,"首善"就是坚持全国政治中心、文化中心、国际交往中心和科技创新中心的战略定位,以建设国际一流的和谐宜居之都的发展目标,坚定以人民为中心的发展思想,立首善之业、创首善之城、谋首善之治、布首善之局。在新的历史条件下,以新时代"首善观"为指导,以"首善标准"为要求,把握好首都发展的核心要义,是呼应中华民族伟大复兴历史进程与建设大国首都的内在要求和必然选择。

1. 立首善之业,在"减"与"增"的协调中实现高质量发展

在新时代谋求跨越式发展,北京市就需要立足首都的本质特征,勇于"立首善之业",以首都首善的要求梳理自身功能定位,有"舍"有"得",在"减"与"增"的辩证关系中实现高质量发展。"减"是减量、减负、减重,是"瘦身健体",是以首都功能为准绳的产业功能取舍。"增"是增效、增质、增绿,是创新驱动,是在减量的基础上做到提升,立足创新实现发展。只有协调好"减"与"增"的辩证关系,才能去得了繁芜负担,立得住首善之业,从而推动新时代北京市的减量发展、升级发展与创新发展。

2. 创首善之城,在"表"与"里"的统一中营造首都风貌

风貌、风韵、风范是一个城市的名片,也是其魅力所在。纽约、巴黎、伦敦等国际名城无一不以独特的景观、充沛的活力以及多彩的文化吸引着世人的目光。北京市是中国的首都,也应在城市空间营造、城市文化传承、创新创意引领等方面居于领先地位,成为软件与硬件相和谐、"表"与"里"相统一的"首善之城"。"表"与"里"都是城市风貌的重要组成部分,"表"是外显,是城市的表征与形象,"里"是内核,是城市文化、活力与体验。在城市营造中实现"表"与"里"的统一,全面提升城市风貌品质,是在新时代创首善之城的应有之义,也是北京市营

---

① 中国共产党北京市委员会、北京市人民政府:《北京城市总体规划(2016年—2035年)》,中国建筑工业出版社2019年版。

造大国首都、建设世界一流名城过程中的必由之路。

3. 谋首善之治，在"精"与"全"的整合中优化城市治理

城市的"善治"是城市发展进步的重要基础，城市治理的水平是治理能力现代化的重要内容。对于北京市而言，提升治理技术水平，谋首善之治，满足市民的切实需求，既是城市的责任，也是首都的担当。在新时代提升城市治理水平，关键在于把握好"精"与"全"的关系，并在具体的治理实践中实现整合。所谓"精"是指"精细"，是以绣花针的功夫、钉钉子的精神，实现治理的制度化、细致化和个性化；所谓"全"是全面均衡，是治理的系统化、协调化、整合化，是以"谋全局"的智慧促成首都治理格局的全面提升。

4. 布首善之局，在"核"与"翼"的辩证中促进区域协同

从城市发展的规律看，城市群是城市发展到成熟阶段的有效组织形式。因此，优化城市空间布局，推动京津冀区域协同，布首善之局是新时代北京市发展的必然要求。要实现北京市空间布局的优化，提升区域协同水平，就必须处理好"核"与"翼"的辩证关系。"核"是"一核"，即包括东城和西城的首都功能核心区，是承载政治、文化与国际交往使命的首都窗口。"翼"即"两翼"，是北京市的城市副中心和河北省的雄安新区，是集中实现功能承接、推动首都空间结构优化的重要区域。"核"与"翼"共同决定了北京市发展的空间纵深与辐射带动效力。"布首善之局"要求协调好"核"与"翼"的辩证关系，不局限于北京市一地，做到"跳出北京看北京"，将京津冀的城市群发展纳入首都圈布局之中，从而实现区域协同发展和整合发展。

未来的北京市就是要以新时代要求为契机、以新历史使命为动力，以全国表率为担当，以国际之都为视野，在深刻把握"舍"与"得"的基础上，推动城市发展、营造、治理与布局的"四位一体"，成为国际一流的和谐宜居之都。

## （二）天津的"一地三区"

天津简称"津"，是中华人民共和国直辖市、中国国家中心城市、中国北方经济中心、环渤海地区经济中心、中国北方国际航运中心、中国北方国际物流中心、国际港口城市、生态城市和国际航运融资中心。天津市地处中国华北地区、东临渤海、华北平原东北部、海河流域下游，是海河

五大支流南运河、子牙河、大清河、永定河、北运河的汇合处和入海口，素有"九河下梢""河海要冲"之称。天津市下辖16个区，总面积11916.85平方千米。截至2019年年末，全市生产总值14104.28亿元，常住人口1561.83万，城镇人口1303.82万，城镇化率83.48%，人均地区生产总值实现9.03万元。在京津冀协同发展中，天津市的功能定位是全国先进制造研发基地、北方国际航运核心区、金融创新运营示范区、改革先行示范区。

**（三）河北的"一地三区"**

河北简称"冀"，是中华人民共和国省级行政区。河北省省会石家庄，位于中国华北地区，环抱首都北京，东与天津毗连并紧傍渤海，东南部、南部衔山东、河南两省，西倚太行山与山西为邻，西北部、北部与内蒙古交界，东北部与辽宁接壤。河北省总面积18.88万平方千米。当前，河北省下辖11个地级市、47个市辖区、21个县级市、94个县、6个自治县。截至2019年年末，全年河北省生产总值实现35104.5亿元，比上年增长6.8%，其中，第一产业增加值3518.4亿元，增长1.6%；第二产业增加值13597.3亿元，增长4.9%；第三产业增加值17988.8亿元，增长9.4%，常住人口7591.97万，人均地区生产总值实现4.62万元。在京津冀协同发展中，河北省的功能定位是全国现代商贸物流重要基地、产业转型升级试验区、新型城镇化与城乡统筹示范区、京津冀生态环境支撑区。

2015年4月30日，中央政治局会议审议通过的《纲要》提出，京津冀三地区域的功能定位为以首都为核心的世界级城市群、区域整体协同发展改革引领区、全国创新驱动经济增长新引擎以及生态修复环境改善示范区，这四个方面的功能定位为京津冀三地未来发展指明了方向并提出了更高要求，同时会对区域人口发展产生深刻影响。由于人口是城市规划和区域发展的基础性指标，因此，接下来我们将结合京津冀的现实情况，对京津冀人口发展历程做一分析。

## 四 2014年以前的京津冀人口

党的十八大之后，习近平总书记于2014年2月第一次视察了北京并对北京工作发表了重要讲话，明确指出"解决好北京发展问题，需要跳出北京来看"。在此之前，京津冀人口协同发展面临着系列历史遗留问题，亟待解决。

总体来看，推动京津冀人口的协同发展，可能需要做到"两个把握好"：既需要把握好京津冀人口特点，认清京津冀人口发展的历史、现状及其未来走势，在宏观上处理好人口分布格局与产业结构之间的密切关联，又需要把握好京津冀协作特点，着眼于城市群发育全过程和协作各领域，立足首都北京的城市定位和非首都功能的疏解，研判京津发展的空间主轴影响，明确河北产业承接的优劣势，逐步解决好京津冀人口发展过程中可能面临的城市体系和城市网络问题，使政策平稳着陆。

为更好地做到"两个把握好"，本部分简要对2014年前后京津冀人口发生的转变进行对比性梳理，从中可感受到京津冀人口协同发展之难点、痛点、堵点及其变化。

### （一）待解的城市人口规律之谜

解决"一域"的人口问题离不开世界眼光，离不开对全世界人口规律的认知与把握。从发达国家的人口历史进程来看，其城市人口大体经历了从城市化到郊区城市化、逆城市化再到再城市化的发展过程。然而，截至目前，在此人口演进轨迹的背后，仍有一系列人口规律性认识值得深入探索。例如，再城市化之后发达国家的大城市将会呈现出怎样的人口发展态势？发展中国家的大城市是否也会经历发达国家类似的人口发展过程等。这些人口规律性研究一直是学界争论的焦点和讨论的热点。

我国目前处于城镇化发展的中后期，而且未来大约还有10年的人口总量增长期。从已有研究来看，人口增长有赖于人们获取各类资源的能力，即生产力与生产方式的统一程度，而人口增长带来的人口压力又是社会发展的另一种动力。因此，看待人口问题，需要把人口放置于社会、经济、环境的大系统里予以综合考虑，而且既要考虑单体城市"点"上的宜居，又要考虑区域发展"面"上的协作。2019年，京津冀以全国2.3%的土地面积承载了全国8.08%的人口，创造了全国8.54%的GDP总量。从未来发展来看，京津冀区域还会有更大的作为空间。然而，如何在快速城镇化和人口持续迁移流动的背景下，实现京津冀城市群中心城市北京的适宜人口，一直都是尚未解开的学术之谜。为准确把握城市人口发展规律，引导人口合理布局，我们可以先从发达国家大城市走过的人口之路窥见一斑。

纵观世界主要发达国家城市发展轨迹,我们可以发现,大城市人口规模走过的历史过程似乎存在着相似的路径和特征。基于纽约、伦敦、东京三个世界城市年均人口增长率历史变动和相关文献中记载的人口总量数据,我们的研究发现,这些世界城市大多历经了"缓慢增长—加速快速增长—平稳增长—缓慢减少—人口复苏和稳步增长"的人口规模发展阶段。人口缓慢增长出现在城市发展的起步阶段,医疗卫生条件和经济发展水平等若干因素长期制约着城市人口增长;人口加速快速增长阶段,生产力迅速发展,经济水平不断提高且医疗条件改善等,共同促进了城市化以及城市人口在短时间内的快速增长;人口平稳增长时期,教育水平的提高及其生育观念的转变等诸多因素促成了出生率的相对稳定;人口缓慢减少时期,由于受逆城市化、区域协同发展或局部战争等多种因素的影响,有些世界城市的人口曾出现负增长状况;人口复苏和稳步增长时期,人口增长情况与城市环境改善、人口回流中心城市(再城市化)等因素有很大关系。总体来看,这五个人口发展阶段与城市所处的经济发展水平关系密切,相辅相成:人口发展为经济发展提供动力支撑,而经济发展则为人口发展提供物质保障。

在若干城市人口发展阶段中,特别值得注意的是两个拐点:一个拐点是城市人口由增转降的郊区城市化和逆城市化阶段。例如,20世纪50—80年代伦敦和纽约的人口增速曾一度跌为负值,1970—2000年东京人口增速低迷;另一个拐点是城市人口由降转增的再城市化阶段。20世纪80年代以后的伦敦和纽约、2000年以后的东京均出现了人口再聚集现象并逐步形成相对稳定的人口增速。

可以说,人口发展与经济发展具有一定的同步性,相应的经济发展阶段受到一定的人口规模推动,人口增减反过来也会对经济发展轨迹产生深刻影响。从这几个城市来看,这些世界城市每隔十年计算的人口年均增长率在经历长时期振荡后振幅减小,曲线日益平缓,逐渐收敛于1%,并长期稳定在1%以内。例如,2000—2010年纽约、伦敦、东京的人口年均增速分别为0.2%、0.6%和0.9%,而此阶段北京人口增速为3.7%(见图2-1)。自1960年以后,北京市每隔十年的人口年均增速一直在升高,即1960—1970年、1970—1980年、1980—1990年、1990—2000年及2000—2010年的年均增速分别为0.6%、1.1%、2.2%、2.3%和3.7%。

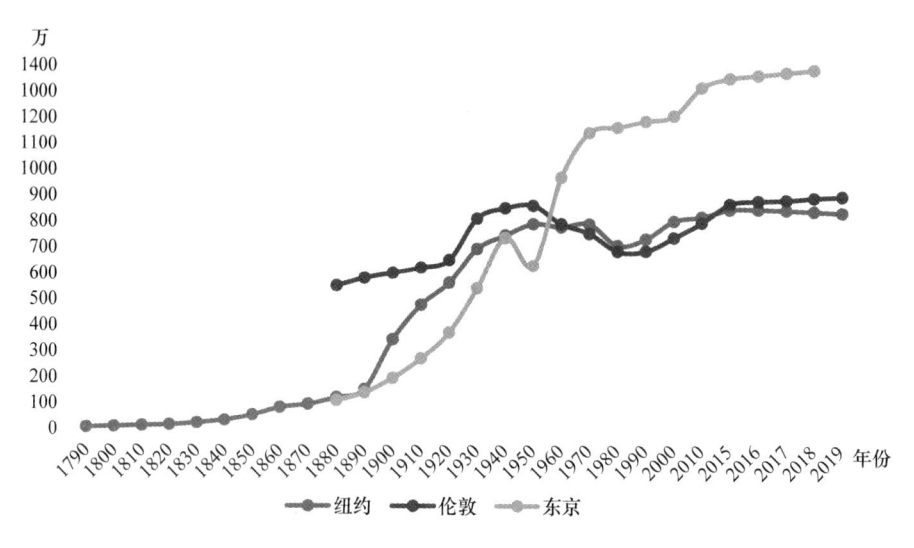

图 2-1 纽约、伦敦、东京人口规模的历史变动

资料来源：东京人口数据来源于《东京都统计年鉴》，http：//www.toukei.metro.tokyo.jp/tnenkan/2009/tn09q3i002.htm；纽约市人口数据来源于美国人口普查局，http：//www.census.gov/history/www/through_the_decades/fast_facts/；1880—2005 年伦敦人口数据来源于陆军等《纽约、东京与伦敦的人口规模演变》，《城市问题》2010 年第 9 期；2010 年伦敦人口数据来源于 http：//www.gov.uk。

2015—2020 年，北京若按世界大城市人口增长率控制在 1% 以下进行增长，那么 2020 年，北京常住人口规模能保持在 2300 万以内。

我们曾经对日本东京人口增长规律进行了初步研究[①]，结果发现：日本全国人均 GDP 及城市化率的提升、东京的大学和医院数量扩张是拉动东京人口增长的显著因素。例如，东京人口增速最快的 20 年（即 1950—1970 年），其人口年均增速达到 3.0%，而在此期间，日本全国的城市化率由 53.4% 提高到 71.9%，大学数量由 73 所增至 103 所，医院数量由 338 所增至 743 所。

与此类比，2000 年以后，我国首都北京也同样处于全国城市化加速、人均 GDP 提升的发展环境之中，而且曾经也表现出全市社会公共服务资源扩张的内在特征。2013 年，我国城市化率达到 53.7%，大体相当于日

---

① 参见尹德挺等《首都人口疏解的行与思》第六篇第一章，中国社会科学出版社 2017 年版。

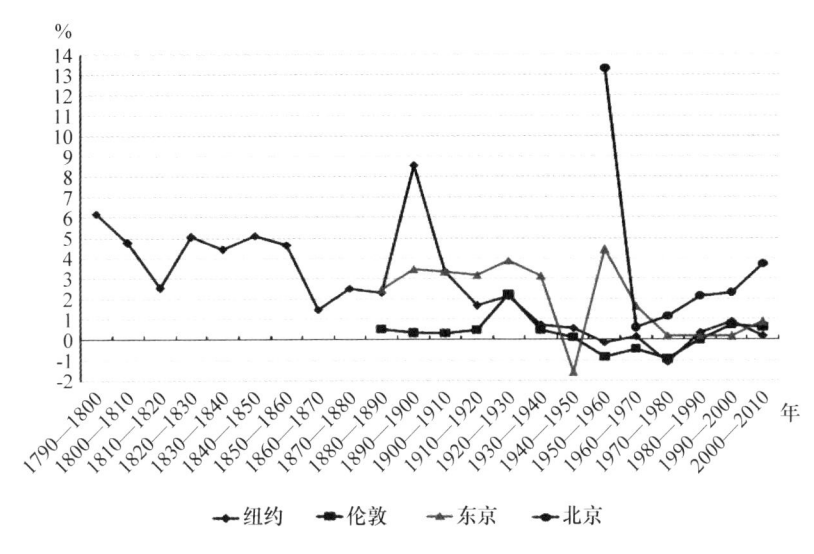

图 2-2 纽约、伦敦、东京、北京每隔十年平均人口增长率变动

本 20 世纪 50 年代初的发展阶段（即东京 1950—1970 年人口激增 20 年的时间起点）。同时，我国首都北京还聚集着大量的优质大学和医院，这与日本东京 1950—1970 年人口激增 20 年的外部环境极其相似。因此，我国首都北京曾在"十一五""十二五"期间也处于人口加速快速增长阶段。按照目前世界城市初步认识到的人口发展规律，北京人口很可能在达到一个经济发展所需的均衡点后，人口增速放缓，进而平稳过渡到下一发展阶段。2017—2020 年，因受疏解非首都功能等多因素的综合影响，北京常住人口规模出现了减量态势。预计在我国"十四五"期间至 2035 年，北京人口也可能进入平稳发展期。

总而言之，学术界对于城市人口规律的研究探索仍未停止。在发达国家主要城市经历了城市化、郊区城市化、逆城市化、再城市化四个阶段之后，发展中国家的主要城市会衍生出怎样的发展特征和演进规律，仍然值得进一步观察与思考。

**（二）典型的人口极化效应**

人口是经济活动的基础和载体，也是与经济系统耦合运行的综合要素。作为京津冀区域经济的核心，北京拥有多重的城市功能角色并在产业体系中处于技术领先地位，同时对全国流动人口产生了强大的向心引力。在庞大的北京人口流动浪潮中，河北省发挥了重要的人口支撑作用，是对于北京而言排在首位的人口输出地。2010年全国第六次人口普查数据显示，约22%的北京常住外来人口来源于河北省。

从北京人口规模发展来看，改革开放以来，特别是进入21世纪以来，人口流动逐渐变得活跃，北京流动人口稳步增长。1978年改革开放之初，北京常住人口为871.5万，其中，常住外来人口仅21.8万。2000年，北京常住人口规模增至1363.6万，其中，常住外来人口猛增至256.1万。2013年，北京常住人口达到2114.8万，突破2100万大关，常住外来人口也突破了800万。2014年年底，北京常住人口达2151.6万，常住外来人口达818.7万。

在这一时期，京津冀"点"上的人口向心力在加剧。首先，人口极化分布特征持续强化。2000年，在整个京津冀城市群中，常住人口占比最高的是北京，保定和天津紧随其后。到了2014年，京津作为京津冀的两极，其人口占据整个城市群人口的近1/3，而保定对整个城市群的人口支撑作用出现下降。其次，流动人口对京津两市的青睐与日俱增。2000年至2014年，京津冀地区62%的新增人口集中于京津，其中，北京的绝对中心地位尤其稳定，接近40%的新增人口集中在此。从人口流动趋势看，北京的人口吸引力保持稳定，天津在逐渐上升，而河北则在下降，京津冀地区呈现出以北京为核心、天津为次核心、河北为补充的"人口双核结构"。从京津冀三地的常住流动人口占常住人口的比例来看，2010年北京达到36%，天津也超过了23%。在河北全省范围内，只有廊坊、秦皇岛、石家庄和唐山等市属于人口净流入地区，流动人口占比分别为5.2%、3.6%、3.5%和3.2%，其他地市均为净流出地，尤其是承德和张家口的人口净流出率更高。因自身雄厚的工业基础和海洋经济优势，唐山和秦皇岛尚可吸纳一定的劳动力。石家庄作为河北省省会，是河北的工业重镇，也是华北地区的交通枢纽之一，这种优势也使石家庄能吸引周边地区劳动人口的聚集。相比之下，廊坊的发展更多得益于区位优势。廊坊毗邻京津两市，尤其是地理位置优越的"北三县"——大厂、三河和香河，较多地承接了京津两市转移的产业。在北京积极建设城市副中心的大背景之下，廊坊也必然会得到更多的发展机遇，净流入人口也相对较高。相比之下，在河北人口净流出的地市，其经济发展水平较为落后，其中，

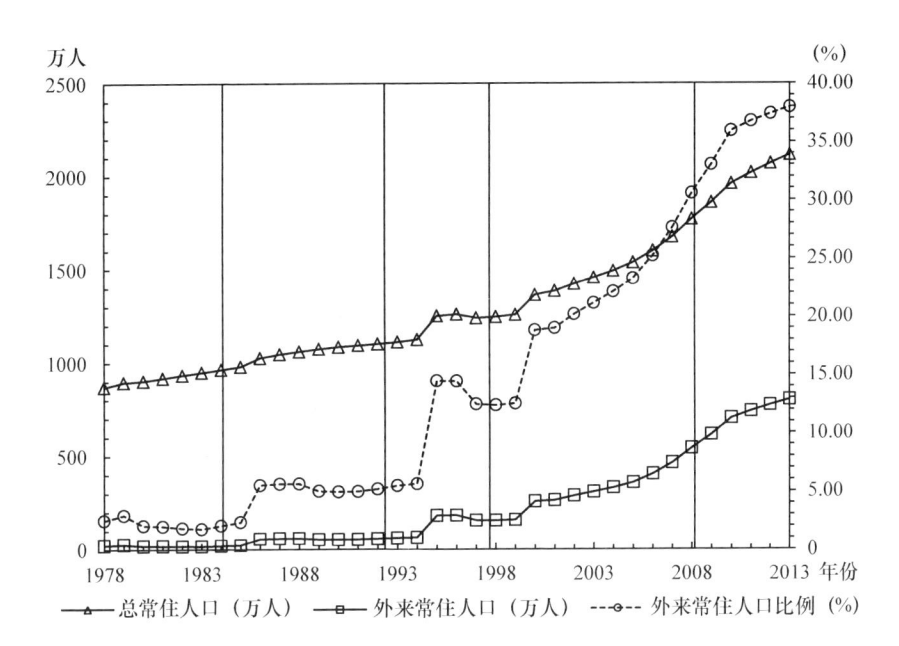

图 2-3　1978—2013 年北京市人口增长曲线

资料来源：北京市统计局：《北京市统计年鉴（2014）》，中国统计出版社 2014 年版。

注：图 2-3 显示出 1978 年至 2013 年北京市常住人口、常住外来人口的总量变化以及外来常住人口占比的变化。在改革开放之初，由于户籍制度对人口流动的限制，在京外来人口人数少且比例低。在 20 世纪 90 年代进一步深化改革之前，北京常住外来人口比例依然低于 10%，只是在 5%—7% 徘徊。之后，北京常住外来人口占常住人口的比重在 1995—1999 年升至 15% 左右，在 2000 年前后上扬至 20%。由于外来人口的增长惯性，2013 年和 2014 年这一比例分别高达 37.95% 和 38.05%。

2013 年张家口有 10 个国家级贫困县，承德市有 6 个国家级贫困县。最后，京津冀经济重心和人口重心持续向京津发展主轴逼近。基于 2000 年至 2014 年的统计数据，京津冀的经济重心由霸州逐渐向廊坊方向转移，而人口重心则由任丘逐渐向霸州方向移动，人口重心跟随着经济重心持续向京津冀区域的东北方向移动，即向京津发展主轴上靠近。由此可见，京津两市在京津冀区域范围内的分量在加重。

### （三）尴尬的北京单位税金贡献率

在流动人口聚集的同时，北京就业结构的优化以及劳动生产率的提高依然是城市转型和区域发展的方向。从常住人口就业结构来看，北京市第

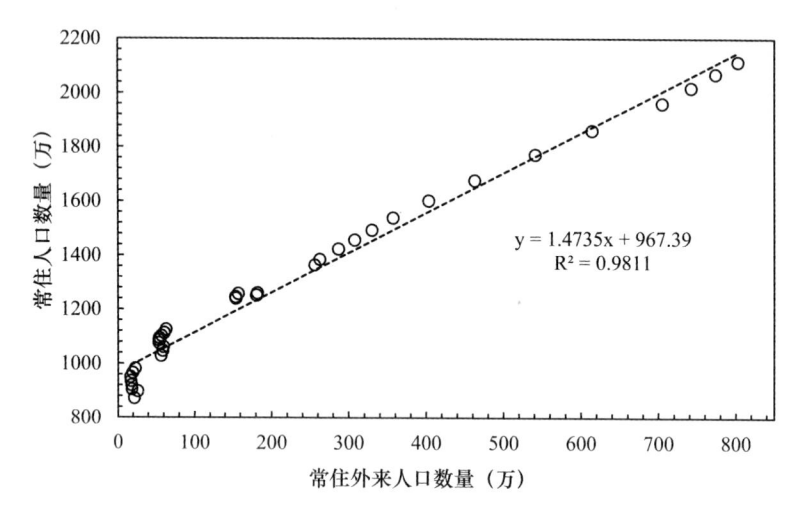

图 2-4  1978—2013 年北京常住人口与常住外来人口的数量关系

注：图 2-4 展现了 1978 年至 2013 年北京常住外来人口数量增长与常住人口的数量关系。从拟合直线来看，北京常住人口规模与外来常住人口规模呈现典型的一元线性关系，其中，常住外来人口每增加 1 万人，常住人口总量约增加 1.47 万人。从增长率来看，由于 1985 年、1995 年、2000 年存在较大规模的人口流入，导致曲线在这几年出现偏折，但在其他的年份，常住外来人口年增长率都在 15% 以下。

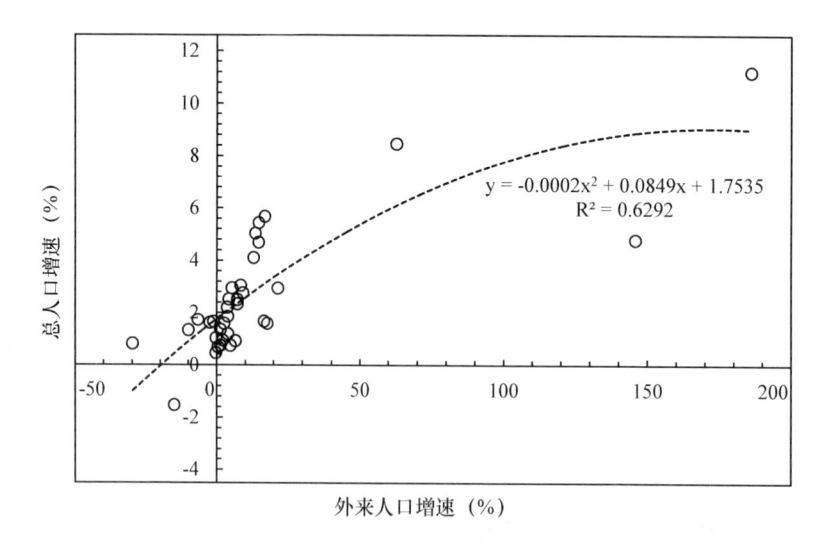

图 2-5  1978—2013 年北京常住人口增速与常住外来人口增速的数量关系

一、第二产业就业人口比例分别由 1978 年的 28.3% 和 40.1% 迅速下降到 2013 年的 4.8% 和 18.5%，而第三产业就业人口占比则由 1978 年的 31.6% 上升至 2013 年的 76.7%。不过，2014 年以前的北京市常住人口第三产业内部就业结构仍与城市功能定位尚存一定差距。例如，2010 年全国第六次人口普查数据显示，在北京市常住人口中，"批发零售业"就业者占据主导地位，比重达 28.1%。从常住外来人口来看，这一比例就更高。例如，2010 年北京常住外来人口三次产业的人口比例分别为 1.5%、27.5% 和 71.0%。从小类来看，北京常住外来人口主要分布在批发和零售业、制造业和建筑业，分别为 29.5%、17.7% 和 9.2%。

值得指出的是，2014 年以前，在北京各行业中，较高人口聚集度的行业，其税收贡献率仍然有待提高。例如，2004 年、2008 年和 2013 年全国三次经济普查数据显示，北京第二产业就业人口人均税金的贡献率并不算太高，大部分行业甚至还出现了下降趋势，例如，采矿业、制造业及电力等行业。在第三产业中，不同行业分化较为明显，大致可以分为几种类型。

(1) 广种薄收型——传统服务业。北京传统服务业人均税金明显偏低，以批发零售业和住宿餐饮业为代表，其中，批发零售业的就业人口从 2004 年的 83 万、2008 年的 94 万激增至 2013 年的 148 万，但其创造的单位税收由 2008 年 5.2 万元/人降至 2013 年的 7500 元/人；住宿和餐饮业的从业人员从 2004 年的 38 万人激增至 2013 年的 50 万人，单位税收也仅有 1.1 万元/人。

(2) 一本万利型——现代服务业。在北京现代服务业中，人均税金明显高于其他行业，以金融业和信息产业为主。例如，与 2004 年相比，2013 年金融业从业人员增长了 3 倍，达 43.3 万人，单位税收也达到了 9.4 万元/人，尽管低于 2008 年的 19.7 万元/人，但仍然是一个相对较高的数字。信息产业也是北京发展的重要经济增长点。2004 年信息产业从业人员只有 28.5 万人，单位税收也只有 9800 元/人，但 2008 年这两个指标分别变成了 46.7 万人和 4.1 万元/人，2013 年则进一步分别攀升至 93 万人和 61.1 万元/人。

(3) 公共服务型——事业单位和公共部门。由于事业单位和公共服务部门并非以营利为目的，因此，这些行业产生的税收并不高。例如，2013 年公共管理和社会保障等部门的从业人数超过了 50 万，但单位税收仅为 6 元左右/人。

表 2-4　三次经济普查中分行业单位营业税金及从业人员

| 行业门类 | 2004年全国第一次经济普查 人均税金(千元/人) | 人数(人) | 税金总额(千元) | 2008年全国第二次经济普查 人均税金(千元/人) | 人数(人) | 税金总额(千元) | 2013年全国第三次经济普查 人均税金(千元/人) | 人数(人) | 税金总额(千元) |
|---|---|---|---|---|---|---|---|---|---|
| 采矿业 | 1.98 | 41435 | 82183 | 44.34 | 51436 | 2280780 | 12.58 | 68713 | 864543.4 |
| 制造业 | 3.00 | 1487910 | 4456722 | 28.20 | 1346902 | 37983801 | 18.91 | 1385479 | 26196517.3 |
| 电力、热力、燃气及水生产和供应业 | 4.45 | 77917 | 346508 | 148.08 | 67316 | 9968368 | 21.51 | 92611 | 1992331.9 |
| 建筑业 | 8.30 | 696788 | 5782647 | 26.40 | 547007 | 14439328 | 38.40 | 655183 | 25160556.7 |
| 批发和零售业 | 1.78 | 832167 | 1478451 | 52.09 | 943428 | 49144003 | 7.50 | 1477745 | 11089446.4 |
| 交通运输、仓储和邮政业 | 4.81 | 429951 | 2066521 | 10.01 | 695443 | 6961294 | 8.15 | 685680 | 5589183.1 |
| 住宿和餐饮业 | 4.93 | 383722 | 1890855 | 11.50 | 449491 | 5167226 | 10.93 | 505941 | 5530394.2 |
| 信息传输、软件和信息技术服务业 | 9.81 | 285138 | 2797564 | 41.11 | 466609 | 19184348 | 611.42 | 930016 | 7249276.6 |
| 金融业 | 40.59 | 149977 | 6087111 | 197.62 | 251263 | 49653507 | 94.40 | 432821 | 40860011.1 |
| 房地产业 | 30.62 | 318576 | 9754115 | 75.58 | 409868 | 30977786 | 80.21 | 563547 | 45201962.8 |
| 租赁和商务服务业 | 5.23 | 637832 | 3334352 | 18.63 | 958542 | 17857787 | 8.15 | 1417321 | 11546191.6 |
| 科学研究和技术服务业 | 4.40 | 388763 | 1711713 | 22.03 | 564414 | 12431606 | 5.30 | 952372 | 5050296.6 |
| 水利、环境和公共设施管理业 | 1.31 | 74530 | 97741 | 5.61 | 92756 | 520534 | 6.45 | 128696 | 830593.5 |
| 居民服务、修理和其他服务业 | 1.82 | 195691 | 355342 | 5.27 | 140962 | 742855 | 3.69 | 214739 | 791499.7 |

续表

| 行业门类 | 2004年全国第一次经济普查 ||| 2008年全国第二次经济普查 ||| 2013年全国第三次经济普查 |||
|---|---|---|---|---|---|---|---|---|---|
| | 人均税金（千元/人） | 人数（人） | 税金总额（千元） | 人均税金（千元/人） | 人数（人） | 税金总额（千元） | 人均税金（千元/人） | 人数（人） | 税金总额（千元） |
| 教育 | 0.23 | 387146 | 89426 | 0.75 | 430834 | 322861 | 0.99 | 530729 | 526777.0 |
| 卫生和社会工作 | 0.16 | 160463 | 25274 | 0.90 | 199715 | 179415 | 0.10 | 278145 | 27421.5 |
| 文化、体育和娱乐业 | 4.60 | 162198 | 745558 | 17.22 | 186353 | 3209388 | 5.27 | 275951 | 1455057.9 |
| 公共管理、社会保障和社会组织 | — | 341340 | — | 0.06 | 366460 | 21115 | 0.006 | 517748 | 3067.8 |

资料来源：2004年北京市第一次经济普查、2008年北京市第二次经济普查、2013年北京市第三次经济普查。"—"代表数据缺失。

**（四）失衡的北京人口结构与布局**

在人口年龄结构上，北京少子老龄化现象日益凸显。2013年，北京0—14岁人口占常住人口的比重降低至9.5%，比2000年的13.6%下降了4.1个百分点。同期，北京常住人口60岁、65岁及以上人口所占比例分别达到了14%和9.3%，北京户籍人口60岁、65岁及以上人口所占比例甚至分别达到了21.6%和14.9%，已步入深度老龄化社会，在全国处于较高的水平，成为北京未来发展的隐忧。

在人口性别结构上，北京在一定程度上存在着出生人口性别失调的问题。2010年全国第六次人口普查数据显示，北京0岁人口性别比为109.48（由普查短表数据计算），出生人口性别比为112.15（由普查长表数据计算），虽与北京第五次人口普查相比有所降低，但仍高于国际通行标准，特别是二孩及以上的出生人口性别比在2010年达到了145.03。受外来人口生育观念以及生育政策等多种因素的影响，2014年以前北京出生性别比失衡的问题依然突出。

在人口素质结构上，近百所高校汇聚于北京，其研究生的培养质量和方向在很大程度上决定着国家人才培养的成效，但在发展过程中，依然存在着创新型人才不足、培养方向与时代需求相错位等问题。[①] 另外，在京外籍人口聚集度不够高，国际化人才相对缺乏。全国第六次人口普查数据显示，在京外籍人口仅占常住人口总量的0.5%，在京境外人口仅10.7万人，而上海同期境外人口是20.9万人，人数是北京的1.95倍。

在人口空间结构上，北京是典型的同心圆、单中心发展的城市，故在人口密度分布上也呈现出同心圆模式。在人口密度上，因北京各功能区的人口数量与土地面积比例的不均衡，全市常住人口密度呈现出"向心化"趋势，从外向里人口密度不断增加，其中，2013年首都功能核心区人口密度为各功能区最高，达23942人/平方千米，这种不均衡根源于区域经济发展以及资源配置的不均衡等若干方面。首都功能核心区与城市功能拓展区（两者为中心城）共同以13.41%的土地上吸纳了北京59.27%的常住人口，土地开发强度过大，而城市发展新区的土地利用效率相对较低，人口吸引力不足。

表2-5　　　　　　　　　　2013年北京市各功能区土地密度

| 功能区 | 土地面积比例（%） | 人口比例（%） | 人口比例/土地面积比例 | 常住人口密度（人/平方千米） |
| --- | --- | --- | --- | --- |
| 首都功能核心区 | 0.56 | 10.46 | 18.68 | 23942 |
| 城市功能拓展区 | 7.78 | 48.81 | 6.27 | 8090 |
| 城市发展新区 | 38.37 | 31.75 | 0.83 | 1067 |
| 生态涵养发展区 | 53.30 | 8.98 | 0.17 | 217 |
| 总计 | 100.00 | 100.00 | 1 | 1289 |

造成这种现象的原因与城市功能区划不合理、公共资源配置不平衡等因素有关。首先，北京各功能区的实际发展状况与规划不完全相符，现有产业布局不够合理，难以带动北京人口布局的优化。最为明显的是旨在承接中心城人口转移的城市发展新区，其第三产业总产值仅占全市的

---

[①] 2020年7月29日，首次全国研究生教育会议在北京召开。本次会议强调，"培养创新人才、提高创新能力、服务经济社会发展、推进国家治理体系和治理能力现代化方面具有重要作用"，建设社会主义现代化国家迫切需要培养造就大批德才兼备的高层次人才，并明确提出"把研究作为衡量研究生素质的基本指标，培养具有研究和创新能力的高层次人才"。

12.71%，特别是信息传输业、战略性新兴产业发展不足，没有形成具有一定规模的商业中心。相比而言，生产总值最高的城市功能拓展区则在信息传输、计算机服务和软件业、金融、地产等产业表现突出，提供了大量就业机会，具有强大的人口吸引力。此外，作为全国政治中心、文化中心和国际交往中心的首都功能核心区，其在金融业等领域的引领地位创造出高度集中的就业机会，在一定程度上加剧了职住分离状况。2010 年全国第六次人口普查数据显示，北京人户分离人口总量为 345.4 万人，其中，跨区县的人户分离人口 182.8 万人，占 52.9%。与此同时，从整个北京市来看，北京 2010 年服务业占 GDP 的比重已达到 75.1%，相应地，其经济空间组织也由工业布局主导转向服务业布局主导。从理论上来看，经济要素有其自身的演化规律，相比于制造业，服务业对土地的需求较低，但对经济集聚的要求较高。2014 年以前的北京中心城区仍具有强大的经济集聚效益，持续吸引服务业在中心城区集中分布，使北京中心城区人口仍呈现向心集聚的趋势，这一点在金融业方面表现得尤为明显。

表 2-6　　2013 年北京市各功能区第三产业部分行业的产值比例

| 功能区 | 第三产业总产值（万元） | 第三产业总产值比例（%） | 交通运输、仓储和邮政业（%） | 信息传输、计算机服务和软件业（%） | 金融业（%） | 房地产业（%） |
| --- | --- | --- | --- | --- | --- | --- |
| 首都功能核心区 | 40555672 | 27.06 | 10.45 | 15.23 | 54.87 | 15.71 |
| 城市功能拓展区 | 78952958 | 52.68 | 28.79 | 73.05 | 32.98 | 53.93 |
| 城市发展新区 | 19040525 | 12.71 | 43.48 | 3.07 | 6.19 | 24.04 |
| 生态涵养发展区 | 3483289 | 2.32 | 2.52 | 0.06 | 1.15 | 4.57 |
| 总计 | 149864300 | 100 | 100 | 100 | 100 | 100 |

表 2-7　　2013 年北京市各功能区财政支出

| 功能区 | 财政总支出（万元） | 增长率（%） | 教育支出（万元） | 医疗卫生支出（万元） |
| --- | --- | --- | --- | --- |
| 首都功能核心区 | 4803745 | -0.2 | 852332 | 284419 |
| 城市功能拓展区 | 12320167 | 24.2 | 1690839 | 557615 |
| 城市发展新区 | 12974925 | 39.9 | 944004 | 509858 |
| 生态涵养发展区 | 5860852 | 35.7 | 532836 | 285920 |

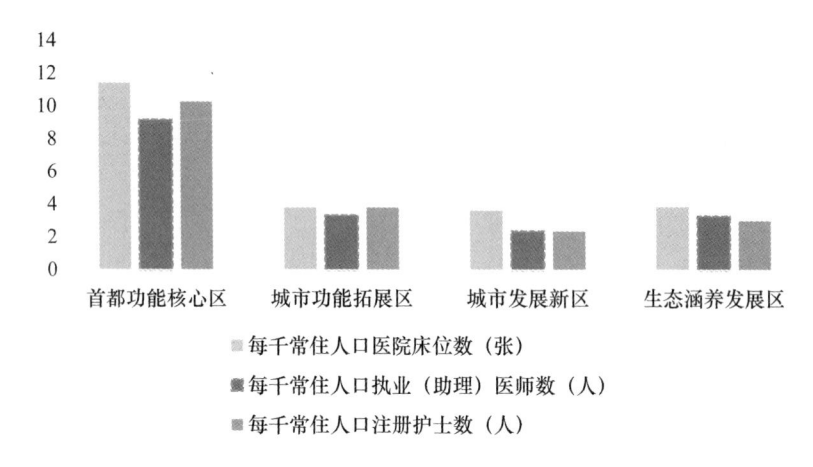

图 2-6　2013 年北京市各功能区医疗资源对比

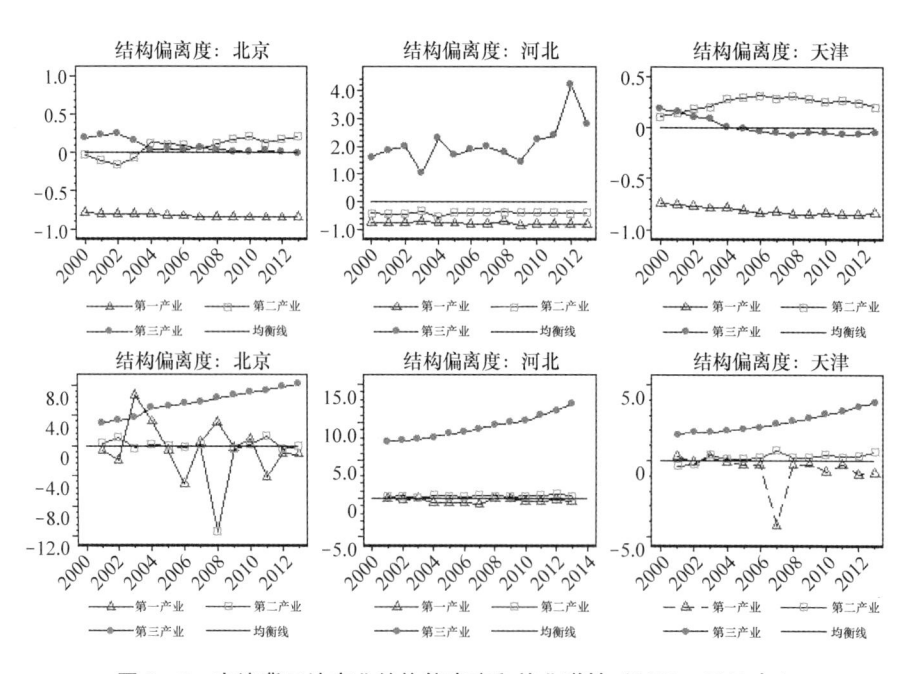

图 2-7　京津冀三地产业结构偏离度和就业弹性（2000—2013 年）

其次，公共资源在各功能区之间的分布不均也是造成北京人口不均衡分布的原因之一。2014 年以前的北京，其中心城公共服务设施多样，优质资源集中，而城市外围圈层的基本公共服务相对缺乏，即越趋于外围，优势资源越稀缺。以医疗资源为例，此时的北京中心城区大体聚集了全市约88%的三甲医院资源。

### (五) 有限的河北承接能力

从2014年以前京津冀协同发展的情况来看，一方面，河北存在一定规模的剩余劳动力需要转移；另一方面，河北在第三产业中的比较优势明显不足，人才吸纳力相当有限，严重束缚了产业结构调整对北京人口的带动作用。产业结构是生产要素在产业部门之间的配置状况与关联方式，是衡量某国家或地区经济发展水平的重要指标。一般而言，第三产业，尤其是第三产业中的现代服务业是经济增长的强力引擎。流动人口的极化聚集只是区域经济发展失衡的一个外在体现，而产业结构失衡则是造成京津冀地区人口"黑洞"的直接诱因，产业结构的转变与平衡以及就业结构的合理转化直接影响到人口流动与分布的结果。经济增长是否带来更多的就业增长以及是否带来了就业结构的优化，是需要时刻关注的问题。衡量产业和就业结构有许多重要的指标，本部分选取结构偏离度①和就业弹性②

---

① 结构偏离度通过如下公式计算：

$$结构偏离度 = \frac{三次产业在地区生产总值所占百分比}{三次产业中就业人数占总体百分比} - 1$$

结构偏离度表示不同产业占GDP的比重与不同产业就业人口占总就业人口比重这两种的比值，其绝对值越小，说明结构越均衡。当结构偏离度为负值的时候，产值份额小于就业份额，意味着该产业需要较多的劳动力才能产生同样的价值，其劳动生产率较低。这种情况下，可以通过提升劳动生产率"挤出"部分劳动人口。反之，当结构偏离度为正值时候，意味着单位生产率较高，因此较少劳动力可以有更多的产出。为了实现总产出的最大化，需要增加劳动力数量，于是此类产业存在劳动力准入的可能性。根据一般均衡假设，若国民经济各个部门均开放，排除行政因素导致的制度壁垒，通过市场对于劳动力资源的重新配置，会使得各产业生产率逐步趋于一致，结构处于完全均衡。参见常进雄、楼铭铭《关于我国工业部门就业潜力问题的研究——基于产业结构偏离度的分析》，《上海财经大学学报》2004年第3期；金福子、崔松虎《产业结构偏离度对经济增长的影响——以河北省为例》，《生产力研究》2010年第7期。

② $就业弹性 = \frac{就业增长率}{经济增长率}$

就业弹性大于零时候，体现出经济增长相对于就业增长的正效应。弹性系数越高，经济增长对于就业增长的拉动效应越大。而当就业弹性小于零时，经济增长对就业形成一种双向的"海绵"效应：(1) 挤出效应：经济增长为正，但就业增长为负。经济增长与就业增长呈负相关，弹性系数绝对值越大对就业挤出效应越强；(2) 吸入效应：经济增长为负，但就业增长为正，弹性系数绝对值越大，吸入效应越强。由统计数据可知，京津冀地区2000年至2013年的经济增长为正，因此，在某些年份就业弹性系数出现负值时候，均为劳动力减少所致，因此只需考虑挤出效应即可。参见张江雪《我国三大经济地带就业弹性的比较——基于面板数据模型 (Panel-data model) 的实证研究》，《数量经济技术经济研究》2005年第10期；张本波《我国就业弹性系数变动趋势及影响因素分析》，《经济学动态》2005年第8期。

来分析京津冀三地的产业结构和就业结构。从历史趋势来看，在2014年以前，京津冀三地在结构偏离度和就业弹性两个指标上表现出以下特点。

第一，京津冀第一产业就业存在"挤出"空间。京津冀三地的第一产业结构偏离度均为负数，说明可以通过"挤出"劳动人口提升其单位产值。然而，京津两市农业人口所占比重较小，且就业弹性波动易受市场的影响，因此，"挤出"空间不大。河北是传统的农业大省，2010年全国第六次人口普查第一产业就业人口占比达到59.7%，迫切需要通过产业调整和城镇化转移农村剩余劳动力。

第二，京津冀第二产业就业处于"相对平衡"状态。京津两市的第二产业结构偏离度基本为正值，说明建筑业和制造业等还有一点增长空间，而河北的第二产业结构偏离度为负，这说明以钢铁、煤炭等重工业为基础的河北制造业具有结构转型的必要性，单位产值存在提升空间。从就业弹性来看，京津冀三个地区就业弹性均在零值上下波动，因此，京津冀第二产业体现出"阶段性平衡"的状态。

第三，京津冀第三产业的就业吸纳主要看河北。第三产业中也体现出京津两市的相似之处——结构偏离度在零值上下波动，体现出产业结构的相对均衡。尽管第三产业发展给就业带来了积极影响，但总体来看，京津两地的产业结构已步入稳定期，而河北则完全不同，弹性系数一直大于1，在近几年中也有大幅度的上扬，就业弹性系数也高出京津8—10个点，这说明河北的第三产业存在相当强的就业吸纳潜力，若积极发展第三产业，可以带来就业增长和经济增长的双重效用。

基于产业结构偏离度和就业弹性系数的分析，我们可以对京津冀三地产业经济发展有一个较为明确的认识：经过多年的发展，京津两地产值结构与就业结构趋于相似，对于劳动力的吸引和就业安排也趋于均衡，因此不会出现大量吸收劳动力的提升空间。河北由于自身的经济特点，第一、第二产业存在大量需要转移的劳动力，第三产业则存在相对较多潜在的就业岗位，这既为本省产业升级和劳动力转移提供了契机，也为北京产业转移和人口变动提供了出口。

基于2013年不同行业的结构偏离度和就业弹性[①]，从分行业结构偏

---

① 由于《河北经济年鉴》中并没有针对具体行业相应指标的数据，《河北省国民经济和社会发展统计公报》中数据也只是宏观报表，因此，在分析中，只有京津两地的数据比较。

离度的走势看，京津两个城市也具有相对接近的变动轨迹，有相似的波峰和波谷；在第三产业中，天津交通运输和邮政、仓储业结构的偏离度为正值，这与物流业、快递行业的发展密不可分；北京信息产业、金融等现代服务业的结构偏离度也有较大的正值，发展这些现代服务业可创造出更多的就业机会。京津两地在第三产业的其他行业结构偏离度指数均为负值，同样存在就业饱和的问题。就北京而言，2013年批发零售、邮政运输、修理等劳动密集型服务业从业者尚存调整空间；餐饮业及批发零售业从业者占到接近三成比例，其内部结构有待优化。

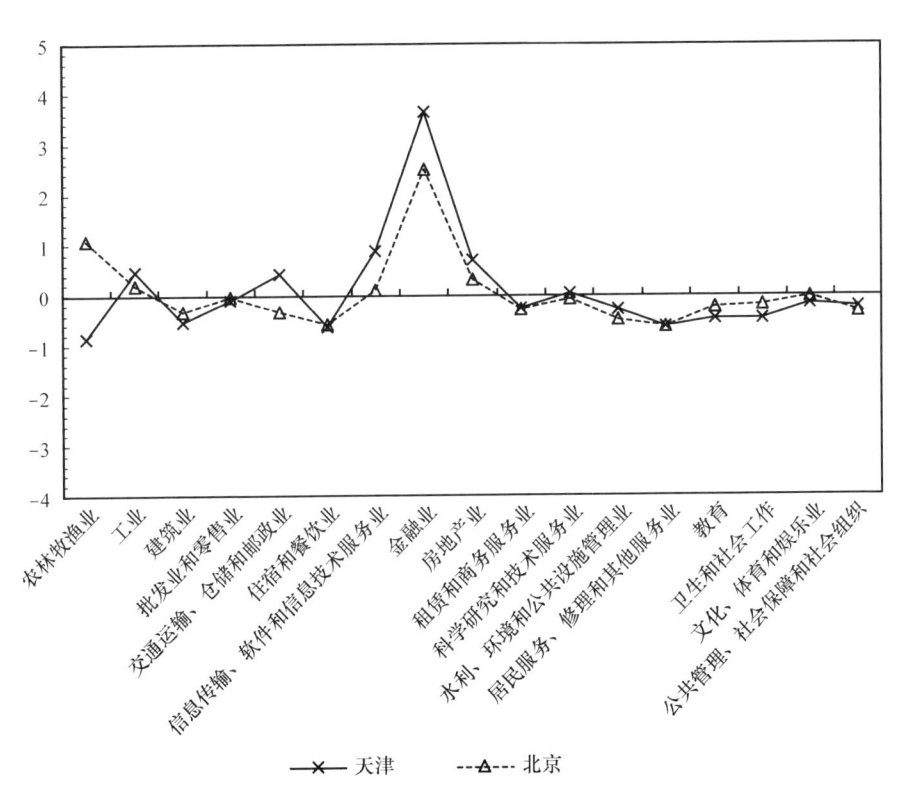

图2-8 2013年京津两地分行业结构偏离度

此外，京津两市在就业弹性方面也存在相似之处。除农林牧渔业和住宿餐饮业之外，二者在就业的波动方面几无相异，尤其是北京第三产业的传统服务业能够提供的就业潜力相对有限。例如，住宿餐饮业的就业弹性为较大的负数，说明相关从业人员存在较大的调整空间，而北京信息技术、房地产、金融等行业具有就业吸纳潜力,特别是北京作为国家金融管理中心,金融业的发展前景可期。

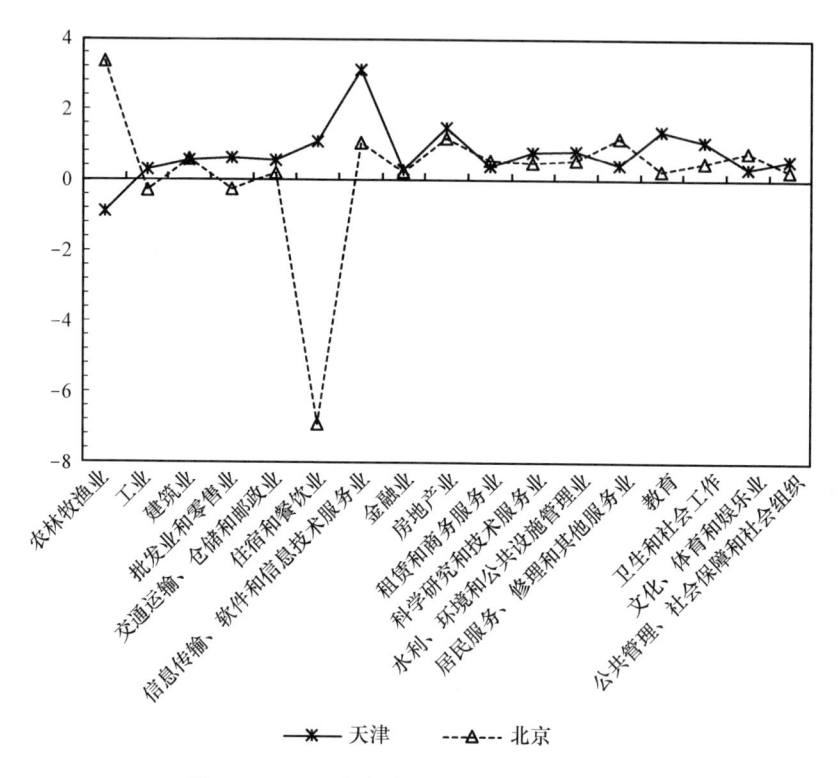

图 2-9 2013 年京津两地分行业的就业弹性

上文呈现了京津冀三地各自的结构偏离度和就业弹性系数,这两个一级指标对三地产业优劣势进行了比较分析。为了进一步比较城市之间的比较优势,则需要构建二级指标。在下文中,引入"相对比较优势"① 这个术语。

基于京津和京冀之间就业率的比较,我们发现,在第一、第二产业以

---

① 所谓"相对比较优势",也即某城市在某个指标上相对于另一个城市的优劣势。

$$RAC = \frac{A \text{ 市某行业指标}/A \text{ 市所有行业汇总指标}}{B \text{ 市某行业指标}/B \text{ 市所有行业汇总指标}}$$

RCA 的评价指标为:RCA=1,表示中性优势;RCA>1,表示优势;RCA<1,表示劣势。通过这个指标,不仅可以再度看出三地就业结构的某种相似性,也可以量化地区之间的优势程度。

及第三产业的劳动密集型服务业中（例如，餐饮、批发零售业等），北京与天津相比并没有显著的优势（RCA≈1），而在金融、科研、技术服务业等现代服务业，北京的就业优势是河北的10—20倍，与天津的差距也在3—9倍，这也印证了北京金融和科技创新中心的核心地位。另外，天津与河北在同一类产业上劣于北京，但天津的劣势较小，且天津在这些产业上的发展与河北相比也具有较大优势，这在某种程度上再次揭示了京津冀地区人口"黑洞"的成因。

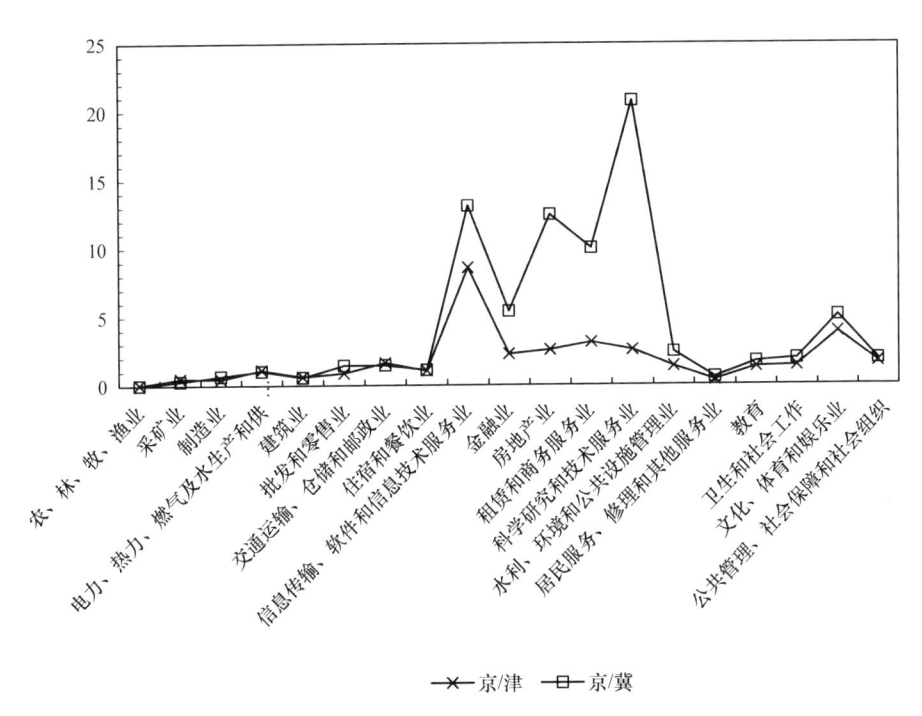

图 2-10　京/津、京/冀之间就业率的相对优势比较

综上所述，几乎在各个产业上，相比于天津、河北，北京的就业率都有明显优势，这种优势类似于"马太效应"，折射到产业格局和就业结构上则进一步强化了京津冀人口"黑洞"机制。为了化解人口极化效应，未来一方面北京需要利用好现代服务业优势，进一步发展高端服务业①，

---

①　陈岩、武义青：《关于京津冀产业优化调整的思考》，《河北经贸大学学报》（综合版）2014年第4期。

继续保持创新优势;另一方面北京需要注重产业的互补性,做好分工和转移,实现区域经济的协调①。作为后发者,河北可注意吸收京津先行者的发展经验,同时利用好北京研发优势,承接北京转移的产业,进而促进全省产业结构的升级;进一步建设好廊坊、保定等节点城市,盘活北京周边地区经济,"逆梯度而上",实现跨越发展。

### (六) 显著的京津冀区域落差

对于京津冀地区来说,人口均衡发展的核心在于北京市,这不仅与北京市自身的人口现状和城市规划相关,也涉及北京与京津冀各节点城市之间的协作关系。从2014年以前的情况看,京津冀城市群建设面临多重挑战,不仅表现在城市职能分工、产业链布局等方面,也表现在公共服务等要素在三地之间的显著落差方面,尚未形成人口在京津冀地区有序流动的内外部环境。

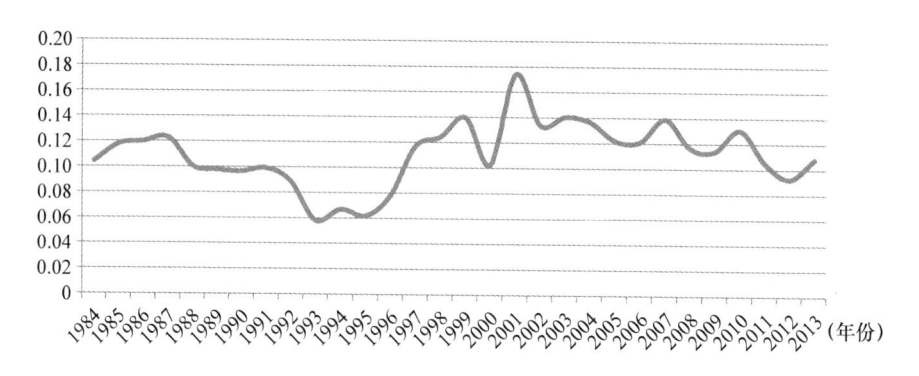

图 2-11 京津冀地区财政支出泰尔指数的历史变化

总体来看,财政支出状况的显著差异是造成京津冀三地在公共服务、基础设施等领域存在明显落差的重要原因之一。1984年至2013年的30年里,京津冀三地泰尔指数②大体呈现波动变化,但2013年三地泰尔指数的值与1984年没有太大的变化,基本持平,甚至从整体上看,自2001年京津冀财政支出泰尔指数达到峰值后,呈现出逐步走低的趋势,进一步

---

① 祝尔娟:《京津冀一体化中的产业升级与整合》,《经济地理》2009年第6期。
② 泰尔指数可用来测量一个区域内的财政支出不平等状况。泰尔指数值越大,就说明该指标越趋于均衡。

显示出这一历史时期三地协同的难度在加大。

表 2-8　　　　　　2013 年京津冀公路运输建设情况对比

| 地区 | 公路里程（千米） | 汽车拥有量（万辆） | 公路密度（千米/平方千米） | 每万人汽车拥有量（万辆） |
|---|---|---|---|---|
| 北京 | 21673.3 | 543.7 | 1.32 | 0.26 |
| 天津 | 15718 | 275.9 | 1.32 | 0.19 |
| 河北 | 174492 | 1035.6 | 0.93 | 0.14 |

表 2-9　　　　　　2013 年京津冀财政支出对比

| 地区 | 地方公共财政总支出（亿元） | 人均地方公共财政总支出（元） | 人均一般公共服务支出（元） | 人均教育支出（元） | 人均医疗卫生支出（元） |
|---|---|---|---|---|---|
| 北京 | 4173.70 | 19735.67 | 1404.86 | 3221.11 | 1305.56 |
| 天津 | 2549.21 | 17315.53 | 983.08 | 3133.79 | 875.83 |
| 河北 | 4409.58 | 6013.66 | 714.81 | 1142.34 | 519.26 |

第一，交通建设对人口协作的影响。"十三五"之前，在京津冀交通方面依然存在若干挑战。一是三地交通运输能力存在显著差距。从公路运输来看，河北省在公路密度上低于京津地区，且省内公路分布不均。重要的交通枢纽主要集中在石家庄等主要城市，部分县市的公路建设不完善，影响京津冀三地之间的经济协作与人口流动。二是京津冀区域间交通联通能力弱。河北省与京津地区之间广泛存在"瓶颈路段"或"断头路"，不仅不利于区域连通，而且造成了交通资源在一定程度上的浪费。《京津冀协同发展规划纲要》明确提出"全面消除跨区域的国、省干线'瓶颈路段'"的目标，但在京津冀财力不平衡的情况下，如何明确各地在交通道路修建中应分担的责任且加强政府之间的协调，乃是问题之要害。三是河北省内城际交通运输的不畅通和不便捷。由于行政区划的原因，河北省的主要城市环绕在京津周围，东北部的唐山、秦皇岛与京津距离短且联系密切，而与省会石家庄和其他河北省内城市距离较远且运输缓慢；位于山区的张家口、承德等节点城市与石家庄等重要城市之间的高速公路衔接依然有限。一般而言，道路沿线通常会产生较为明显的人口聚集效应。因此，

如何做好道路沿线的城市规划和建设，有效提高沿线城市的城市化水平，对于助推京津冀人口的有序流动和集聚具有重要意义。

第二，公共服务对人口协作的影响。除经济要素之外，公共服务资源总量与质量差异也是影响人口流动的重要原因。从 2013 年地方公共财政总支出看，虽然河北省公共支出总额稍多于北京，但其人均财政支出远低于京津地区，特别是教育、医疗两项远落后于北京，再加之河北省本就薄弱的公共服务基础，河北省居民所能享受到的公共服务数量和质量均难以与京津相比。由于特殊的政治地位和突出的经济优势，北京集中了大量的优势资源，尤其在医疗、教育等方面占有很大的优势。以教育为例，北京市和河北省拥有的高等院校数量相当，但在研究生培养机构和研究机构方面，2013 年二者的比例分别约为 5.4∶1 和 40∶1，差距十分悬殊，集中的优势公共资源加剧了北京人口"虹吸效应"。

表 2-10　　　　2013 年北京市和河北省教育机构对比　　　单位：所

| 地区 | 高等教育院校数 | 其中：研究生培养机构（不计校数） | 其中：研究机构 |
| --- | --- | --- | --- |
| 北京 | 177 | 136 | 80 |
| 河北 | 161 | 25 | 2 |

表 2-11　　　　2010 年京津冀居民文化程度对比

| 地区 | 六岁以上受教育人口中，每十万拥有的大专以上文化程度人口（人） | 平均受教育年限（年） |
| --- | --- | --- |
| 北京 | 31499 | 11.5 |
| 天津 | 17480 | 10.45 |
| 河北 | 7296 | 8.87 |

第三，社会文化对人口协作的影响。在京津冀协同发展过程中，文化一体化并未得到充分重视。事实上，跨文化沟通与文化协同恰恰是实现京津冀协同发展的重要考察标准和影响因素。众所周知，价值、目标等方面的互相认同是合作的重要保障。三地在城市文化、政府观念、商业思维等方面均存在差别，若这些差别难以在沟通中达到协调，将极大影响产业转移、基础设施、公共服务等方面的合作，进而影响人口的迁移与流动。从

文化与城市、人口的关系看，城市文化是人口聚集的动力，也是推动城市发展进步的动力，文化对于人口迁移和人口流动具有重要的影响作用。目前，北京市周边城市在城市底蕴、城市品位、人居环境、政府行为文化、市民素养等方面与北京差距较大，对流动人口的文化吸引力不足。仅以"大专以上文化程度人口比重"和"平均受教育年限"两项进行对比，就能发现河北与京津地区之间存在的落差，这也直接导致了城市的文化氛围和文化消费水平的差距，对北京文化的对外辐射与区域文化融合影响很大。另外，京津以外各功能承接市县的文化建设尚未充分挖掘并利用好其自身的文化内涵，导致文化建设相似度高、缺乏亮点，文化投资重复和资源浪费现象严重，导致人口吸引力不足。

## 五 2014年以后的京津冀人口

2014年以后，京津冀城市群及其中心城市步入了新发展阶段，疏解北京非首都功能、打破"一亩三分地思维"、遏制"摊大饼"式的发展模式以及"大城市病"的治理等重要议题被提上议事日程，区域中心城市的发展方式由增量发展向减量发展转变，人口向心化流动逐步得以遏制，京津冀人口格局出现了新转机。

### （一）京津人口向心化态势于2016年得以遏制

总体来看，1982年以来，京津冀人口总量保持持续增长态势，但人口增速下降。京津冀人口总量已由1982年的7051.66万增加到2019年的11308万，37年间京津冀人口增长4256.34万，人口年均增长115.04万。1982—1990年，京津冀人口增长量为462.53万，年均增长率为0.68%；1990—2000年，京津冀人口增长量为1403.26万，年均增长率为1.72%；2000—2010年京津冀人口增长量为1493.08万，年均增长率为1.56%；2010—2019年京津冀人口增长量为853万，年均增长率为0.88%，特别是2016—2019年近三年的人口年均增长率更低，仅为0.31%。

京津两市人口的京津冀占比由升转降。2010—2019年，京津冀三地人口总量格局没有发生根本性变化，大体维持2∶1∶7的比例结构，但2016年以后北京人口的京津冀占比开始下降，2017年以后天津人口的京津冀占比也开始下降，京津两市合计人口的京津冀占比在2016年迎来近十年来的首降并持续下降,京津冀人口向心化流动的趋势在一定程度上得到遏制。

表 2-12　　2010—2019 年京津冀三地人口规模及占比变化

|  | 2000年 | 2010年 | 2011年 | 2012年 | 2013年 | 2014年 | 2015年 | 2016年 | 2017年 | 2018年 | 2019年 |
|---|---|---|---|---|---|---|---|---|---|---|---|
| 河北省人口（万） | 6744 | 7194 | 7241 | 7288 | 7333 | 7384 | 7425 | 7470 | 7520 | 7556 | 7592 |
| 天津市人口（万） | 1001 | 1299 | 1355 | 1413 | 1472 | 1517 | 1547 | 1562 | 1557 | 1560 | 1562 |
| 北京市人口（万） | 1382 | 1962 | 2019 | 2069 | 2115 | 2152 | 2171 | 2173 | 2171 | 2154 | 2154 |
| 京津冀人口合计（万） | 9127 | 10455 | 10615 | 10770 | 10920 | 11053 | 11143 | 11205 | 11248 | 11270 | 11308 |
| 河北人口占京津冀的比例（%） | 73.89 | 68.81 | 68.21 | 67.67 | 67.15 | 66.81 | 66.63 | 66.67 | 66.86 | 67.05 | 67.14 |
| 天津人口占京津冀的比例（%） | 10.97 | 12.42 | 12.76 | 13.12 | 13.48 | 13.72 | 13.88 | 13.94 | 13.84 | 13.84 | 13.81 |
| 北京人口占京津冀的比例（%） | 15.14 | 18.77 | 19.02 | 19.21 | 19.37 | 19.47 | 19.48 | 19.39 | 19.30 | 19.11 | 19.05 |
| 京津人口占京津冀的比例（%） | 26.11 | 31.19 | 31.78 | 32.33 | 32.85 | 33.19 | 33.36 | 33.33 | 33.14 | 32.95 | 32.86 |
| 河北人口占全国的比例（%） | 5.21 | 5.37 | 5.37 | 5.38 | 5.39 | 5.40 | 5.40 | 5.40 | 5.41 | 5.42 | 5.42 |
| 天津人口占全国的比例（%） | 0.77 | 0.97 | 1.01 | 1.04 | 1.08 | 1.11 | 1.13 | 1.13 | 1.12 | 1.12 | 1.12 |
| 北京人口占全国的比例（%） | 1.07 | 1.46 | 1.50 | 1.53 | 1.55 | 1.57 | 1.58 | 1.57 | 1.56 | 1.54 | 1.54 |

北京人口加速聚集态势开始得到缓解。总体来看,2017—2019 年北京人口总量出现下降"三连降",2016—2019 年北京人口占京津冀人口的比例、北京人口占全国总人口的比例均开始出现略降。2019 年北京人口

占京津冀总人口的比重大体回到了 2011 年的水平，北京人口占全国总人口的比重大体回到了 2012 年的水平。

**（二）京津冀人口与经济的全国占比呈现"双降"态势**

2016 年以后，京津冀人口的全国占比出现连降（见表 2-13）。从 2010—2019 年人口相对数来看，京津冀人口占全国人口的比例先由 2010 年的 7.8% 增至 2015 年的 8.11%，之后四年持续下降至 2019 年的 8.08%，业已回落至 2014 年的水平。总体来看，京津冀人口吸附力由升转降的拐点出现在 2016 年。

表 2-13　　　　　　京津冀人口及其全国人口占比

| | 2010 年 | 2011 年 | 2012 年 | 2013 年 | 2014 年 | 2015 年 | 2016 年 | 2017 年 | 2018 年 | 2019 年 |
|---|---|---|---|---|---|---|---|---|---|---|
| 京津冀人口（万） | 10455 | 10615 | 10770 | 10920 | 11053 | 11143 | 11205 | 11248 | 11270 | 11308 |
| 全国人口（万） | 134091 | 134735 | 135404 | 136072 | 136782 | 137462 | 138271 | 139008 | 139538 | 140005 |
| 人口占比（%） | 7.80 | 7.88 | 7.95 | 8.03 | 8.08 | 8.11 | 8.10 | 8.09 | 8.08 | 8.08 |

从人口的全国占比来看，京津冀三地变动态势各异（见表 2-12）。2014 年以后，河北人口占全国人口的比例整体呈现上升态势，2019 年增至 5.42%；天津人口占全国人口的比例表现出波动上升的特点，2019 年为 1.12%；北京人口占全国的占比由 2015 年近些年的最高值 1.58% 下降至 2019 年的 1.54%，展现出先升后降的趋势。总体来看，北京人口的全国占比由升转降的拐点出现在 2016 年，而北京功能调控后的人口可能已向长三角、珠三角等地分流。从 2016—2018 年人口绝对数来看，京津两市常住人口共减少 21.22 万，其中，北京减少 18.7 万，天津减少 2.52 万，而河北常住人口增加 86.25 万，但河北常住人口增量均来自人口的自然增长（共增加 86.25 万），而非机械增长。可见，在 2017 年非首都功能疏解以后，由北京转移至河北的人口总量相对有限，而 2015—2018 年珠三角城市群（9 市）和长三角城市群（16 市）的全国人口占比分别增加

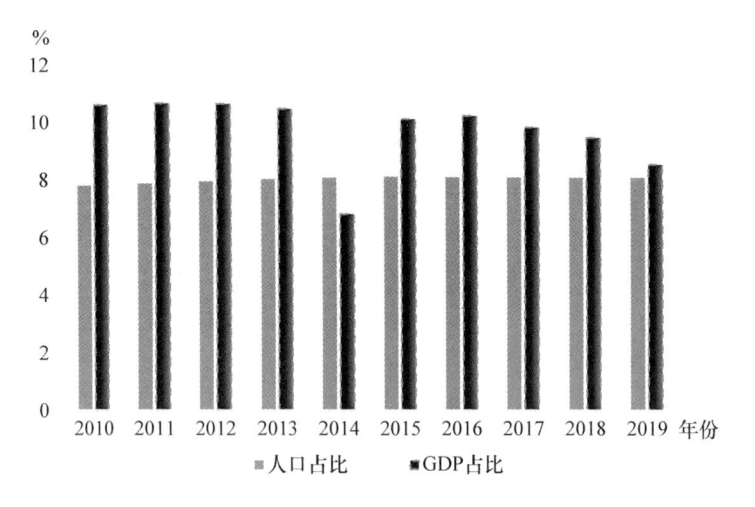

图 2-12　2010—2019 年京津冀人口和 GDP 的全国占比变化

0.24 个和 0.03 个百分点。

京津冀 GDP 的全国占比出现"三连降"并快于人口占比的下降（见表 2-14）。京津冀 GDP 占全国 GDP 的比例在经历 2015 年、2016 年小幅回暖后，于 2017—2019 年表现出"三连降"态势，由 2016 年的 10.22%降至 2019 年的 8.54%，降幅为 1.68 个百分点，高于同期京津冀人口占比的降幅（0.03 个百分点），形成了人口、经济占比"双降"的局面。

表 2-14　　　　　　　　京津冀 GDP 及其全国 GDP 占比

| | 2010 年 | 2011 年 | 2012 年 | 2013 年 | 2014 年 | 2015 年 | 2016 年 | 2017 年 | 2018 年 | 2019 年 |
|---|---|---|---|---|---|---|---|---|---|---|
| 京津冀 GDP（亿元） | 43732.3 | 52074.97 | 57348.29 | 62172.13 | 43732.3 | 69358.89 | 75624.97 | 80580.45 | 85139.89 | 84580.08 |
| 全国 GDP（亿元） | 412119.3 | 487940.2 | 538580 | 592963.2 | 641280.6 | 685992.9 | 740060.8 | 820754.3 | 900309.5 | 990865.1 |
| GDP 占比（%） | 10.61 | 10.67 | 10.65 | 10.48 | 6.82 | 10.11 | 10.22 | 9.82 | 9.46 | 8.54 |

**（三）京津冀人口重心 2015 年由北转南**

从近 40 年来的人口重心变动趋势也可以发现，京津冀城市群的人口空间格局发生了几个重要转变。1990 年以前，京津冀城市群中心城市对

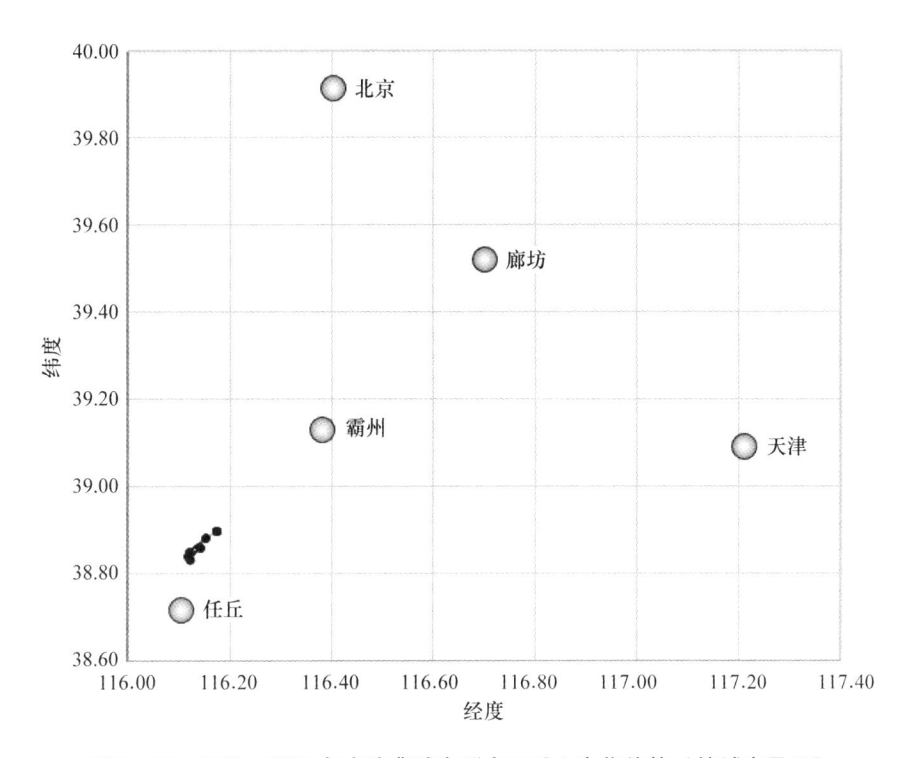

图 2-13 1982—2017 年京津冀城市群人口重心变化趋势（按城市显示）

人口的"虹吸作用"尚不明显，石家庄、邯郸、邢台和保定的人口增加相对更快，此时的京津冀城市群人口重心出现向西南转移的趋势。1990—2005 年，大规模的外来人口进入北京、天津和廊坊，京津冀城市群人口重心的发展方向出现逆转，从向西南方向移动转为向东北方向移动，其转折点出现在 2000 年。2005 年以后，人口重心的偏移速度进一步加快，中心城市的人口"虹吸效应"越来越强，这一趋势一直持续到 2015 年。2015 年之后，京津冀城市群人口重心的发展方向再次出现逆转，开始从向东北移动转为向南偏移，人口向区域中心城市聚集的趋势有所改变。伴随雄安新区和京津冀其他重要节点城市的规划建设，京津冀城市群人口重心向南偏移的趋势可能会得到持续加强。

**（四）京廊津主轴的人口吸附力增强**

从人口增量来看，近些年整个河北省主要由石家庄、保定、沧州和廊

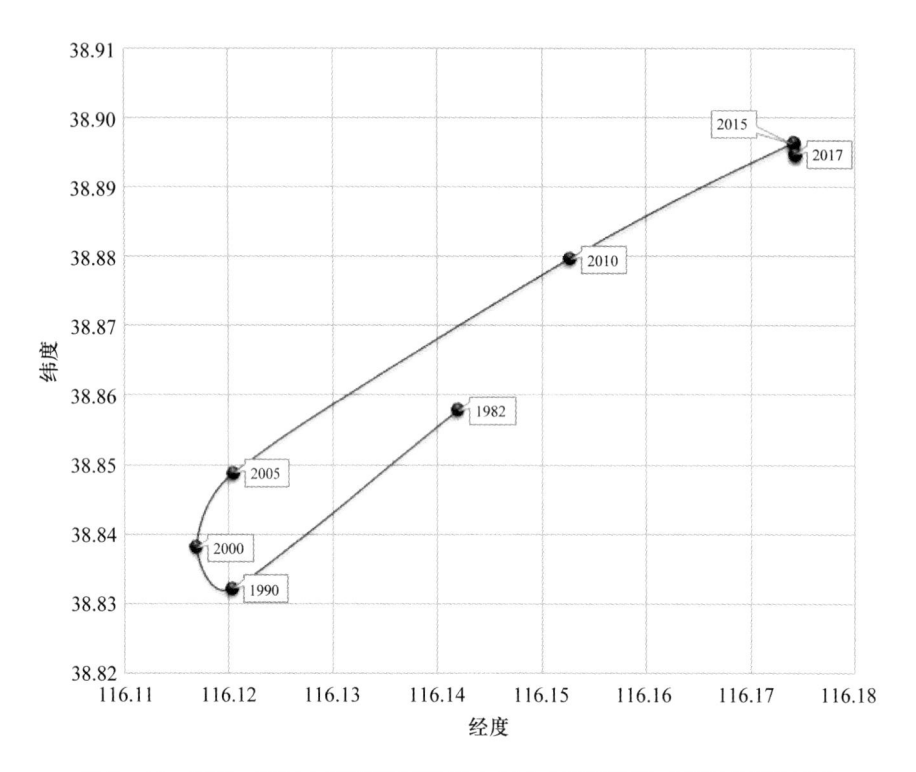

图 2-14 1982—2017 年京津冀城市群人口重心变化趋势（按经纬度显示）

坊四市支撑，年均人口增量能够基本保持在 5 万左右；在四市人口增量随时间的变化中，仅有廊坊市呈现上升态势，其他均在下降。

然而，城市常住人口增量大，并不一定代表着该市人口净流入量大，也有可能是由于人口出生、死亡的自然增长在推动。从常住人口增量的结构分析中我们发现，河北各市人口增长主要由自然增长推动，机械迁移影响偏弱。整个河北省仅有石家庄、唐山、秦皇岛等市迁移增量基本为正数（承德、沧州、廊坊、衡水四市数据缺失，但由于廊坊人口增量较大，所以估计其机械增量应为正数）。因此，从京津冀协同发展的"三轴"空间规划来看，"京—保—石轴线"人口迁移量在减弱，"京—唐—秦轴线"人口迁移量相对平稳，而"京—廊—津主轴"人口迁移量在逐步增加。

表2-15 京津冀人口增长变化 单位：万

| 地区 | 2010年人口 | 2014年人口 | 2018年人口 | 2010—2014年人口增量 | 2014—2018年人口增量 |
|---|---|---|---|---|---|
| 北京市 | 1962 | 2152 | 2154 | 190 | 2 |
| 天津市 | 1299 | 1517 | 1560 | 218 | 43 |
| 河北省 | 7185.42 | 7383.75 | 7519.52 | 198.33 | 135.77 |
| 石家庄市（含辛集） | 1016.38 | 1061.62 | 1095.16 | 45.24 | 33.54 |
| 唐山市 | 757.73 | 776.82 | 793.6 | 19.09 | 16.78 |
| 秦皇岛市 | 298.76 | 306.45 | 313.42 | 7.69 | 6.97 |
| 邯郸市 | 917.47 | 937.39 | 952.8 | 19.92 | 15.41 |
| 邢台市 | 710.41 | 725.63 | 737.44 | 15.22 | 11.81 |
| 保定市（含定州） | 1119.44 | 1149.01 | 1173.14 | 29.57 | 24.13 |
| 保定市（不含定州） | 1002.92 | 1029.5 | 1050.45 | 26.58 | 20.95 |
| 张家口市 | 434.55 | 442.09 | 443.4 | 7.54 | 1.31 |
| 承德市 | 347.32 | 352.72 | 357.89 | 5.4 | 5.17 |
| 沧州市 | 713.41 | 737.5 | 758.6 | 24.09 | 21.1 |
| 廊坊市 | 435.88 | 452.18 | 483.66 | 16.3 | 31.48 |
| 衡水市 | 434.08 | 442.34 | 447.2 | 8.26 | 4.86 |

表2-16 河北常住人口增量的结构分析 单位：万

| 地区 | 2010—2014年 人口增量 | 2010—2014年 自然增长量 | 2010—2014年 迁移增长量 | 2014—2018年 人口增量 | 2014—2018年 自然增长量 | 2014—2018年 迁移增长量 |
|---|---|---|---|---|---|---|
| 石家庄市（含辛集） | 45.24 | 27.09 | 18.15 | 33.54 | 27.17 | 6.37 |
| 唐山市 | 19.09 | 19.3 | -0.21 | 16.78 | 13.28 | 3.5 |
| 秦皇岛市 | 7.69 | 5.34 | 2.35 | 6.97 | 3.96 | 3.01 |
| 邯郸市 | 19.92 | 69.2 | -49.28 | 15.41 | 43.81 | -28.4 |
| 邢台市 | 15.22 | 22.49 | -7.27 | 11.81 | 20.35 | -8.54 |
| 保定市（不含定州） | 26.58 | 30.17 | -3.59 | 20.95 | 23.66 | -2.71 |
| 张家口市 | 7.54 | 7.27 | 0.27 | 1.31 | 6.44 | -5.13 |
| 承德市 | 5.40 | — | — | 5.17 | — | — |
| 沧州市 | 24.09 | — | — | 21.1 | — | — |
| 廊坊市 | 16.30 | — | — | 31.48 | — | — |

续表

| 地区 | 2010—2014 年 | | | 2014—2018 年 | | |
| --- | --- | --- | --- | --- | --- | --- |
|  | 人口增量 | 自然增长量 | 迁移增长量 | 人口增量 | 自然增长量 | 迁移增长量 |
| 衡水市 | 8.26 | — | — | 4.86 | — | — |

注:"—"表示统计公报仅显示户籍人口情况,而常住人口相关数据缺失。

**(五)人才引进与区域流动成为最大掣肘**

一方面,长期以来京津冀三地在人才培养环境、人才拥有总量、人才创新能力和人才上升通道等诸多方面都存在差异,束缚了京津冀城市群孵化发育及创新活力的连片涌现。例如,2011 年,从人才培养环境来看,京冀两地在研究生培养机构数量上之比约为 7.2∶1,在研究机构数量上之比更高达 39∶1;从每十万人拥有的大学生数来看,2010 年全国第六次人口普查数据显示,京津冀三地分别为 31499 人、17480 人和 7296 人,其中,北京是河北的 4.3 倍,天津是河北的 2.4 倍。虽然 2018 年京冀两地在研究生培养机构数量之比上有所减少,但仍有约为 5.4∶1 的差距,在研究机构数量上之比仍有 29.3∶1 的差距,每十万人拥有的大学生数之比为 2.1∶1。在京津冀协同发展过程中,人才合理、有效、有序流动是缩小地区差异的重要途径。

另一方面,京津冀区域中心城市对国际人才的吸引力依然亟待提高。《国际人才战略引领京津冀协同发展》研究指出:世界大都市伦敦、纽约国际人才比例均在 30% 以上,硅谷超过 50%。然而,据《中国火炬统计年鉴 2018》数据显示,在高新区企业就业人员中,北京中关村留学归国人员占比为 1.33%,低于上海紫竹(9.99%)、合肥(3.17%)、大连(2.22%)、无锡(1.86%);北京中关村外籍常住人口比重仅为 0.2%,低于全国平均水平(0.32%),更低于上海紫竹(2.35%)。总体来看,若把打造"类海外环境"作为吸引国际人才的重要抓手,京津两市均在国际一流的收入支撑体系、公共服务资源配套、科研团队配套以及宜居宜业的社区营造等若干方面存在提升空间。例如,在人才收入领域,对标国际,北京当前个税税率和企业税负偏高。在最高档的个税税率上,新加坡为 22%,韩国为 35%,美国降至 38.5%,日本虽是 45%,但仅对年收入 4000 万日元以上部分(约 260 万元人民币)执行 45% 的税率,而我国则是超过96万元人民币的部分执行此税率；在企业税负上，世界银行数据显示，2019年我国企业总税率（占利润的比例）为59.2%，新加坡为21%，英国为30.6%，韩国为33.2%，美国为36.6%，日本为46.7%。在北京，与国际人才来华创业密切相关的创投领域，其税负重、重复征税、税负税制不确定性问题依然突出。新形势下，针对个人和企业，北京可探索更优惠的国际人才个税制度及更完善的收入增长机制，而粤港澳大湾区的个税政策值得北京借鉴。《关于粤港澳大湾区个人所得税优惠政策的通知》（财税〔2019〕31号）规定，在大湾区工作的境外高端人才和紧缺人才，个税实行15%的封顶政策（全国现行个税最高至45%），个人所得税已缴税额超过其应纳税所得额15%计算的税额部分由珠三角九市人民政府给予财政补贴。目前，虽然北京已在特定区域、对于特定人才、在特定条件下实行了个税最高15%的改革探索，但对于剩下的30%税率部分，仍存在再次征税的问题，这是不同于粤港澳改革的差异之处，也是未来有待改进和突破的地方。作为全国第一个提出减量发展的城市，北京打造国际人才高地需要从吸引人、使用人、留住人三个方面组合"四类需求"：第一，重视增收需求，打造国际一流收入支撑体系；第二，重视消费需求，打造有国际竞争力的生活服务体系和团队支撑体系；第三，重视交往需求，打造有温度的街区生活体系；第四，重视文化需求，打造多样化的文化服务体系。

从区域协同发展全局来看，京津冀需要进一步在产业联动、多元驱动、人文环境、配套政策、流动成本、共享机制等方面助力人才引进与人才流动。

一是大局意识不可少。明确京津冀三地的功能定位，实现产业的协同发展是人才一体化的重要前提。然而，产业和人才的一体化并非仅仅是市场的力量所能为的，需要三地具有大局意识，打破"一亩三分地"的思维定式，在区域分工与合作上达成共识，在功能错位中形成产业的差异化格局，从而实现以功能链带动产业链的转移、以产业链带动人才链的转移。

二是价值效应做引导。一直以来，经济因素对人才的流动都产生着重要的影响。在经济领域，促进京津冀人才的互通与流动既需要注意孵化和培育保定、廊坊、唐山、秦皇岛等节点城市，创造出与城市功能定位、产业定位相匹配的人才需求，更需要进一步强调对劳动价值和知识价值的认可，全方位地激发创新活力和流动动力。

三是人文环境要拉齐。人才在自身诉求上与普通劳动力的不同之处主要表现在对公共服务质量和潜在发展机会的较高要求上。然而，目前由于京津冀三地财政支出状况存在显著差异，从而造成了三地在公共服务、基础设施以及人才交流环境等方面依然存在一定落差。

四是配套政策待整合。为了促进人才的合理流动，京津冀需要尽快形成既具有较强的全球竞争力又具有显著区域特色的人才服务综合配套体系，这就需要对户籍、住房、薪酬、税收、社保等在内的一系列服务措施进行整合。整合后的配套政策体系既要有利于区域外高层次人才的引入，又要有利于区域内人才的配置与再配置。目前，在配套政策方面，京津冀需要在统一人才认定标准、人才流动社保转续、医保异地报销和实时结算等方面取得更大突破。

五是流动成本需下降。在微观层面，促进京津冀区域内的人才流动还需要将时间成本、交通成本等降至较低的水平。这些问题的解决有赖于一些外部环境的优化，诸如政府部门之间的衔接、手续办理上的创新、交通规划上的协同及基础设施的互联互通等。

六是共享机制待构建。促进京津冀人才流动见效最快的一种方式就是人才的共建、共享、共管、共用。信息化建设是人才共享的基础，通过数据库建设，大力推动人才在招聘、培养及流动等各个环节线上线下的融通；加强人才合作培养，共建人才创新创业载体，推动产学研的三地结合；创新多样的人才共享模式，通过项目式共享、外包式共享、候鸟式共享、兼职式共享等多种方式，实现人才在三地的互通共享。此外，可考虑支持国际化创业人才的"离岸引进"。通过"离岸基地"试点，在试验区探索市内注册、海外孵化、全球经营的"双向离岸"柔性引才模式，并尝试在京设立"雄安国际人才基地"，鼓励雄安自贸区企业建立"北京离岸研发中心"，人才与技术汇聚北京，产业引入雄安。

在本章，我们重点探讨了近十年来京津冀人口的增减变化，特别是看到了在规划、市场等多重手段推动下京津冀人口出现的新转向。那么，转向之中和转向之后的京津冀人口又会呈现怎样的发展态势？其中，京津冀流动人口的居留意愿深刻影响着供需矛盾和业态走向。接下来，我们就聚焦这一领域来看一看。

# 第三章 京津冀流动人口迁徙向何方

人口迁移流动是 21 世纪以来京津冀人口发展过程中的主线条，而流动人口的居留意愿则在很大程度上影响着未来的京津冀人口格局。党的十九大提出，走中国特色新型城镇化道路，推进以人为核心的新型城镇化，加快农业转移人口的市民化。然而，城镇化与市民化的纵深发展不仅取决于宏观政策导向，表现在流动人口的就业收入、住房居住、社会保障等中观层面，而且还涉及流动人口个体意愿和心理选择等微观层面，流动人口的心理意愿直接影响其市民化行为。

正如美国城市社会学研究专家 Park 所说，城市远非只是个人的集合，也不只是各种设施如街道、建筑、电灯、轨道电车和电话的混合，更不只是各种制度与行政管理设施如法庭、医院、警察和各种市政职能部门的集合，城市还是一种心智和心理状态。所谓"心理意愿"是指一种主观的态度，指流动人口对自己是否融入城市所做出的判断。[1] 有研究表明，流动人口从乡村进入城市，从小城市到大城市，他们生活与生产的环境发生了巨大变换。我国城市主流文化大致包括如下内涵：人口密度大、异质性强，市场化、都市化和社会化程度高，第三产业、第二产业发达，社会分工明显等[2]；而农村的社会和经济特征则恰恰与此相反。因此，对于流入城市的农民而言，他们要面对的是迥然不同的文化样态，从同质性的、情感性的传统乡土社会进入异质性的、工具性的现代城市社会，面临着一个重新建立"心理认同"的过程。[3] 尽管流动人口中的很大部分长期工作生

---

[1] 李树茁、王维博、悦中山：《自雇与受雇农民工城市居留意愿差异研究》，《人口与经济》2014 年第 2 期。

[2] 张继焦：《城市的适应——迁移者的就业与创业》，商务印书馆 2003 年版。

[3] 张海波、童星：《被动城市化群体城市适应性与现代性获得中的自我认同——基于南京市 561 位失地农民的实证研究》，《社会学研究》2006 年第 2 期。

活在城市之中，已成为整个城市劳动力的主要构成和支撑，但在很多流动人口看来，城市社会依然是"外在的"和"他们的"，而并不认为是"我们的"①，往往将拥有城市户口的人称为"他们城里人"，而称自己为"我们外地农民"②。流动人口时刻扮演着城市"陌生人"的角色，是源于流动人口在心理上与城市和市民群体之间的距离感：置身于城市，却不是城里的人；离得很近，实际却很远。在流动人口中这种漂泊的感受和心态是的确存在的，在心理上会感到自身和市民差异很大，对城市的认同度不高，归属感不强。③ 当然，不同的学者也有不同的看法，譬如：钱文荣、张忠明（2006）对浙江的调查就表明，外来人口有着融合到城市的强烈愿望，他们中有很大一部分希望增加与城市居民的交往，并且希望成为城市居民中的一分子。④ 周建芳（2008）也持有同样的看法，她认为绝大多数流动人口期待与流入城市的融合，不仅认同流入城市的生活比家乡好，对于自己的经济会有更好的改善，而且认为在流入城市会对下一代更为有利。⑤

人口和功能过度聚集导致的"大城市病"问题，在一定程度上影响了京津冀中心城市北京的功能优化和品质提升。为了疏解北京的非首都功能，国家先后做出推进京津冀协同发展、设立河北雄安新区等重大决策部署，这些政策必然涉及京津冀流动人口合理流动的问题。合理引导和调节流动人口去留的重要前提之一便是了解在京流动人口的基本状况，尤其是他们的居留意愿。居留意愿虽然不能完全等于实际的居留行为和城市融入状况，但在很大程度上能够映射出其中的大体趋势。因此，研究居留意愿的影响因素对合理调节人口流动、促进外来人口城市融入具有重要的参考价值。⑥ 本章节研究重点关注以下两个问题：

---

① 徐祖荣：《流动人口社会融入障碍分析》，《党政干部学刊》2008年第9期。
② 陈映芳：《"农民工"：制度安排与身份认同》，《社会学研究》2005年第3期；赵晔琴：《农民工：日常生活中的身份建构与空间型构》，《社会》2007年第6期。
③ 李立文、余冲：《新生代农民工的社会适应问题研究》，《中国青年研究》2006年第4期。
④ 钱文荣、张忠明：《农民工在城市社会的融合度问题》，《浙江大学学报》2006年第4期。
⑤ 周建芳：《发达地区育龄流动人口子女入学与社会融合调查》，《西北人口》2008年第1期。
⑥ 孙力强等：《结构地位、社会融合与外地户籍青年留京意愿》，《青年研究》2017年第3期。

（1）京津冀流动人口居留意愿的现状与特征。

（2）影响京津冀流动人口居留意愿的因素与机制。

这些问题的回答对于准确把握京津冀流动人口的态度与行为，详细了解流动人口的身份认同具有重要的作用，从而有利于我们及早规划、提前布置，促进流动人口的城市融入，推动京津冀城乡人口的社会融合。

## 一　数据来源与研究方法

### （一）数据来源

本部分所用数据主要来自2017年国家卫生计生委流动人口司开展的全国流动人口卫生计生动态监测调查A卷内容。调查对象是在本地居住一个月及以上，非本区（县、市）户口的男性和女性流动人口。主要包括五项内容：（1）家庭成员与收支情况；（2）就业情况；（3）流动及居留意愿；（4）健康与公共服务；（5）社会融合。使用动态监测调查数据进行京津冀流动人口研究，具有以下优势。

其一，数据的典型性与代表性。人口流入重点、热点地区的调查能较为深刻地反映流动人口生存发展状况与市民化情况。京津冀各城市分属首都、直辖市、省会城市、计划单列市、中等城市、小城市等不同区划，流入人口规模大、数量多、持续时间长，分析这些地区流动人口的社会经济状况可充分体现流动人口生产生活的地区差异、人群差异和身份差异，从而有助于流动人口市民化研究的广泛开展和深入进行。

其二，数据的全面性和丰富性。如前文所言，流动人口的市民化是一个多维度、多层面的复杂工程，包含经济整合、社会交往、主观意愿等众多方面，也涉及个体、家庭、群体等多个视角，而本次的动态监测调查，访谈了流动人口的个人特征、家庭状况、收入住房、社会保障、居留意愿等全面、详细信息，为分析流动人口的社会经济和心理状况提供了十分丰富的资料。

其三，数据的及时性和有效性。流动人口是一个变化较快、更替迅速的群体。其变化不仅是地理位置的变化、群体内部结构的变化，更包含了经济特征、思想观念、生活方式的改变。因此，针对流动人口的分析和研究，必须能够及时、有效地反映转移人口群体的最新状况和最近特征。动态监测调查是目前最新最全面的关于流动人口的对比调查数据，其时效性显得尤为重要。

**（二）研究方法**

数据分析包括描述性统计分析和推断性统计分析，这是定量分析的最基本方法。下面分别予以简单介绍。

1. 描述性统计分析

描述性统计分析方法是社会科学实证研究中最常用的方法。描述性统计分析是数据分析的第一步，也是必不可少的一步。它能帮助研究者熟悉、认识和了解数据的基本特征、分布规律、趋势以及变量之间的相互关系，从而决定是否有必要对数据作进一步的处理和分析。因此，准确而全面地描述数据是实证分析的基础和前提。若不能清楚地描述数据，或对数据的描述存在偏差，则模型分析结果是值得怀疑的。[1] 本章节的描述性统计分析包括单变量分析[2]和相关分析[3]。

2. 推断性统计分析

单变量分析和相关（交互）分析是社会科学实证研究中最常用的方法之一，也是统计分析过程中必不可少的一步。然而，描述性统计分析方法虽不可少，但也存在较大的局限。单变量分析只能提供某个变量的分布情况；双变量分析可以提供两个变量之间相互关系的程度和显著性，但其结果无法使研究者判断变量之间的关系是否为独立关系。因此，即便两个变量之间的相关系数很高，我们也不能完全推断一个变量会对另一个变量产生独立影响，因为相关分析描述的是两个因素之间的关系，没有考虑其

---

[1] 杨菊华：《人口学领域的定量研究过程与方法》，《人口与发展》2008年第1期。

[2] 单变量分析描述变量的均值和标准差、比例（或百分比）等基本统计量。其结果将为我们提供流动人口多方面的特征。单变量的分析结果将告诉我们，各变量是否存在变异以及变异的程度。变异是数据分析的基础，模型分析的目的之一就是要找到变异的原因。如果数据缺乏变异或缺乏足够的变异，则数据的同质性太强而无法进行模型分析，也无须进行模型分析。

[3] 在描述了数据的基本特征后，我们就各影响因素与流动人口之间的关系进行一系列的相关关系分析。相关分析将为我们提供自变量与因变量之间是否存在关联和存在怎样关联的信息。自变量和因变量之间的关联性是进行多元分析的基础。如果交叉表的两个变量是独立的，则没有必要将其中的自变量置于模型中。然而，值得注意的是，这是一般原则；数据的情况往往比一般原则更为复杂。比如，当变量之间的关系是非线性的时候，二者之间可能出现相互独立的现象，但实际情况是，它们之间并不独立。因此，在对数据进行模型分析时，纳入什么变量需要在理论的指导下，视具体情况而定。换言之，即便变量之间似不显著相关，但若从理论上看，二者的确应该是相互关联的，则依旧需要将自变量置于数据分析中。

他因素对因变量的作用或对该自变量与因变量关系的干扰与调节。以教育对收入的影响为例：即便教育与收入之间高度相关，但二者极高的关联度也可能是由于职业、工作经验和专业技能等因素造成的——换言之，其关联存在的根源不在于教育，而在于其他因素。因此，在分析数据的过程中，尤其是在定量分析的过程中，仅使用描述性方法是不够的，推断性统计分析方法可以在一定程度上弥补描述性统计方法的不足。所以，数据分析的第二步是使用多元分析方法，探讨农业转移人口与各影响因素之间的独立关系，以及其他相关因素的干扰与调节作用。回归模型的选定依赖于研究目的和数据的特点，本章节主要使用多层线性模型与多层 logistic 模型。

**（三）变量设置**

变量是科学研究的基础和工具，只有使用明确的、可观察性的变量作为语言，社会科学才能进行有效的经验研究[1]，而变量必须被充分、明确地加以定义和量化才使研究能够进行[2]。本部分所使用的变量主要分为因变量和自变量两类。

1. 因变量

（1）收入水平：根据问卷问题"您个人上个月（或上次就业）工资收入/纯收入为多少？（不含包吃包住费）"设置。

（2）住房类型：根据问卷问题"您现住房属于下列何种性质？"设置为两类：自购（建）住房、租住房屋等。

（3）医疗保险：根据问卷问题"您目前参加下列何种社会医疗保险？"设置，选项归类为两项：在本地有医疗保障、在本地没有医疗保障。

（4）社会交往：根据问卷问题"您业余时间在本地和谁来往最多（不包括顾客及其他亲属）？"设置，选项调整为"1 为很少交往，2 为老乡，3 为其他外地人，4 为本地人"四个类别。

（5）居留意愿：根据问卷问题"如果您打算留在本地，您预计自己将在本地留多久？"设置，选项包括"1 为 1—2 年，2 为 3—5 年，3 为

---

[1] 袁方、王汉生：《社会研究方法教程》，北京大学出版社 2011 年版。
[2] [美] 罗伯特·默顿：《社会理论和社会结构》，唐少杰、齐心等译，译林出版社 2006 年版。

6—10年，4为10年以上，5为定居，6为没想好"等类别。

2. 自变量

自变量的选择是基于理论分析框架的指导，并用来检验理论假设是否成立。

（1）个体特征与职业特征的量化。

（2）代际差异：根据问卷问题"出生年月"设置，选项调整为"15—19岁、20—29岁、30—39岁、40—49岁、50—59岁、60岁及以上"六个类别。

（3）性别差异：根据问卷问题"性别"设置，选项包括"1为男性，2为女性"两个类别。

（4）教育程度：根据问卷问题"受教育程度"设置，选项调整为"1为小学及以下，2为初中，3为高中/中专，4为大学专科，5为大学本科及以上"五个类别。

（5）户籍类型：根据问卷问题"户口性质"设置，选项调整为"1为农业户口，2为非农业户口"两个类别。

（6）婚姻状况：根据问卷问题"婚姻状况"设置，选项调整为"1为未婚，2为已婚等"两个类别。

（7）家庭规模：根据问卷问题"与您在本户同住的家庭其他成员共有几口人？"设置，选项调整为"1人、2人、3人、4人、5人及以上"五个类别。

（8）职业类型：根据问卷问题"您现在的主要职业是什么？"设置，选项调整为"1为国家机关、党群组织、企事业单位负责人，专业技术人员、公务员、办事人员和有关人员；2为经商、商贩；3为餐饮；4为家政、保洁、保安、装修、快递；5为其他商业、服务业人员；6为生产、运输、建筑等；7为其他职业"。

（9）单位属性：根据问卷问题"您现在就业的单位性质属于哪一类？"设置，选项调整为"1为机关、事业单位；2为国有及国有控股企业，集体企业，股份/联营企业；3为个体工商户；4为私营企业；5为外资企业；6为其他单位"。

（10）就业身份：根据问卷问题"您现在的就业身份属于哪一种？"设置，选项包括"1为雇员，2为自营劳动者，3为雇主"。

（11）流过城市：根据问卷问题"您总共流动过多少个城市（包括现

居地)?"设置,选项包括"1个、2个、3个及以上"。

(12) 流入时间:根据问卷问题"本次流动时间"设置,选项调整为"1年及以内、2—3年、4—5年、6—10年、10年以上"五个类别。

(13) 户籍地:根据问卷问题"户籍地区县"设置,选项调整为"1为京津冀,2为山西、内蒙古,3为东北地区,4为华东地区,5为山东,6为河南,7为华南地区,8为西南地区,9为西北地区"九个类别。

(14) 流入地:根据问卷问题"现居住地址"设置,选项调整为"1为北京市,2为天津市,3为河北省"。北京市包括"东城区、西城区、朝阳区、海淀区、丰台区、石景山区、通州区、顺义区、昌平区、大兴区、房山区、远郊五区"。天津市包括"和平区、河东区、河西区、南开区、河北区、红桥区、东丽区、西青区、津南区、北辰区、滨海新区、远郊五区"。河北省包括"石家庄市、保定市、廊坊市、沧州市、唐山市、秦皇岛市、承德市、张家口市、衡水市、邢台市、邯郸市"。

(15) 城市特征包括人均GDP、人均住房面积、人均医疗床位三个衡量指标。

## 二 居留意愿是否强烈

从2017年流动人口监测调查数据来看,京津冀流动人口的居留意愿较高,一半左右的人群打算在流入地长期定居,还有12%以上的人群打算在流入地居留10年以上。从流动人口年龄分组与居留意愿的交互分析结果来看,北京市30—39岁人口和60岁以上人口居留意愿最强,15—29岁的年轻人和40—59岁的中年人居留意愿相对减弱。天津市和河北省也体现了类似的规律性,即年轻时期的年少朦胧与中年时期的人生压力在一定程度上拉低了城市定居意愿。

从流动人口与居留意愿的性别交互分析结果来看,京津冀体现出相似的规律性,即女性流动人口的长期居留意愿要强于男性流动人口。例如,北京市男性流动人口打算定居的比例为43%,而女性则比男性高出11个百分点;天津市男性流动人口定居的比例为50%,而女性流动人口此比例为64%;河北省男性流动人口定居的比例为42%,而女性高达54%,从中似乎也能感受到男性于城市定居之抉择时在成家立业等方面的考虑会更多一些,压力和责任自然也会更大一些。

表 3-1　京津冀流动人口年龄分组与居留意愿的交互分析结果　　单位:%

| | 年龄组 | 居留1—2年意愿 | 居留3—5年意愿 | 居留6—10年意愿 | 居留10年以上意愿 | 定居意愿 |
|---|---|---|---|---|---|---|
| 北京 | 15—19岁 | 29.0 | 35.5 | 10.5 | 6.6 | 18.4 |
| | 20—29岁 | 11.3 | 28.1 | 10.0 | 13.2 | 37.5 |
| | 30—39岁 | 4.3 | 14.9 | 6.6 | 17.4 | 56.9 |
| | 40—49岁 | 6.5 | 15.6 | 8.4 | 22.8 | 46.8 |
| | 50—59岁 | 9.3 | 21.5 | 11.2 | 20.4 | 37.6 |
| | 60岁及以上 | 4.5 | 12.3 | 6.1 | 8.8 | 68.3 |
| | 15岁以上者合计 | 7.3 | 19.1 | 8.2 | 16.7 | 48.7 |
| 天津 | 15—19岁 | 25.9 | 29.3 | 1.7 | 3.5 | 39.7 |
| | 20—29岁 | 10.2 | 16.1 | 4.4 | 9.2 | 60.1 |
| | 30—39岁 | 7.5 | 14.6 | 6.7 | 13.4 | 57.8 |
| | 40—49岁 | 6.5 | 17.1 | 6.8 | 16.3 | 53.3 |
| | 50—59岁 | 12.3 | 16.3 | 10.6 | 15.0 | 45.8 |
| | 60岁及以上 | 6.4 | 9.6 | 2.1 | 6.4 | 75.5 |
| | 15岁以上者合计 | 8.7 | 15.8 | 6.1 | 12.6 | 56.8 |
| 河北 | 15—19岁 | 18.6 | 34.9 | 4.7 | 2.3 | 39.5 |
| | 20—29岁 | 17.1 | 20.5 | 4.2 | 8.8 | 49.4 |
| | 30—39岁 | 12.0 | 18.1 | 6.8 | 15.6 | 47.6 |
| | 40—49岁 | 18.1 | 21.1 | 7.1 | 15.1 | 38.6 |
| | 50—59岁 | 15.5 | 19.1 | 7.1 | 7.7 | 50.6 |
| | 60岁及以上 | 6.1 | 7.1 | 3.0 | 6.1 | 77.8 |
| | 15岁以上者合计 | 15.0 | 19.4 | 5.9 | 12.3 | 47.5 |

京津冀流动人口教育程度越低,居留意愿越弱;教育程度越高,居留意愿越强。从北京市数据来看,初中及以下文化程度流动人口长期居留意愿很弱,仅有1/3的比例打算定居,甚至低于天津市和河北省。这一数据结果体现出人力资本对定居意愿的影响是深刻的,特别是在超大城市里,低学历者的生存压力是显著的。

京津冀农业户籍流动人口的居留意愿较低,非农业户籍流动人口的居留意愿较高。但值得注意的是,在京农业户籍流动人口的居留意愿很低,明显低于天津市、河北省的农业户籍流动人口,与北京市非农业户

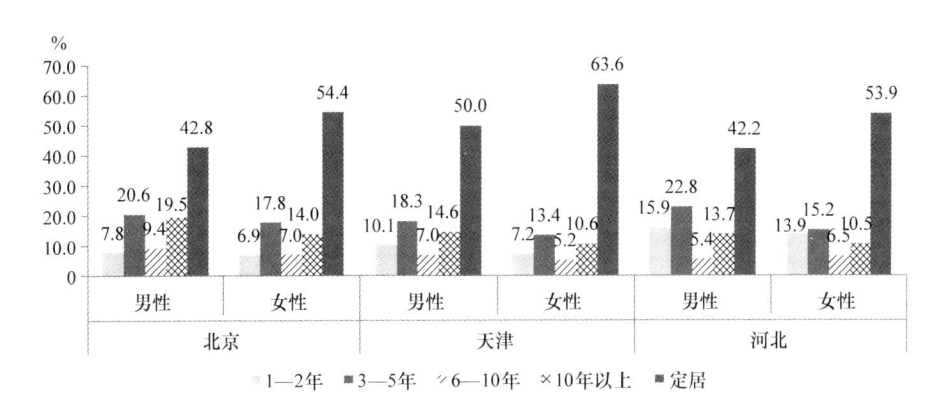

图3-1 京津冀流动人口性别差异与居留意愿的交互分析结果

籍流动人口的定居比例也相差悬殊，这说明农民工融入超大城市的难度更大，其中有群体文化差异的因素，也会有老家土地保障等若干因素的综合影响。

表3-2 京津冀流动人口教育程度与居留意愿的交互分析结果 单位:%

| | 学历组 | 居留1—2年意愿 | 居留3—5年意愿 | 居留6—10年意愿 | 居留10年以上意愿 | 定居意愿 |
|---|---|---|---|---|---|---|
| 北京 | 小学及以下 | 11.1 | 23.2 | 10.5 | 21.6 | 33.5 |
| | 初中 | 11.2 | 25.8 | 9.8 | 21.0 | 32.2 |
| | 高中/中专 | 8.4 | 20.7 | 9.3 | 17.1 | 44.6 |
| | 大学专科 | 4.0 | 17.7 | 7.3 | 14.1 | 56.9 |
| | 大学本科及以上 | 3.1 | 9.8 | 5.2 | 11.7 | 70.2 |
| 天津 | 小学及以下 | 13.5 | 16.4 | 7.5 | 15.0 | 47.6 |
| | 初中 | 9.6 | 19.8 | 7.2 | 15.7 | 47.7 |
| | 高中/中专 | 7.3 | 13.7 | 5.4 | 10.0 | 63.6 |
| | 大学专科 | 4.5 | 8.1 | 2.9 | 6.7 | 77.9 |
| | 大学本科及以上 | 4.1 | 8.2 | 3.7 | 5.7 | 78.3 |
| 河北 | 小学及以下 | 21.9 | 22.2 | 4.1 | 13.3 | 38.4 |
| | 初中 | 18.8 | 22.3 | 7.5 | 12.4 | 39.0 |
| | 高中/中专 | 11.4 | 19.2 | 4.8 | 13.9 | 50.7 |
| | 大学专科 | 5.8 | 11.9 | 4.5 | 10.6 | 67.3 |
| | 大学本科及以上 | 7.5 | 10.6 | 4.8 | 8.0 | 69.2 |

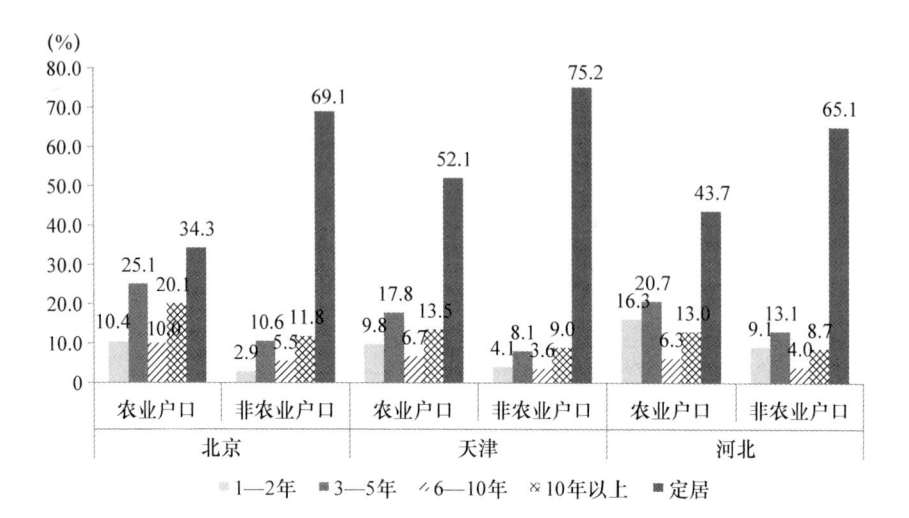

图 3-2 京津冀流动人口户籍类型与居留意愿的交互分析结果

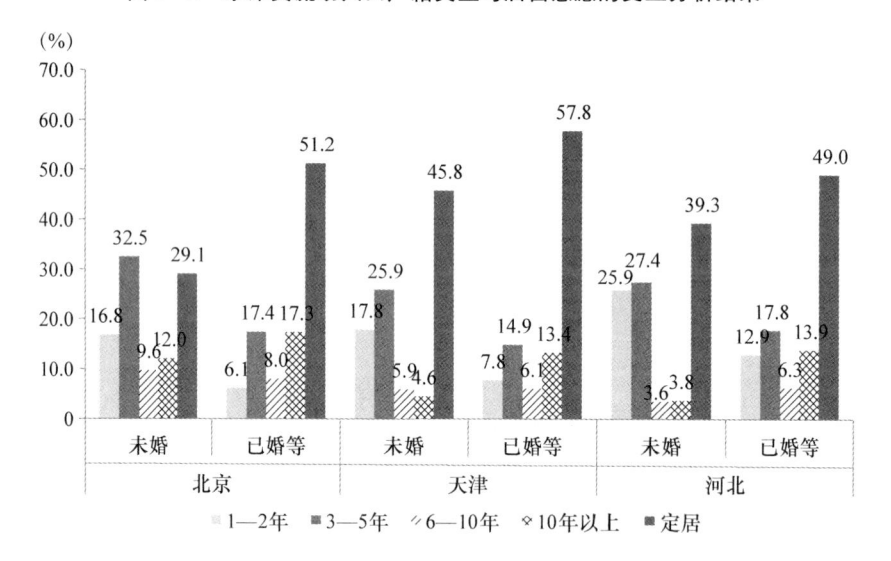

图 3-3 京津冀流动人口婚姻状况与居留意愿的交互分析结果

从流动人口婚姻状况与居留意愿的交互分析结果来看，京津冀流动人口表现出相似的规律性，即未婚流动人口的居留意愿较低，已婚流动人口的居留意愿较高，人生目标更为明确和清晰。但值得注意的是，北京市未婚流动人口的居留意愿很低，甚至低于天津市、河北省未婚流动人口，与北京市已婚流动人口的定居比例也相差悬殊。

从流动人口家庭规模与居留意愿的交互分析结果来看，北京市 5 人及以上流动人口家庭定居意愿最为强烈，比例高达 61.4%；次之的是 3 人家庭和 2 人家庭，分别为 53.7% 和 49.2%，较低的是 1 人家庭，仅 25.3% 的比例打算在北京定居。天津市定居意愿最强的是 3 人家庭，比例高达 60.0%；次之的是 5 人及以上家庭和 2 人家庭，此比例分别为 59.4% 和 58.4%，较低的仍是 1 人家庭。河北省定居意愿最强的是 2 人家庭，比例高达 62.9%；次之的是 3 人家庭，定居比例为 53.9%；也是 1 人家庭定居意愿较弱。

表 3-3　京津冀流动人口家庭规模与居留意愿的交互分析结果　　单位：%

| | 人数 | 居留1—2年意愿 | 居留3—5年意愿 | 居留6—10年意愿 | 居留10年以上意愿 | 定居意愿 |
|---|---|---|---|---|---|---|
| 北京 | 1 人 | 17.7 | 34.8 | 9.8 | 12.4 | 25.3 |
| | 2 人 | 6.3 | 21.5 | 8.5 | 14.4 | 49.2 |
| | 3 人 | 6.2 | 17.3 | 7.5 | 15.2 | 53.7 |
| | 4 人 | 7.2 | 15.2 | 8.8 | 24.6 | 44.2 |
| | 5 人及以上 | 3.9 | 13.1 | 6.7 | 15.0 | 61.4 |
| 天津 | 1 人 | 17.1 | 27.8 | 5.4 | 8.6 | 41.2 |
| | 2 人 | 10.8 | 14.1 | 6.4 | 10.4 | 58.4 |
| | 3 人 | 8.1 | 15.5 | 5.4 | 11.1 | 60.0 |
| | 4 人 | 7.2 | 15.9 | 7.4 | 15.8 | 53.8 |
| | 5 人及以上 | 8.0 | 12.5 | 5.2 | 14.9 | 59.4 |
| 河北 | 1 人 | 28.0 | 29.7 | 4.2 | 4.2 | 33.9 |
| | 2 人 | 10.2 | 14.2 | 4.5 | 8.2 | 62.9 |
| | 3 人 | 12.4 | 16.0 | 5.4 | 12.4 | 53.9 |
| | 4 人 | 14.0 | 20.7 | 8.7 | 17.1 | 39.5 |
| | 5 人及以上 | 15.1 | 20.8 | 3.7 | 17.2 | 43.2 |

在北京市流动人口中，负责技术办事人员定居比例最高，高达 60.1%；次之的是经商商贩，比例为 46.0%；较低的是餐饮和家政、保洁、保安、装修、快递等人员，打算定居的比例仅为 26.7% 和 21.7%。天津市职业分异较低，即使是餐饮和家政、保洁、保安、装修、快递等人员，打算定居的比例也在 50% 以上。河北省体现出与北京市相似的规律性，负责技术办事人员定居比例最高，高达 63.0%；家政、保洁、保安、

装修、快递、生产、建筑、运输等人员的定居比例较低,仅在30%左右。

北京市流动人口中,外资企业和国有集体股份企业人员定居意愿最为强烈,打算定居的比例高达50%以上,而个体工商户的比例相对较低,仅为39.8%。天津市定居意愿最为强烈的是外资企业,打算定居的比例高达71.9%,次之的是机关事业单位工作人员,再次之的是国有集体股份企业人员。从河北省的分析数据来看,外资企业工作人员定居意愿最为强烈,定居比例高达78.6%,次之的是机关事业单位工作人员,较低是个体工商户和私营企业人员,定居比例仅在40%左右。

表3-4　　京津冀流动人口职业类型与居留意愿的交互分析结果　　单位:%

| | 职业类型 | 居留1—2年意愿 | 居留3—5年意愿 | 居留6—10年意愿 | 居留10年以上意愿 | 定居意愿 |
|---|---|---|---|---|---|---|
| 北京 | 负责技术办事人员 | 4.0 | 15.1 | 6.7 | 14.1 | 60.1 |
| | 经商商贩 | 5.3 | 17.9 | 7.5 | 23.2 | 46.0 |
| | 餐饮 | 14.7 | 28.8 | 8.4 | 21.4 | 26.7 |
| | 家政、保洁、保安、装修、快递 | 13.2 | 34.4 | 11.8 | 18.9 | 21.7 |
| | 其他商业、服务业人员 | 6.9 | 20.4 | 9.0 | 17.4 | 46.4 |
| | 生产、建筑、运输 | 16.5 | 24.7 | 11.2 | 15.0 | 32.7 |
| | 其他职业 | 8.3 | 15.9 | 7.6 | 15.5 | 52.8 |
| 天津 | 负责技术办事人员 | 11.1 | 10.0 | 2.9 | 7.4 | 68.6 |
| | 经商商贩 | 5.9 | 17.9 | 8.0 | 17.8 | 50.4 |
| | 餐饮 | 12.0 | 20.8 | 5.0 | 8.3 | 53.9 |
| | 家政、保洁、保安、装修、快递 | 10.8 | 15.8 | 7.5 | 13.3 | 52.5 |
| | 其他商业、服务业人员 | 5.0 | 10.1 | 6.0 | 10.4 | 68.6 |
| | 生产、建筑、运输 | 11.7 | 22.9 | 7.1 | 12.0 | 46.2 |
| | 其他职业 | 10.1 | 18.9 | 3.6 | 11.8 | 55.6 |
| 河北 | 负责技术办事人员 | 8.9 | 13.5 | 4.6 | 10.0 | 63.0 |
| | 经商商贩 | 8.8 | 21.1 | 10.5 | 19.4 | 40.2 |
| | 餐饮 | 22.2 | 26.5 | 6.0 | 7.3 | 38.0 |
| | 家政、保洁、保安、装修、快递 | 20.1 | 31.3 | 5.6 | 12.5 | 30.6 |
| | 其他商业、服务业人员 | 11.6 | 17.0 | 5.5 | 10.9 | 55.0 |
| | 生产、建筑、运输 | 31.6 | 24.3 | 4.2 | 9.0 | 30.9 |
| | 其他职业 | 11.6 | 21.5 | 3.3 | 16.5 | 47.1 |

在流动人口中，北京市和天津市雇主的居留意愿较为强烈，定居比例都在60%以上，而河北省雇主的定居比例略低，定居比例仅在50%左右；北京市和河北省流动人口中雇员和自营劳动者的定居意愿较弱，雇员比例在46%左右，自营劳动者比例在36%左右；而天津市雇员和自营劳动者定居意愿相对较为强烈，定居比例分别为56%和49%左右。

表3-5　　京津冀流动人口单位性质与居留意愿的交互分析结果　　单位:%

| | 单位性质 | 居留1—2年意愿 | 居留3—5年意愿 | 居留6—10年意愿 | 居留10年以上意愿 | 定居意愿 |
|---|---|---|---|---|---|---|
| 北京 | 机关事业单位 | 4.4 | 18.5 | 10.3 | 17.4 | 49.5 |
| | 国有集体股份企业 | 6.6 | 17.5 | 8.0 | 14.7 | 53.3 |
| | 个体工商户 | 7.8 | 20.3 | 8.9 | 23.3 | 39.8 |
| | 私营企业 | 8.0 | 22.4 | 7.7 | 15.5 | 46.4 |
| | 外资企业 | 5.7 | 15.7 | 7.8 | 16.1 | 54.8 |
| | 其他 | 13.8 | 23.4 | 11.2 | 19.3 | 32.3 |
| 天津 | 机关事业单位 | 1.5 | 5.8 | 7.3 | 20.3 | 65.2 |
| | 国有集体股份企业 | 12.4 | 10.5 | 4.9 | 12.7 | 59.5 |
| | 个体工商户 | 6.6 | 15.4 | 8.0 | 15.9 | 54.1 |
| | 私营企业 | 12.0 | 21.8 | 4.7 | 8.4 | 53.1 |
| | 外资企业 | 5.3 | 10.5 | 5.9 | 6.4 | 71.9 |
| | 其他 | 9.8 | 25.3 | 7.0 | 14.3 | 43.5 |
| 河北 | 机关事业单位 | 6.5 | 6.5 | 3.2 | 8.6 | 75.3 |
| | 国有集体股份企业 | 6.1 | 19.0 | 1.8 | 10.4 | 62.6 |
| | 个体工商户 | 13.9 | 21.6 | 8.8 | 13.9 | 41.8 |
| | 私营企业 | 26.7 | 22.0 | 4.0 | 10.8 | 36.5 |
| | 外资企业 | 0.0 | 7.1 | 0.0 | 14.3 | 78.6 |
| | 其他 | 11.5 | 26.7 | 8.1 | 13.9 | 39.9 |

从流动人口流经城市数量与居留意愿的交互分析结果来看，京津冀显示出相似的规律性，都是流经1个城市的定居意愿最为强烈，流经2个城市的次之，流经3个及以上城市的人口定居性最弱。

从流动人口流入时间与居留意愿的交互分析结果来看，京津冀都表现出了一致的规律性，即流入时间越短，居留意愿越弱；流入时间越长，居

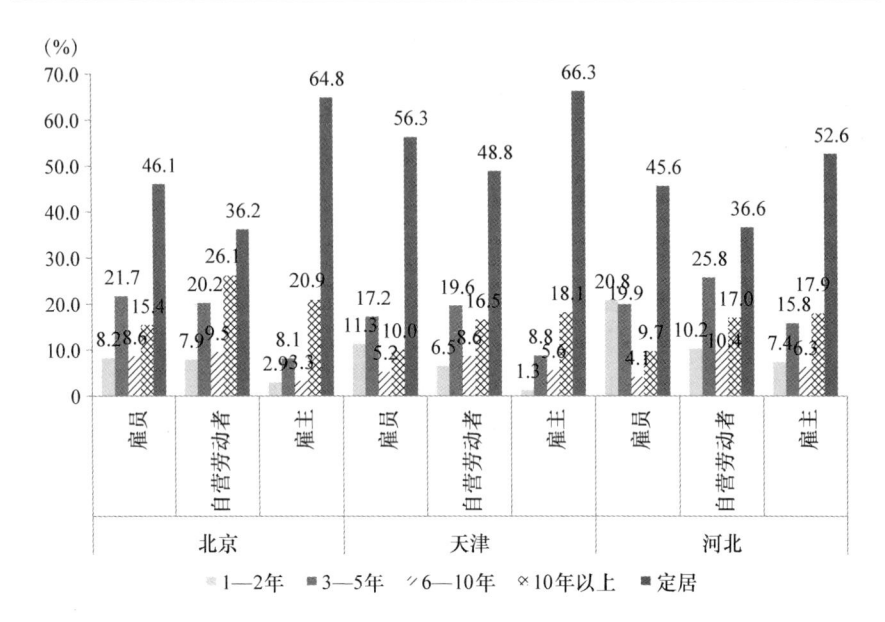

图 3-4　京津冀流动人口就业身份与居留意愿的交互分析结果

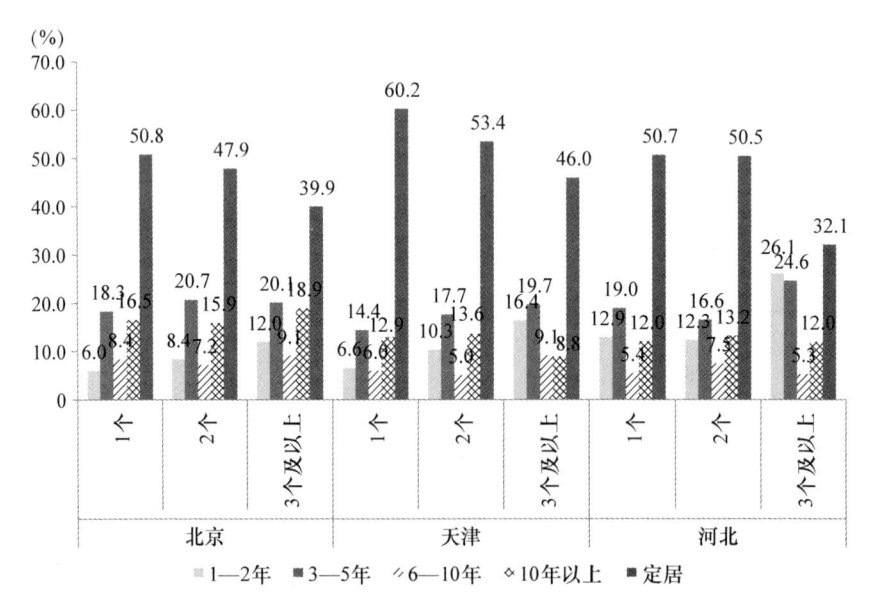

图 3-5　京津冀流动人口流经城市与居留意愿的交互分析结果

留意愿越强。以北京市数据为例来看，居留 1 年及以内的流动人口，其定居比例仅有 1/4，2—3 年的为 1/3，4—5 年的为 44%，6—10 年的为 1/2，

10年以上的为63%。

流入地的区域特征对流动人口在城镇的居留意愿也有着重要影响。从北京市流动人口流出地区与居留意愿的交互分析结果来看，东北地区的流动人口居留意愿最为强烈，打算定居的比例高达2/3；次之的是天津、河北、山西、内蒙古、山东等地人员，打算定居的比例为50%左右；较低居留比例的是河南籍和西南地区人员，居留比例仅在30%以上。天津市和河北省流动人口的居留意愿也体现出同样的流出地差异。

表3-6　京津冀流动人口流入时间与居留意愿的交互分析结果　　单位：%

|  | 流入时间 | 居留1—2年意愿 | 居留3—5年意愿 | 居留6—10年意愿 | 居留10年以上意愿 | 定居意愿 |
|---|---|---|---|---|---|---|
| 北京 | 1年及以内 | 20.8 | 32.5 | 8.6 | 12.2 | 25.9 |
|  | 2—3年 | 13.1 | 30.6 | 10.7 | 12.8 | 32.8 |
|  | 4—5年 | 9.6 | 21.4 | 9.2 | 16.1 | 43.7 |
|  | 6—10年 | 4.0 | 17.8 | 8.4 | 18.3 | 51.5 |
|  | 10年以上 | 2.2 | 9.6 | 6.2 | 18.9 | 63.1 |
| 天津 | 1年及以内 | 25.9 | 24.6 | 6.6 | 8.8 | 34.1 |
|  | 2—3年 | 17.4 | 25.3 | 5.5 | 9.1 | 42.7 |
|  | 4—5年 | 7.6 | 17.6 | 7.0 | 12.8 | 55.1 |
|  | 6—10年 | 4.3 | 16.3 | 6.4 | 12.1 | 61.0 |
|  | 10年以上 | 3.1 | 7.3 | 5.7 | 15.9 | 68.1 |
| 河北 | 1年及以内 | 35.5 | 26.5 | 4.1 | 6.7 | 27.1 |
|  | 2—3年 | 15.8 | 21.3 | 6.2 | 12.6 | 44.1 |
|  | 4—5年 | 10.4 | 20.3 | 7.0 | 10.7 | 51.5 |
|  | 6—10年 | 7.3 | 17.1 | 7.0 | 15.2 | 53.3 |
|  | 10年以上 | 3.0 | 10.5 | 5.0 | 16.2 | 65.3 |

表3-7　京津冀流动人口流出地区与居留意愿的交互分析结果　　单位：%

|  | 流出地区 | 居留1—2年意愿 | 居留3—5年意愿 | 居留6—10年意愿 | 居留10年以上意愿 | 定居意愿 |
|---|---|---|---|---|---|---|
| 北京 | 京津冀 | 5.5 | 18.6 | 8.5 | 16.4 | 51.0 |
|  | 山西、内蒙古 | 7.5 | 17.6 | 8.2 | 16.7 | 50.0 |

续表

| 流出地区 | | 居留1—2年意愿 | 居留3—5年意愿 | 居留6—10年意愿 | 居留10年以上意愿 | 定居意愿 |
|---|---|---|---|---|---|---|
| 北京 | 东北地区 | 4.1 | 13.7 | 5.9 | 11.1 | 65.1 |
| | 华东地区 | 8.8 | 20.7 | 7.7 | 21.2 | 41.6 |
| | 山东 | 4.8 | 17.5 | 7.9 | 18.2 | 51.6 |
| | 河南 | 11.9 | 21.4 | 9.7 | 19.0 | 38.1 |
| | 华南地区 | 7.9 | 21.9 | 9.4 | 15.2 | 45.6 |
| | 西南地区 | 13.5 | 30.4 | 9.3 | 12.2 | 34.6 |
| | 西北地区 | 10.2 | 18.6 | 7.4 | 20.0 | 43.7 |
| 天津 | 京津冀 | 6.6 | 14.0 | 5.4 | 11.3 | 62.8 |
| | 山西、内蒙古 | 8.2 | 17.2 | 3.9 | 10.3 | 60.5 |
| | 东北地区 | 7.6 | 10.8 | 5.6 | 9.6 | 66.5 |
| | 华东地区 | 9.8 | 17.6 | 7.5 | 22.0 | 43.1 |
| | 山东 | 6.1 | 14.4 | 6.7 | 13.9 | 58.9 |
| | 河南 | 9.1 | 22.3 | 6.7 | 13.2 | 48.7 |
| | 华南地区 | 14.2 | 20.8 | 6.7 | 10.8 | 47.5 |
| | 西南地区 | 25.0 | 25.0 | 10.2 | 7.4 | 32.4 |
| | 西北地区 | 19.6 | 22.3 | 3.6 | 9.8 | 44.6 |
| 河北 | 京津冀 | 9.8 | 16.2 | 6.0 | 12.9 | 55.1 |
| | 山西、内蒙古 | 12.5 | 25.0 | 5.7 | 9.1 | 47.7 |
| | 东北地区 | 10.8 | 17.2 | 4.0 | 10.4 | 57.6 |
| | 华东地区 | 24.7 | 24.0 | 9.3 | 16.0 | 26.0 |
| | 山东 | 17.7 | 26.6 | 6.3 | 13.9 | 35.4 |
| | 河南 | 33.2 | 29.8 | 4.5 | 10.7 | 21.9 |
| | 华南地区 | 30.1 | 30.1 | 5.5 | 12.3 | 21.9 |
| | 西南地区 | 32.4 | 28.4 | 5.4 | 13.5 | 20.3 |
| | 西北地区 | 38.4 | 21.9 | 6.9 | 2.7 | 30.1 |

## 三 居留意愿强烈者的特征

流动人口在城镇的居留意愿与年龄、性别、受教育水平等人口因素有着密切的关系。一般而言，除个别之外，倾向于在城镇定居的流动人口大多具有年轻、有较高的受教育水平、女性等人口特征。本章节对京津冀三地流动人口居留意愿进行多层次模型比较分析后得出这些结论：北京市流动人口的居留意愿因年龄差异发生变化，30—59岁人群的居留意愿较高，天津市60岁及以上人群的居留意愿较高，而河北省流动人口的居留意愿不因年龄差异而发生显著变化。北京市和天津市的女性流动人口的居留意愿显著强于男性人口，北京市高出25%，天津市高出35%。从教育程度来看，京津冀流动人口的居留意愿从高中及以上发生显著变化，小学及以下和初中文化程度的居留意愿比较一致，高中及以上的居留意愿显著强于小学及以下和初中。这也印证了一些已有研究结论：年轻流动人口更能适应城镇工作生活的挑战；受教育水平高的流动人口拥有更多在城镇生活的知识和技能[1]；女性流动人口更愿意在城镇定居则可能与其更多地在服务业就业、工作比在制造业就业的男性更为稳定，以及他们回乡后在承包土地时处于不利地位有关[2]。

早期人们对流动人口在城镇居留意愿的讨论聚焦于流动人口城镇定居中的户籍障碍[3]，认为没有流入地户口是造成流动人口未能在流入地定居的最重要，甚至是唯一的原因。然而，之后的大量研究表明，这种认知夸大了户籍制度对流动人口在城镇居留意愿的影响。虽然不少相关定量研究确实证实了户籍因素的显著作用，表明具有非农户口有利于流动人口在城

---

[1] 王春兰、丁金宏：《流动人口迁居行为分析——以上海市闵行区为例》，《南京人口管理干部学院学报》2007年第4期；谢建社、罗光容：《流动人口城市融合意愿统计分析》，《广州大学学报》（社会科学版）2015年第14卷第1期；卢小君、王丽丽、赵东霞：《流动人口的社会融合对其居留意愿的影响分析——以大连市为例》，《大连理工大学学报》（社会科学版）2012年第33卷第4期；孟兆敏、吴瑞君：《城市流动人口居留意愿研究——基于上海、苏州等地的调查分析》，《人口与发展》2011年第17卷第3期；夏显力、姚植夫、李瑶、贺强：《新生代农民工定居城市意愿影响因素分析》，《人口学刊》2012年第4期；王二红、冯长春：《外来务工人员留城意愿影响因素研究——基于重庆市的实证分析》，《城市发展研究》2013年第20卷第1期；罗恩立：《就业能力对农民工城市居留意愿的影响——以上海市为例》，《城市问题》2012年第7期；申秋红：《流动人口居留意愿影响因素分析——基于全国六城市的调查》，《经济研究导刊》2012年第2期。

[2] 夏怡然：《农民工定居地选择意愿及其影响因素分析——基于温州的调查》，《中国农村经济》2010年第3期；Tang S S, Hao P., "Floaters, Settlers, and Returnees: Settlement Intention and Hukou Conversion of China's Rural Migrants", *The China Review*, Vol. 18, No. 1, 2018.

[3] 蔡昉：《双城记——户口"含金量"和户籍制度改革》，《小城镇建设》2001年第11期；Solinge D J, *Contesting Citizenship in Urban China: Peasant Migrants, the State, and the Logic of the Market*, Berkeley: University of California Press, 1999; Liang Z., "The Age of Migration in China", *Population and Development Review*, Vol. 27, No. 3, 2001.

镇定居，但这只是统计模型中影响流动人口在城镇居留意愿的众多因素之一[1]；在一些情况下，户籍制度因素对流动人口城镇居留意愿的影响甚至在统计模型中不显著[2]。此外，户籍制度并非导致流动人口未在城镇定居的首要甚至唯一原因的一个有力证据是，在国外许多没有户籍制度的国家，人口的暂时性迁移流动也是一种普遍现象，其发生发展显然有着户籍制度以外的原因[3]。本章节的研究仍显著表明，北京市和天津市的非农业流动人口的居留意愿显著强于农业人口，在北京市，前者比后者高出 1 倍，而在天津市，前者比后者高出 0.7 倍。

关于婚姻状况对居留意愿的影响，以往研究并未得出一致的结论。有研究认为，已婚人群在面临迁移时不得不考虑夫妻两地分居、子女教育问题，所以比未婚人群面临更大压力，因而对居留意愿产生负向影响[4]。但也有研究显示，由于流动行为一般会带来更高的综合经济收益，这种经济收益大于家庭分离的损失，因而婚姻状况对留城意愿并不会构成显著影响[5]。从本章节的多层模型分析来看，天津市已婚流动人口的居留意愿显著高于未婚人口，而北京市和河北省的流动人口的居留意愿不因婚姻状况

---

[1] Zhu Y, Chen W Z, "The Settlement Intention of China's Floating Population in the Cities: Recent Changes and Multifaceted Individual-level Determinants", *Population, Space and Place*, Vol. 16, No. 4, 2010; 蔡禾、王进:《"农民工"永久迁移意愿研究》,《社会学研究》2007 年第 6 期; Huang Y Q, Guo F, Cheng Z M, "Market Mechanisms and Migrant Settlement Intentions in Urban China", *Asian Population Studies*, Vol. 14, No. 1, 2018。

[2] Zhu Y, Lin L Y, "Continuity and Change in the Transition from the First to the Second Generation of Migrants in China: Insights from a Survey in Fujian", *Habitat International*, Vol. 42, No. 2, 2014; 王良健、陈坤秋、王奔:《流动人口城市定居意愿及其影响因素研究——基于湖南省流动人口动态监测数据》,《调研世界》2016 年第 7 期。

[3] Bale J, Drakakis-Smith, D, *Population Movements and the Third World*, London: Routledge, 1993; Goldstein, S, *The Impact of Temporary Migration on Urban Places: Thailand and China as Case Studies*, J D Kasarda and A M, Parnel, *Third World Cities: Problems, Policies. and Prospects*, Newbury Park: Sage Publications, 1993; Hugo G J, "Migration as a Survival Strategy: The Family Dimension of Migration", in United Nations, Department for Economic and Social Affairs, Population Division. *Population Distribution and Migration*, 1998。

[4] 郭晨啸:《基于 Logit 模型的南京市流动人口长期居留意愿研究》,《经济研究导刊》2011 年第 25 期; 王春兰、丁金宏:《流动人口迁居行为分析——以上海市闵行区为例》,《南京人口管理干部学院学报》2007 年第 4 期; 王二红、冯长春:《外来务工人员留城意愿影响因素研究——基于重庆市的实证分析》,《城市发展研究》2013 年第 20 卷第 1 期。

[5] 李楠:《农村外出劳动力留城与返乡意愿影响因素分析》,《中国人口科学》2010 年第 6 期; 申秋红:《流动人口居留意愿影响因素分析——基于全国六城市的调查》,《经济研究导刊》2012 年第 2 期。

发生显著变化。流动人口在流入地的家庭规模对流动人口城镇居留意愿有着重要影响。[1] 有研究表明，家庭成员与流动人口在流入地城镇同住能促进其在流入地城镇定居意愿的提高。[2] 亲和力假说认为，以亲缘、血缘为纽带的社会网络对流动人口迁移具有重要影响，即在留居地没有随迁家庭成员的流动人口返迁的可能性更高。[3] 与这一假说对应的是，诸多研究显示，随迁人口数和随迁家庭结构会对流动人口的迁移意愿产生显著影响。有研究发现，随迁人口数越多，居留的可能性越小，这是因为随迁人口越多，导致在流入城市的生活成本越高，进而降低了居留意愿。[4] 随迁家庭结构主要考察的是在流入地与配偶、子女共同居住的情况。具体来说，在流入地与子女同住成为显著促进流动人口长期居留的因素[5]，而有正在受教育的孩子、已婚但配偶不在同一城市则具有显著的负向影响[6]。受客观条件限制，本章节只考察了流入地家庭规模对流动人口居留意愿的影响：京津冀三地的多层模型分析结果表明，家庭规模是影响北京市和河北省流动人口居留意愿的显著因素，2人及以上户的居留意愿都强于1人户，其中，3人户居留意愿最强。

过往的理论和研究表明，流动人口就业和职业特征也是影响其居留意愿的重要因素。[7] 对于职业的影响，学者从职业类型、单位性质、就业身份等多个方面进行了考察。有研究表明，位于生产性服务业比处于消费者

---

[1] 孙力强、杜小双、李国武：《结构地位、社会融合与外地户籍青年留京意愿》，《青年研究》2017年第3期。

[2] 任远、戴星翼：《外来人口长期居留倾向的Logit模型分析》，《南方人口》2003年第4期；蔡玲、徐楚桥：《农民工留城意愿影响因素分析——基于武汉市的实证调查》，《中国农业大学学报》（社会科学版）2009年第26卷第1期。

[3] 张华初、曹玥、汪孟恭：《社会融合对广州市流动人口长期居留意愿的影响》，《西北人口》2015年第36卷第1期。

[4] 申秋红：《流动人口居留意愿影响因素分析——基于全国六城市的调查》，《经济研究导刊》2012年第2期。

[5] 李楠：《农村外出劳动力留城与返乡意愿影响因素分析》，《中国人口科学》2010年第6期；卢小君、王丽丽、赵东霞：《流动人口的社会融合对其居留意愿的影响分析——以大连市为例》，《大连理工大学学报》（社会科学版）2012年第33卷第4期。

[6] 李珍珍、陈琳：《农民工留城意愿影响因素的实证分析》，《南方经济》2010年第5期。

[7] ZHU Y, CHEN W Z, "The settlement intention of China's floating population in the cities: recent changes and multifacetedindividual-level determinants", Population, Space and Place, Vol. 16, No. 4, 2010; CAO G, LI M, MA Y, et al. , "Self—employment and intention of permanent urban settlement: evidence from a survey of migrantsin China's four major urbanising areas", Urban Studies, Vol. 52, No. 4, 2015.

服务业的流动人口留城意愿更强[1];相比纯体力劳动农民工,一般服务业劳动者更倾向于留城[2];也有研究指出,从事劳动密集、低技术水平行业的劳动者留城意愿较弱[3]。本章节模型结果表明,职业类型是影响流动人口居留意愿的显著因素,家政、保洁、保安、装修、快递、生产、建筑、运输等职业的从业人员居留意愿均显著较低。还有学者指出,在流入地是否有固定工作以及工作单位性质也会显著影响流动人口的居留意愿,在北京拥有比较稳定工作的外来人口比那些没有工作的人更倾向于长期留在北京[4];在国有单位工作的新生代农民工定居城市的意愿最强,其次是在民营单位工作的,意愿较弱的是在外资单位工作的等[5]。从本章节的数据分析来看,北京市流动人口的居留意愿并不因不同的单位性质而发生明显的改变,天津市国有集体股份企业和私营企业人员居留意愿相对较低,河北省私营企业主的居留意愿较低。有研究者关注了就业身份的影响,发现自我雇佣者相较于工资收入者留城意愿更强。[6]由于自雇者其就业较少受到劳动力市场波动的影响而较为稳定,他们往往表现出较高的城镇定居意愿[7]而在制造业工作的流动人口其就业易受劳动力市场波动的影响,因而其定居意愿往往较弱[8]。本章节的研究发现,雇主的居留意愿显著强于雇员,但自营劳动者和雇员之间没有显著差异。

---

[1] 杨政、罗雅楠:《北京市乡城流动人口长期居留意愿研究》,《人口与社会》2015年第31卷第1期。

[2] 罗恩立:《就业能力对农民工城市居留意愿的影响——以上海市为例》,《城市问题》2012年第7期。

[3] 王春兰、丁金宏:《流动人口迁居行为分析——以上海市闵行区为例》,《南京人口管理干部学院学报》2007年第4期。

[4] 赵艳枝:《外来人口的居留意愿与合理流动——以北京市顺义区外来人口为例》,《南京人口管理干部学院学报》2006年第4期。

[5] 夏显力、姚植夫、李瑶、贺强:《新生代农民工定居城市意愿影响因素分析》,《人口学刊》2012年第4期。

[6] 谢建社、罗光容:《流动人口城市融合意愿统计分析》,《广州大学学报》(社会科学版)2015年第14卷第1期;李楠:《农村外出劳动力留城与返乡意愿影响因素分析》,《中国人口科学》2010年第6期。

[7] Huang Y Q, Guo F, Cheng Z M, "Market Mechanisms and Migrant Settlement Intentions in Urban China", *Asian Population Studies*, Vol. 14, No. 1, 2018; Cao G, Li M, Ma Y, et al, "Self—employment and Intention of Permanent Urban Settlement: Evidence from a Survey of Migrantsin China's Four Major Urbanising Areas", *Urban Studies*, Vol. 52, No. 4, 2015.

[8] 朱宇、余立、林李月、董洁霞:《两代流动人口在城镇定居意愿的代际延续和变化——基于福建省的调查》,《人文地理》2012年第27卷第3期。

流动人口的流动时间和流动范围也是影响其居留意愿的一个重要因素。社会网络理论认为，随着时间的推移，适应的过程将会使迁移者改变迁移计划，留在迁入地的时间越长，打算永久留下的可能性就会增加[1]，这是流动人口动态监测调查得到的一个重要结果，也是许多其他研究得出的一个重要结论[2]。一般来说，外出时间越长，流动人口在城市务工积累的经历越有助于他们在当地建立起一定的社会关系网络，增加其在城市就业的稳定性。流动人口在城市积累的工作经验和技术使得他们的人力资本提升较快，增强了他们在劳动力市场中的竞争力，进而促进其在城市的居留意愿。[3] 同时，相关研究表明，与省际流动人口相比，省内流动人口的定居意愿和户籍迁移意愿也较强。[4] 从本章节分析的流动特征来看，天津市流动人口流经3个及以上城市的人员其居留意愿显著降低。流入时间是提高京津冀流动人口居留意愿的显著因素，与新来人员相比，北京市居住10年以上人员居留意愿提高3.5倍，天津市提高3倍，河北省提高5倍。流出地域是影响流动人口居留意愿的显著因素。本章节的模型分析结果表明，北京市东北籍人员居留意愿较强，华东、华南、西南、河南、西北地区人员居留意愿较弱；天津市东北籍人员居留意愿较强，华东、华南、西南、河南、西北人员居留意愿较弱；河北省华东、河南、华南、西南、西北人员居留意愿较弱。

流动人口工在流入地居留意愿的影响因素非常复杂，既有微观的个体

---

[1] Jerome, Adda C D A J, "A Dynamic Model of Return Migration", *Preliminary Version*, Vol. 42, No. 2, 2006；任远：《"逐步沉淀"与"居留决定居留"——上海市外来人口居留模式分析》，《中国人口科学》2006年第3期；李强、龙文进：《农民工留城与返乡意愿的影响因素分析》，《中国农村经济》2009年第2期；孟兆敏、吴瑞君：《城市流动人口居留意愿研究——基于上海、苏州等地的调查分析》，《人口与发展》2011年第17卷第3期。

[2] 任远、戴星翼：《外来人口长期居留倾向的Logit模型分析》，《南方人口》2003年第4期；蔡玲、徐楚桥：《农民工留城意愿影响因素分析——基于武汉市的实证调查》，《中国农业大学学报》（社会科学版）2009年第26卷第1期。

[3] Khraif, R M, "Permanent Versus Temporary Rural Migrants in Riyadh, Saudi Arabia: A Logit Analysis of their Intentions of Future Mobility", *Geo Journal*, No. 26, 1992; Jerome, Adda C D A J, "A Dynamic Model of Return Migration", *Preliminary Version*, Vol. 42, No. 2, 2006；李强、龙文进：《农民工留城与返乡意愿的影响因素分析》，《中国农村经济》2009年第2期；杨雪、魏洪英：《流动人口长期居留意愿的新特征及影响机制》，《人口研究》2017年第41卷第5期。

[4] 福建省卫生和计划生育委员会：《福建省流动人口发展报告2017》，福建省地图出版社2017年版。

因素，也有宏观的环境因素。① 从高层次的地区特征来看，人均住房面积和人均医疗床位的提高是增强北京市流动人口居留意愿的显著因素。

表3-8 京津冀流动人口居留意愿多层序次Logit模型分析结果

| 变量 | 北京市 系数 | 北京市 标准误 | 北京市 P>t | 天津市 系数 | 天津市 标准误 | 天津市 P>t | 河北省 系数 | 河北省 标准误 | 河北省 P>t |
|---|---|---|---|---|---|---|---|---|---|
| 个体特征 | | | | | | | | | |
| 年龄类型 | | | | | | | | | |
| 15—19岁（参照组） | | | | | | | | | |
| 20—29岁 | 0.37 | 0.25 | 0.135 | 0.58 | 0.33 | 0.077 | -0.26 | 0.33 | 0.433 |
| 30—39岁 | 0.78 | 0.26 | 0.002 | 0.35 | 0.34 | 0.303 | -0.22 | 0.34 | 0.515 |
| 40—49岁 | 0.77 | 0.26 | 0.004 | 0.37 | 0.34 | 0.284 | -0.40 | 0.35 | 0.252 |
| 50—59岁 | 0.58 | 0.28 | 0.038 | 0.07 | 0.37 | 0.861 | -0.44 | 0.39 | 0.261 |
| 60岁及以上 | 0.27 | 0.38 | 0.484 | 1.75 | 0.57 | 0.002 | 0.23 | 0.61 | 0.711 |
| 性别差异 | | | | | | | | | |
| 男性（参照组） | | | | | | | | | |
| 女性 | 0.22 | 0.06 | 0.001 | 0.30 | 0.08 | 0.000 | -0.02 | 0.09 | 0.865 |
| 教育程度 | | | | | | | | | |
| 小学及以下（参照组） | | | | | | | | | |
| 初中 | -0.02 | 0.13 | 0.888 | 0.03 | 0.13 | 0.795 | 0.00 | 0.15 | 0.996 |
| 高中/中专 | 0.33 | 0.14 | 0.019 | 0.38 | 0.15 | 0.013 | 0.33 | 0.17 | 0.051 |
| 大学专科 | 0.82 | 0.16 | 0.000 | 1.20 | 0.20 | 0.000 | 1.19 | 0.21 | 0.000 |
| 大学本科及以上 | 1.32 | 0.17 | 0.000 | 1.14 | 0.24 | 0.000 | 0.81 | 0.26 | 0.001 |
| 户籍类型 | | | | | | | | | |
| 农业户口（参照组） | | | | | | | | | |
| 非农业户口 | 0.70 | 0.08 | 0.000 | 0.53 | 0.13 | 0.000 | -0.01 | 0.15 | 0.936 |
| 家庭特征 | | | | | | | | | |
| 婚姻状况 | | | | | | | | | |
| 未婚（参照组） | | | | | | | | | |

---

① 李振刚：《社会融合视角下的新生代农民工居留意愿研究》，《社会发展研究》2014年第3期。

续表

| 变量 | 北京市 |||  天津市 ||| 河北省 |||
| --- | --- | --- | --- | --- | --- | --- | --- | --- | --- |
|  | 系数 | 标准误 | P>t | 系数 | 标准误 | P>t | 系数 | 标准误 | P>t |
| 已婚等 | 0.19 | 0.17 | 0.259 | 0.60 | 0.22 | 0.007 | 0.10 | 0.25 | 0.682 |
| 家庭规模 | | | | | | | | | |
| 1人（参照组） | | | | | | | | | |
| 2人 | 0.44 | 0.18 | 0.014 | 0.01 | 0.25 | 0.967 | 0.90 | 0.27 | 0.001 |
| 3人 | 0.54 | 0.18 | 0.002 | 0.29 | 0.23 | 0.214 | 0.69 | 0.24 | 0.004 |
| 4人 | 0.39 | 0.18 | 0.037 | 0.34 | 0.24 | 0.154 | 0.44 | 0.25 | 0.075 |
| 5人及以上 | 0.84 | 0.21 | 0.000 | 0.57 | 0.27 | 0.032 | 0.58 | 0.29 | 0.045 |
| 就业特征 | | | | | | | | | |
| 职业类型 | | | | | | | | | |
| 负责技术办事人员（参照组） | | | | | | | | | |
| 经商商贩 | -0.05 | 0.14 | 0.726 | -0.37 | 0.20 | 0.060 | -0.06 | 0.21 | 0.778 |
| 餐饮 | -0.26 | 0.14 | 0.068 | -0.21 | 0.20 | 0.309 | -0.38 | 0.21 | 0.063 |
| 家政、保洁、保安、装修、快递 | -0.49 | 0.13 | 0.000 | -0.09 | 0.20 | 0.646 | -0.46 | 0.22 | 0.037 |
| 其他商业、服务业人员 | 0.11 | 0.10 | 0.257 | 0.21 | 0.19 | 0.260 | 0.04 | 0.19 | 0.815 |
| 生产、建筑、运输 | -0.47 | 0.13 | 0.000 | -0.36 | 0.15 | 0.020 | -0.57 | 0.18 | 0.001 |
| 其他职业 | 0.06 | 0.15 | 0.662 | 0.05 | 0.22 | 0.811 | -0.33 | 0.24 | 0.163 |
| 单位性质 | | | | | | | | | |
| 机关事业单位（参照组） | | | | | | | | | |
| 国有集体股份企业 | -0.15 | 0.17 | 0.379 | -0.63 | 0.31 | 0.040 | -0.11 | 0.31 | 0.724 |
| 个体工商户 | -0.08 | 0.18 | 0.642 | -0.48 | 0.30 | 0.114 | -0.54 | 0.30 | 0.070 |
| 私营企业 | -0.24 | 0.16 | 0.129 | -0.58 | 0.29 | 0.046 | -0.76 | 0.29 | 0.008 |
| 外资企业 | 0.01 | 0.21 | 0.957 | 0.13 | 0.34 | 0.695 | 0.71 | 0.72 | 0.325 |
| 其他 | -0.21 | 0.20 | 0.292 | -0.82 | 0.31 | 0.008 | -0.37 | 0.32 | 0.242 |
| 就业身份 | | | | | | | | | |
| 雇员（参照组） | | | | | | | | | |
| 自营劳动者 | 0.01 | 0.13 | 0.930 | 0.14 | 0.15 | 0.357 | -0.22 | 0.16 | 0.175 |
| 雇主 | 0.73 | 0.16 | 0.000 | 0.67 | 0.21 | 0.002 | 0.25 | 0.24 | 0.307 |

续表

| 变量 | 北京市 ||| 天津市 ||| 河北省 |||
| --- | --- | --- | --- | --- | --- | --- | --- | --- | --- |
| | 系数 | 标准误 | P>t | 系数 | 标准误 | P>t | 系数 | 标准误 | P>t |
| 流动特征 | | | | | | | | | |
| 流过城市 | | | | | | | | | |
| 　1个（参照组） | | | | | | | | | |
| 　2个 | -0.09 | 0.07 | 0.203 | -0.16 | 0.10 | 0.092 | 0.17 | 0.11 | 0.124 |
| 　3个及以上 | -0.08 | 0.09 | 0.387 | -0.30 | 0.12 | 0.017 | 0.02 | 0.12 | 0.881 |
| 流入时间 | | | | | | | | | |
| 　1年及以内（参照组） | | | | | | | | | |
| 　2—3年 | 0.24 | 0.12 | 0.038 | 0.01 | 0.16 | 0.928 | 0.65 | 0.13 | 0.000 |
| 　4—5年 | 0.51 | 0.13 | 0.000 | 0.52 | 0.17 | 0.002 | 0.86 | 0.15 | 0.000 |
| 　6—10年 | 0.86 | 0.12 | 0.000 | 0.88 | 0.16 | 0.000 | 1.25 | 0.14 | 0.000 |
| 　10年以上 | 1.51 | 0.12 | 0.000 | 1.42 | 0.16 | 0.000 | 1.81 | 0.16 | 0.000 |
| 流出地域 | | | | | | | | | |
| 　京津冀（参照组） | | | | | | | | | |
| 　山西、内蒙古 | -0.08 | 0.12 | 0.530 | 0.08 | 0.18 | 0.650 | -0.36 | 0.24 | 0.138 |
| 　东北地区 | 0.23 | 0.11 | 0.038 | 0.38 | 0.14 | 0.007 | 0.14 | 0.17 | 0.425 |
| 　华东地区 | -0.22 | 0.10 | 0.039 | -0.44 | 0.14 | 0.002 | -0.96 | 0.18 | 0.000 |
| 　山东 | 0.20 | 0.11 | 0.071 | 0.00 | 0.12 | 0.976 | -0.39 | 0.23 | 0.091 |
| 　河南 | -0.13 | 0.10 | 0.217 | -0.28 | 0.15 | 0.052 | -0.88 | 0.17 | 0.000 |
| 　华南地区 | -0.53 | 0.13 | 0.000 | -0.77 | 0.21 | 0.000 | -1.01 | 0.25 | 0.000 |
| 　西南地区 | -0.54 | 0.15 | 0.000 | -0.96 | 0.24 | 0.000 | -0.65 | 0.24 | 0.007 |
| 　西北地区 | -0.28 | 0.16 | 0.074 | -0.67 | 0.23 | 0.003 | -0.84 | 0.27 | 0.002 |
| 地区特征 | | | | | | | | | |
| 居住城市 | | | | | | | | | |
| 　人均GDP | -0.01 | 0.02 | 0.802 | 0.03 | 0.02 | 0.084 | -0.34 | 0.04 | 0.000 |
| 　人均住房面积 | 0.06 | 0.03 | 0.049 | -0.10 | 0.07 | 0.173 | -0.01 | 0.01 | 0.544 |
| 　人均医疗床位 | 0.01 | 0.01 | 0.008 | 0.00 | 0.01 | 0.575 | 0.08 | 0.02 | 0.000 |
| 截距1 | 2.61 | 1.31 | | -2.62 | 2.26 | | 0.35 | 1.07 | |
| 截距2 | 4.45 | 1.31 | | -1.04 | 2.26 | | 1.85 | 1.07 | |
| 截距3 | 4.96 | 1.31 | | -0.64 | 2.25 | | 2.20 | 1.08 | |
| 截距4 | 5.93 | 1.31 | | 0.05 | 2.25 | | 2.85 | 1.08 | |

续表

| 变量 | 北京市 ||| 天津市 ||| 河北省 |||
| --- | --- | --- | --- | --- | --- | --- | --- | --- | --- |
|  | 系数 | 标准误 | P>t | 系数 | 标准误 | P>t | 系数 | 标准误 | P>t |
| 总截距 | 0.10 | 0.05 |  | 0.14 | 0.07 |  | 0.00 | 0.00 |  |
| 总样本量 | 4230 | 2744 | 2030 |  |  |  |  |  |  |
| 分组样本量 | 12 | 12 | 11 |  |  |  |  |  |  |
| 显著性 | 0.0000 | 0.0000 | 0.0000 |  |  |  |  |  |  |

## 四 怎样顺势而为

在流动人口市民化的研究成果中，有关经济融入、社会保障、教育发展等维度的研究较多，而从流动人口的心理意愿角度来分析其市民化进程的研究相对较少。一方面是因为影响转移人口心理意愿的因素比较复杂；另一方面是数据资料获取的难度较大。[①] 然而，流动人口的心理意愿是涉及转移人口的生存环境、城市公共服务政策和城乡社会经济协调发展等多个方面的社会问题。如何缩小流动人口与本地居民之间的心理距离，促进农业转移人口的城市融入和心理认同，是建设和谐城市、推动城市化健康发展的重要途径。[②] 分析京津冀流动人口市民化的战略和模式，需要分析流动人口的居留意愿及其影响因素，并重视这些因素对城市化战略和模式的影响。[③] 本章节以京津冀流动人口的心理意愿为对象，探索影响流动人口居留意愿的影响因素和影响机制，以数据分析结果为基础，结合未能以数据形式呈现的各种宏观和政策因素，提出加强流动人口市民化意愿，提高他们长期居留比例，促进身份认同的建议与措施。

（一）注重流动人口心理意愿的差异性和复杂性

此次调查数据显示，京津冀流动人口的居留意愿差异比较大，而差异性意愿事实上反映的是流动人口的矛盾心理。流动人口大多希望改变自己

---

[①] 肖昕如、丁金宏：《基于 Logit 模型的上海市流动人口居返意愿研究》，《南京人口管理干部学院学报》2009 年第 3 期。

[②] 王桂新、武俊奎：《城市农民工与本地居民社会距离影响因素分析——以上海为例》，《社会学研究》2011 年第 2 期。

[③] 侯红娅、杨晶、李子奈：《中国农村劳动力迁移意愿实证分析》，《经济问题》2004 年第 7 期。

的农民身份,在城市长期定居,成为城市中的一员,但现实情况却是流动人口通常在流入地收入低、消费高、租赁住房、缺乏社会保障或随迁子女受教育过程艰辛等,这一道道难题限制了流动人口城市融入的心理意愿强度。更进一步来讲,流动人口在流入地的经济社会条件欠佳,客观条件满足不了他们的融入意愿,带来了他们进退两难的归属困境和模糊不清的身份认同。因此,京津冀三地需要高度重视流动人口复杂的居留意愿和市民化意愿,若引导得当,他们将会更加愿意融入城市生活中,在城市中定居养老,改良城市人口结构;若处理不当,很大一部分流动人口将有可能回流流出地,给新型城镇化建设带来新挑战。

(二)分类且有序地提高农业转移人口市民化意愿

其一,对"留城群体"的满足。从计量数据分析结果来看,青壮年、受教育程度较高、流入时间较长、职业声望较高的流动人口,其居留意愿更强,返乡意愿更弱。针对这些市民化意愿很强的转移人口,京津冀三地应在就业、住房、社保等方面逐渐把他们视同户籍人口同等待遇,满足他们长期居住、迁入户口、未来养老等各种需求。

其二,对"犹豫群体"的争取。"70后""90后"、受教育程度中等、职业类型一般、经济社会状况"凑合"的群体,他们对于"落叶归根"还是"落地生根"具有不确定性和不稳定性。针对长期居留意愿徘徊的群体,京津冀三地应在就业、住房、社保等方面给予他们更优厚的待遇和措施,吸引他们更意愿留在城市居住和生活。

其三,对"返乡群体"的接续。年龄较大、受教育程度较低、流入时间较短、职业声望较低的流动人口,他们市民化意愿很弱,返乡意愿很强。针对这些返乡意愿强烈的转移群体,京津冀三地一方面继续为这些群体做好管理服务工作;另一方面要做好他们回乡后的接续工作。

(三)做好调查规划和管理服务工作

鉴于流动人口居留意愿的异质性、复杂性和动态性,京津冀三地政府应采用动态调查系统和现代信息化管理技术,加大资金投入力度和相关政府部门投入,及时、有效、准确地了解和掌握流动人口融入、居留、迁移等意愿及未来变化趋势,为区域各领域工作提供信息支持和决策支撑。京津等特大城市经济社会基础更为发达,教育医疗等公共服务水平更高,流动人口城市融入愿意或长期居留意愿自然更高,但因就业居住、子女教育等方面的不公正待遇和较低的经济社会地位,使他们的态度和意愿发生转变其至是逃离。因此，政府应做好就业、居住、社保、教育等方面的管理服务工作，在破除劳动力市场分割、增加保障性住房、提高社保参保率以及完善公平教育工作等方面继续努力，通过这些措施提高流动市民化意愿。

（四）呼吁社会各界承担更多的责任和义务

理论分析和实践研究都表明，职业类型是影响流动人口居留意愿的最为显著因素之一，特别是建筑、生产、家政、保洁、保安等职业的员工，他们融入城市的意愿、他们长期居留的比例都显著较低，应特别加强这些流动人口的市民化意愿。一方面，改善生产、建筑等企业、工厂的就业环境和工作环境。转移人口工作时间较长，而生产工厂、建筑工地常常噪声、污染、辐射、高温等，降低了工人的生活满意度和幸福感，也在很大程度上降低了转移人口的市民化意愿。另一方面，家政、保洁、保安等服务人员工资过低、收入太少是制约他们市民化意愿的重要因素。因此，各单位特别是私营、个体企业适当让出一部分利润提高保安、保洁、家政等人员的工资收入是促进转移人口身份认同的有效手段。同时，家政、保洁、保安等职业声望不高、经济社会地位较低也是他们市民化意愿不强的关键因素。因此，多宣传他们的经济社会贡献，提高他们的社会地位也是促进市民化的应有之义。

（五）合理规划流动人口自身的未来去向

流动人口要根据现实发展情况和自身家庭状况合理设计和规划好自身的居留时间、迁户意愿和养老意愿等。综合考虑经济收入水平、文化风俗习惯、社会交往网络、子女教育发展等多种因素，比较在流入地大城市和流出地农村地区的优劣势，决定是否要在城市长期居留，打算居住多长时间，是否要把户口迁入，未来在哪里养老等问题。只有把这些问题考虑清楚，把意愿和现实结合好，流动人口才能有序实现市民化进程。

以上，我们对京津冀重要人口群体的居留意愿进行了城际间的比较研究。接下来，我们需要转向观察京津冀中心城市核心产业的从业人口现状及其走势。

# 第四章　首都核心产业就业如何优化

京津冀人口发展离不开区域中心城市北京的人口结构调整。在首都北京三次产业中，第三产业服务业就业人口占比突破了80%，成为北京的主体产业和核心产业。因此，首都第三产业服务业的就业人口优化调整深刻影响着这座城市的高质量发展，同时也与京津冀协同发展密切关联。优化第三产业内部结构，提升第三产业的劳动生产率，促进生产性服务业、生活性服务业、公共服务业产值和就业的良性互动，是以首善标准开创"十四五"期间北京社会经济新局面的重要一环，是首都发展核心要义的应有之义，同时也是整个京津冀人口优化的重要突破口。

国外经验表明，人均GDP超过1万美元，世界各国开始步入后工业化时代，全球产业组织由"生产化"转向"服务化"，服务业跃升为城市的主导产业。这一时期的就业结构已越过"配第—克拉克定理"所界定的演变趋势，过渡到库兹涅茨法则所描述的发展阶段，即随着产业结构的演进，就业人口由第一、第二、第三产业的顺次转移转向三次产业内部结构的变动。放眼全世界，纽约、东京、伦敦等全球城市高度注重产业结构的服务化和服务业的高级化，服务业在其经济总产值和总就业中的比重大幅上升。2014年，我国劳动力总量出现改革开放以来的首降，工资成本快速上升，我国劳动力的规模优势和低成本优势正逐步丧失，传统的以制造业为中心的粗放型增长模式难以为继，而服务业发展的相对滞后则成为制约我国经济发展方式向集约型转变的"瓶颈"。因此，加快推进服务业高质量发展已刻不容缓。

作为全国首个服务业扩大开放综合试点城市，北京市服务业高质量发展的思路与路径在全国具有代表性、指向性和表率性作用。目前，北京市人均GDP已超过2万美元，经济发展的服务业主导和消费主导特征明显，服务业的"压舱石"作用显著。然而，当前国际贸易环境和资本市场波动、城际服务业竞争加剧、新模式、新业态快速无序涌现以及居民消费需求日益多元化等客观形势对北京服务业发展提出了更高要求。在这样一个重要关口，厘清服务业就业的新增长点，把握好传统服务业和现代服务业的内部结构关系，最大限度地扩大就业容量，对于实现北京经济健康持续发展具有重要的理论价值和现实意义。

本部分根据国民经济行业分类（GB/T 4754—2011），参考李善同等[1]针对我国实际情况对服务业的分类，将服务业分为生产性服务业、生活性服务业和公共服务业三类，其中，生产性服务业包括：金融业，租赁和商务服务业，信息传输、计算机服务和软件业，科学研究、技术服务和地质勘探业，交通运输、仓储和邮政业；生活性服务业包括：批发和零售业，住宿和餐饮业，房地产业，居民服务业和其他服务业，文化、体育和娱乐业；公共服务业包括：教育，卫生、社会保障和社会福利业，水利、环境和公共设施管理业，公共管理和社会组织，国际组织。基于我国人口普查、1%人口抽样调查及统计年鉴数据，本章节对北京市生产性服务业、生活性服务业、公共服务业三类就业结构进行了国内外比较，以期更好地发挥服务业的"就业稳定器"功能，促进服务业整体效率的再提升。

## 一 首都服务业仍具就业吸纳潜力

服务业就业人口比重高是国际大都市重要特征之一，而北京服务业就业人口比重由1978年的31.6%上升到2018年的81.6%，40年间提高了50个百分点，服务业吸纳就业能力持续增强。从全国范围来看，北京服务业就业比重处于较高水平，高于上海（65.5%）、天津（61.5%）、广州（61%）和深圳（57.5%）等国家中心城市。然而，与全球城市相比，北京服务业就业比重仍与之有着2—14个百分点的差距。例如，纽约、伦敦、巴黎服务业就业占比均在90%以上，其中，巴黎高达95.1%，新加坡、东京、首尔、多伦多在83%—88%之间。不过，值得注意的是，服

---

[1] 李善同、李华香：《城市服务行业分布格局特征及演变趋势研究》，《产业经济研究》2014年第5期。

务业的强势扩张以及"过早去工业化"都是具有一定风险的。发达国家服务业的强势扩张是在服务业创新能力提升、生活服务业就业具有韧性以及消费者信心保持高位等若干前提下进行的,同时也面临不确定性风险。拉美等发展中国家在要素禀赋不匹配、人均 GDP 较低时过早地"去工业化",反而掉入潜在增长率受损的"陷阱"。因此,为避免盲目的"去工业化"风险和服务业的过度扩张,北京服务业就业应秉持"温和适度增长"原则,将服务业就业占比大体提升并控制在 85% 左右,从而为先进制造业和现代农业预留发展空间,确保创新动能持续释放,进一步提高经济运行的质量效率。

当前,北京服务业劳动生产率还具有一定提升空间,2018 年北京服务业劳动生产率为 24.3 万元/人,低于广州的 30 万元/人,远低于东京的 84.9 万元/人(2016 年)。北京服务业就业弹性系数也有所下降,由 2012 年的 0.55 降至 2018 年的 0.06,服务业就业增长压力依然存在。因此,提高劳动生产率与正外部性,增加服务业扩大开放综合试点,是支撑北京服务业高质量发展的重要力量。

## 二 生产性服务业重在"添活力"

生产性服务业作为服务业的重要组成部分,是加速第二、第三产业融合的关键环节,是全球各大城市综合实力角逐的关键领域,具有强专业性、高产业融合度、显著创新性、强辐射带动力等特点。生产性服务业的快速发展不仅能有效激发内需潜力,而且有助于提高产业附加值,促进产业结构的升级。从全国来看,生产性服务业在我国呈现出向一线城市聚集的态势,北京具有较强的比较优势。在 2015 年 1% 人口抽样调查中,北京、上海、广州生产性服务业占服务业总就业的比重分别为 37%、36% 和 25%,居全国高位,且北京生产性服务业就业人口聚集水平不断提高。本部分运用区位熵指标测算产业集聚程度,其中,区位熵越大,表示该产业专业化程度越高,产业集聚水平也就越高;区位熵大于 1 代表某一产业在该地区相较于其他产业具有一定的比较优势。北京生产性服务业的区位熵由从 2000 年的 1.07 升至 2015 年 1.75,引领着全国此行业的发展。这是因为包括各类金融机构、研发设计机构、律师会计师事务所和各类咨询服务机构等在内的生产性服务业，在人口集聚程度高的大城市才能获得经济资源共享、知识溢出等集聚优势，而且在交通便利、人口密度高的大城市才能更为靠近客户，获得更大的扩展空间。然而，从国际经验来看，生产性服务业对劳动的依赖性不强。例如，以金融业为例，国际大都市金融保险业占服务业总就业的比重大体在5%—10%，北京约为6%，基本与国际大都市趋同。因此，北京通过生产性服务业吸纳就业的空间相对有限。

从提升行业效率而言，北京生产性服务业活力问题有待关注。一是金融活力待增强。在金融保险业内部，北京保险业就业比重偏高，从第五次人口普查的18%升至第六次人口普查的25%，即1/4的金融保险业者聚集于保险业，甚至略高于上海的24%，劳动生产率提升受限。二是生产性服务业的结构活力待激发。2015年北京市1个交通运输、仓储和邮政业者大体对应0.7个金融保险业者，而2017年前后，纽约、巴黎、伦敦、多伦多、东京分别是1∶2.5、1∶2、1∶1.7、1∶1.4和1∶0.9。北京这种结构性失衡与生产性服务业的市场准入、政策支持力度等因素有关。因此，北京生产性服务业需理顺市场机制，规范市场运行秩序和政府行为，增强行业发展活力。鼓励和引导金融机构对符合生产者服务企业特点的金融产品和服务方式进行创新，支持有条件的企业在国内外上市。利用生产性服务业优质资源聚集优势，紧抓服务业扩大开放试点契机，引进国际性稀缺资源，加快与国际规则的融合，构建有力的国际话语权，提升国际化发展水平。积极发展研发设计、现代物流、检验检测认证等生产性服务业。将金融、科技、信息和商业等优质服务要素引导到高端工业功能区，并促进集约化和国际化发展。加强地区对接协作，强化北京生产性服务业对京津冀的辐射带动作用。

## 三 生活性服务业重在"增效率"

生活性服务业是国民经济的基础性产业，主要满足人民日常生活需要，领域宽、范围广，涉及人民群众生活的方方面面，劳动密集程度高，创造的就业机会容量远大于生产性服务业，北京生活性服务业比重居全国中等水平。在2015年1%人口抽样调查中，北京、上海、广州生活性服务业占服务业总就业的比重分别为42%、47%和58%。

总体而言，北京生活性服务业发展也面临着若干问题亟待突破。第一，北京生活性服务业集聚水平不断下降。北京生活性服务业的区位熵由2000年的1.07降为2015年的0.75，已至我国九大中心城市的末位，而同期的上海为0.84，广州为1.04。第二，北京生产性服务业应在避免"低质结构陷阱"的前提下，更为关注刚性需求。在生活性服务业内部，"批发零售业"和"住宿餐饮业"是与居民消费需求密切相关的两大行业。从国际视野来看，近40年来，日本东京这两个行业占服务业总就业的比重"先降后升"，即先降至2005年最低值30.5%后触底反弹至2016年的36.1%，业已超过服务业就业总数的1/3。然而在北京，2015年这二者合计占比仅为28.3%，低于东京历史最低值，同时也低于国内的广州（45.8%）和上海（33.8%）。特别是北京"批发零售业"占服务业总就业的比重2015年仅为20.6%，低于在相同人均GDP发展阶段下1971年的纽约（24.6%）和1973年的东京（36.1%）。

因此，北京既不能只重视生产性服务业，简单外剥生活性服务业，也不能盲目遵从规模速度型生活性服务业的发展方式，而是要积极响应居民需求的新变化，支持餐饮、商场、文化、旅游、家政等生活服务业高质量发展，运用新零售、大数据、共享经济等现代科技手段，探索线上线下多元化场景的深度融合模式，提高劳动生产率，形成生活性服务业就业小幅增长的新局面，充分挖掘经济增长的新空间。

## 四 公共服务业重在"强基础"

公共服务业具有非营利性等特点，北京、上海、广州公共服务业占服务业就业的比重2015年分别仅为21%、17%和17%，居全国较低水平。在公共服务业内部，卫生、社会保障和社会福利业是就业较集中的行业，而北京该行业占服务业总就业的比重2015年仅为4.3%，远低于一些全球城市。例如，2017年前后，纽约公共服务业占服务业总就业的比重为15%、伦敦为11.4%、多伦多为10.9%、东京为10.2%、巴黎为9%，特别是在纽约市，医疗保健和社会救助业已成为服务业就业人口最集中的行业，且预计到2025年，该市卫生健康服务业从业人口还将提高3个百分点，是其未来 17 个高速增长行业之一。

因此，北京应在对基本公共服务承担最终责任的前提下，以政府购买服务为重点，加快公共服务业市场开放，提升公共服务业发展的效率与水平，解决好全社会在医疗、养老、就业、公共安全、基本住房等方面的突出矛盾。例如，在养老领域，面对深度老龄化的城市现实，加强引入优质社会资本的利益导向力度，提升对公立私营、社会办养老院的帮扶力度，大力发展康复中心医院等延续性医疗服务组织。以社区卫生服务站为行为主体，自主创新医养结合服务项目方式；在诊疗行业，推进以"放管服"改革创新为主线的医疗改革举措，扩大医疗服务资源的有效供给，优化医疗行业准入政策环境，激发行业活力和社会生机。

## 五　适时调节三类服务业的比例结构

优化生产性服务业、生活性服务业和公共服务业三者之间的比例关系是实现北京服务业高质量发展的关键。2017 年前后，东京三类服务业就业比例为 28∶45∶27，纽约为 30∶34∶36，公共服务业就业占比并不低，而在 2015 年 1% 人口普查中，北京三者之比为 37∶42∶21，公共服务业就业占比明显低于其他两类。在三类服务业内部的国际数据显示，各行业对医疗卫生和社会工作者需求强烈。例如，2017 年前后，东京 1 个金融业者约对应 2 个医疗卫生和社会工作者，纽约为 1∶1.5，而 2015 年北京仅为 1∶0.7；纽约 1 个交通运输、仓储、邮政业者约对应 4 个医疗卫生和社会工作者，伦敦、巴黎、多伦多、东京为 1∶2，而北京仅约 1∶0.5；纽约、多伦多、巴黎、伦敦 1 个批发和零售业者约对应 1 个医疗卫生和社会工作者，东京为 1∶0.4，而北京仅约 1∶0.2。

从现实情况来看，北京基层卫生发展仍受人员短缺的困扰和阻碍。以社区全科医生为例，2017 年年底北京每万城乡居民拥有 2.7 名社区全科医生，而国家要求到 2030 年全国标准为 5 名（国办发〔2018〕3 号），北京就全科医生一项缺口就达 1500 人左右。可见，更好地满足市民社会性直接需求，已成北京服务业内部结构优化的重任。

总而言之，北京服务业的优化需要从生产性服务业、生活性服务业、公共服务业内部以及服务业与制造业之间关系的角度予以思考。"十四五"时期，在北京趁势而上打造改革开放新高地、以"两区三平台"① 为抓手推动京津冀产业协作的发展，京津冀人口发展需要格外关注北京服务业就业结构的变化及其对京津冀整体人口结构的影响。这些问题，我们会在以下全国视角的部分进一步深入研究。

---

① "两区"：国家服务业扩大开放综合示范区、中国（北京）自由贸易试验区。"三平台"：服务贸易展会平台（中国国际服务贸易交易会）、高层级科技创新交流合作平台（中关村论坛）、高水平金融街论坛。

# 第二篇
# 全国视角：城市群中的人口

# 第五章　区域人口开新局

京津冀城市群人口发展趋势的研判离不开对我国主要城市群的整体性把握。将京津冀城市群与国内一些重要城市群进行对比研究后，能够更为有效地把握好京津冀人口发展所处的阶段及其特征。对于一个区域而言，城市群的人口规模应该控制在何种程度？怎样的人口空间分布结构是合理的、适宜的？诸如此类的问题，至今未有定论。回答这类问题不仅需要对我国主要城市群的人口空间分布现状和历史变动特点进行研究，还需要对城市群发展过程中的人口空间演变规律予以探析。

关于城市群、人口分布与经济发展之间的相关关系已有较多研究。已有文献普遍认为区域经济差异刺激了区域间的人口流动，影响人口流动迁移的规模和方向，最终形成人口区域分布的空间格局。人口流动的直接结果则表现为快速城市化，劳动力的资源优化配置对经济发展也产生着不可忽视的影响。我国城市化发展当前处于中期阶段，快速的城镇化必然导致人口向大中型城市的过度聚集。城市群作为一个相对完整的人口、经济和空间集合体系，其空间集聚和变动特征同样具有规律性和阶段性。[1] 一般认为，在城市群发展的早期阶段，中心城市承载着行政、经济和文化等重要功能，承担了人口增长的主要压力，是城市群人口密度最高的区域；在城市群发展的中期阶段，城市化水平不断加速，大量人口流入城市，城市土地利用和开发开始向外扩散，人口密度开始由几何中心向外围转移，形

---

[1] 孙平军、丁四保：《人口—经济—空间视角的东北城市化空间分异研究》，《经济地理》2011年第7期；刘洁、王宇成、苏杨：《中国人口分布合理性研究——基于发展方式角度》，《人口研究》2011年第1期；冉淑青、刘晓惠、冯煜雯：《大城市发展过程中经济、人口、空间相互作用力空间分异研究——以陕西西安为例》，《改革与战略》2015年第2期。

成围绕中心区发展的重要功能区[①]；在城市群发展的后期阶段，城市化已达到较高水平，中心城市人口对于经济发展的敏感性开始下降，"去中心化"现象开始出现，大量居民为寻求更好的居住环境开始向非核心城市外围转移，最终导致单核心的大都市区或多核心的城市群形成。

与国外经验不同的是，我国已有研究表明，人口城镇化和人口迁移并没有明显改变"胡焕庸线"确定的人口分布格局，城市群的空间分布格局在较长时期不会发生变化。[②] 城市群视角下的人口有序流动和合理分布对中国新型城镇化建设和区域经济发展都具有重要意义。纵观已有研究，研究视角多关注人口因素对区域经济发展的作用分析；研究方法多采用某一时点的静态比较；研究尺度重点集中在对某一个城市群或几个城市群的对比，鲜有从时空两个维度研究城市群发展与人口分布动态演化特征，而从全国尺度对不同城市群的人口分布特征进行综合比较的研究还有待深入观察。鉴于此，本章基于人口普查、统计年鉴或公报数据，利用探索性空间数据分析等方法，对包括京津冀城市群在内的我国主要城市群人口分布时空动态演变特征进行剖析，并对不同发展水平的城市群人口集聚和扩散效应进行阐释，为我国当前新型城镇化建设、国土空间优化以及生产力和人口布局的调整提供参考依据。

# 一　数据来源与研究方法

按照研究需要，本部分以 2017 年行政区划为基础，以 4 个直辖市、334 个地级行政区划、27 个其他类型行政区划等 365 个行政单元为基本空间研究单元。由于国内外相关研究对城市群概念和空间范围的界定不同[③]，我们在《中华人民共和国国民经济和社会发展第十三五个规划纲要

---

[①] 储金龙、王志强：《合肥城市人口空间分布变化特征研究》，《城市发展研究》2006 年第 4 期。

[②] 陆大道、王铮、封志明等：《关于"胡焕庸线能否突破"的学术争鸣》，《地理研究》2016 年第 5 期；戚伟、刘盛和、赵美风：《"胡焕庸线"的稳定性及其两侧人口集疏模式差异》，《地理学报》2016 年第 11 期；王桂新、潘泽瀚：《中国人口迁移分布的顽健性与胡焕庸线》，《中国人口科学》2016 年第 1 期；李建新、杨珏：《"胡焕庸线"以西的西部人口格局》，《西北民族研究》2018 年第 1 期。

[③] 刘玉亭等：《城市群概念、形成机制及其未来研究方向评述》，《人文地理》2013 年第 1 期；陈明星、龚颖华：《城镇化系列咨询研究进展与影响》，《地理研究》2016 年第 11 期。

(2016—2020)》中提到的19个城市群中选择主要城市群作为研究对象，其中，各城市群的地域范围主要以国务院批准的城市群规划范围为标准，针对那些尚未获得国务院批复的城市群，其范围主要参考相关研究或地方政府出台的规划文件。①

表5-1　　　我国主要城市群的基本情况及城市名单

| 名称 | 涉及城市名单 | 2017年人口数（万人） | 2017年占全国人口比例（％） | 2017年人口密度（人/平方千米） |
| --- | --- | --- | --- | --- |
| 京津冀 | 北京、天津、石家庄、唐山、保定、秦皇岛、廊坊、沧州、承德、张家口、邯郸、邢台、衡水 | 11247 | 8.10 | 555 |
| 长三角 | 上海、南京、无锡、常州、苏州、南通、盐城、扬州、镇江、泰州、杭州、宁波、嘉兴、湖州、绍兴、金华、舟山、台州、合肥、芜湖、马鞍山、铜陵、安庆、滁州、池州、宣城 | 14578 | 10.50 | 693 |
| 粤港澳 | 香港、澳门、广州、深圳、佛山、东莞、中山、珠海、江门、肇庆、惠州 | 6957 | 5.00 | 1170 |
| 长江中游 | 武汉、黄石、鄂州、黄冈、孝感、咸宁、仙桃、潜江、天门、襄阳、宜昌、荆州、荆门、长沙、株洲、湘潭、岳阳、益阳、常德、衡阳、娄底、南昌、九江、景德镇、鹰潭、新余、宜春、萍乡、上饶及抚州、吉安部分地区 | 12374 | 8.90 | 365 |
| 哈长 | 哈尔滨、大庆、齐齐哈尔、绥化、牡丹江、长春、吉林、四平、辽源、松原、延边朝鲜族自治州 | 4512 | 3.30 | 154 |
| 成渝 | 成都、重庆大部、自贡、泸州、德阳、遂宁、内江、乐山、南充、眉山、宜宾、广安、资阳及绵阳、达州、雅安部分地区 | 9960 | 7.20 | 416 |

---

① 方创琳、鲍超、马海涛：《2016中国城市群发展报告》，科学出版社2017年版。

续表

| 名称 | 涉及城市名单 | 2017年人口数（万人） | 2017年占全国人口比例（%） | 2017年人口密度（人/平方千米） |
|---|---|---|---|---|
| 中原 | 郑州、洛阳、开封、南阳、安阳、商丘、新乡、平顶山、许昌、焦作、周口、信阳、驻马店、鹤壁、濮阳、漯河、三门峡、济源、长治、晋城、运城、邢台、邯郸、聊城、菏泽、宿州、淮北、蚌埠、阜阳、亳州 | 14070 | 10.10 | 589 |
| 北部湾 | 南宁、北海、钦州、防城港、玉林、崇左、湛江、茂名、阳江、海口、儋州、东方、澄迈、临高、昌江 | 4185 | 3.00 | 329 |
| 关中平原 | 西安、宝鸡、咸阳、铜川、渭南、杨凌农业高新技术产业示范区、商洛部分地区、运城部分地区、临汾市部分地区、天水、平凉及庆阳部分地区 | 4431 | 3.20 | 284 |
| 呼包鄂榆 | 呼和浩特、包头、鄂尔多斯、榆林 | 1146 | 0.80 | 70 |
| 辽中南 | 沈阳、大连、鞍山、抚顺、本溪、丹东、营口、辽阳、盘锦、铁岭 | 3117 | 2.20 | 348 |
| 山东半岛 | 济南、青岛、烟台、淄博、潍坊、东营、威海、日照 | 4567 | 3.30 | 656 |
| 海峡西岸 | 福州、厦门、泉州、莆田、漳州、三明、南平、宁德、龙岩、温州、丽水、衢州、上饶、鹰潭、抚州、赣州、汕头、潮州、揭阳、梅州 | 7998 | 5.80 | 341 |
| 滇中 | 昆明市、曲靖市、玉溪市和楚雄彝族自治州及红河哈尼族彝族自治州北部的蒙自市、个旧市、建水县、开远市、弥勒市、泸西县、石屏县七个县市 | 2274 | 1.60 | 172 |
| 天山北坡 | 乌鲁木齐市、昌吉市、米泉市、阜康市、呼图壁县、玛纳斯县、石河子市、沙湾县、乌苏市、奎屯市、克拉玛依市等 | 1158 | 0.80 | 50 |

本部分使用的人口数据为常住人口数，数据来源主要分为四类：人口

普查、抽样调查、统计年鉴、统计公报,其中,人口普查资料主要包括中国第三次、第四次、第五次、第六次人口普查的分省数据;抽样调查数据主要包括2005年和2015年全国1%人口抽样调查数据;统计年鉴主要包括相应年份的中国统计年鉴、分省统计年鉴及部分地市统计年鉴;统计公报数据主要包括2017年全国地市级行政单位发布的国民社会经济发展统计公报。本部分使用的坐标数据以市级和县级行政区划为基本单位,使用Geocoding对Google地图的数据库进行地址解析,得到各个行政区域的经纬度坐标数据。采用的研究方法包括区域重心模型①、空间自相关②和Gini系数法和泰尔熵指数③。

## 二 区域增长极的孵化

### (一) 城市人口重心转移过程

从我国人口重心的移动轨迹看,1982年前后由"东北向移动"调转至"西南向移动"。我国人口增长、聚集和迁移流动方向具有一定的曲折性和复杂性,大致可以分为三个阶段。

---

① 区域重心模型用以表达某一地区某一属性值分布的总趋势和中心区位。人口重心是衡量人口空间分布的重要指标,其变动轨迹可反映一定时期内人口分布时空演变特征。此方法可用于测量区域内人口空间分布状况,重心位置(经纬度)具体计算公式分别为:$\bar{x} = \frac{\sum X_i W_i}{\sum W_i}$;$\bar{y} = \frac{\sum Y_i W_i}{\sum W_i}$,其中,$W_i$为区域内第$i$个基本单位的人口数,$X_i$为该单位的经度坐标,$Y_i$为纬度坐标,经计算后的($\bar{x},\bar{y}$)即为人口的区域几何重心。参见 Glaeser E, Resseger M, "The Complementarity Between Cities and Skills", *Journal of Regional Science*, No. 50, 2010。

② 空间自相关是指变量的观测值之间因观测点在空间上邻近而形成的相关性,可分为全局空间自相关和局部空间自相关。本部分采用全局空间自相关指数莫兰指数(Moran's I)测度城市人口密度及人口变化率在全国的分布状态和集聚程度,并进一步利用局部空间自相关(LISA)分析每个城市与其邻近城市间人口密度及人口变化量的相似或相关程度。

③ 洛伦茨曲线较早地被应用于城市土地空间利用的研究,使用洛伦茨曲线也可以有效反映城市人口的空间聚集状态,运用基尼系数(Gini)系数可以测量城市群人口分布的分离程度,但不能用于测量人口分布的峰值不对称情况。换言之,两条形状非常不同的洛伦茨曲线的 Gini 系数可能相同。泰尔熵指数可用来计算人口分布的不平等情况,并可以对城市群内部和城市群之间的不平等情况进行测量,并计算组内差距与组间差距对总体差距的贡献。因此本研究同时使用 Gini 系数法、空间洛伦兹曲线和泰尔熵指数测度城市群人口空间分布的不均衡程度,分析城市群内外地区的人口分布情况及其对全国人口分布均衡度的影响程度。

第一，人口重心向西向北移动的阶段。这一阶段我国南部地区人口聚集的状况有所改变，部分人口开始流向我国北部和西北地区，北方人口出现一定增长。1928—1933年，我国人口重心出现短暂的向东聚集过程，之后受战争和国家开发政策的影响，持续向西北方向转移。

第二，人口重心向东向北移动的阶段。这一阶段主要发生在中华人民共和国成立以后至改革开放前夕。在此期间，我国对人口迁移流动进行了一定限制，但由于东部地区经济社会发展状况相对较好，人口自然增长较快，所以在总体上人口重心呈现出向东移动的趋势。同时，1965—1978年因"上山下乡"运动的影响，大批东部知青向西部地区流动，导致人口重心出现短暂的向西向南移动态势。

第三，人口重心向南向西移动的阶段。这一阶段主要发生在1982年国家对迁移流动的限制放松和计划生育政策严格实施之后。一方面，大量人口开始涌入东南沿海地区并通过务工提高收入；另一方面，西部地区因计划生育政策相对宽松而导致人口自然增长较快。同时，2010年以后部分流动人口转而由城返乡，一定的人口回流也导致人口重心发生向西偏移态势。总体而言，国家人口重心的移动轨迹反映出人口集中趋势的变化方向，是城市群孵化过程中需要参考的重要基础。人口重心向西偏移为推动我国中西部地区的城市群孵化、实现区域间城市群发展的均衡性提供了重要机遇。

**（二）城市群人口密度增强过程**

我们的研究发现，1982—2017年，我国城市人口密度、自然增长率、流动人口、常住人口的空间分布尽管发生了较明显的变化，且这种变化与城市群的分布和发育密切关联，但仍未突破"胡焕庸线"两侧中国人口空间分布的既定格局，这与已有研究结论一致。从城市群来看，城市群是中国人口流动最活跃的区域，全国人口流动集聚量或扩散量较大的城市主要位于城市群内部。城市群是全国人口密度和人口总量增长的高值区，是人口自然增长的低值区。值得一提的是，1982—2017年，我国城市群的人口空间分布已由"单调孤点支撑"向"多元连片发展"转变，"胡焕庸线"东侧若干城市群的人口密度逐步增加，这一特征既反映出"胡焕庸线"作为自然生态分界线的重要性，也反映出"胡焕庸线"东侧区域城市群发展的均衡性开始得以实现。

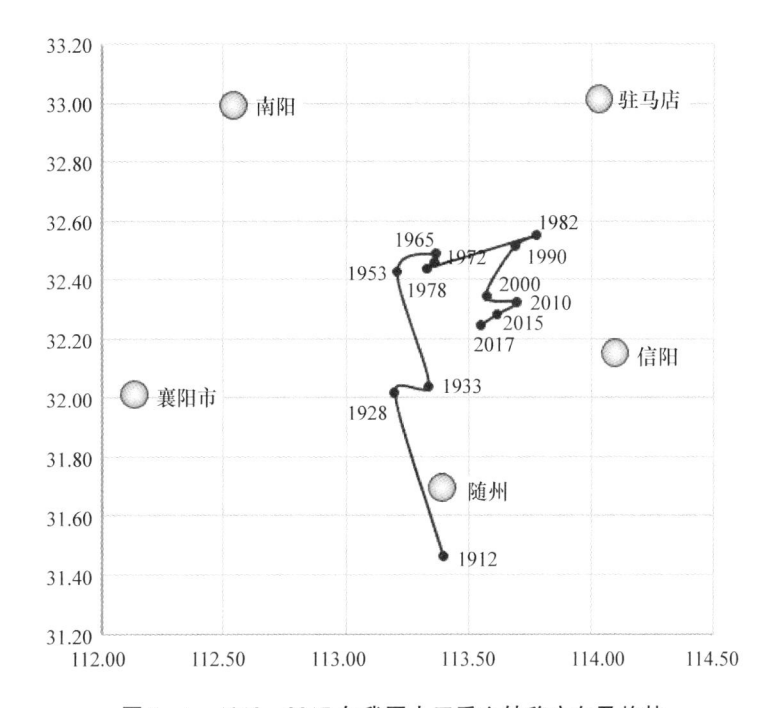

图 5-1　1912—2017 年我国人口重心转移方向及趋势

资料来源：1912—1978 年的人口重心转移数据来自李仪俊《我国的人口重心及其移动轨迹》一文，刊载于《人口研究》1983 年第 1 期，本部分关于人口重心的计算方法与李文一致。

从京津冀城市群来看，1982—2017 年人口密度发生了明显的变化，但空间分布格局相对稳定。一是京津冀城市群总体发展水平较高。人口规模迅速增加，人口密度提升较快，即从 346 人/平方千米增加至 555 人/平方千米，增长了约 60%，高于国内其他多数城市群人口密度的增速。二是京津"双核"的人口增长格局大体维持不变。人口聚集和密度增加主要集中于北京、天津及其周边地区。北京人口密度从 609 人/平方千米增至 1414 人/平方千米，增长了 132%；天津人口密度从 708 人/平方千米增至 1419 人/平方千米，增长了 101%，廊坊人口密度从 471 人/平方千米增至 786 人/平方千米，增长了 67%，其他城市人口密度均接近或低于平均增长水平。三是京津冀城市群中心城市人口密度的爆发增长期已过。京津冀人口密度的变化不仅具有地区差异，而且还存在阶段性的不同。北京人口密度增长期主要集中于 1982—2010 年，之后增速便开始下降；天津人口密度增长期持续到2015年，之后增速也开始下降。从2015—2017年的情况看，京津人口密度增速在整个京津冀城市群处于最低水平，廊坊、石家庄、沧州等地人口密度开始逐步提升。

表5-2　　　1982—2017年不同阶段京津冀城市群人口密度
年均增长率比较　　　　　　　单位:%

| 城市 | 1982—2017年 | 1982—1990年 | 1990—2000年 | 2000—2010年 | 2010—2015年 | 2015—2017年 |
| --- | --- | --- | --- | --- | --- | --- |
| 北京市 | 2.44 | 1.89 | 2.30 | 3.70 | 2.04 | 0.0046 |
| 天津市 | 2.01 | 1.56 | 1.31 | 2.64 | 3.55 | 0.32 |
| 廊坊市 | 1.47 | 2.23 | 1.24 | 1.31 | 0.90 | 1.93 |
| 石家庄市 | 1.37 | 2.13 | 1.45 | 0.97 | 1.01 | 0.83 |
| 邯郸市 | 1.18 | 2.26 | 1.08 | 0.92 | 0.53 | 0.41 |
| 邢台市 | 1.08 | 2.19 | 1.02 | 0.68 | 0.50 | 0.39 |
| 沧州市 | 1.08 | 1.94 | 0.92 | 0.73 | 0.83 | 0.75 |
| 秦皇岛市 | 1.01 | 1.52 | 1.11 | 0.83 | 0.55 | 0.61 |
| 保定市 | 0.97 | 1.90 | 0.77 | 0.68 | 0.61 | 0.60 |
| 唐山市 | 0.84 | 1.38 | 0.69 | 0.74 | 0.57 | 0.61 |
| 衡水市 | 0.75 | 1.43 | 0.79 | 0.45 | 0.41 | 0.28 |
| 承德市 | 0.40 | 1.07 | -0.15 | 0.45 | 0.31 | 0.49 |
| 张家口市 | 0.36 | 0.97 | -0.09 | 0.37 | 0.33 | 0.13 |

**（三）城市群人口均衡性演变过程**

从历史人口空间分布的洛伦兹曲线看，我国城市群人口分布的均衡性经历了"提高—降低—稳定"三个阶段。第一，1982—2000年，我国的城镇化战略以发展小城镇为重点，部分中小城市得以迅速发展，其中，1982—1990年人口分布的洛伦兹曲线开始向空间绝对平等线接近，并在1990—2000年保持稳定。第二，2000—2010年，我国大中城市发展迅速，人口流动进入高峰期且主要向大城市流动，导致人口分布的洛伦兹曲线开始远离空间绝对平等线，20%的城市聚集了我国接近50%的人口。第三，2010—2017年，我国城市人口空间分布再次保持稳定态势，人口仍然主要聚集于少部分城市，人口聚集态势趋于相对稳定。

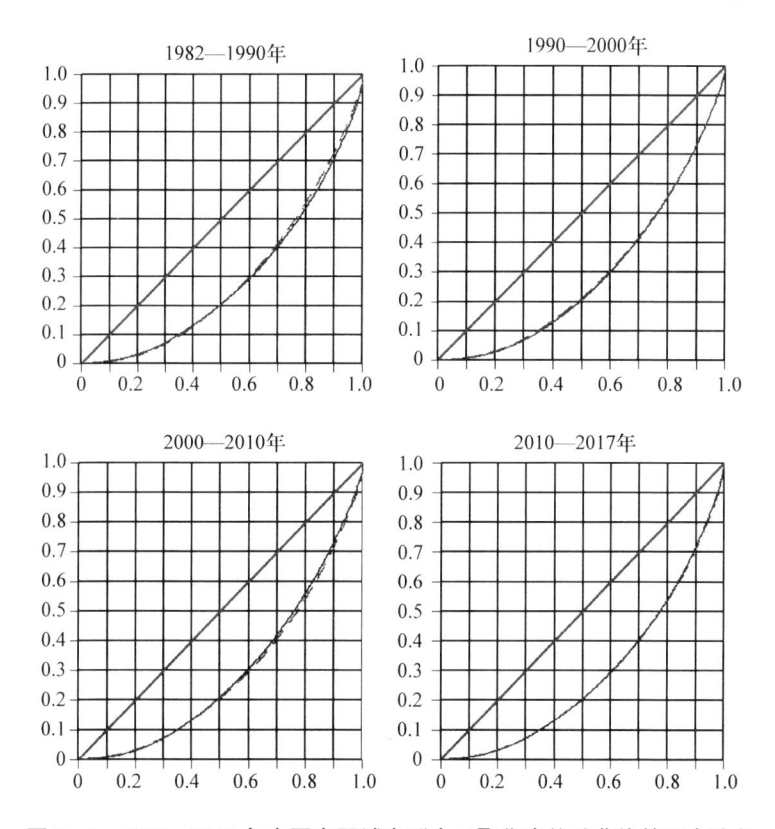

图 5-2　1982—2017 年中国主要城市群人口聚集洛伦兹曲线的四个阶段

从 Gini 系数和泰尔熵指数的分解情况看，城市群群间差异取代城市群群内差异成为影响中国人口分布的主要因素。一方面，1982—2017 年，由于城市群发展对人口的吸引作用，全国人口密度的地域差异进一步扩大。虽然 36 年间城市群内外地区的人口密度差异均呈扩大趋势，但城市群的发展使人口大量流入城市群或其核心城市，城市群内的人口分布不均衡程度加剧，且成为全国人口密度差异进一步扩大的原因之一。另一方面，城市群间的泰尔熵指数从 1982 年的 0.6229 上升到 2017 年的 0.8831，表明人口密度差异扩大，而贡献率从 1982 年的 44.69% 上升到 2017 年的 55.66%；城市群内的泰尔熵指数从 1982 年的 0.3445 上升到 2017 年的 0.3916，人口密度差异也呈扩大趋势，但贡献率从 1982 年的 55.31% 下降到 2017 年的 44.35%。这一变化更深层次地反映出我国城市群正逐渐从发育走向成熟，已由以城市群群内差异为主的阶段过渡到以城市群群间差异为主的阶段，各城市群人口发展更具自身特色。

表 5-3　1982—2017 年中国城市人口密度基尼系数、泰尔熵指数及其分解

| 项目 | 1982 年 | 1990 年 | 2000 年 | 2010 年 | 2015 年 | 2017 年 |
| --- | --- | --- | --- | --- | --- | --- |
| 基尼系数 | 0.5239 | 0.5263 | 0.5522 | 0.5805 | 0.5952 | 0.5973 |
| 泰尔指数 | | | | | | |
| 全国 | 0.6229 | 0.6444 | 0.7238 | 0.8022 | 0.8741 | 0.8831 |
| 城市群内 | 0.3445 | 0.3563 | 0.3341 | 0.3540 | 0.3903 | 0.3916 |
| 城市群间 | 0.2784 | 0.2882 | 0.3897 | 0.4482 | 0.4839 | 0.4915 |
| 泰尔指数分解 | | | | | | |
| 城市群内差异（%） | 55.31 | 55.28 | 46.16 | 44.13 | 44.64 | 44.35 |
| 城市群间差异（%） | 44.69 | 44.72 | 53.84 | 55.87 | 55.36 | 55.66 |

从近 40 年来的人口空间洛伦兹曲线变化情况看，京津冀城市群人口分布的均衡性与全国情况不同，主要经历了"提高—下降—再调整"三个阶段。第一，京津冀人口分布均衡性提升阶段。1982—2000 年，京津

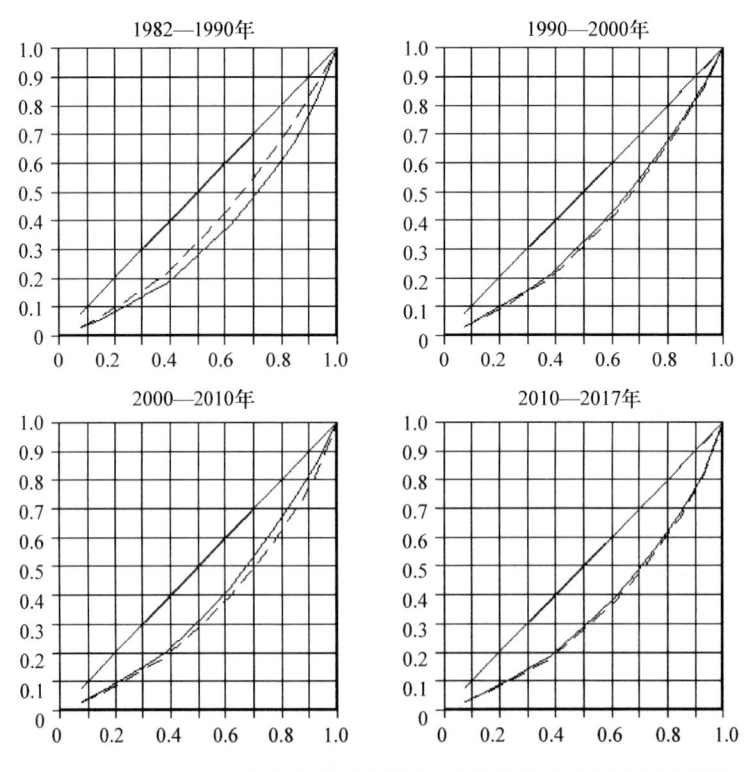

图 5-3　1982—2017 年京津冀城市群人口聚集洛伦兹曲线的四个阶段

之外的其他城市快速发展,1982—1990年人口分布的洛伦兹曲线开始向空间绝对平等线接近。第二,京津冀人口分布均衡性下降阶段。1990—2010年,北京和天津发展迅速,人口流动进入高峰期且主要向京津流动,导致人口分布的洛伦兹曲线开始远离空间绝对平等线,20%的城市聚集了整个城市群接近40%的人口。第三,京津冀人口分布二次均衡性调整阶段。2010—2017年,京津冀城市人口空间分布保持稳定态势,人口仍然主要聚集于少部分城市,但这些城市的人口占比开始降低,出现向空间绝对平等线接近的趋势。从基尼系数和泰尔熵指数看,两类指数在2015年之后的缩小反映了京津冀城市群人口空间分布向均衡方向发展的趋势和可能,虽然具体变化方向仍需后续的数据分析做支撑,但京津冀城市群正在区域一体化的思路下逐渐从发育走向成熟,其内部人口分布差异缩小的事实已然存在。

表5-4 1982—2017年京津冀城市群人口密度基尼系数和泰尔熵指数

| 项目 | 1982年 | 1990年 | 2000年 | 2010年 | 2015年 | 2017年 |
| --- | --- | --- | --- | --- | --- | --- |
| 基尼系数 | 0.2196 | 0.2236 | 0.2415 | 0.2845 | 0.3031 | 0.3019 |
| 泰尔熵指数 | 0.0974 | 0.1015 | 0.1153 | 0.1488 | 0.1678 | 0.1666 |

### (四) 城市群人口聚集能力与态势

改革开放以来,我国城市化进程逐步加速,尤其是在2011年以后我国的城市化率已突破50%,城市人口首次超过农村人口。随着城镇化进程的快速推进,城市群及其中心城市正成为承载区域发展要素的主要空间形式。在空间结构的理论方面,弗里德曼对区域空间结构的演进过程进行了系统阐述。他认为,前工业化时期的区域空间结构属于均质无序、总体均衡的低水平空间均衡;过渡阶段则开始打破均衡状态,形成"中心—外围"的单中心极化结构;随着经济活动范围的扩展,工业化阶段开始出现区域次级中心与原中心相组合的经济中心体系;到了经济高度发达的后工业化阶段,经济交往日益紧密的各地区逐渐实现空间一体化。[1] 进一步地,在针对城市群空间结构的研究中,法国地理学家戈特曼通过对美国

---

[1] Friedmann J R, *Regional Development Policy: A Case Study of Venezuela*, MIT Press, Cambridge, 1966.

东北沿海地区城市化问题的调查,阐述了集中分散、集聚、特大城市化等城市化的动力过程。[①] 随着中心城市对周边区域辐射作用的不断加强,越来越多的城市群在此过程中发展壮大。中心城市的要素集聚能力与辐射扩散作用不仅是区域城市化提高的直接动力和城市群发育的潜在土壤,也是认识区域发展结构和测度城市群发育特征的重要工具。[②]

表 5-5　1982—2017 年我国主要城市群人口相对变化情况比较

| 地区 | \multicolumn{5}{c|}{1982—2017 年各城市群人口占比（%）} | \multicolumn{2}{c|}{1982—2000 年} | \multicolumn{2}{c|}{2000—2017 年} |
|---|---|---|---|---|---|---|---|---|---|
| | 1982 | 1990 | 2000 | 2010 | 2017 | 增幅 | 增幅排序 | 增幅 | 增幅排序 |
| 珠三角 | 2.40 | 2.40 | 4.00 | 4.70 | 5.00 | 1.60 | 1 | 1.0 | 1 |
| 京津冀 | 7.00 | 7.10 | 7.20 | 7.70 | 8.10 | 0.20 | 4 | 0.9 | 2 |
| 长三角 | 10.50 | 10.00 | 10.00 | 11.10 | 10.50 | -0.50 | 14 | 0.5 | 3 |
| 海峡西岸 | 5.40 | 5.50 | 5.50 | 5.70 | 5.80 | 0.10 | 5 | 0.3 | 4 |
| 滇中 | 1.50 | 1.50 | 1.50 | 1.60 | 1.60 | 0.00 | 6 | 0.1 | 5 |
| 山东半岛 | 3.30 | 3.10 | 3.20 | 3.20 | 3.30 | -0.10 | 10 | 0.1 | 6 |
| 中原 | 10.70 | 11.10 | 10.00 | 10.50 | 10.10 | -0.70 | 15 | 0.1 | 7 |
| 呼包鄂榆 | 0.70 | 0.70 | 0.70 | 0.80 | 0.80 | 0.00 | 7 | 0.1 | 8 |
| 天山北坡 | 0.50 | 0.70 | 0.80 | 0.80 | 0.80 | 0.30 | 2 | 0.00 | 9 |
| 北部湾 | 2.80 | 2.90 | 3.00 | 2.90 | 3.00 | 0.20 | 3 | 0.00 | 10 |
| 关中平原 | 3.20 | 3.20 | 3.20 | 3.20 | 3.20 | 0.00 | 8 | 0.00 | 11 |
| 辽中南 | 2.60 | 2.50 | 2.40 | 2.30 | 2.20 | -0.20 | 12 | -0.2 | 12 |
| 哈长 | 3.90 | 3.70 | 3.60 | 3.50 | 3.30 | -0.30 | 13 | -0.3 | 13 |
| 长江中游 | 9.50 | 9.40 | 9.40 | 8.80 | 8.90 | -0.10 | 11 | -0.5 | 14 |
| 成渝 | 8.70 | 8.20 | 7.90 | 7.10 | 7.20 | -0.80 | 16 | -0.7 | 15 |
| 其他地区 | 27.50 | 28.00 | 27.50 | 26.00 | 26.00 | 0.00 | 9 | -1.5 | 16 |

资料来源：1982 年、1990 年、2000 年、2010 年人口数据来自我国第三次、第四次、第五次、第六次人口普查分省汇总资料；2017 年人口数据来自全国地市级行政单位发布的当年国民社会经济发展统计公报。

---

① 于洪俊、宁越敏：《城市地理概论》，安徽科学技术出版社 1983 年版。
② 黄金川、孙贵艳、闫梅、刘涛、肖磊：《中国城市场强格局演化及空间自相关特征》，《地理研究》2012 年第 8 期。

从人口聚集能力看，我国主要城市群行政区划范围内的人口几乎占据全国总人口的 70% 以上，但分区域来看，不同城市群的人口占比变化却具有各自的特点。例如，长三角、中原、长江中游、京津冀、成渝城市群人口规模相对较大，但近 40 年除了长三角和京津冀城市群人口增幅排在前三之外，中原、长江中游、成渝城市群的人口增幅几乎低于平均水平。从不同时间段来看，1982—2000 年，多数城市群的发育尚未开始，甚至尚未产生相关城市群的概念或规划。此阶段的部分城市群人口吸引力较低，接近一半的城市群人口增幅低于其他非城市群地区，长江中游、中原、成渝城市群的人口增幅分别排在第 11 位、第 15 位和第 16 位，远低于其他非城市群地区（居第 9 位）。2000—2017 年，各城市群开始摆脱发育不足的局面，人口吸引力开始迅速上升，所有城市群的人口增幅均高于其他非城市群地区（居第 16 位）。值得注意的是，截至 2017 年，部分城市群的人口占比处于下降阶段，例如，辽中南、哈长、长江中游和成渝城市群，上述城市群的人口吸引力仍然较弱。

从人口空间聚集态势看，全国城市群空间结构的单中心化和多中心化趋势并存，城市群中心城市的带动能力仍有待增强。第一，城市群内部空间结构单中心化和多中心化趋势并存。1953—2017 年，长三角、京津冀、北部湾、哈长、长江中游、兰西城市群的 Mono 指数表现出总体增长的趋势，表明以上城市群的单中心化趋势不断增强；珠三角、中原、海峡西岸、关中平原、辽中南、呼包鄂榆、山东半岛、成渝城市群的 Mono 指数则总体下降，展现出明显的多中心化特点。第二，多数城市群中心城市的规模聚集效应仍有待进一步提升。从 2010 年至 2017 年中国常住人口增量变化的 LISA 分析结果看，京津冀、长三角和粤港澳大湾区城市群人口增长的空间关联呈现出显著的"高—高"聚集状态，而其他城市群则主要呈现出"高—低""低—高""低—低"聚集状态，甚至是表现为空间无关联。此外，从 Mono 指数的分析结果看，我国主要城市群 Mono 指数均值小于 1，说明我国主要城市群的中心城市带动能力目前仍不够强，有待进一步发展。由于中国经济与社会结构发展存在着巨大的地域性差异，因此，城市群多集中在经济较为发达的"胡焕庸线"东部地区。

表 5-6　　　　　　　　　全国主要城市群 Mono 指数

| 地区 | 1953 年 | 1964 年 | 1982 年 | 1990 年 | 2000 年 | 2010 年 | 2015 年 | 2017 年 |
|---|---|---|---|---|---|---|---|---|
| 长三角 | 0.3961 | 0.5041 | 0.3852 | 0.3925 | 0.5419 | 0.6327 | 0.6494 | 0.6348 |
| 珠三角 | 0.4078 | 0.2610 | 0.3244 | 0.4023 | 0.2994 | 0.2436 | 0.2497 | 0.2608 |
| 京津冀 | 0.0816 | 0.2298 | 0.1231 | 0.1268 | 0.2125 | 0.3573 | 0.3538 | 0.3468 |
| 中原 | 0.1199 | 0.1770 | 0.1292 | 0.1036 | 0.0643 | 0.0923 | 0.0458 | 0.0357 |
| 海峡西岸 | 0.0929 | 0.0713 | 0.1146 | 0.1091 | 0.0366 | 0.0873 | 0.0623 | 0.0596 |
| 关中平原 | 0.4539 | 0.2035 | 0.2054 | 0.2250 | 0.2603 | 0.3483 | 0.3547 | 0.4304 |
| 北部湾 | 0.0689 | 0.0548 | 0.0722 | 0.0393 | 0.1609 | 0.0907 | 0.0833 | 0.0743 |
| 哈长 | 0.2141 | 0.2073 | 0.2989 | 0.2950 | 0.3034 | 0.3575 | 0.2864 | 0.2956 |
| 长江中游 | 0.1347 | 0.0440 | 0.0129 | 0.0303 | 0.1365 | 0.2349 | 0.2660 | 0.2662 |
| 辽中南 | 0.4720 | 0.1870 | 0.3609 | 0.3646 | 0.3707 | 0.4036 | 0.3870 | 0.3870 |
| 呼包鄂榆 | 0.5730 | 0.4522 | 0.3108 | 0.3693 | 0.2726 | 0.1761 | 0.1420 | 0.1308 |
| 山东半岛 | 0.2149 | 0.1069 | 0.1636 | 0.2189 | 0.1462 | 0.1133 | 0.1041 | 0.0958 |
| 成渝 | 1.0830 | 1.0639 | 0.8648 | 0.9335 | 0.9136 | 0.8159 | 0.8275 | 0.8055 |
| 兰西 | 0.0819 | 0.3786 | 0.2019 | 0.1819 | 0.2143 | 0.2937 | 0.3175 | 0.3138 |
| 平均值 | 0.3139 | 0.2815 | 0.2548 | 0.2709 | 0.2809 | 0.3034 | 0.2950 | 0.2955 |

注：Mono 指数的说明见下文"标准差椭圆"脚注部分。当 Mono 指数增大时，说明城市群中心城市增长快于其他中小城市；当 Mono 指数减小时，说明城市群中小城市增长快于中心城市；当 Mono 指数保持不变时，说明城市规模等级体系相对稳定，维持平衡增长趋势。

### (五) 城市群发育阶段性过程

从长期纵向发展的视角看，国家城市群人口分布正在从过度集中于某些区域转向均衡化发展，人口集聚兼具阶段性与方向性特点，城市群内部的人口分布差异正在被城市群间的差异所取代，而这一变化过程与区域经济发展方向有关，主要受到不同城市群的先发与后发优势的影响。

首先，从标准差椭圆①的面积范围来看，1953—2017年，全国主要城市群的人口集聚呈现"集中（1953—1982年）——分散（1982—1990年）——再集中（1990—2017年）"的阶段性特点。1953—1982年，全国主要城市群的标准差椭圆面积年均减少809.05平方千米，人口扩张趋势逐年减弱，空间分布趋于集中。1982—1990年城市群人口转为扩张态势，但整体变化幅度较小，年均增长165.04平方千米。进入1990年以

---

① 本部分主要参考了1953年《第一次全国人口普查主要数据》、1964年《第二次全国人口普查主要数据》、1982年《第三次全国人口普查手工汇总资料汇编》《中国分县市人口资料：1990年人口普查数据》《2000人口普查分县资料》《中国人口年鉴2002》《新中国六十年统计资料汇编》《中国2010人口普查分县资料》《全国1%人口抽样调查资料2015》、2018年各省统计年鉴及相关年份的《中国城市建设统计年鉴》《中国区域经济统计年鉴》《中华人民共和国行政区划简册》等资料。本部分所采用的基础空间数据来自中国科学院资源环境科学数据中心，分析单位为包含直辖市、地级行政区划单位、省直辖县级行政单位在内的363个基本空间单元。借助场强模型、标准差椭圆、Mono指数，分析城市群视角下我国人口分布的城市影响力、空间扩张方向和中心化特征。借助物理学的概念，城市腹地可称为城市影响力的"力场"，而影响力的大小称为"场强"。基于矢量数据对各时期我国城市辐射区域进行实证分析，参考黄金川等（2012）的做法，以直线距离进行测算并设置纠错门槛。场强计算公式：$F_{ij} = \frac{z_i}{D_{ij}^a}$，其中$F_{ij}$为$i$城市在区域内$j$点受所有城市作用的场强；$Z_i$为$i$城市的人口规模；$D_{ij}$为$i$城市到$j$点的距离；$a$为距离摩擦系数，反映城市场强对于距离的敏感程度，一般取标准值=2；标准差椭圆的大小取决于方差大小，长半轴表示数据分布的方向（最大方差），短半轴表示数据分布的范围（最小方差），长短半轴值的差距（即扁率）越大，表明数据的方向性越明显。在空间统计上面，用$X$、$Y$的方差进行计算可得到椭圆的长半轴和短半轴。标准差椭圆的公式：$SDEx = \sqrt{\frac{\sum_{i=1}^{n}(x_i - \bar{x})^2}{n}}$，$SDEy = \sqrt{\frac{\sum_{i=1}^{n}(y_i - \bar{y})^2}{n}}$，其中$x_i$和$y_i$为要素的坐标，$\bar{x}$和$\bar{y}$为要素的平均中心坐标，$n$为要素总数；本部分借鉴Meijers和Burger（2010）的做法，利用城市的位序—规模分布特征来计算城市群中心化程度。具体公式：$\ln P_i = C - q\ln R_i$。其中，$P_i$表示第$i$位城市的总人口，$C$为常数，$R_i$为城市群内对应城市$i$人口的位序，其中，位次减去最优位移量1/2来最大限度的消除小样本斜率估计的偏差（沈体雁、劳昕，2012）。$q$为最小二乘回归斜率的绝对值。若$q>1$，表明核心城市较为突出，城市群服从单中心首位分布；若$q<1$，则表明城市群人口比较分散，城市间规模差异较小，城市群服从多中心结构分布；若$q=1$，则认为该城市体系完全服从Zipf法则（第二位城市的人口规模是最大城市的1/2，第三位则为1/3，以此类推）。Mono指数是利用城市群中规模最大的前两位、前三位和前四位城市计算所得的$q$值的平均值来反映城市人口规模及中心的变动。当Mono指数增大时，说明城市群中心城市增长快于其他中小城市；当Mono指数减小时，说明城市群中中小城市增长快于中心城市；当Mono指数保持不变时，说明城市规模等级体系相对稳定，维持平衡增长趋势。

后，城市群人口再次转为集中分布态势，其面积基本维持在 5700000 平方千米左右。

其次，由扁率来看，1953—2017 年，全国主要城市群的椭圆扁率呈现出总体上升的趋势。扁率表明城市群人口扩张方向的明确性和向心化程度，说明我国城市群人口扩张的空间溢出效应愈加明显。

最后，由转角来看，1953—2017 年，各大城市群标准差椭圆变化表现出的方向性特征与相关区域的经济发展方向具有一定关联性，而新兴城市的崛起是其中的重要因素。例如，1953 年珠三角城市群人口的空间旋转角度从东北方向的 77.94°逐渐增加到 2017 年接近正东方向的 89.87°，这种方向性转变与改革开放后深圳经济腾飞、经济发展受政策利好因素影响有关，珠三角城市群东部方向的人口空间分布空间格局随之不断增强。

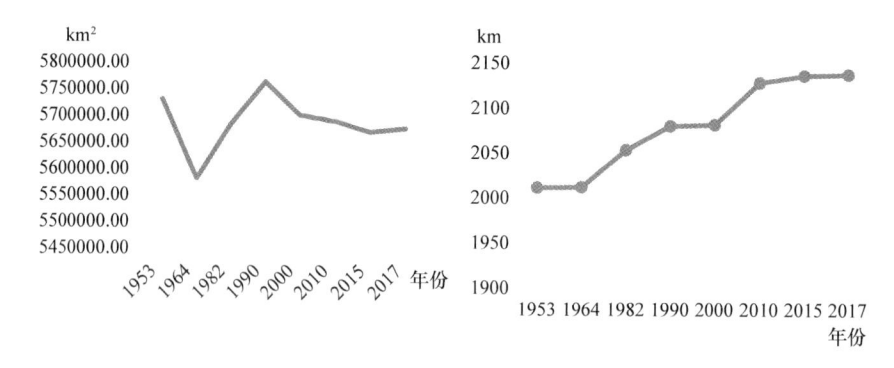

图 5-4 1953—2017 年全国主要城市群标准差椭圆面积（左图）与扁率（右图）变化

通过对 1982 年至 2000 年再到 2017 年三个历史阶段的人口增幅比较，可以对我国主要城市群的人口分化模式进行聚类分析，最终可划分为后发输出型、持续输出型、后发聚集型和持续聚集型，其中，我国城市群的发展模式主要体现为后三种类型。

第一类城市群为人口持续输出型城市群。该类城市群人口吸引力相对较弱，或处于城市群孵化初期，或产业转型相对滞后，难以适应经济发展需求。进一步看，人口持续输出型城市群可划分为人口减速输出、加速输出、稳定输出三类。人口减速输出型城市群尽管在 20 世纪末人口处于快速流出的状态，但自 21 世纪以来人口流出速度有所减缓，城市群发展的人口基础有所改善，例如，成渝城市群；人口加速输出型城市群在20世纪末人口流出相对缓慢，但自21世纪以来人口流出速度反而有所提升，对未来城市群发展将会产生一定影响，例如，长江中游城市群。此外，我国东北地区的哈长和辽中南城市群的人口持续稳定流出问题值得注意，自1982年以来两个城市群的人口相对规模减幅始终处于较高的水平，严重影响区域经济社会发展。

第二类城市群为人口后发聚集型城市群。该类城市群早期人口吸引力相对较弱，但后期人口吸引力开始有所提升，具有明显的后发优势。进一步看，后发聚集型城市群可划分为缓慢聚集和加速聚集两个阶段。缓慢聚集型城市群在20世纪末人口持续流出，但自21世纪以来人口相对规模开始有一定的增长。例如，中原城市群；加速聚集型城市群在20世纪末也表现为人口持续流出，但自21世纪以来人口相对规模增幅明显且较大。例如，长三角城市群。

第三类城市群为人口持续聚集型城市群。该类城市群发展基础较好，无论早期还是当前的人口吸引力均高于其他地区。尽管如此，根据当前的人口吸引力看，持续聚集型城市群中有一类城市群的人口相对规模增幅仍在持续提升，处于加速聚集阶段。例如，京津冀和海峡西岸城市群；有一类城市群的人口相对规模增幅开始下降，处于减速聚集阶段。例如，粤港澳大湾区城市群。不同的城市群发展类型不仅反映出各自的人口分布特点，而且可以反映城市群发展的轨迹和规律。

从城市辐射的演化过程来看，在我国主要城市群中，城市场强结构逐渐发展为点状聚集格局。1953年除呼包鄂榆城市群以外，位于"胡焕庸线"以东的主要城市群地区已出现场强中等影响程度及以上的连片区；到2017年，全国城市化整体格局已经形成，以中心城市为核心的各级城市群发育框架显现，并呈现不断深化的趋势。在此过程中，各大城市群非中心地区乃至非城市群地区的场强辐射逐渐降低，而以中等场强及以上连片区逐渐发展成数量更少的点状聚集区。这说明，随着国家级城市城市群功能的不断升级，在全国人口总体增长的大趋势下，其中心城市可容纳资源要素的能力相应迅速扩大，但这也使得城市群其他城市的经济人口辐射空间相对缩小。例如，位于京津冀城市群的承德市，其在2017年表现的城市辐射强度较1953年还要小，而作为同一城市群中心城市的北京则与之相反。

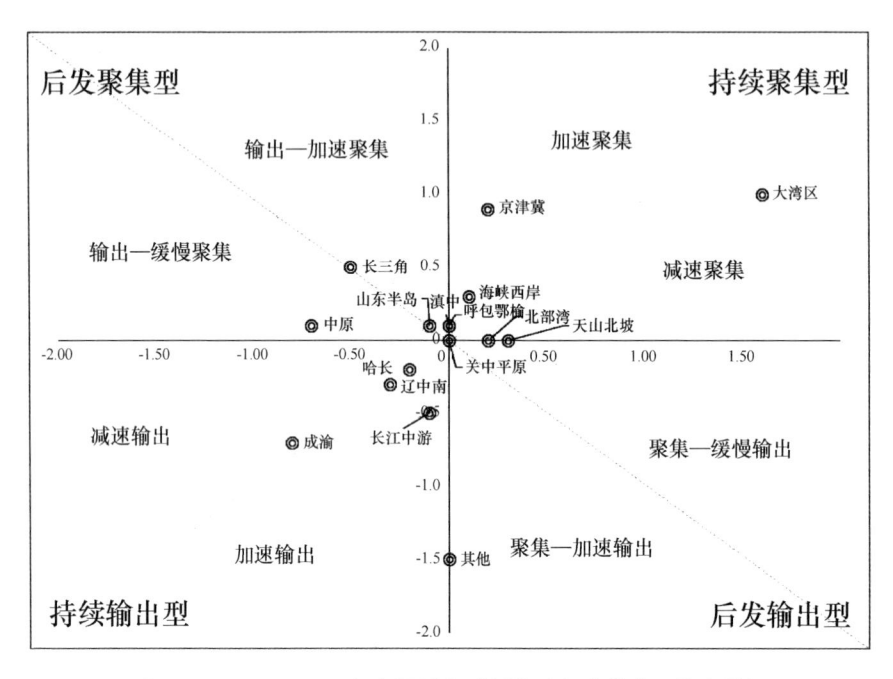

图 5-5　1982—2017 年中国城市群孵化过程中的人口转变特征

## 三　城市群发育的圈层对称性

城市群的形成发育是一个长期漫长的自然过程，城市群人口问题的研究是一个复杂科学问题和漫长过程，需要从发展的阶段性、一般性和未来发展态势进行综合判断。从人口演变的视角看，城市群发育的过程本质上是人口区域极化特性不断向外围推移和扩散的过程，多数城市群正在经历从中心城市极化向城市群极化再向区域组团极化的发展历程。在整个发育过程中，人口的规模聚集效应始终保持一定的圈层对称性，即人口吸引聚集能力不断向外部圈层扩散的同时，城市群内部的规模聚集效应存在下降的态势，最终使城市群的整体竞争力得到提升。

第一，从人口重心的移动轨迹看，我国人口增长、聚集和迁移流动的方向具有一定的曲折性和复杂性，现阶段我国人口空间重心向西南偏移，为推动我国中西部城市群孵化、实现区域均衡发展提供了一定的机遇。

第二，高密度城市群开始向西接近"胡焕庸线"，既反映出"胡焕庸线"作为自然生态分界线的重要性，也反映出局部区域间城市群发展均衡性开始得以实现。

第三，我国城市间人口分布的均衡性经历了"提高—降低—稳定"的转变过程，城市群之间差异开始取代城市群内部人口差异成为影响中国人口分布的主要因素，这一变化反映出我国城市群正在逐渐从发育走向成熟，区域一体化思路下的内部人口分布差异在逐渐缩小，京津冀城市群人口也经历了多次空间分布调整。

第四，我国城市群正在摆脱发育不足的困境，城市群人口吸引力显著高于非城市群地区且出现阶段性转变。城市群孵化大致可以划分为"人口持续输出—后发聚集—持续聚集"三个阶段，人口相对规模可能会经历"人口加速输出—减速输出—缓慢聚集—加速聚集—减速聚集"四个转变。由于区域特征和宏观形势的变化，三个阶段和四个转变的连续性可能会有所改变，有的城市群可能会跨越某一阶段或转变过程直接进入下一阶段，有的城市群在经历人口减速聚集后或将进入人口输出阶段，从而形成城市群从孵化到发育再到繁荣最后衰落的封闭发展环，国家政策、产业结构和技术进步将对此产生重要影响，其中，京津冀城市群的发展过程尤其表现出此类特征。

第五，随着全国城市化水平的提高，城市辐射场强的圈层格局逐渐形成并不断强化，"胡焕庸线"东部地区与西部地区的城市辐射存在显著差异。"胡焕庸线"东部地区城市的互动关联度均高于西部地区，尤其是长三角、珠三角等地区，大中小城市联系紧密，城市辐射作用较强，处于抱团发展的良性状态。"胡焕庸线"西部地区仅在省会城市附近有较高的城市辐射强度，而且各大城市间相互孤立发展，绝大多数城市受邻近城市的带动有限，城市群的发育相对迟缓。根据"胡焕庸线"东部地区城市群多中心城市连片发展与西部地区城市群点状聚集的特点，未来也可据此探索我国城市化布局与区域平衡发展的最优形态。

# 第六章　主要城市群中心城市服务业就业特征

就业结构、规模和质量既是构建和谐中国社会的重要内容，也是推动区域协同发展的重要抓手。改革开放40多年来，我国经济发展实现了历史性跨越，现已迈入世界经济和贸易大国之列，就业规模和就业结构也随之发生了深刻改变，而就业结构矛盾长期被经济高速增长所掩盖。我国劳动力总量在2014年出现首降，工资成本快速上升，规模优势和低成本优势正逐步丧失，就业结构矛盾日益凸显[①]，经济发达地区出现民工荒，欠发达地区部分高端产业就业人口又增长乏力。就业结构的变化能够顺应经济转型，对我国成功跨越中等收入阶段，跻身高收入国家行列至关重要[②]，同时也会对我国城市群的孵化和培育产生重要影响。

随着我国产业组织由"工业经济"向"服务经济"的转型升级，服务业成为我国吸纳就业最多的产业。值得注意的是，在我国主要城市群中，其中心城市服务业就业人口和增加值平均比重都远高于全国城市的平均水平，是未来中国服务业高质量发展的重要空间载体。[③] 作为城市群经济发展的增长极，中心城市正处在以服务业为主、服务业和工业双轮驱动的发展阶段，在城市群的经济活动中起着组织、支配和核心作用，特别是其服务业的发展具有代表性、指向性和表率性。国家发改委发布的《2020年新型城镇化建设和城乡融合发展重点任务》中提出，将着重"建

---

[①] 方行明、韩晓娜：《劳动力供求形势转折之下的就业结构与产业结构调整》，《人口学刊》2013年第35卷第2期。

[②] 屈小博、程杰：《中国就业结构变化："升级"还是"两极化"？》，《劳动经济研究》2015年第3卷第1期。

[③] 申玉铭、柳坤、邱灵：《中国城市群核心城市服务业发展的基本特征》，《地理科学进展》2015年第8期。

立中心城市牵头的协调推进机制",2020年政府工作报告再次强调中心城市引领区域经济发展的主体地位。因此,探索我国主要城市群中心城市服务业就业结构及其演变规律,对于更好地发挥中心城市对城市群高质量协调发展的辐射带动作用,促进就业人口在全国城市及产业之间合理流动和高效集聚具有重要的理论价值和现实意义。

已有的城市群服务业内部结构演变及其专业化分工研究[1]发现,各城市群各城市服务业不同行业的就业结构和专业化水平差异较大。生产性服务业发展总体上呈现东部—中部—西部逐渐降低的空间结构,区域间基尼系数正逐年增大,区位选择上有向行政等级较高城市集中的趋势。同时,区域中心城市与非中心城市之间生产性服务业发展差异也在扩大。京津冀、长三角和珠三角城市群生产性服务业发展不平衡,主要集中于中心城市且极化现象不断增强。[2] 生活性服务业和公共服务业在后工业化社会将成为服务业发展的主要行业。[3] 城市化水平、人口规模和密度、人均可支配收入是导致城市间消费者服务需求差异的主要因素,且对消费者服务需求有积极促进作用。[4] 正是因为如今最大规模的地方化范例是在服务业而不是制造业的基础上建立的,且技术进步加速服务业的地方化,这就导致

---

[1] 毕斗斗、方远平、谢蔓、唐瑶、林彰平:《我国省域服务业创新水平的时空演变及其动力机制——基于空间计量模型的实证研究》,《经济地理》2015年第35卷第10期;程大中:《中国服务业增长的特点、原因及影响——鲍莫尔—富克斯假说及其经验研究》,《中国社会科学》2004年第2期;齐讴歌、赵勇、白永秀:《城市群功能分工、技术进步差异与全要素生产率分化——基于中国城市群面板数据的实证分析》,《宁夏社会科学》2018年第5期;陆大道:《京津冀城市群功能定位及协同发展》,《地理科学进展》2015年第34卷第3期;Sassen S, *The Global City*: *New York*, *London*, *Tokyo.* 2nd ed, Princeton, New Jersey: Princeton University Press, 2001.

[2] 李善同、李华香:《城市服务行业分布格局特征及演变趋势研究》,《产业经济研究》2014年第5期;魏守华、韩晨霞:《城市等级与服务业发展——基于份额偏离分析法》,《产业经济研究》2010年第4期;闫小培、钟韵、林彰平:《高等级中心城市生产性服务输出空间特征》,《地理研究》2010年第29卷第12期;Black D,"Henderson V. Urban Evolution in the USA",*Journal of Economic Geography*,Vol. 3,No. 4,2003;席强敏、陈曦、李国平:《中国生产性服务业市场潜能与空间分布——基于面板工具模型的实证研究》,《地理科学》2016年第36卷第1期;梁红艳:《中国城市群生产性服务业分布动态、差异分解与收敛性》,《数量经济技术经济研究》2018年第35卷第12期。

[3] Bell D, *The Coming of Post - industrial Society*, New York: Harper Colophon Books, 1974.

[4] 梁华峰:《消费性服务业研究综述》,《中国人口·资源与环境》2014年第24卷第S2期。

服务业在不同类型、不同规模的城市具有不同特征和发展机制。[1] 已有研究从总体上看，在研究对象方面，对于全国19个城市群中心城市的专门研究和比较稍显不足；在研究数据方面，大多来源于中国城市统计年鉴或全国、各省市统计年鉴，有很大部分非正规就业人口尚未统计在内，难以准确刻画就业结构，与人口普查数据相比，存在一定的局限性。因此，本部分选取国家"十三五"规划中提到的19个城市群[2]、32个主要中心城市[3]为研究对象，利用历年人口普查数据和1%抽样调查数据，对其服务业内部就业结构[4]进行比较研究，以期正确把握服务业就业结构优化与经济发展的匹配性，认清城市群中心城市就业的专业化程度，最大限度地扩大服务业就业容量，为经济发展方式转变升级提供有力保障。

## 一 数据来源与研究方法

考虑到统计口径的一致性和数据的权威性[5]，本部分主要数据来自32个中心城市2000年全国第五次人口普查和2010年全国第六次人口普查、2005年和2015年全国1%人口抽样调查以及

---

[1] Krugman P, "Increasing Return and Economic Geography", *Journal of Political Economy*, Vol. 99, No. 3, 1991.

[2] 是指京津冀、长三角、珠三角、成渝、长江中游、中原、关中平原、滇中、黔中、山东半岛、辽中南、海峡西岸、哈长、宁夏沿黄、晋中、北部湾、天山北坡、呼包鄂榆、兰西城市群。

[3] 是指北京、天津、上海、南京、杭州、合肥、广州、深圳、成都、重庆、武汉、长沙、南昌、郑州、西安、昆明、贵阳、济南、青岛、沈阳、大连、福州、厦门、哈尔滨、长春、银川、太原、南宁、乌鲁木齐、呼和浩特、兰州、西宁。

[4] 根据国民经济行业分类（GB/T 4754—2011），参照李善同等对服务业的分类研究，将服务业分为生产性服务业、生活性服务业和公共服务业三类，其中，生产性服务业包括交通运输、仓储和邮政业，信息传输、计算机服务和软件业，金融业，租赁和商务服务业，科学研究、技术服务和地质勘探业；生活性服务业包括批发和零售业，住宿和餐饮业，房地产业，居民服务业和其他服务业，文化、体育和娱乐业；公共服务业包括水利、环境和公共设施管理业，教育，卫生、社会保障和社会福利业，公共管理和社会组织，国际组织。

[5] 本部分核心数据没有使用2015年以后年份的原因：一是目前人口普查（抽样）数据是掌握国内人口情况的权威数据，像流动摊贩、手工作坊等非正规就业也都统计在内，能全方位反映人口基本信息；二是虽然2015年以后行业人口信息可在城市统计年鉴获得，但与人口普查（抽样）数据统计口径不同，在反映就业结构方面与人口普查（抽样）数据有较大出入。

相关城市统计年鉴的 2018 年数据。本部分的研究方法包括区位基尼系数①、行业集中度②、变异系数③、区位熵④和局部多项式

---

① 基尼系数是意大利经济学家基尼 1912 年提出的，是用来反映居民收入分配差异状况的分析指标。克伯（1986）将洛伦兹曲线和基尼系数用于测量行业在地区间的分配均衡程度。随着洛伦兹曲线下凸程度变小，区位基尼系数值越趋近于 0，说明一个产业的空间分布与整个产业空间分布相匹配。相反，随着洛伦兹曲线下凸程度变大，区位基尼系数值越趋近于 1，说明该产业的空间分布与整个产业空间分布不相匹配，也就是说该产业集中在某一个或几个地区范围内，在其他区域分布很少，产业的集中度较高。因此，一个产业的区位基尼系数越大，表明该产业的集聚程度越高。公式如下：

$$AG = \frac{1}{2n^2\mu} \sum_j \sum_k \left| \frac{x_{ij}}{x_i} - \frac{x_{ik}}{x_i} \right|$$

其中，$n$ 为市的数量，$\mu$ 为产业 $i$ 在各市的比重均值，$x_{ij}$ 或 $x_{ik}$ 为产业 $i$ 在 $j$ 或 $k$ 市的就业人口数量，$x_i$ 为产业 $i$ 的区域就业人口总量。根据国际上普遍认为的标准，区位基尼系数在 0.2 以下表示行业的城市分布高度分散，0.2—0.3 表示比较分散，0.3—0.35 表示相对分散，0.35—0.4 表示相对集中，0.4—0.5 表示比较集中，0.5 以上表示高度集中。

② 行业集中度为某行业占区域比重最大的前几个城市的比重总和，公式如下：

$$CR_n = \sum_{i=1}^{n} X_i / \sum_{i=1}^{N} X_i$$

其中，$x_i$ 为某产业在城市 $i$ 的就业人口，$N$ 为某区域全部城市数。该指标的特点能够直接指出规模最大的一个或几个城市所占的比重，把行业集中度指向具体的城市。本部分用该指标研究城市群服务业就业集中的城市，计算了前两位城市的行业集中度 $CR_2$，前四位城市的行业集中度 $CR_4$，前八位城市的行业集中度 $CR_8$。

③ 变异系数也称标准偏差系数，被广泛用于反映某个单位的标记值的差异程度。主要优点是不需要参考数据的平均值来弥补标准差的缺点，计算方法简单明确。公式如下：

$$CV = \frac{\sqrt{\sum_{i=1}^{n}(y_i - u)^2 / n}}{u}$$

其中，$y_i$ 是城市 $i$ 的指标值，$u$ 是均值，$n$ 为地区个数。当比较两个或更多个样本的变化程度时，变异系数不受平均值和标准偏差的限制。本部分用变异系数研究各中心城市某一产业就业比重的差异大小。

④ 区位熵通常用来衡量某个地区要素的专业化程度。本部分用其测算各中心城市服务业内部行业就业的专业化程度，公式如下：

$$LQ = \frac{q_{ij} / q_i}{q_j / q}$$

其中，$q_{ij}$ 表示 $i$ 城市 $j$ 行业的就业人口，$q_i$ 表示 $i$ 城市服务业总就业人口，$q_j$ 表示全国 $j$ 行业就业人口，$q$ 表示全国服务业就业人口。一个城市的某个产业就业区位熵大于 1，说明该产业就业比重超过全国平均水平，专业化程度较高，相较于其他产业具有一定的比较优势，超出全国平均的部分能够满足该城市以外的需求。区位熵大于 1 的产业类型，在一定程度上反映该中心城市的城市功能定位。区位熵大于 1.5 的产业视为强优势就业专业化产业。

回归①。

---

① 局部多项式回归（Loess 函数）是一种经典的非参数回归估计方法，可以更精细地刻画拟合结果。使用这种方法不需要对样本数据进行先验估计，仅依靠数据自身规律进行拟合，它结合了传统线性回归的简洁性和非线性回归的灵活性，相较于传统的参数估计性能更稳健，应用范围更广。估计过程如下：

假设 $t \in \{1, 2, \cdots, n\}$，$x = \{1/n, 2/n, \cdots, 1\}$，现有观测值 $\{y_1, y_2, \cdots, y_n\}$，且 $y_t = m(x_t) + \varepsilon_t$，$1 \leq t \leq n$。$y_t = m(x_t) + \varepsilon_t$，$1 \leq t \leq n$。

其中，$m(x)$ 为 $[0, 1]$ 上的平滑函数，在 $x$ 处有 $p+1$ 阶导数且连续。现在使用非参数局部多项式加权估计法，基于 $n$ 个观测值估计未知的平滑函数 $m(x)$ 及其各阶导数。设：

$$\varphi = \sum_{t=1}^{n} \left[ y_t - \sum_{j=0}^{p} \beta_j(x)(x_t - x)^j \right]^2 w_t \qquad 式（1）$$

其中，$\beta_j(x) = \dfrac{m^{(j)}(x)}{j!}$，权 $w_t = \dfrac{K_n(x_t - x)}{n}$，其中，$K_n(u) = \dfrac{K\left(\dfrac{u}{h_n}\right)}{h_n}$。

求式（1）的最小值可以得到 $\beta_j(x)$ 的估计值 $\widehat{\beta_j}(x)$，其实质为加权最小二乘法。写成矩阵形式：

$$Y = \begin{pmatrix} y_1 \\ \vdots \\ y_n \end{pmatrix} \beta(x) = \begin{pmatrix} \beta_0(x) \\ \vdots \\ \beta_p(x) \end{pmatrix}$$

$$X_p = \begin{pmatrix} 1 & \cdots & (x_1 - x)^p \\ \vdots & \ddots & \vdots \\ 1 & \cdots & (x_n - x)^p \end{pmatrix}$$

$$W = \begin{pmatrix} w_1 & \cdots & 0 \\ \vdots & \ddots & \vdots \\ 0 & \cdots & w_n \end{pmatrix}$$

则有：

$$\widehat{\beta}(x) = (X_p' W X_p)^{-1} X_p' W Y$$

则 $m(x)$ 及其 $j$ 阶导数的估计值分别为：

$$\widehat{m}(x) = \widehat{\beta_0}(x), \widehat{m^{(j)}}(x) = (j!) \widehat{\beta_j}(x)$$

当 $p=0$ 时，就是 Nadaraya–Watson 核估计；当 $p=1$ 时，为局部线性加权估计；一般 $p$ 最大取 2。

本部分用该方法探究中心城市经济发展水平与就业结构变化的关系，在 R 语言中利用 Loess 函数建立模型如下：

$$y_i = f(x_i) + \varepsilon_i, \varepsilon_i \sim N(0 \sim \sigma^2)$$

其中，$y_i$ 为中心城市服务业某行业就业比重，$x_i$ 为中心城市人均 GDP，$\varepsilon_i$ 为随机误差项。通过 R 语言软件绘图能更直观地看到人均 GDP 和就业结构的拟合关系。

## 二 服务业就业结构及其变化

### （一）就业比例呈现阶梯式分布

从总体上看，我国服务业已经占据中心城市全社会就业的"半壁江山"，是城市群中心城市创造就业的主力，并且中心城市之间呈现阶梯式差异特点。其中，2018年，在京津冀城市群中，北京的服务业就业人口比重超过80%，天津为61.5%，居我国城市群中心城市的前列。服务业就业人口占比在60%以上的中心城市还有乌鲁木齐、上海、太原、天津和广州。超过半数的中心城市服务业就业占比为50%—60%，深圳服务业就业占比为57.5%，低于其他一线城市，这可能与深圳集聚着大量以知识、技术为核心的高新技术产业有关，制造业从业人员占比较高。呼和浩特、重庆、长春、青岛、长沙和南昌的服务业就业比重尚未超过50%，这些城市都是中国老工业基地，服务业就业无论从规模还是质量上都有很大的提升空间。

表6-1 2018年我国城市群中心城市服务业就业比重[①] 单位：%

| 城市 | 北京 | 乌鲁木齐 | 上海 | 太原 | 天津 | 广州 | 南京 | 西宁 | 沈阳 | 银川 | 深圳 | 兰州 | 西安 | 杭州 |
|---|---|---|---|---|---|---|---|---|---|---|---|---|---|---|
| 服务业 | 81.6 | 74.9 | 65.5 | 64 | 61.5 | 61 | 59.8 | 59.1 | 58.6 | 58.4 | 57.5 | 57.5 | 56.6 | 56.3 |

| 城市 | 昆明 | 武汉 | 贵阳 | 郑州 | 成都 | 合肥 | 济南 | 呼和浩特 | 重庆 | 长春 | 青岛 | 长沙 | 南昌 | |
|---|---|---|---|---|---|---|---|---|---|---|---|---|---|---|
| 服务业 | 56.1 | 54.1 | 53.9 | 53.4 | 52.4 | 52.1 | 52.1 | 49.7 | 46.9 | 46.3 | 45.4 | 45.1 | 44.1 | |

资料来源：根据各城市2019年统计年鉴数据计算。

### （二）就业集聚程度在加剧

从城市群服务业就业集聚程度来看，京津冀城市群、成渝城市群、长三角城市群以及珠三角城市群整体处于全国较高水平，这说明在这些全国最主要的城市群里，服务业就业主要集中在该城市群的前几位中心城市之中。

---

[①] 2018年福州、厦门、哈尔滨、大连、南宁无法获得与其他中心城市统计口径一致的数据，故此处不作报告。

从城市群服务业就业集聚程度的变化来看，我国大多数城市群服务业集聚水平不断提高，就业人口向中心城市集聚趋势逐步上升，其中，成渝、海峡西岸、中原和晋中城市群的服务业基尼系数增长率较高，服务业集聚水平上升幅度最大，均超过20%。值得注意的是，京津冀服务业集聚水平稍有下降，但就业人口仍主要集中在中心城市北京、天津，只是份额有所下降，这也是近年来北京产业疏解以及京津冀协同发展的效果显现。

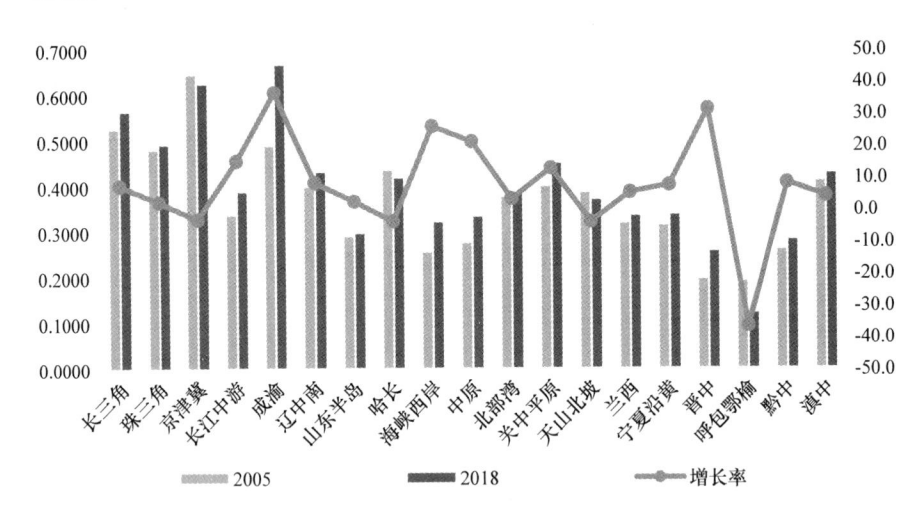

**图 6-1 我国 19 个城市群服务业区位基尼系数变化**

注：左侧纵坐标表示基尼系数；右侧纵坐标表示基尼系数增长率。

资料来源：根据《中国城市统计年鉴》2006 年、2019 年数据计算。

通过计算各城市群 2005 年和 2018 年前两位城市、前四位城市以及前八位城市的行业集中度 $CR_2$、$CR_4$ 以及 $CR_8$ 后发现，服务业就业人口占城市群总服务业人口比重的前列几乎全部被中心城市所占据，且总份额不断增加。长三角和海峡西岸城市群变化最为明显，其中，长三角的 $CR_8$ 由 2005 年的 0.68 上升到 2018 年的 0.73，其中，合肥从 2005 年的第 7 位上升至 2018 年的第 5 位，海峡西岸的 $CR_8$ 由 2005 年的 0.65 上升到 2018 年的 0.70，其中，厦门从 2005 年的第 5 位上升至 2018 年的第 2 位。与长三角城市群相比，京津冀城市群服务业行业集中度更高，城市之间的协同性还有待提高。

表 6-2　2005 年和 2018 年我国主要城市群前二、前四、前八位城市服务业行业中度

| 城市群 | 2018 年 CR$_2$ | CR$_4$ | CR$_8$ | 2005 年 CR$_2$ | CR$_4$ | CR$_8$ |
|---|---|---|---|---|---|---|
| 京津冀 | 0.68 | 0.77 | 0.91 | 0.70 | 0.80 | 0.91 |
| 晋中 | 0.68 | 1 | — | 0.63 | 1 | — |
| 呼包鄂榆 | 0.61 | 1 | — | 0.65 | 1 | — |
| 辽中南 | 0.59 | 0.76 | 0.96 | 0.57 | 0.73 | 0.96 |
| 哈长 | 0.53 | 0.70 | 0.94 | 0.56 | 0.71 | 0.94 |
| 长三角 | 0.43 | 0.57 | 0.73 | 0.43 | 0.54 | 0.68 |
| 海峡西岸 | 0.28 | 0.47 | 0.70 | 0.24 | 0.40 | 0.65 |
| 长江中游 | 0.25 | 0.38 | 0.56 | 0.24 | 0.34 | 0.51 |
| 山东半岛 | 0.26 | 0.42 | 0.68 | 0.24 | 0.41 | 0.68 |
| 中原 | 0.24 | 0.38 | 0.59 | 0.19 | 0.32 | 0.55 |
| 珠三角 | 0.66 | 0.81 | 0.97 | 0.65 | 0.78 | 0.97 |
| 北部湾 | 0.49 | 0.74 | 0.97 | 0.47 | 0.74 | 0.97 |
| 成渝 | 0.73 | 0.79 | 0.89 | 0.54 | 0.63 | 0.79 |
| 黔中 | 0.87 | — | — | 0.86 | — | — |
| 滇中 | 0.62 | 0.82 | 1 | 0.60 | 0.81 | 1 |
| 关中平原 | 0.51 | 0.67 | 0.91 | 0.44 | 0.64 | 0.91 |
| 兰西 | 0.53 | 0.72 | 1 | 0.52 | 0.70 | 1 |
| 宁夏沿黄 | 0.73 | 1 | — | 0.73 | 1 | — |
| 天山北坡 | 1 | — | — | 1 | — | — |

注："—"是指无法计算或不必计算。

### （三）就业结构内部分化与趋同并存

自 21 世纪以来，我国主要城市群中心城市的生产性服务业发展迅速，但城市群之间存在明显的地区分化，生产性服务业就业人口比重为 15%—40%；生活性服务业就业人口占主导地位，且城市群之间差异逐步缩小，生活性服务业就业人口比重为 40%—65%，生活性服务业涉及生活的方方面面，领域宽、范围广、劳动密集程度高，创造的就业机会容量远大于生产性服务业和公共服务业，是吸纳就业最多的服务业；公共服务业就业人口占比全面下降，且城市群之间分化明显，公共服务业就业比

重为10%—30%。

从生产性服务业就业占比来看，京沪两市优势明显，这和他们在全国金融管理、运营等领域的地位密切相关。北京、上海生产性服务业就业比重及其涨幅最大，2015年分别占到37%、36%，遥遥领先于全国，且均比2000年增加约14个百分点。厦门（30%）、天津（29%）、南京（29%）、杭州（28%）等市，其生产性服务业比重高于32个中心城市的平均比重27.6%[①]，而深圳、广州、重庆、郑州、西安、昆明、贵阳、兰州、西宁、长沙、南昌、银川、南宁、福州、哈尔滨等市比重低于平均比重。

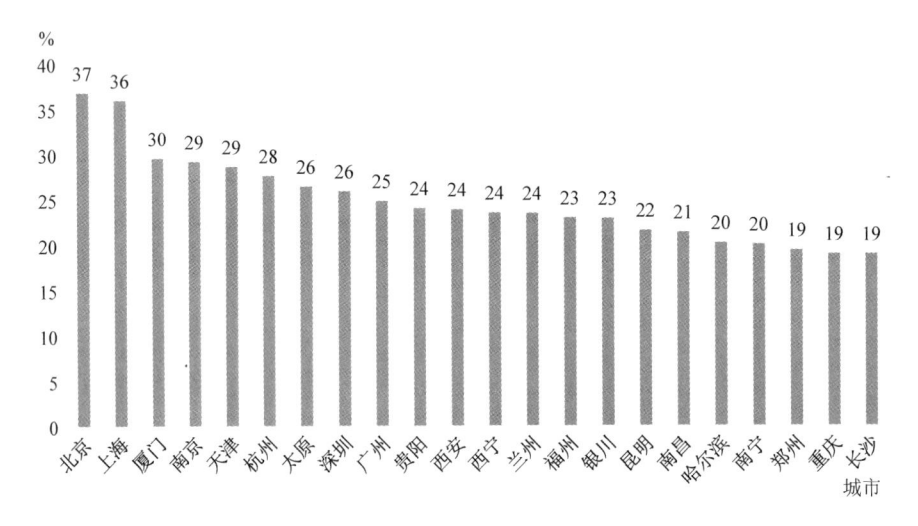

图6-2 2015年生产性服务业就业比重排序

从生活性服务业就业人口占比来看，我国19个城市群32个中心城市的平均值为52.39%[②]，相对而言，南部城市群中心城市排在前列。例如，深圳的生活性服务业就业人口占比最高，且2000年以来一直维持在60%以上，广州紧随其后。此外，成都、重庆和长沙生活性服务业就业比重增长幅度较大，2015年均达到了60%以上。由于生活性服务业是满足居民

---

① 此均值的计算不是32个城市比值的简单平均，而是32个城市生产性服务业就业人数合计除以32个城市服务业总人数的比值。
② 此均值的计算不是32个城市比值的简单平均，而是32个城市生活性服务业就业人数合计除以32个城市服务业总人数的比值。

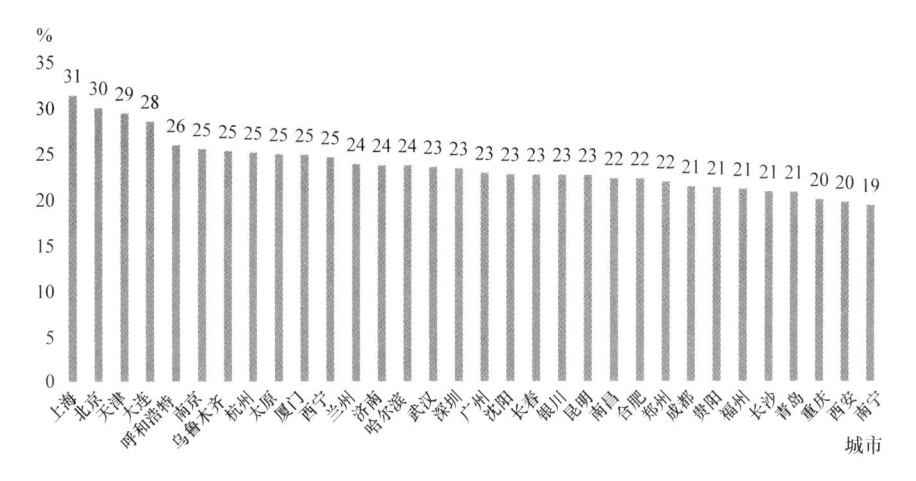

图 6-3　2010 年生产性服务业就业比重排序

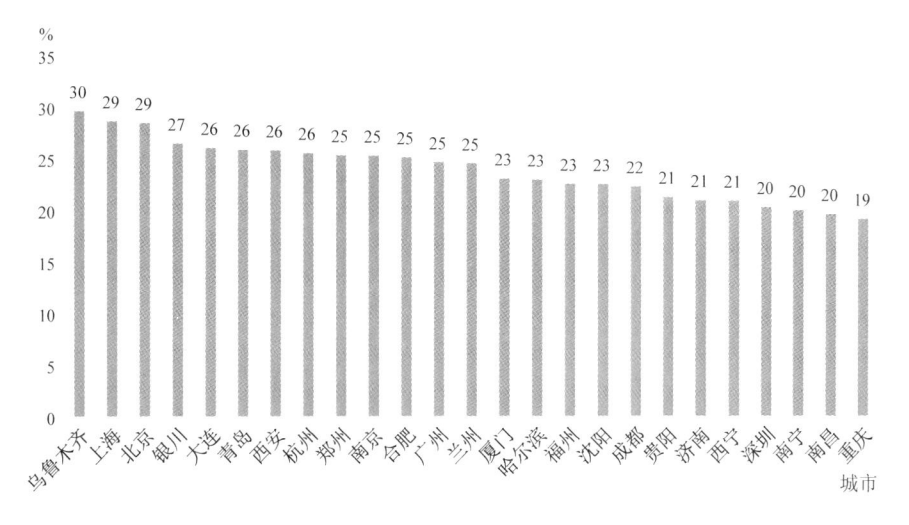

图 6-4　2005 年生产性服务业就业比重排序

物质和精神消费需求的服务活动，直接服务对象是消费者，生活习惯、文化消费特征、服务规模和区位往往与消费性设施的数量和分布相匹配，因此，城市人口规模及其需求对其有着重要影响[①]。南方城市群生活性服务业就业比重整体高于北方城市群。整体来看，京津冀城市群里北京和天津

---

[①] 姜长云：《"十四五"时期生活性服务业发展的战略需求和基本思路》，《区域经济评论》2020 年第 3 期。

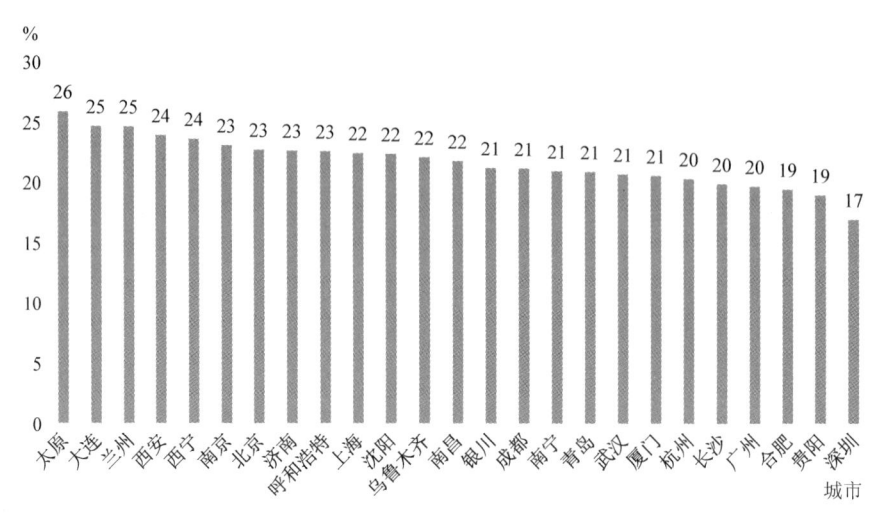

图 6-5　2000 年生产性服务业就业比重排序

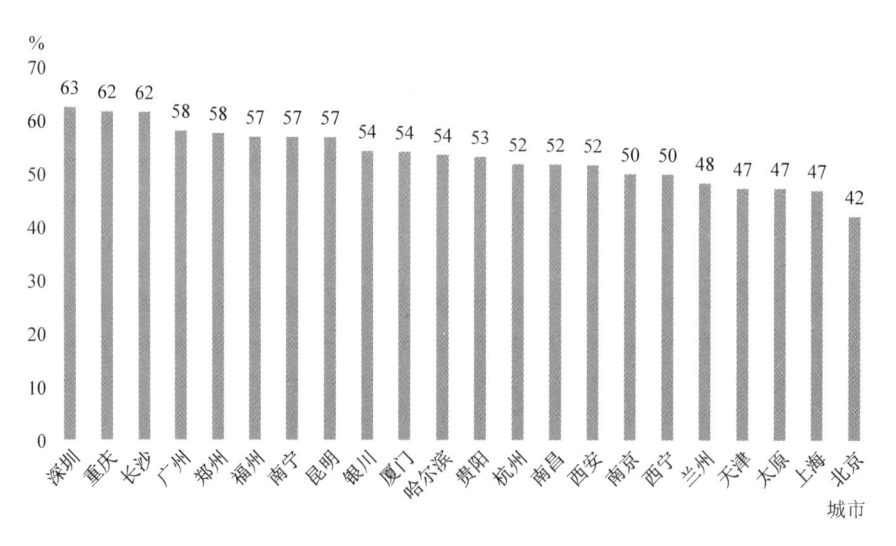

图 6-6　2015 年生活性服务业就业比重排序

的相关比例偏低。

从公共服务业就业占比来看，我国 19 个城市群 32 个中心城市的平均值为 20.01%[①]，超大城市的表现却明显低于其他城市。例如，2015 年北

---

① 此均值的计算不是 32 个城市比值的简单平均，而是 32 个城市公共服务业就业人数合计除以 32 个城市服务业总人数的比值。

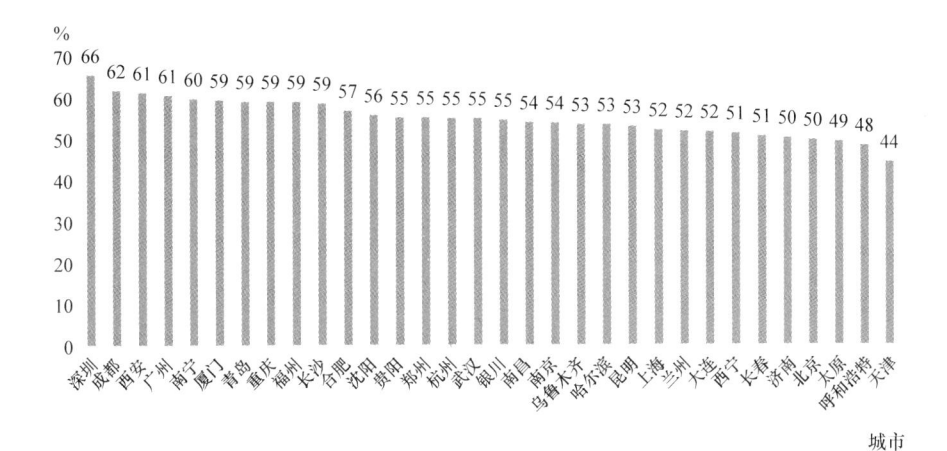

图 6-7 2010 年生活性服务业就业比重排序

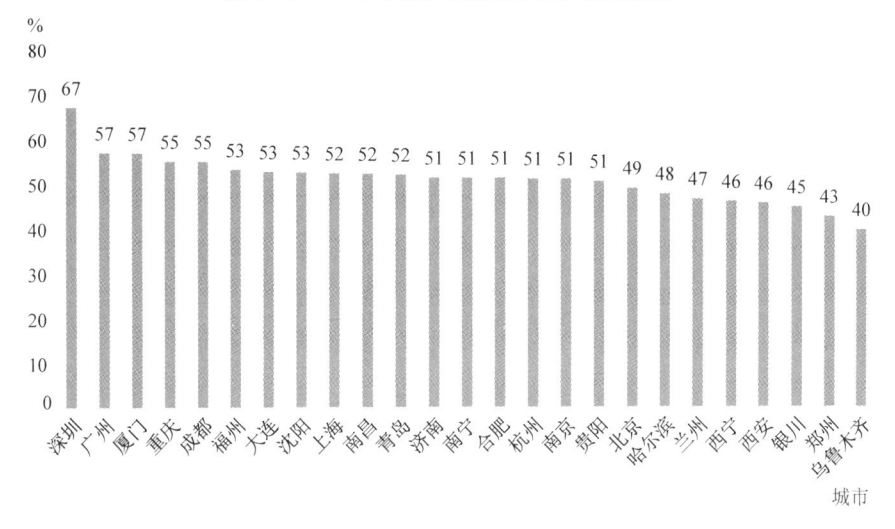

图 6-8 2005 年生活性服务业就业比重排序

京该比例仅为 21%，与 2000 年的 29% 相比，甚至还出现一定程度的下降。在 2020 年全球发生疫情等公共卫生事件的情况下，我国超大城市确实应在公共卫生体系建设、公共事务用地配备以及公共服务业人员安排上给予更多的关注和政策倾斜。2020 年 7 月，北京市首都功能核心区控制性详规首次创新性地提出公共事务用地这一用地类型。在此规划中规定，公共事务用地内不固定某类特定功能，而是允许结合现实需求适时安排文化、基础教育、医疗卫生、体育、社会福利、社区综合服务等任一类型的

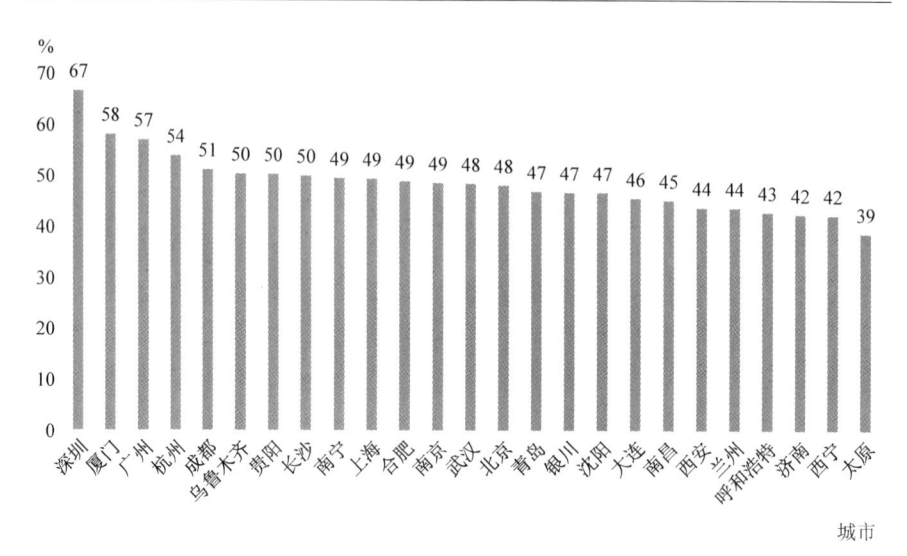

128　第二篇　全国视角：城市群中的人口

图 6-9　2000 年生活性服务业就业比重排序

公益性设施，以提升规划的科学性与适应性，并可随需求变化进行调整。在此控规中，还提出了建设韧性城市的几个策略和要求。例如，"降低人口与建筑密度，为应对突发公共卫生事件预留空间；注重留白增绿，增加小微绿地、口袋公园，提升公共开放空间覆盖率，加强城市通风廊道建设；坚持平战结合，统筹好应急救灾物资的运输和储备，建设应急救灾物资储备库。体育场馆等大型公共设施建立平疫转换预案，必要时作为应急医疗救治设施使用；全面提升老旧小区健康安全标准，在老旧小区综合整治过程中补齐公共设施和管理维护短板。设置居住区入口多功能公共空间，做到平疫结合"[①]。这些政策性在一定程度上把公共服务业放到了重要位置，这对于全国其他城市的建设，起到了引领作用。

从主要城市群中心城市服务业内部就业比重变异系数来看，生产性服务业在不同城市之间差异较大，这与超大城市的资源禀赋密切相关，公共服务业就业比重的城际差异次之，而生活性服务业就业比重城市之间的差异最小，并且有逐步缩小的趋势。

由此可见，2000—2015 年，我国不同城市群的中心城市服务业内部结构及其变化呈现出不同的特点。本部分根据城市群的等级、区位以及规

---

① 北京市规划和自然资源委员会、东城区人民政府、西城区人民政府：《首都功能核心区控制性详细规划（街区层面）（2018 年—2035 年）》，2020 年。

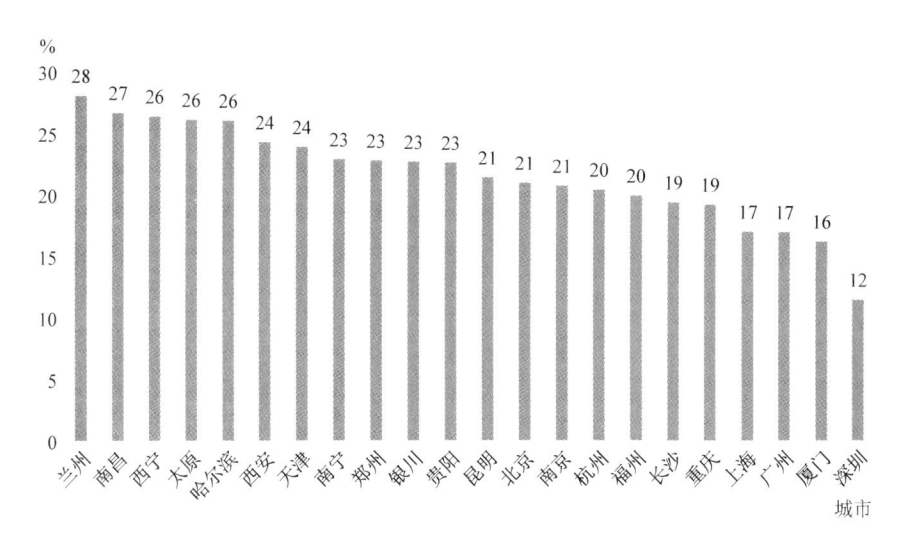

图 6-10　2015 年公共服务业就业比重排序

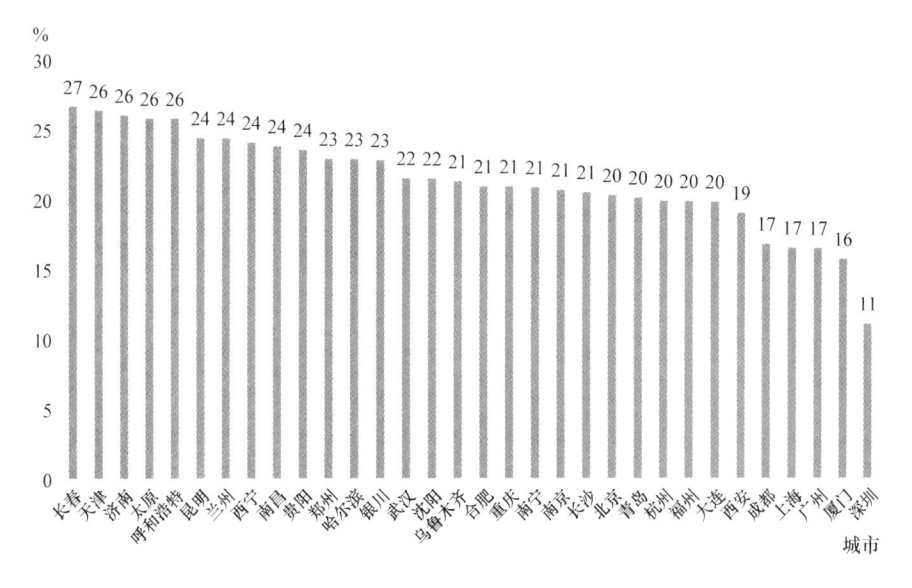

图 6-11　2010 年公共服务业就业比重排序

模等属性对城市群进行分类，可归纳出以下几个特点。

第一，城市群的发育程度不同，其中心城市服务业内部结构变化趋势也不同。重点建设的国家级城市群中心城市生产性服务业就业平均比重涨幅较大（6%），生活性服务业平均比重涨幅较小（1%）；稳步建设的区

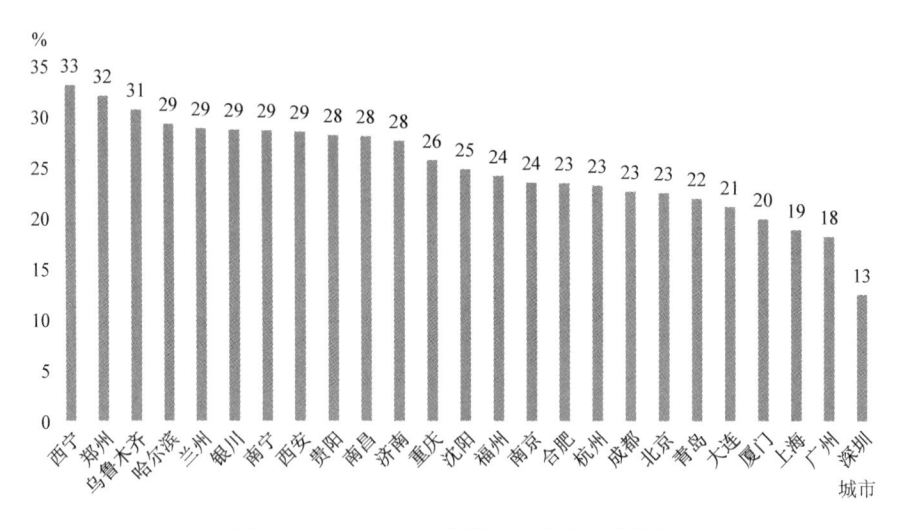

图 6-12 2005 年公共服务业就业比重排序

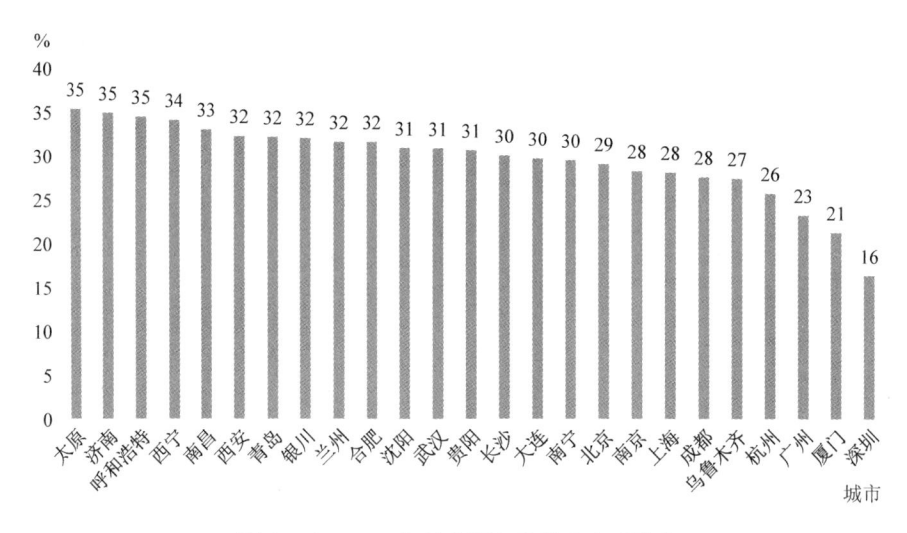

图 6-13 2000 年公共服务业就业比重排序

域级城市群和引导培育的地方级城市群生活性服务业就业平均比重涨幅较大，生产性服务业就业平均比重涨幅较小（1%）。因此，从城市群的发育程度来看，相对成熟的城市群中心城市生产性服务业集聚更多就业人口，成长中的城市群中心城市服务业仍以生活性服务业就业人口加速集聚为主要特征。

第二，城市群的区位不同，其中心城市服务业内部结构及变化也存在

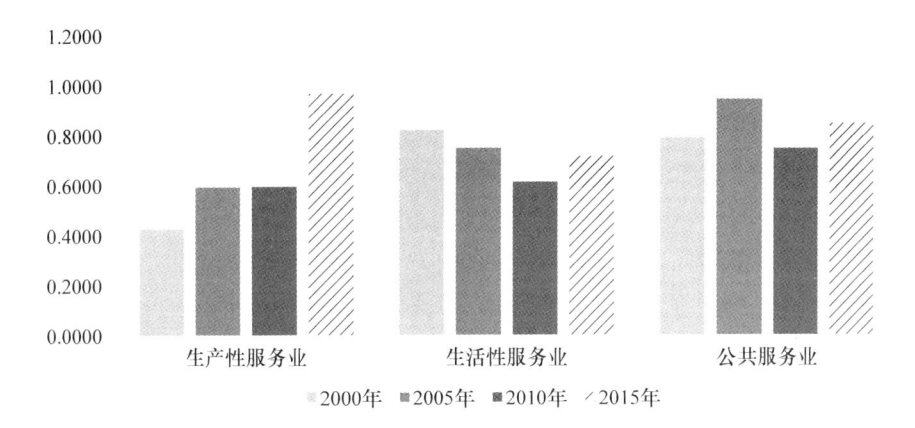

图 6-14 中心城市三类服务业就业人口比重变异系数变化

资料来源：根据各省市第五次人口普查、2015 年 1% 人口抽样数据计算。

较大差异。东部和中部地区城市群生产性服务业就业平均比重有所增长，东部城市群增加 8%，涨幅较大，中部城市群增加 1%，2015 年分别达到 29%、23%。西部和东北地区城市群生产性服务业就业比重无变化（约为 22%）；生活性服务业就业平均比重只有东部城市群没有变化（约为 52%），中部、西部、东北部城市群均有较大涨幅（分别为 9%、8% 和 8%）。所以，从区位来看，知识和技术密集型的生产性服务业向东部城市群发达中心城市集聚特征明显，中部、西部、东北部生活性服务业集聚了更多就业人口，是我国农村人口城市化的一种集中反映。

第三，城市群因人口、用地、GDP 规模不同，其中心城市服务业就业也呈现不同的内部结构和变化趋势。特大城市群中心城市生产性服务业就业平均比重从 2000 年的 21% 增加到 2015 年的 30%，上涨 9 个百分点，生活性服务业下降 1 个百分点；较大城市群和一般城市群中心城市生产性服务业就业平均比重无变化（分别为 22% 和 23%），生活性服务业就业平均比重分别增加 8.7 个百分点。由于生活性服务业更多依赖简单劳动，这部分就业人口通常向较大和一般城市群中心城市集聚趋势明显。

第四，为了发展，更多的城市将服务业向生产性服务业和生活性服务业纵深推进，但挤占了公共服务业发展空间，这一点需要警惕。不同类型城市群的中心城市公共服务业就业比重均大幅下降，平均下降 8%，且差异不大。一方面，由于生产性和生活性服务业的就业人口大幅度快速增长，挤占了公共服务业就业人口在服务业就业总人口中的份额；另一方面，反映出我国配套的公共服务就业人口存在很大缺口，如专任教师、卫生技术人员等现阶段仍不能满足市场需求。

表6-3 中心城市分类和服务业分类的交叉列联表（2000年、2015年）

| 中心城市分类 | 生产性服务业 2000年 | 生产性服务业 2015年 | 比重变化 | 增长率 | 生活性服务业 2000年 | 生活性服务业 2015年 | 比重变化 | 增长率 | 公共服务业 2000年 | 公共服务业 2015年 | 比重变化 | 增长率 |
| --- | --- | --- | --- | --- | --- | --- | --- | --- | --- | --- | --- | --- |
| 国家级城市群 | 21 | 27 | 6 | 28.6 | 52 | 53 | 1 | 1.9 | 27 | 20 | -7 | -25.9 |
| 区域级城市群 | 22 | 23 | 1 | 4.5 | 48 | 55 | 7 | 14.6 | 30 | 22 | -8 | -26.7 |
| 地方级城市群 | 23 | 24 | 1 | 4.3 | 44 | 52 | 8 | 18.2 | 33 | 24 | -9 | -27.3 |
| 东部城市群 | 21 | 29 | 8 | 38.1 | 52 | 52 | 0 | 0 | 27 | 19 | -8 | -29.6 |
| 中部城市群 | 22 | 23 | 1 | 4.5 | 46 | 55 | 9 | 19.6 | 32 | 22 | -10 | -31.3 |
| 西部城市群 | 22 | 22 | 0 | 0 | 47 | 55 | 8 | 17 | 31 | 23 | -8 | -25.8 |
| 东北城市群 | 24 | 24 | 0 | 0 | 46 | 54 | 8 | 17.4 | 30 | 22 | -8 | -26.7 |
| 特大城市群 | 21 | 30 | 9 | 42.9 | 53 | 52 | -1 | -1.9 | 26 | 19 | -7 | -26.9 |
| 较大城市群 | 22 | 22 | 0 | 0 | 48 | 56 | 8 | 16.7 | 30 | 22 | -8 | -26.7 |
| 一般城市群 | 23 | 23 | 0 | 0 | 46 | 53 | 7 | 15.2 | 31 | 24 | -7 | -22.6 |

注：这些城市群的比重仅采用各城市比值的简单平均。国家级、区域级、地方级城市群分类是根据《中国新型城镇化发展报告》提出的，国家级城市群包括长三角、珠三角、京津冀、成渝、长江中游城市群；区域级城市群包括中原、关中平原、山东半岛、辽中南、海峡西岸、哈长、北部湾、天山北坡城市群；地方级城市群包括晋中、滇中、黔中、呼包鄂榆、宁夏沿黄、兰西城市群。特大、较大、一般城市群分类根据郭锐、孙勇、樊杰的研究，特大城市群包括长三角、珠三角、京津冀城市群；较大城市群包括长江中游、成渝、海峡西岸、中原、哈长、辽中南、山东半岛、关中平原城市群，一般城市群包括北部湾、天山北坡、晋中、滇中、黔中、呼包鄂榆、宁夏沿黄、兰西城市群。参见郭锐、孙勇、樊杰《"十四五"时期中国城市群分类治理的政策》，《中国科学院院刊》2020年第35卷第7期。

资料来源：根据各省市第五次人口普查、2015年1%人口抽样数据计算。

## 三 经济发展与服务业就业的行业配置

国家经济发展水平不仅直接影响区域之间的人口流动，而且影响城市人口的结构变动。要素投入和结构变动又共同推动经济增长，就业结构就是要素投入结构非常重要的形式之一。在技术有效利用的情况下，当劳动力和资本要素能够从劳动生产率低的部门转向劳动生产率较高的部门，就会加速经济增长①。因此，探索主要城市群中心城市就业结构和经济发展的关系尤为必要。

**（一）公共服务业就业配置递减的态势需警惕**

优化中心城市生产性服务业、生活性服务业和公共服务业就业间的配置关系，是推进城市群经济健康持续发展的重要环节。劳动力资源要素配置的快速变化会加速新兴产业和现代服务业的发展，同时从低端产业向高端产业的调整不断释放"结构红利"而产生"升级效应"，促进经济快速增长；当产业结构高级化程度较高时，由于资源成本提高、传统产业衰退、产业布局转变等因素，技术进步对经济增长的促进作用将逐渐凸显。经济发达的中心城市生产性服务业增长势头旺盛，逐步成为主导行业，属于"成长行业"；消费性服务业规模大，但增长势头趋缓，属于"成熟行业"；公共服务业增长相对缓慢，属于"准衰退行业"。②

产业关联理论和需求收入弹性理论强调，随着经济发展，人均收入水平提高，城市对生活性服务业的需求也不断提高，消费需求日趋个性化、多样化、优质化，消费结构加快升级。③ 现阶段我国人均GDP已经超过1万美元，中心城市人均GDP又高于全国水平，为了满足中心城市部分生活性服务业就业人口的需求，大量农村转移人口涌向城市，更加考验公共服务业的承载力和服务水平。如果公共服务业发展迟缓，则会引发交通拥堵、环境污染、教育医疗资源短缺等一系列"大城市病"问题。

通过研究2000—2015年我国主要城市群中心城市服务业内部结构与经济发展的关系后发现，经济发展水平越高、城市人口规模越大，城市群中心城市的生产性服务业就业变化越大，公共服务业就业增长相对缓慢。2000年我国中心城市生产性、生活性和公共服务业平均比例为22∶49∶30，2015年为25∶53∶22，相比之下，公共服务业就业比重下降比较显著，15年间下降了8个百分点，生产性服务业和生活性服务业分别上升

---

① 尹德挺、史毅：《人口分布、增长极与世界级城市群孵化——基于美国东北部城市群和京津冀城市群的比较》，《人口研究》2016年第40卷第6期；Pasinetti L L, *Structural Change and Economic Growth*, Cambridge University Press, 1981.

② 魏守华、韩晨霞：《城市等级与服务业发展——基于份额偏离分析法》，《产业经济研究》2010年第4期。

③ 姜长云：《"十四五"时期生活性服务业发展的战略需求和基本思路》，《区域经济评论》2020年第3期。

了3个和4个百分点，其中，生产性服务业比重在超大城市变化较大，超大城市三类服务业比例从2000年的21∶53∶26变为2015年的29∶53∶18，特大城市由22∶47∶31变为23∶55∶22，大城市由22∶47∶31变为25∶51∶24。西方发达国家在进入工业化后期阶段，教育、医疗等公共服务业比重持续上升，而我国中心城市如北京、上海等人均GDP已经达到"发达国家"水平，但满足文化和社会交往等更高层次需求的现代消费服务业增长缓慢，并存在内部结构失衡问题，究其原因，劳动力供给结构的演变是其重要影响因素之一。①

### （二）服务业内部就业匹配存在门槛效应

发展经济学相关理论和大量已有实证研究表明经济发展水平和就业的产业结构有很强的相关关系。李佳铭（2019）利用Loess函数研究了发达国家经济发展水平和产业结构变化趋势得出，发展处于较高水平时，一个国家的服务业比重基本稳定在75%的水平，省（州）的服务业比重大致稳定在80%左右。② 城市服务业发展水平随着经济发展水平的提高而提高，但是在不同发展阶段这种趋势并不完全相同。③ Eichengreen 和 Gupta（2013）的研究发现，第一阶段是在较低收入水平，当人均收入达到1800美元左右（2000年不变价）时趋于稳定，主要基于传统服务业的快速发展；第二阶段是在较高收入水平，当人均收入达到4000美元左右时趋于稳定，该阶段以生产性服务业的崛起为主要特征。④

国民收入是经济发展水平最直接的反映，因此，本部分以人均GDP来衡量经济发展水平。按照"城市经济学理论"，任何城市的就业人口都存在于"基础部门"和"非基础部门"两类部门之中，为本地区以外居民服务的基本活动人口和为本地居民服务的非基本活动人口之间存在着内在比例关系。非基本活动人口中的生产性部门和生活性部门就业人口之间

---

① 郝宏杰、付文林：《劳动力技术禀赋与消费性服务业增长——来自中国省级层面的经验证据》，《财贸研究》2015年第26卷第2期。
② 李佳沿：《功能疏解背景下北京产业结构调整的思考》，《智库理论与实践》2019年第4卷第6期。
③ 江小涓：《服务业增长：真实含义、多重影响和发展趋势》，《经济研究》2011年第46卷第4期。
④ Eichengreen B & Gupta P, "The Two Waves of Service Sector Growth", *Oxford Economic Papers*, 2013.

也存在着内在比例关系。① 本部分利用 Loess 函数进行人均 GDP 和生产性、生活性和公共服务业就业人口两两比例的非参数回归估计发现，2000—2015 年，我国主要城市群 32 个中心城市生活性与生产性服务业就业比重之比在人均 GDP 1 万—3 万元的区间有 0.5 的小幅上升，随后下降，总体上基本稳定在 1—3.5，即 1 个生产性服务业就业人口匹配 1—3.5 个生活性服务业就业人口，并没有随着人均 GDP 的提高而有大幅度变化。

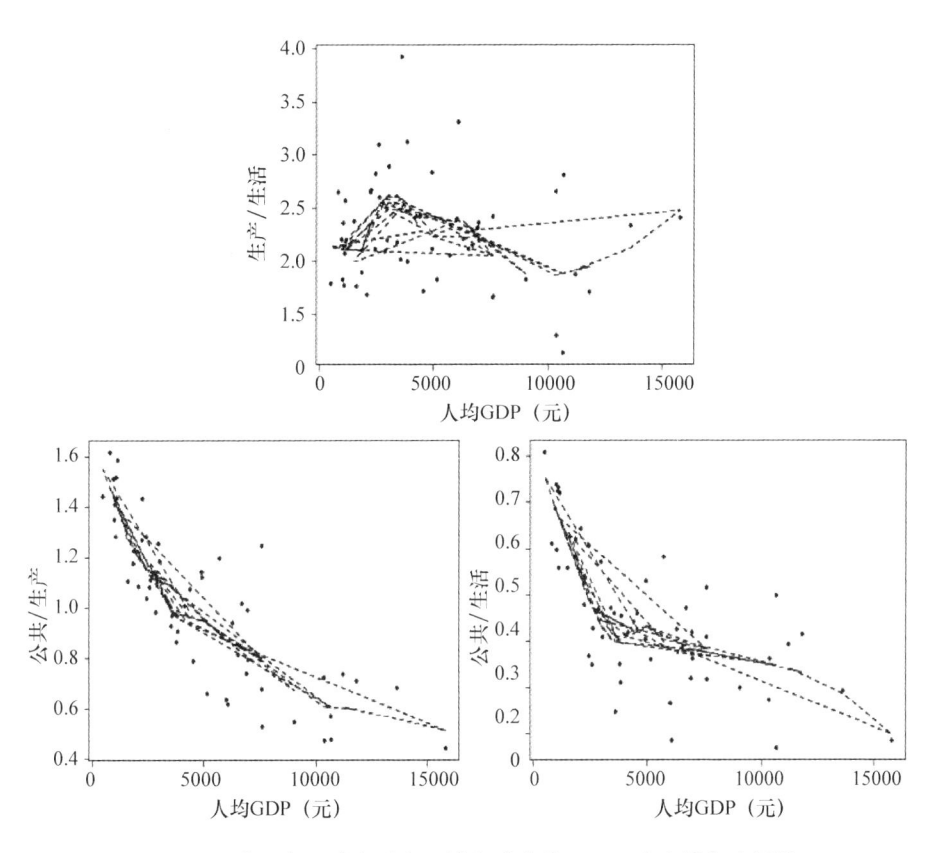

图 6-15 我国主要城市群中心城市"人均 GDP - 生产性与生活性、公共服务业就业比"Loess 回归

公共服务业和生产性服务业、生活性服务业就业比值随着人均 GDP

---

① 童玉芬、单士甫、宫倩楠：《产业疏解背景下北京市人口保有规模测算》，《人口与经济》2020 年第 2 期。

的提高而降低，即 1 个生产性服务业或生活性服务业就业人口匹配的公共服务业就业人口越来越少。公共服务业与生产性服务业比值随人均 GDP 的提高从 1.5 左右下降到 0.5 左右；公共服务业与生活性服务业的比值随人均 GDP 的提高而下降的速度在人均 GDP 4 万—10 万元区间内明显放缓，基本稳定在 0.3—0.6，即 1 个生活性服务业就业人口匹配 0.3—0.6 个公共服务业就业人口，说明公共服务业与生活性服务业就业人口之间存在一个门槛阈值，两者比值并不是随着人均 GDP 的提高无限度减小。

## 四　城市功能与服务业就业的专业化水平

城市功能是城市在该国或区域中所起的作用或承担的分工，是明确城市发展规模及规划城市布局的重要基础，直接反映城市的定位和发展目标。城市的功能决定其产业类型、分布和空间格局，而产业则决定就业人口，人口通常由产业而聚，随产业而迁[1]，不同的城市功能定位实际上决定了不同产业发展重点，必将吸引和引导就业人口在不同城市空间布局。

### （一）就业专业化差异明显

不同的城市具有不同的功能，但一个城市又具有多种功能，是各种功能相互影响、相互依存的综合体。本部分探讨的城市功能是指反映不同城市不同特色的特殊城市功能，如交通中心、消费中心、金融中心、文化中心和行政中心等都属于此范畴。城市功能定位与产业就业人口紧密相关，已有研究利用区位熵考量城市功能。[2] 因为区位熵是判断一个行业专业化水平的常用指标，通过计算区位熵反映出某行业是否具有比较优势。

从表 6-4 中可以看出，我国 19 个主要城市群 3/4 的中心城市已经形成了生产性服务业就业专业化分工格局，其中，北京生产性服务业就业在全国范围内的专业化水平最高，并随着时间的推移呈现逐渐增大的趋势。

---

[1] 郑新业、魏楚：《京津冀协同发展背景下的功能疏解与产业协同：基于首都核心区的视角》，科学出版社 2016 年版。

[2] 肖周燕：《中国城市功能定位调控人口规模效应研究》，《管理世界》2015 年第 3 期；李善同、李华香：《城市服务行业分布格局特征及演变趋势研究》，《产业经济研究》2014 年第 5 期；申玉铭、柳坤、邱灵：《中国城市群核心城市服务业发展的基本特征》，《地理科学进展》2015 年第 34 卷第 8 期。

2015年,北京生产性服务业就业人口区位熵达到了1.75,其次是上海、厦门、南京、天津等。可见,行政等级高和经济发达的政治中心、经济中心、交通枢纽和港口城市,承担重要的服务功能,拥有更多的社会资源,能够集聚更多的劳动力和资金,生产性服务业就业的专业化程度就越高。

相反的是,生活性服务业就业在我国大部分中心城市专业化水平不高,并没有实现集聚态势,北京、上海、天津分列倒数前三位。2015年,只有深圳、重庆、广州、郑州、昆明、南宁和长沙的生活性服务业就业区位熵超过1,具有一定的比较优势,其中,深圳集聚水平全国最高,广州第三。受较高市场化程度的影响以及广东省人均收入居全国较高水平,政府对生活性服务业给予15%加计抵减的税收优惠等政策,加速了广州、深圳生活性服务业的发展和集聚。重庆、郑州、昆明、南宁和长沙都是重要的综合交通枢纽城市,生活性服务业就业专业化水平较高,离不开近年来旅游、娱乐服务业的飞速发展,人均收入水平的提高以及"一带一路"中欧班列带来的电子商务和贸易繁荣。

表6-4　中心城市生产性、生活性服务业就业人口区位熵变化

| 城市 | 生产性服务业 | | | | 生活性服务业 | | | |
|---|---|---|---|---|---|---|---|---|
| | 2000年 | 2005年 | 2010年 | 2015年 | 2000年 | 2005年 | 2010年 | 2015年 |
| 北京 | 1.07 | 1.29 | 1.38 | 1.75 | 1.07 | 0.97 | 0.91 | 0.75 |
| 天津 | | | 1.35 | 1.37 | | | 0.81 | 0.85 |
| 上海 | 1.10 | 1.30 | 1.44 | 1.71 | 1.10 | 1.04 | 0.95 | 0.84 |
| 南京 | 1.18 | 1.14 | 1.17 | 1.39 | 1.08 | 1.02 | 0.98 | 0.9 |
| 杭州 | 1.04 | 1.16 | 1.15 | 1.32 | 1.20 | 1.02 | 1.00 | 0.93 |
| 合肥 | 1.00 | 1.14 | 1.02 | | 1.09 | 1.02 | 1.04 | |
| 广州 | 0.98 | 1.11 | 1.05 | 1.18 | 1.27 | 1.14 | 1.10 | 1.04 |
| 深圳 | 0.86 | 0.92 | 1.07 | 1.24 | 1.48 | 1.34 | 1.19 | 1.12 |
| 成都 | 1.03 | 1.01 | 0.98 | | 1.14 | 1.10 | 1.13 | |
| 重庆 | | 0.86 | 0.92 | 0.91 | | 1.10 | 1.08 | 1.11 |
| 郑州 | | 1.15 | 1.00 | 0.93 | | 0.85 | 1.01 | 1.03 |
| 西安 | 1.16 | 1.17 | 0.90 | 1.14 | 0.97 | 0.91 | 1.12 | 0.93 |
| 昆明 | | | 1.04 | 1.03 | | | 0.96 | 1.02 |
| 贵阳 | 0.93 | 0.96 | 0.97 | 1.16 | 1.12 | 1.01 | 1.01 | 0.85 |
| 济南 | 1.07 | 0.95 | 1.09 | | 0.94 | 1.02 | 0.92 | |

续表

| 城市 | 生产性服务业 |  |  |  | 生活性服务业 |  |  |  |
|---|---|---|---|---|---|---|---|---|
|  | 2000年 | 2005年 | 2010年 | 2015年 | 2000年 | 2005年 | 2010年 | 2015年 |
| 青岛 | 1.07 | 1.17 | 0.95 |  | 1.04 | 1.04 | 1.08 |  |
| 沈阳 | 1.1 | 1.02 | 1.04 |  | 1.04 | 1.05 | 1.02 |  |
| 大连 | 1.26 | 1.18 | 1.31 |  | 1.01 | 1.05 | 0.94 |  |
| 福州 |  | 1.02 | 0.97 | 1.1 |  | 1.06 | 1.08 | 0.86 |
| 厦门 | 1.05 | 1.04 | 1.14 | 1.41 | 1.29 | 1.13 | 1.08 | 0.97 |
| 哈尔滨 |  | 1.04 | 1.09 | 0.97 |  | 0.95 | 0.97 | 0.96 |
| 长春 | 1.55 |  | 1.04 |  | 1.13 |  | 0.92 |  |
| 银川 | 1.04 | 1.20 | 1.04 | 1.09 | 1.04 | 0.89 | 0.99 | 0.97 |
| 太原 | 1.22 |  | 1.14 | 1.26 | 0.86 |  | 0.9 | 0.85 |
| 南宁 | 0.95 | 0.90 | 0.89 | 0.96 | 1.1 | 1.02 | 1.09 | 1.02 |
| 武汉 | 1.02 |  | 1.08 |  | 1.08 |  | 1 |  |
| 长沙 | 1.02 |  | 0.95 | 0.91 | 1.11 |  | 1.07 | 1.1 |
| 南昌 | 1.11 | 0.89 | 1.02 | 1.02 | 1 | 1.04 | 0.98 | 0.93 |
| 乌鲁木齐 | 1.03 | 1.34 | 1.16 |  | 1.12 | 0.79 | 0.97 |  |
| 呼和浩特 | 1.1 |  | 1.19 |  | 0.95 |  | 0.88 |  |
| 兰州 | 1.17 | 1.11 | 1.09 | 1.12 | 0.97 | 0.93 | 0.94 | 0.87 |
| 西宁 | 1.14 | 0.94 | 1.13 | 1.12 | 0.94 | 0.92 | 0.94 | 0.9 |

注：限于篇幅，由于公共服务业追求均等化发展，此处仅对生产性、生活性服务业就业进行专业化程度分析。

表中空白为原始数据缺失。

**（二）就业专业化格局与城市功能相对一致**

由于各中心城市的经济基础、历史文化背景、资源禀赋条件、区位、市场化水平以及发展政策的差异，形成城市服务业就业不同的专业化分工格局。

表 2-11 中生产性服务业就业中的交通运输、仓储和邮政业区位熵高的前 5 位城市依次是天津、西宁、上海、厦门和贵阳，其中，天津、上海和厦门都是港口城市，作为综合交通枢纽，凭借区位优势汇集了大量的人流、物流和资金流，促进了交通运输服务业的蓬勃发展。西宁和贵阳因其特殊的地形地貌，通过交通引领经济的作用日益凸显，交通运输基础设施

建设的快速推进以及旅游资源的开发利用都需要交通服务业人口的大力支撑。

信息传输、计算机服务和软件业区位熵最高的是北京，为 3.81，其次是南京、上海、杭州和深圳，分别为 2.75、2.48、2.11 和 2.09，均达到了强专业化水平。北京软件行业呈迅速扩张态势，领跑全国，中关村软件园从业人员从 2009 年的 2756 人增长到 2015 年的 50.56 万人，6 年间翻了 183 倍。深圳也是全国"码农"集中地，2015 年软件从业人员 40.5 万人，是 2008 年的 2 倍。南京新能源汽车、集成电路、人工智能、软件和信息服务是重点打造的地标产业，2015 年上海浦东新区张江高科技园总产值达 1126.98 亿元，高技术从业人员达 8.5 万人。以电子商务和消费升级为代表的杭州，电子商务公司和互联网企业的发展创造了大量就业。这些城市具有良好的创新创业环境，汇聚了大大小小的公司，部分企业从跟跑、伴跑到领跑，为就业人口提供了巨大的发展机会和空间。深圳每年大约 6 万家企业诞生，近年来更是产生了华为、腾讯、中兴、大疆等高科技巨头企业。

金融业、租赁和商务服务业区位熵最高的城市被上海、北京、南京、杭州、厦门和深圳囊括，其中上海作为全国的金融中心，专业化集聚水平最高，并逐步向全球金融中心前三迈进。这两个行业在经济总量高、市场规模大的城市发展不会受限，便于拓展业务寻求新的客户和市场。同时，金融业中的银行、证券、保险和基金等公司通常会按照城市行政等级设立，如银行业的总部通常设立在上述这些城市，分支机构设立在多个城市，进而提供无缝衔接的生产性服务。

科学研究、技术服务和地质勘探业区位熵前 5 位的城市依次是兰州、北京、厦门、西安和杭州，这些都是高校和科研院所聚集的城市，拥有较强的科研实力。

生活性服务业中的批发和零售业、住宿餐饮业区位熵较高的主要是港口城市、交通便利和人口规模较大的城市。深圳和广州的批发和零售业体现出较强的比较优势，一是其城市居民消费能力强劲、消费热情高；二是深圳是移民城市、"创业之都"，批发和零售业是前往深圳创业者最青睐的行业，广州更是"千商之都"以上都是支撑批发零售业一直繁荣发展的重要基础。

住宿和餐饮业以及居民服务和其他服务业的区位熵，重庆均排全国第一，主要受庞大的人口规模和川渝巴蜀文化的影响，并且重庆市政府出台了数十项加快住宿餐饮业发展的优惠政策，重点建设美食之都，在全国范围内起到示范作用。

房地产业与文化、体育和娱乐业是中心城市强优势地方专业化产业，区位熵排名前5位城市的区位熵均超过了1.5，达到了强专业化集聚水平。房地产集聚水平较高的主要是人口和经济规模大的城市，其中，厦门气候宜人，是全国置业热门城市，因此，房地产发展水平不仅居福建全省之首，在全国也排名前列。文化、体育和娱乐业区位熵高的北京、南宁、昆明、长沙、西安都是著名的旅游城市。北京作为全国文化中心，拥有古都文化、红色文化、京味文化和创新文化等丰富的文化资源，在文旅融合的大趋势下，北京文化及相关产业的优势充分得到释放，区位熵达到2.85，全国最高。长沙一直是文化产业集中的地区，拥有"广电湘军""出版湘军"等众多文化资源，号称"娱乐之都"，近年来随着文化产业的不断发展，已经形成了自己特色。

表6-5 2015年中心城市服务业就业行业区位熵前5个城市

| 交通运输、仓储和邮政业 | | 信息传输、计算机服务和软件业 | | 金融业 | | 租赁和商务服务业 | | 科学研究、技术服务和地质勘探业 | |
|---|---|---|---|---|---|---|---|---|---|
| 天津 | 1.41 | 北京 | 3.81 | 上海 | 1.99 | 北京 | 2.5 | 兰州 | 3.14 |
| 西宁 | 1.27 | 南京 | 2.75 | 北京 | 1.77 | 上海 | 2.4 | 北京 | 2.89 |
| 上海 | 1.18 | 上海 | 2.48 | 南京 | 1.54 | 杭州 | 1.68 | 厦门 | 2.34 |
| 厦门 | 1.13 | 杭州 | 2.11 | 杭州 | 1.47 | 南京 | 1.67 | 西安 | 2.25 |
| 贵阳 | 1.1 | 深圳 | 2.09 | 深圳 | 1.4 | 厦门 | 1.67 | 杭州 | 2.21 |
| 批发和零售业 | | 住宿和餐饮业 | | 房地产业 | | 文化、体育和娱乐业 | | 居民服务和其他服务业 | |
| 深圳 | 1.12 | 重庆 | 1.22 | 长沙 | 2.75 | 北京 | 2.85 | 重庆 | 1.16 |
| 广州 | 1.09 | 福州 | 1.15 | 天津 | 2.33 | 南宁 | 2.43 | 贵阳 | 1.03 |
| 郑州 | 1.06 | 郑州 | 1.08 | 深圳 | 1.96 | 昆明 | 2.23 | 长沙 | 1.01 |
| 重庆 | 1.05 | 兰州 | 1.08 | 厦门 | 1.83 | 长沙 | 2.03 | 福州 | 0.96 |
| 南宁 | 1.02 | 西安 | 1.05 | 上海 | 1.8 | 西安 | 1.58 | 南宁 | 0.91 |

总之，本部分对我国主要城市群32个中心城市服务业的就业结构、与经济发展关系、专业化程度等进行了分析和比较，结果如下。

第一，就业存在明显的阶梯式差异，服务业内部就业结构分化与趋同并存。中心城市生活性服务业就业比重最大且城市间差异逐渐缩小。公共服务业就业占比下降幅度最大，城市间非均衡发展现象不断增强。生产性服务业和生活性服务业就业占比及其演变在不同类型城市群存在较大差异，总体上呈现两极分化现象。国家级城市群、东部和特大城市群生产性服务业比重及其增长最突出，其他类型城市群生活性服务业就业比重涨幅较大。

第二，服务业内部就业的专业化水平差异较大，与城市功能定位基本一致。生产性服务业就业规模集聚效应显著，近3/4的中心城市已形成专业化分工格局，生活性服务业专业化水平不高。在生产性服务业中，北京、上海、深圳、南京、杭州的信息传输、计算机服务和软件业、金融业、租赁和商务服务业就业专业化水平全国领先；港口城市和西部交通枢纽城市是交通运输、仓储和邮政业就业专业化水平较高的城市，如天津、西宁、上海、厦门和贵阳。高等院校和科研机构集中的北京、厦门、杭州、兰州和西安，科学研究、技术服务和地质勘探业就业集聚水平全国领先。在生活性服务业就业中，深圳、重庆、广州、郑州、昆明、南宁和长沙等城市具有比较优势，房地产和文化、体育娱乐业就业达到了强专业化集聚水平，深圳、广州的批发和零售业就业集聚水平全国领先，重庆为住宿餐饮业、居民服务和其他服务业，长沙的房地产就业专业化水平全国最高。

第三，服务业就业行业内部配置结构不平衡。生产性、生活性和公共服务业就业人口的配置比例随经济的发展而变化，但我国城市群中心城市公共服务业配置不足问题突出。公共服务业和生产性服务业、公共服务业和生活性服务业就业人口比值随着人均GDP的提高而降低，下降的速度，在4万—10万元人均GDP区间内明显放缓，基本稳定在0.3—0.6，即1个生活性服务业就业人口匹配0.3—0.6个公共服务业就业人口。生活性与生产性服务业就业人口比值并没有随着人均GDP的提高而有大幅度变化，基本稳定在1—3.5，即1个生产性服务业就业人口匹配1—3.5个生活性服务业就业人口。

# 第三篇
# 全球视角：圈层中的人口

# 第七章 世界级城市群的"面上扫描"

2015年中央审议通过的《京津冀协同发展规划纲要》将京津冀协同发展上升到了国家战略层面，要求建立以首都为核心的世界级城市群，并以"一核双城三轴四区多节点"为骨架进行空间布局。然而，目前京津冀城市群，一方面人口高度聚集于北京和天津两个超大城市，使其饱受"大城市病"之苦；另一方面其他城市似乎又跌入"低度发展陷阱"，城市发育迟缓，严重限制了京津冀城市群的整体推进。前面各章节的分析，主要基于现有的行政区划所进行的人口统计分析，呈现的是区域规划视角下的人口空间分布特点，但要破解京津冀城市群发育迟缓的困境，或许需要我们从圈层分布的角度重新组合和审视人口数据，以期洞见新的规划视角。

放眼全世界，世界级城市群的发展模式既存共性，也有差异。如何在吸收借鉴的基础之上选择适合于本区域的城市群发展模式，成为当前京津冀协同发展中的重要议题。作为承载人口和经济功能的空间载体，京津冀城市群未来的均衡发展不可避免地面临着三个人口难题。

一是人口空间规模问题，即整个城市群与其核心区域人口规模之间保持怎样的比例关系较为合适？

二是人口空间结构问题，即如何既避免核心区域人口的过度聚集，又确保周边节点城市的规模效应？

三是人口空间协作问题，即如何充分利用各地的比较优势，处理好人口流动与区域产业协作之间的空间协同？

这三个问题的回答既需要对城市群的理论演变进行梳理，也需要对典型世界级城市群的发展特点进行比较分析。本章将试图对其进行探索性研究。

# 一 文献评述

从已有文献来看，城市群人口分布的相关研究着重关注了以下两大关系的解释。

第一，关于增长极、人口流动和城市群的演进关系。关于城市群的人口分布研究最早开始于对城市群概念与类型划分的关注，这类讨论主要集中于经济地理学和城市规划学领域。自 Geddes 提出城市集合的概念以来，其概念经历了从"都市区"到"都市带"再到"城市场"的变迁，最终戈德曼提出了"城市群"概念。[①] 从城市群的形成过程来看，佩鲁（1950）认为，城市群始于一个或几个增长极的形成，增长极的产生不仅有助于直接推动区域发展和经济增长，而且还会随着规模的扩大，逐渐扩展至周边领域。基于城市作为增长极的讨论，对于经济发展过程中城市聚集效应的研究逐渐增多。[②] 从核心区域的延伸视角看，大城市规模达到一定程度后，其周边次级城市会向更远的距离扩展，在特定空间内形成分布密集的城市区域；从要素配置的空间视角看，某一要素的发展在空间上会起到连接的作用，如煤矿、石油等矿产资源的开发能够实现相关产业的空间集聚，铁路、公路、运河等交通资源的发展能够推动区域要素的优化配置，二者都有助于推动城市在特定空间内的聚集[③]，特定空间内的经济聚集将吸引大量人口流入，最终形成相对成熟的城市群。

第二，关于城市群孵化与人口空间分布的互动关系。城市群概念的变迁并非是纯粹的理论演变，阶段性的变迁背后反映出西方国家城市化的发展历程，经济发展过程中城市人口空间分布特点也随之变化。城市化发展早期，城市人口在空间上呈线性分布，城市人口高度聚集在中心地区，这一阶段亟待解决的是人口过度拥挤导致的问题；城市化发展中期，城市人口在空间上呈现倒 U 形分布，人口重心开始随经济重心外移，由市中心向外扩散，这一阶段亟待解决的是特大城市产业结构调整与转移的问题；

---

[①] Gottmann and Jean, Megalopolis, *The Urbanized Northeastern Seaboard of the United States*, New York: The Twentieth Century Fund, 1961.
[②] 王小鲁：《中国城市化路径与城市规模的经济学分析》，《经济研究》2010 年第 10 期。
[③] Geddes P, "Cities in Evolution", London: *Williams and Norgate*, 1915.

城市化发展后期，城市人口在空间上呈 M 形分布①，在核心区域周边开始形成新的人口重心，这一阶段亟待解决的是城市群内部人口空间合理分布问题。这一过程与 Klassen 提出的"空间循环假说"相吻合，即城市群人口空间结构经历了城市化、郊区城市化、逆城市化和再城市化的过程。②基于 Klassen 的"空间循环假说"，国内学者也提出了中国城市群的空间发展路径③，并提出将"市人口"④、城市首位度和"位序—规模法则"⑤、城市规模基尼系数⑥、ROXY 指数⑦、核密度估计⑧和马尔可夫状态空间转移矩阵等研究指标应用于城市群人口空间分布的研究中，并产生了一系列使用圈层分布数据和空间自相关等可视化的方法讨论空间分布的研究⑨。此外，还有研究开始使用人口聚集空间梯度和基尼商指数，讨论人口和经济之间的空间耦合关系。⑩

通过一系列的量化分析，形成了关于中国主要城市群空间演化路径的观点和认识，最核心的论点是关于两个问题的讨论：一是中国的城市群究竟是走大城市发展的路线还是走中小城市的发展路线？学者之间对此纷争

---

① 尹德挺、史毅、卢镱逢：《经济发展、城市化与人口空间分布——基于北京、东京和多伦多的比较分析》，《北京行政学院学报》2015 年第 6 期。

② Klaasen LH, Molle WT and Paelinck J H P, "Dynamics of Urban Development", *Population&Development Review* 1, 1983.

③ 田雪原：《警惕人口城市化中的"拉美陷阱"》，《宏观经济研究》2006 年第 2 期；辜胜阻等：《中国特色城镇化道路研究》，《中国人口·资源与环境》2009 年第 1 期。

④ 周一星、于海波：《中国城市人口规模结构的重构（二）》，《城市规划》2004 年第 28 卷第 8 期。

⑤ 宋尚玲、张晓青：《20 世纪 90 年代以来京津冀城市群规模结构的时空演变分析》，《鲁东大学学报》（自然科学版）2015 年第 2 期。

⑥ Marshall J U, "City Size, Economic Diversity, and Functional Type: The Canadian Case", *Economic Geography*, Vol.51, No.1, 1975.

⑦ 孙贵艳、王传胜、肖磊等：《长江三角洲城市群城镇体系演化时空特征》，《长江流域资源与环境》2011 年第 20 卷第 6 期。

⑧ 梁琦、陈强远、王如玉：《户籍改革劳动力流动与城市层级体系优化》，《中国社会科学》2013 年第 12 期。

⑨ 叶裕民等：《京津冀都市圈人口流动与跨区域统筹城乡发展》，《中国人口科学》2008 年第 2 期。

⑩ 邓丽君、张平宇、李平：《中国十大城市群人口与经济发展平衡性分析》，《中国科学院大学学报》2010 年第 27 卷第 2 期；许庆明、胡晨光、刘道学：《城市群人口集聚梯度与产业结构优化升级——中国长三角地区与日本、韩国的比较》，《中国人口科学》2015 年第 1 期。

不断[1]；二是从国际发展经验来看，中国的城市群发展处于哪个阶段？2008年前后，学界的主要观点是中国的特大城市开始进入郊区化阶段[2]。在此之后，还有学者提出，不同城市群及其核心区域的空间发展阶段存在较大的区域差异，即京津冀城市群人口空间演化滞后于长三角城市群，而其核心区域北京和上海分别处于"人口郊区化与逆城市化之间的过渡阶段"及"人口逆城市化至再城市化之间的过渡阶段"[3]。

然而，从已有文献来看，关于京津冀城市群的人口分布，尤其是人口聚集程度的研究仍存在诸多争论和不足：一方面，关于京津冀城市群人口空间聚集程度的认识存在分歧。有研究提出，京津冀城市规模基尼系数已高达0.6—0.7[4]，人口规模聚集已达到较高的程度；但也有研究认为该系数仅在0.2—0.3[5]，人口规模聚集程度不足；另一方面，关于京津冀城市群与其他城市群之间实证性的比较研究不足。目前的研究主要局限于国内城市群之间的对比，与国外城市群的比较大多停留于定性描述或综述的层面，缺乏详细的空间数据比较分析。长期以来，不同分析结果的争议性以及实证比较研究的缺乏，都导致对京津冀人口空间分布的真实情况、所处阶段及未来发展方向难以形成一个相对清晰的判断。因此，加强京津冀城市群人口空间规模、空间结构和空间协作的研究变得十分必要和紧迫。

## 二　数据来源与分析方法

依据Gootman对城市群的定义，当前世界上已形成六大城市群，其中，以纽约为中心的美国东北部城市群最为典型。本章之所以选择美国东

---

[1] 仇保兴：《我国城镇化高速发展期面临的若干挑战》，《城市发展研究》2003年第10卷第6期；赵千钧、张国钦、崔胜辉：《对中小城市在城市化过程中的主体地位及城市效率研究的思考》，《中国科学院院刊》2009年第24卷第4期。

[2] 黄荣清：《是"郊区化"还是"城市化"？——关于北京城市发展阶段的讨论》，《人口研究》2008年第1期。

[3] 毛新雅、王红霞：《城市群区域人口城市化的空间路径——基于长三角和京津冀ROXY指数方法的分析》，《人口与经济》2014年第4期。

[4] 朱顺娟、郑伯红：《从基尼系数看中国城市规模分布的区域差异》，《统计与决策》2014年第6期；范晓莉、黄凌翔：《京津冀城市群城市规模分布特征》，《干旱区资源与环境》2015年第29卷第9期。

[5] 邓丽君、张平宇、李平：《中国十大城市群人口与经济发展平衡性分析》，《中国科学院大学学报》2010年第27卷第2期。

北部城市群作为比较对象，原因有二：第一，美国东北部城市群是美国人口最多、发展最早、规模最大且发展历程最为完整的城市群，其发展阶段的完整性对京津冀未来城市群的发展方向具有重要参考价值；第二，考虑到美国东北部城市群与京津冀城市群同为首都城市群的特殊性以及二者地理位置和空间结构的相似性。

为了便于比较，需对三个空间概念进行说明：（1）城市群：京津冀协同发展规划的空间范围涵盖了北京、天津和河北省的 11 个市[①]，既包含城市地区，也包含行政区内的非城市地区。因此，为增强美国东北部城市群与京津冀城市群之间的可比较性，本部分将美国东北部城市群中的非城市地区也纳入其中，将美国东北部城市群定义为由纽约、华盛顿、波士顿、费城、巴尔的摩 5 个大城市、13 个州和 200 多个市镇组成的空间区域；（2）城市群的核心区域：京津冀城市群的核心区域为北京市，美国东北部城市群的核心区域为纽约州，二者均包含城市和非城市地区；（3）城市群的核心城区：京津冀城市群的核心城区为北京市中心城，包含东城、西城、朝阳、海淀、丰台和石景山六区，面积为 1381 平方千米；美国东北部城市群的核心城区为纽约城，仅包含布朗克斯区、布鲁克林区、曼哈顿、皇后区、斯塔滕岛在内，占地面积 1214 平方千米，与北京市中心城面积相当。

本章在城市群的空间分析中，京津冀以区县为基础数据构成单位，而美国东北城市群则以郡县（county）为基础数据构成单位，所使用的数据主要来自中国和美国相应年份的人口普查和统计年鉴。京津冀城市群人口和经济数据主要包括北京、天津和河北的人口普查数据，相应年份的《北京统计年鉴》《天津统计年鉴》《河北统计年鉴》和《中国城市统计年鉴》；美国东北部城市群人口和经济数据来自美国人口普查局和经济分析局的区县级数据集和统计报告。

---

① 按国家十三五规划中涉及的 19 个城市群空间范围，京津冀城市群包括北京、天津、石家庄、唐山、保定、秦皇岛、廊坊、沧州、承德、张家口、邢台、邯郸、衡水。

本章使用"空间自相关"[①]方法对城市群人口空间结构的形成机制进行讨论，使用"结构偏离度"[②]对城市群产业结构现状及特点加以分析，并对空间协作的人口基础和产业结构之间的相互影响予以研究。

## 三　中美典型城市群人口空间比较

### （一）美国东北部城市群四条人口占比曲线：集聚与扩散

城市化进程既是国家经济社会发展状况的反映，也影响着区域间的人口流动与空间分布。因此，城市化进程与城市群的发展存在密切关联，尤其与区域增长极的人口变动显著相关。美国东北部城市群在此领域表现出

---

[①] 人口空间自相关是指同一个变量在不同空间位置上的相关性，是空间单元人口聚集程度的一种度量。空间自相关性使用"全局"和"局部"两种指标，全局指标用于探测整个研究区域的空间模式，使用单一的值来反映该区域的自相关程度。我们使用 Univariate Moran'I 指数测量人口分布的全局自相关程度，计算公式为：$I = \dfrac{n\sum_{i=1}^{n}\sum_{j=1}^{n}w_{ij}(x_i-\bar{x})(x_j-\bar{x})}{\sum_{i=1}^{n}\sum_{j=1}^{n}w_{ij}(x_i-\bar{x})^2}$，其中，$I$ 为 Moran 指数，$n$ 为区县单位数，$x_i$ 和 $x_j$ 分别为 $i$ 区县和 $j$ 区县的人口数，$w_{ij}$ 为标准化的空间权重矩阵，该指数的取值范围为 [-1, 1]：大于 0 表示各单元存在空间正相关，单位内观察值有趋同趋势；小于 0 表示各单元存在空间负相关，单位内观察值有不同趋势；等于 0 时表示各单位为独立随机分布，空间不相关；局部指标计算每一个空间单元与邻近单元就某一属性的相关程度，我们使用 Local Moran'I 指数（LISA）测量人口分布的局部自相关程度，该指数是全局指标的局部化版本，计算公式为 $I_i = z_i\sum_{i=1}^{n}w_{ij}z_j$，其中，$z_i$ 和 $z_j$ 为 $i$ 区县和 $j$ 区县上人口数的标准化。换言之，Local Moran'I 指数即对每个空间单元计算 Moran'I 指数，可用于识别"热点区域"。依据 $I_i$ 和 $z_j$ 的正负取值差异，可以将全部空间单位划分为四种类型，"高—高"类型代表了人口规模大的区县被相似区县包围的空间模式，"低—低"类型代表了人口规模小的区县被相似区县包围的空间模式，"低—高"类型和"高—低"类型则代表某一区县被与其人口规模相差巨大的其他区县包围的空间模式。

[②] 结构偏离度是不同产业 GDP 占 GDP 总量的比重与不同产业就业人口占总就业人口比重的比值，其绝对值越小，说明结构越均衡。结构偏离度通过如下公式计算：

$$结构偏离度 = \dfrac{三次产业在地区生产总值所占百分比}{三次产业中就业人数占总体百分比} - 1$$

当结构偏离度为负值时，产值份额小于就业份额，意味着该产业劳动生产率较低，可以通过提高劳动生产率，"挤出"部分劳动人口；当结构偏离度为正值时，产值份额大于就业份额，意味着单位生产率较高，较少的劳动力就有更多的产出。为了实现总产出的最大化，可以增加劳动力数量。根据一般均衡假设，若国民经济各个部门均开放，排除行政因素导致的制度壁垒，那么通过市场对于劳动力资源的重新配置，各产业生产率会逐步趋于一致，结构处于完全均衡（常进雄、楼铭铭，2004；金福子、崔松虎，2010）。

四个特点。

第一条曲线：美国东北部城市群人口占美国总人口的比例随时间呈现单调递减分布形态（见表7-1）。

表7-1　美国东北部城市群与京津冀城市群总人口变动比较

| 年份 | 美国东北部城市群 人口数（万人） | 占全国人口的比例（%） | 京津冀城市群 人口数（万人） | 占全国人口的比例（%） |
| --- | --- | --- | --- | --- |
| 1820 | 556.56 | 57.74 | — | — |
| 1830 | 685.98 | 53.32 | — | — |
| 1840 | 807.62 | 47.32 | — | — |
| 1850 | 1015.83 | 43.80 | — | — |
| 1860 | 1274.98 | 40.55 | — | — |
| 1870 | 1423.10 | 36.91 | — | — |
| 1880 | 1694.69 | 34.33 | — | — |
| 1890 | 2017.18 | 32.03 | — | — |
| 1900 | 2420.87 | 31.76 | — | — |
| 1920 | 3372.90 | 31.81 | — | — |
| 1940 | 4104.62 | 31.06 | — | — |
| 1950 | 4588.22 | 30.32 | — | — |
| 1960 | 5256.58 | 29.31 | — | — |
| 1970 | 5847.19 | 28.77 | — | — |
| 1980 | 5942.03 | 26.23 | 6821.2 | 6.91 |
| 1990 | 6248.84 | 24.99 | 8129.0 | 7.11 |
| 2000 | 6671.62 | 23.64 | 9038.7 | 7.25 |
| 2010 | 6996.57 | 22.62 | 10455.2 | 7.8 |
| 2015 | 7166.54 | 22.33 | 11142.4 | 8.11 |
| 2019 | 7161.95 | 21.84 | 11308 | 8.08 |

注："—"代表本研究未进行相关统计。

整体来看，1820年美国东北部城市群人口为556.56万人，约占美国总人口的57.74%。之后这一占比稳步下降，到2019年已降至21.84%，这说明美国其他城市群的崛起形成了美国人口的多点聚集。从城市化进程

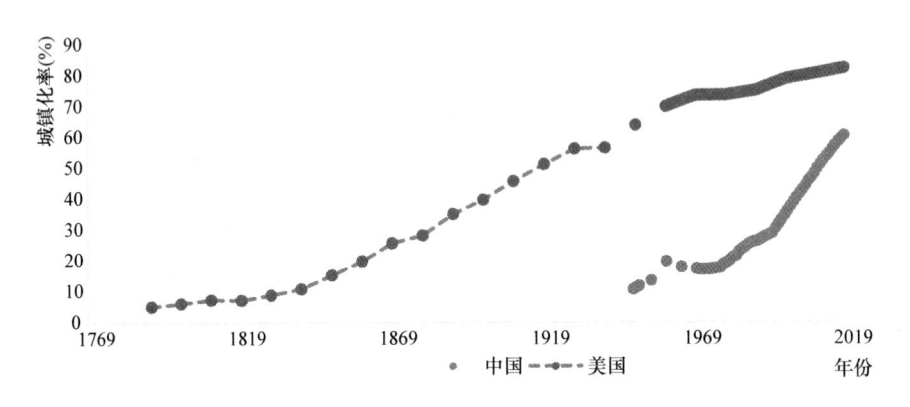

图 7-1 中美城镇化率的比较

资料来源：中国数据来自《中国统计年鉴 2020》、美国数据出自美国普查局（1790—1960 年）、世界银行（1961—2019 年）。

和城市群人口增长的关系来看，美国人口城市化率沿着 S 形曲线阶段性上升，经历了一个相对漫长的发展过程，即由 19 世纪 60 年代的 20% 增长至 20 世纪 40 年代中期的 60%，耗时 80 余年。伴随着美国城市化率的提高，美国东北部城市群在此期间的人口年均增速约为 1.4% 左右。比较而言，中国城镇化率由 20 世纪 80 年代初的 20% 增至 2019 年的 60% 左右，城市化率同样是增加了 40 个百分点，却仅耗时约 40 年，京津冀城市群 1980 年至 2019 年的 39 年间人口年均增长率为 1.30%。从与城市化率关联的角度看，中美两个城市群在此成长期内的人口年均增速趋同。

第二条曲线：美国东北部城市群主要五市人口占城市群总人口的比例呈现 Ω 形分布形态（表 7-3）。

纽约城、华盛顿、波士顿特区、费城和巴尔的摩作为美国东北部城市群的主要城市，也是人口聚集密度最高的五个城市。整体来看，美国东北部城市群主要五市人口占城市群总人口的比例呈现"先升后降并趋于稳定"的特点。在美国全国城市化率接近 60% 左右（20 世纪 40 年代中期前后）时，美国东北部城市群主要五市人口占其城市群总人口的比例迎来由升转降的拐点，峰值为 28.46%。在世界各地笼罩于战争的硝烟之中时，美国还未卷入战争，罗斯福新政也正在帮助美国走出经济危机。经过此后的几十年发展，美国东北部城市群主要五市的人口占比逐步下降并最终稳定于 16%—17%，这说明美国东北部城市群内部也出现了人口在聚

第七章 世界级城市群的"面上扫描" 153

集中走向扩散的发展特点。

表 7-2　1790—2019 年以来中国、美国城镇化率发展情况　　单位：%

| 年份 | 中国城镇化率 | 美国城镇化率 | 年份 | 中国城镇化率 | 美国城镇化率 | 年份 | 中国城镇化率 | 美国城镇化率 | 年份 | 中国城镇化率 | 美国城镇化率 |
|---|---|---|---|---|---|---|---|---|---|---|---|
| 1790 | — | 5.10 | 1960 | 19.75 | 69.99 | 1980 | 19.39 | 73.74 | 2000 | 36.22 | 79.06 |
| 1800 | — | 6.10 | 1961 | — | 70.38 | 1981 | 20.16 | 73.89 | 2001 | 37.66 | 79.23 |
| 1810 | — | 7.30 | 1962 | — | 70.76 | 1982 | 21.13 | 74.04 | 2002 | 39.09 | 79.41 |
| 1820 | — | 7.20 | 1963 | — | 71.13 | 1983 | 21.62 | 74.19 | 2003 | 40.53 | 79.58 |
| 1830 | — | 8.80 | 1964 | — | 71.51 | 1984 | 23.01 | 74.34 | 2004 | 41.76 | 79.76 |
| 1840 | — | 10.80 | 1965 | 17.98 | 71.88 | 1985 | 23.71 | 74.49 | 2005 | 42.99 | 79.93 |
| 1850 | — | 15.30 | 1966 | — | 72.25 | 1986 | 24.52 | 74.64 | 2006 | 44.34 | 80.10 |
| 1860 | — | 19.80 | 1967 | — | 72.61 | 1987 | 25.32 | 74.79 | 2007 | 45.89 | 80.27 |
| 1870 | — | 25.70 | 1968 | — | 72.97 | 1988 | 25.81 | 74.94 | 2008 | 46.99 | 80.44 |
| 1880 | — | 28.20 | 1969 | — | 73.33 | 1989 | 26.21 | 75.09 | 2009 | 48.34 | 80.61 |
| 1890 | — | 35.10 | 1970 | 17.38 | 73.60 | 1990 | 26.41 | 75.30 | 2010 | 49.95 | 80.77 |
| 1900 | — | 39.70 | 1971 | 17.26 | 73.61 | 1991 | 26.94 | 75.70 | 2011 | 51.27 | 80.94 |
| 1910 | — | 45.70 | 1972 | 17.13 | 73.62 | 1992 | 27.46 | 76.10 | 2012 | 52.57 | 81.12 |
| 1920 | — | 51.20 | 1973 | 17.20 | 73.63 | 1993 | 27.99 | 76.49 | 2013 | 53.73 | 81.30 |
| 1930 | — | 56.20 | 1974 | 17.16 | 73.64 | 1994 | 28.51 | 76.88 | 2014 | 54.77 | 81.48 |
| 1940 | — | 56.50 | 1975 | 17.34 | 73.65 | 1995 | 29.04 | 77.26 | 2015 | 56.10 | 81.67 |
| 1949 | 10.64 | — | 1976 | 17.44 | 73.66 | 1996 | 30.48 | 77.64 | 2016 | 57.35 | 81.86 |
| 1950 | 11.18 | 64.00 | 1977 | 17.55 | 73.67 | 1997 | 31.91 | 78.01 | 2017 | 58.52 | 82.06 |
| 1951 | 11.78 | — | 1978 | 17.92 | 73.68 | 1998 | 33.35 | 78.38 | 2018 | 59.58 | 82.26 |
| 1955 | 13.48 | — | 1979 | 18.96 | 73.69 | 1999 | 34.78 | 78.74 | 2019 | 60.60 | 82.46 |

资料来源：中国城镇化数据来自《中国统计年鉴》、美国城镇化数据来自美国统计局普查（1790—1960 年）、世界银行（1961—2019 年）。

具体来看，1820 年，美国处于城市化发展前期阶段，城市化率仅为 7.20%，城市群规模尚未形成且人口较为分散，五市人口占城市群人口的比例合计仅为 6.21%；1830 年至 1865 年，美国进入城市化在早期阶段，城市化率在 1860 年接近 20%，城市群内部人口开始聚集，五市人口占比也迅速增长至17.3%；1920年之后，美国城市化率超过50%[①]，开始进入郊区化阶段，但五市人口占比继续升高，接近27.8%；1940年，即美国城市化率突破50%之后的20年，美国城市化水平增至56.5%，五市人口占比升至最高，达到最高峰28.46%。这一阶段正是美国若干城市群快速发展的阶段，也是学界热切关注并提出城市群概念的时期。其后，随着美国城市化水平的进一步提高，五市人口占比却开始下降并最终稳定在16%—17%，而此时美国的城市化率已经突破80%。从数值来看，美国东北部城市群五市的人口占比基本与京津冀城市群中的北京人口占比大体相当。

表7-3　　1820—2019年东北部城市群主要五市人口占比情况　　单位:%

| 年份 | 纽约城 | 波士顿 | 费城 | 巴尔的摩 | 华盛顿 | 合计 |
| --- | --- | --- | --- | --- | --- | --- |
| 1820 | 2.73 | 0.78 | 1.15 | 1.13 | 0.42 | 6.21 |
| 1830 | 3.53 | 0.89 | 1.17 | 1.18 | 0.44 | 7.21 |
| 1840 | 4.84 | 1.16 | 1.16 | 1.27 | 0.42 | 8.85 |
| 1850 | 6.85 | 1.35 | 1.19 | 1.66 | 0.51 | 11.56 |
| 1860 | 9.21 | 1.39 | 4.44 | 1.67 | 0.59 | 17.3 |
| 1900 | 14.20 | 2.32 | 5.34 | 2.10 | 1.15 | 25.11 |
| 1920 | 16.66 | 2.22 | 5.41 | 2.18 | 1.30 | 27.77 |
| 1940 | 18.16 | 1.88 | 4.71 | 2.09 | 1.62 | 28.46 |
| 1950 | 17.20 | 1.75 | 4.52 | 2.07 | 1.75 | 27.29 |
| 1960 | 14.80 | 1.33 | 3.81 | 1.79 | 1.45 | 23.18 |
| 1970 | 13.50 | 1.10 | 3.33 | 1.55 | 1.29 | 20.77 |
| 1980 | 11.90 | 0.95 | 2.84 | 1.32 | 1.07 | 18.08 |
| 1990 | 11.72 | 0.92 | 2.54 | 1.18 | 0.97 | 17.33 |
| 2000 | 12.00 | 0.88 | 2.27 | 0.98 | 0.86 | 16.99 |
| 2010 | 11.68 | 0.88 | 2.18 | 0.89 | 0.86 | 16.49 |
| 2015 | 11.93 | 0.92 | 2.18 | 0.87 | 0.94 | 16.84 |
| 2019 | 11.64 | 0.97 | 2.21 | 0.83 | 0.99 | 16.63 |

从历史数据来看，京津冀城市群主要城市京津两市人口占比呈现先升

---

[①] Kim, Sukkoo and Margo RA, "Chapter 66 Historical Perspectives on U.S. Economic Geography", *Handbook of Regional & Urban Economics*, No.4, 2004.

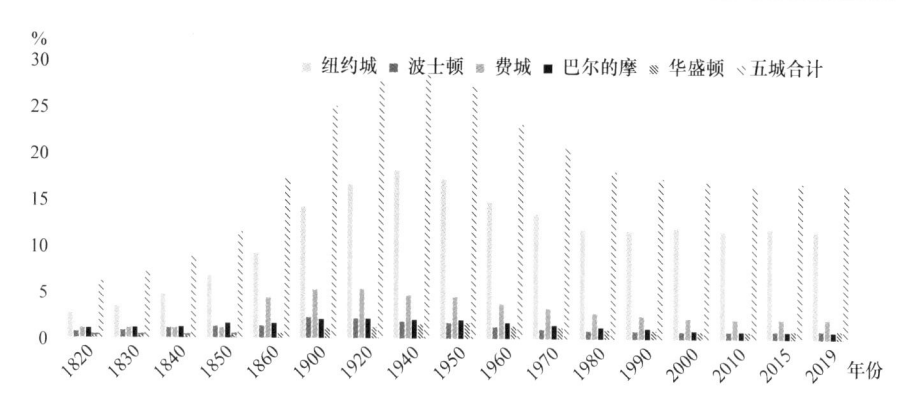

图 7-2　1820—2019 年美国东北部城市群五城人口占比变化

后降的变动态势，京津两市人口占比 2019 年回落至 32% 左右。近些年，京津两市人口占比最高值为 33.37%，该拐点年份出现在 2015 年，而此时我国城镇化率恰恰达到 56.1%（美国东北部城市群主要城市人口占比峰值出现时，美国城市化率为 56.5%）。可见，全国城市化进程对城市群主要城市人口占比的拐点出现时间可能存在相似影响。不过，这一结论是否具有可推广性，还有待在更大范围的城市群进行验证。

表 7-4　　　　1978—2019 年京津冀主要城市人口占比情况　　　　单位:%

| 项目 | 1978年 | 2010年 | 2011年 | 2012年 | 2013年 | 2014年 | 2015年 | 2016年 | 2017年 | 2018年 | 2019年 |
|---|---|---|---|---|---|---|---|---|---|---|---|
| 北京人口的京津冀占比 | 13.10 | 18.77 | 19.02 | 19.21 | 19.37 | 19.47 | 19.48 | 19.39 | 19.30 | 19.11 | 19.05 |
| 天津人口的京津冀占比 | 10.89 | 12.42 | 12.76 | 13.12 | 13.48 | 13.72 | 13.88 | 13.94 | 13.84 | 13.84 | 13.81 |
| 京津人口的京津冀占比 | 23.99 | 31.19 | 31.79 | 32.33 | 32.85 | 33.19 | 33.37 | 33.33 | 33.14 | 32.95 | 32.86 |
| 中国城市化率 | 17.92 | 49.95 | 51.27 | 52.57 | 53.73 | 54.77 | 56.10 | 57.35 | 58.52 | 59.58 | 60.6 |

第三条曲线：美国东北部城市群核心区域（纽约州）在整个城市群的人口占比呈现 Ω 形分布形态（见图 7-3、表 7-5）。

整体来看，美国东北部城市群核心区域（纽约州）在整个城市群的人口占比也呈现先升后降并趋于稳定的特点。该比例在 1940 年前后达到

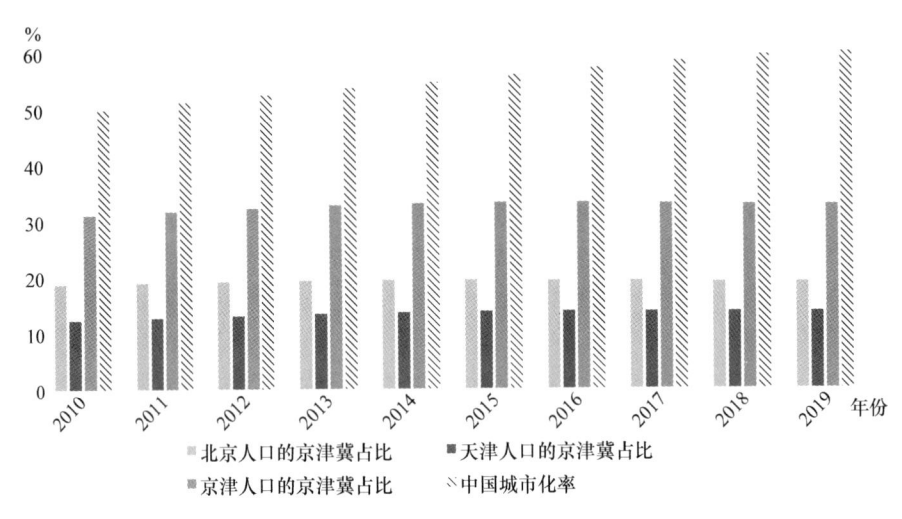

图 7-3　1978—2019 年中国城市化率与京津冀主要城市人口占比情况

峰值 32.84%，之后逐步下降并稳定在 27% 左右。

在京津冀城市群中，作为京津冀城市群的核心区域北京市，其人口占京津冀城市群人口的比例也表现出由升转降的趋势，即在 2015 年达到峰值 19.48% 后开始下降，2019 年该比例已降至 19.05%。

表 7-5　1800—2019 年城市群发展过程中核心区域占城市群的人口分布变动　　单位:%

| 年份 | 纽约州占东北部 | 北京市占京津冀 |
| --- | --- | --- |
| 1800 | 15.91 | — |
| 1810 | 20.78 | — |
| 1820 | 24.67 | — |
| 1830 | 27.97 | — |
| 1840 | 30.08 | — |
| 1850 | 30.49 | — |
| 1860 | 30.44 | — |
| 1870 | 30.80 | — |
| 1880 | 29.99 | — |
| 1890 | 29.76 | — |

续表

| 年份 | 纽约州占东北部 | 北京市占京津冀 |
|---|---|---|
| 1900 | 30.03 | — |
| 1920 | 30.79 | — |
| 1930 | 32.4 | — |
| 1940 | 32.84 | — |
| 1950 | 32.32 | — |
| 1960 | 31.93 | — |
| 1970 | 31.19 | — |
| 1980 | 29.55 | 13.26 |
| 1990 | 28.79 | 13.36 |
| 2000 | 28.44 | 15.09 |
| 2010 | 27.70 | 18.76 |
| 2015 | 27.62 | 19.48 |
| 2019 | 27.16 | 19.05 |

注："—"代表本研究未做相关统计。

第四条曲线：美国东北部城市群核心城区（纽约城）在核心区域（纽约州）中的人口占比呈现 Ω 形分布形态（见表 7-6、图 7-4）。

整体来看，美国东北部城市群核心城区（纽约城）在核心区域（纽约州）中的人口占比也表现出先升后降并趋于稳定的特点，最终稳定在 40% 左右，其中，1940 年是由升转降的拐点，2000 年以后相对稳定。

具体来看，1800 年，纽约城人口仅为纽约州的 13% 左右，表明纽约城作为核心城区在纽约州的人口聚集和吸引力仍然相对较弱。经过近一百年的时间，在美国城市化进程开始之后，纽约城占纽约州人口的比例开始超过 50%，核心城区强大的人口吸引力和聚集能力得以显现。然而，在 1940 年美国城市化进入 56.5% 的水平之后，纽约城在纽约州的人口占比基本达到历史峰值 55% 左右，之后开始下降，并于 1980 年前后触底并稳定在 43% 左右。可见，美国东北部城市群核心城区的人口吸引力随着城市化发展经历了先聚集、后分流、再略微回流的发展过程。

京津冀城市群核心城区（北京市中心城）在核心区域（北京市）的人口占比同样先升后降，目前稳定在 52% 左右。从城市化率与核心城区人口占比的对应关系看，京津冀核心城区（北京市中心城）在核心区域

（北京市）中的人口占比均高于同期的美国东北部城市群。1980年中国城市化率接近20%，北京市中心城占北京市人口的比例为44.87%，比同期的纽约城占比高出4.6个百分点；2010年，中国城市化率接近50%，此时北京市中心城占北京市的人口比例达67.73%，比同期的纽约城占比高出25.56个百分点，二者差距加大；2015年，中国城市化率接近57%，北京市中心城占北京市的人口比例进一步攀升至70.53%，比同期的纽约城占比高出27.34个百分点，二者差距进一步拉大。2019年，北京市中心城占北京市的人口比例回落至52.17%，相应比例高于美国东北部城市群，大体相当于1950年美国东北部城市群的发展阶段。可见，缓解北京市中心城区的人口压力是必要的。

表7-6　1800—2015年城市群发展过程中核心城区占核心区域的人口分布变动　　单位：%

| 年份 | 纽约城占纽约州 | 北京中心城占北京市 |
| --- | --- | --- |
| 1800 | 13.45 | — |
| 1810 | 12.46 | — |
| 1820 | 11.07 | — |
| 1830 | 12.62 | — |
| 1840 | 16.09 | — |
| 1850 | 22.47 | — |
| 1860 | 30.26 | — |
| 1870 | 33.73 | — |
| 1880 | 37.61 | — |
| 1890 | 41.77 | — |
| 1900 | 47.29 | — |
| 1920 | 54.11 | — |
| 1930 | 55.06 | — |
| 1940 | 55.30 | — |
| 1950 | 53.22 | — |
| 1960 | 46.35 | — |
| 1970 | 43.28 | — |
| 1980 | 40.27 | 44.87 |

续表

| 年份 | 纽约城占纽约州 | 北京中心城占北京市 |
|---|---|---|
| 1990 | 40.71 | 46.41 |
| 2000 | 42.19 | 53.06 |
| 2010 | 42.17 | 67.73 |
| 2015 | 43.19 | 70.53 |
| 2019 | 42.85 | 52.17 |

注:"—"代表本研究未做相关统计。

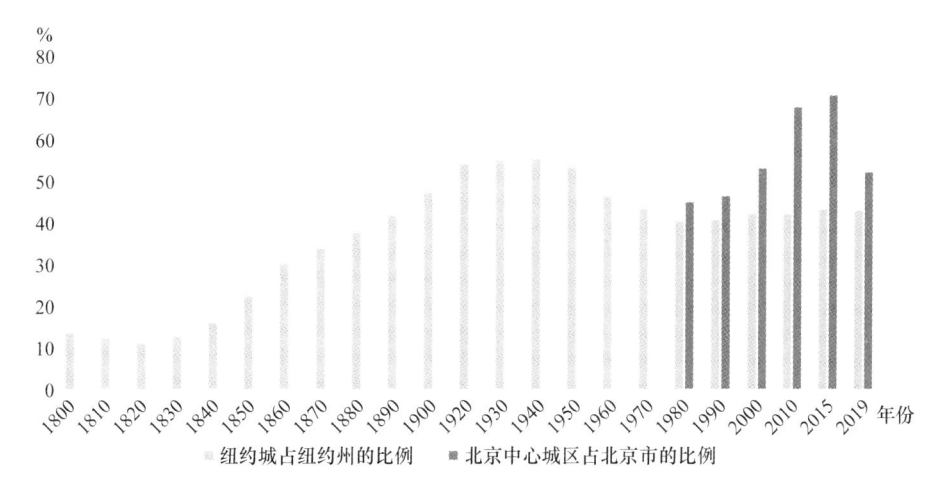

图 7-4 城市群核心区域占核心城市人口占比的历史对比

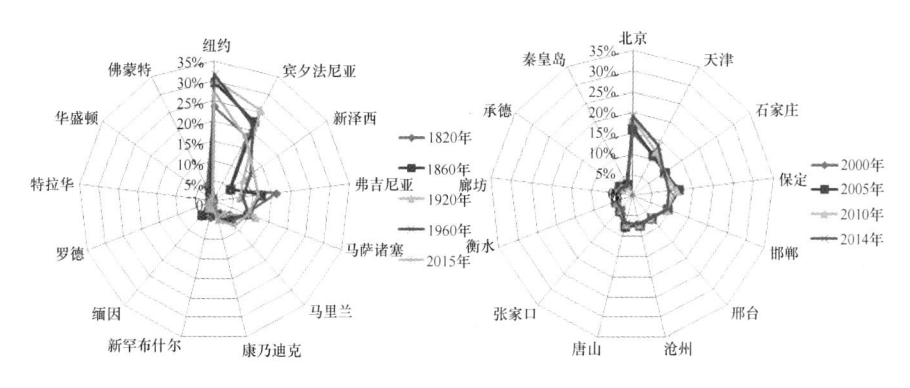

图 7-5 美国东北部城市群和京津冀城市群人口空间分布变动比较

## (二) 美国东北部城市群的"多点"与京津冀城市群的"两核"

从人口空间分布来看,美国东北部城市群区域增长极的人口占比大体上呈现先升后降再趋于平稳的趋势,而非核心区域的人口占比则表现出先低后高后平稳的态势,核心区域与非核心区域人口占比的互动关系深刻影响着整个城市群的人口空间结构。具体来说,尽管美国东北部城市群中的纽约州始终保持着最大的人口规模和人口占比,但在其发展过程中,宾夕法尼亚州的人口规模和占比迅速上升,成为区域次核心。随后,新泽西州、弗吉尼亚州等区域人口规模和占比快速上升,一定程度上缓解了人口过度集中的分布格局,"多核心"的城市群发展格局已经形成。2015年,纽约州在美国东北部城市群的人口占比为27.4%,宾夕法尼亚、新泽西和弗吉尼亚3个州在城市群的人口占比则分别达到17.7%、12.4%和11.6%,均已超过10%(见表7-7)。2019年,纽约州在美国东北部城市群的人口占比为27.16%,宾夕法尼亚、新泽西和弗吉尼亚3个州在城市群的人口占比则分别达到17.87%、12.4%和11.9%,人口占比依然稳定地超过10%。

表7-7 美国东北部城市群和京津冀城市群人口空间分布变动比较　　单位:%

| 城市群 | 1820年 | 1860年 | 1920年 | 1960年 | 2000年 | 2010年 | 2015年 | 城市群 | 2000年 | 2005年 | 2010年 | 2014年 |
| --- | --- | --- | --- | --- | --- | --- | --- | --- | --- | --- | --- |
| 纽约 | 23.7 | 29.7 | 30.5 | 31.7 | 28.2 | 27.5 | 27.4 | 北京 | 15.1 | 16.3 | 18.5 | 19.3 |
| 宾夕法尼亚 | 18.1 | 22.2 | 25.6 | 21.4 | 18.2 | 18.0 | 17.7 | 天津 | 11.1 | 11.0 | 12.3 | 13.6 |
| 新泽西 | 4.8 | 5.1 | 9.3 | 11.5 | 12.5 | 12.5 | 12.4 | 石家庄 | 9.8 | 9.8 | 9.6 | 9.5 |
| 弗吉尼亚 | 16.2 | 12.2 | 6.8 | 7.5 | 10.5 | 11.3 | 11.6 | 保定 | 11.7 | 11.6 | 11.0 | 9.2 |
| 马萨诸塞 | 9.0 | 9.4 | 11.3 | 9.7 | 9.4 | 9.3 | 9.4 | 邯郸 | 9.3 | 9.2 | 9.1 | 9.2 |
| 马里兰 | 7.0 | 5.3 | 4.3 | 5.9 | 7.9 | 8.2 | 8.3 | 邢台 | 7.3 | 7.1 | 6.9 | 6.9 |
| 康乃迪克 | 4.7 | 3.5 | 4.1 | 4.8 | 5.1 | 5.1 | 5.0 | 沧州 | 7.4 | 7.2 | 6.9 | 6.9 |
| 新罕布什尔 | 4.2 | 2.5 | 1.3 | 1.1 | 1.8 | 1.9 | 1.8 | 唐山 | 7.7 | 7.6 | 6.9 | 6.8 |
| 缅因 | 5.1 | 4.8 | 2.3 | 1.8 | 1.8 | 1.8 | 1.8 | 张家口 | 5.0 | 4.8 | 4.4 | 4.2 |
| 罗德 | 1.4 | 1.3 | 1.8 | 1.6 | 1.6 | 1.5 | 1.5 | 衡水 | 4.6 | 4.4 | 4.2 | 4.1 |
| 特拉华 | 1.3 | 0.9 | 0.7 | 0.8 | 1.2 | 1.3 | 1.3 | 廊坊 | 4.2 | 4.1 | 4.0 | 4.0 |
| 华盛顿DC | 0.4 | 0.6 | 1.3 | 1.4 | 0.8 | 0.9 | 0.9 | 承德 | 3.9 | 3.8 | 3.5 | 3.4 |
| 佛蒙特 | 4.1 | 2.4 | 1.0 | 0.7 | 0.9 | 0.9 | 0.9 | 秦皇岛 | 2.9 | 2.9 | 2.7 | 2.8 |

京津冀城市群正在经历由"一极双核心"向"两核"转变，新增人口聚集于超大城市，其他区域人口规模和占比停滞不前，人口充分分流的态势尚未形成。2000年，在整个京津冀城市群中，常住人口占比最高的为北京市，北京"一极"人口占京津冀城市群总人口的15.14%；保定和天津为北京之外的两大人口核心，各占11.7%和11.1%。2003年之后，"一极双核心"的格局开始转变。2014年，京津"两核"在京津冀城市群的人口占比接近1/3，保定人口发展停滞不前。在转变过程中，2000年至2014年，京津冀地区62%的新增人口集中于京津，其中，北京的绝对中心地位尤其稳定，接近40%的新增人口集中在北京。2019年，北京和天津两市人口占京津冀总人口的比例分别为19.05%和13.81%，均高于2000年的人口占比。

从美国东北部城市群与京津冀城市群的对比来看，虽然区域增长极的人口核心地位相对稳定，但前者已完成了由极化分布向均衡分布的转变，而后者正处于由极化向协同的发展过程之中。从人口密度的对比来看，2010年美国东北部城市群人口密度较低，仅为115.9人/平方千米，人口分布也较为均匀，人口密度超过10000人/平方千米的县域仅有2个。同期京津冀城市群人口密度为515.3人/平方千米，是美国东北部城市群的4.5倍。同时，京津冀城市群人口密度在10000人/平方千米以上的县域数量远高于美国东北部城市群，共有14个县域，其中，包括北京市首都核心功能区和天津市核心城区在内的8个区县人口密度更高，在20000人/平方千米以上。从增长极来看，美国东北部城市群呈现了"多点支撑、串联发展"的区域格局，而京津冀城市群依然处于两点支撑的状况之中，明显的区域第三极尚未完全出现。因此，无论是整体人口密度还是局部人口密度，美国东北部城市群都表现出分布均匀的特征，而京津冀城市群人口尚未完成有效协同。

### （三）美国东北部城市群"小聚集、大分散"

由于城市群人口的聚集程度不能仅仅通过人口规模和人口密度等描述性指标反映，我们需要对两个城市群人口空间分布的关联模式加以比较，使用"全局Moran'I指数"比较人口空间聚集程度，使用"局部Moran'I指数"（LISA）比较人口空间分化程度。分析发现，美国东北部城市群常住人口空间关联程度远高于京津冀，其人口聚集区的空间分化程度也较高。

第一，美国东北部城市群人口的空间关联程度较高。常住人口全局 Moran'I 指数大于 0，表明两个城市群各县域常住人口存在显著的空间正相关关系，各县域常住人口在空间上表现出"高—高""低—低"的聚集分布。从城市化发展的阶段看，常住人口空间关联结构是城市化发展的阶段性反映，不同阶段下常住人口的居住模式和空间分布表现出不同特征。美国东北部城市群常住人口全局 Moran'I 指数很高，显示出该区域人口居住的选择性和聚集性较强，进而提升了部分县域与相邻区域人口的关联性。2010 年，美国东北部城市群常住人口全局 Moran'I 指数为 0.68，比京津冀城市群高 0.26，显著的空间正相关关系表明东北部城市群人口居住分布具有更强的关联性，即常住人口数高的县域更多地聚集在一起，常住人口数低的县域也更多地聚集在一起。值得注意的是，京津冀城市群常住人口较低的全局 Moran'I 指数与流动人口在小范围内的高度聚集有关，无论是区域内的人口流动还是区域外的人口流入，都主要集中于北京和天津两大城市，从而导致了人口规模的过度聚集。

第二，美国东北部城市群人口的空间分化程度也较高。常住人口的局部 Moran'I 指数结果显示，两个城市群空间分化格局差异较大。与京津冀城市群相比，美国东北部城市群人口的常住人口分别集中于 4 个主要城市，分散了核心城区纽约城过度集中的人口，其空间分化格局呈现多核心特征，主要表现为如下特点：(1) 美国东北部城市群高—高类型区域多达 40 个，且在核心城区纽约城以外相互独立的 4 个城市（华盛顿、波士顿、费城、巴尔的摩）均存在高—高关联，显示出离心化的多点聚集特征；京津冀高—高类型区域较少，北京核心城区以外区域人口聚集程度下降明显，呈现显著的过度中心化趋势。(2) 美国东北部城市群受到自然环境和生态政策的影响，低—高关联类型区域比例极少，该类区域主要是大城市周边的生态区，分布在高—高类型集中区域的周边，此类区域人口吸纳能力不高，主要是发挥人口聚集区的生态缓冲功能。(3) 对于城市群的辐射区域而言，美国东北部城市群低—低关联类型区域存在明显的集中连片，构成了城市群的人口低密度带；其他大部分地区的人口空间分布则是相对独立的，并不存在显著的空间关联模式。

与东北部城市群相比，京津冀城市群人口空间结构陷入"既不够聚集、又不够分散"的双重矛盾之中。一方面，县域人口全局空间关联程度较低，常住人口全局 Moran'I 指数明显低于美国东北部城市群；另一方面，县域人口局部空间关联程度较高，高—高类型区域仅有 14 个，且过度集中于核心城区。京津冀需要在进一步提升人口空间聚集程度的同时，提升人口聚集的空间分化程度，将人口空间结构由单极或双核向多核心模式转变。

**（四）美国东北部城市群第二产业仍具就业吸纳空间**

作为一个完整的经济社会系统，城市群的产业结构变化对区域整体的空间协调影响较大，甚至可以构成区域协作的基础。同时，产业结构变动对城市群及其核心区域存在不同影响。对于城市群而言，区域经济竞争力必然导致规模效应的形成，为第二产业构成了发展基础。对于核心区域而言，区域经济竞争力提升的同时需要进行产业转移，以实现城市群内部的空间协作与优化，美国东北部城市群的产业结构变动状况反映了上述特点。

表 7－8　1969—2014 年美国东北部城市群及核心区域的产业结构偏离度

| 年份 | 美国东北部城市群 ||| 核心区域（纽约州） |||
| --- | --- | --- | --- | --- | --- | --- |
|  | 第一产业 | 第二产业 | 第三产业 | 第一产业 | 第二产业 | 第三产业 |
| 1969 | -0.47 | 0.05 | -0.01 | -0.39 | 0.00 | 0.01 |
| 1970 | -0.47 | 0.04 | 0.00 | -0.41 | 0.00 | 0.01 |
| 1975 | -0.48 | 0.06 | -0.01 | -0.51 | 0.01 | 0.01 |
| 1980 | -0.56 | 0.10 | -0.02 | -0.53 | 0.04 | 0.00 |
| 1985 | -0.53 | 0.08 | -0.01 | -0.60 | 0.01 | 0.00 |
| 1990 | -0.50 | 0.10 | -0.01 | -0.56 | 0.07 | -0.01 |
| 1995 | -0.63 | 0.11 | -0.01 | -0.67 | 0.05 | 0.00 |
| 2000 | -0.79 | 0.13 | -0.01 | -0.82 | -0.04 | 0.02 |
| 2005 | -0.63 | 0.16 | -0.02 | -0.67 | 0.05 | 0.00 |
| 2010 | -0.65 | 0.26 | -0.03 | -0.61 | 0.16 | -0.01 |
| 2014 | -0.59 | 0.24 | -0.02 | -0.57 | 0.06 | 0.00 |

资料来源：美国经济分析局。

从产业结构偏离度的变动情况看，自 1969 年以来，美国东北部城市群第二产业的结构偏离度缓慢上升，表明建筑业、制造业等行业吸纳劳动力的空间在逐渐增加；同时，第三产业的结构偏离度显示劳动力吸纳能力已经饱和，第三产业人口不会再继续增长。与此同时，核心区纽约州表现出与城市群整体不同的产业结构走向，第二产业的结构偏离度下降明显，仅为 0.06，表明了核心区域纽约州产业转移的成效。

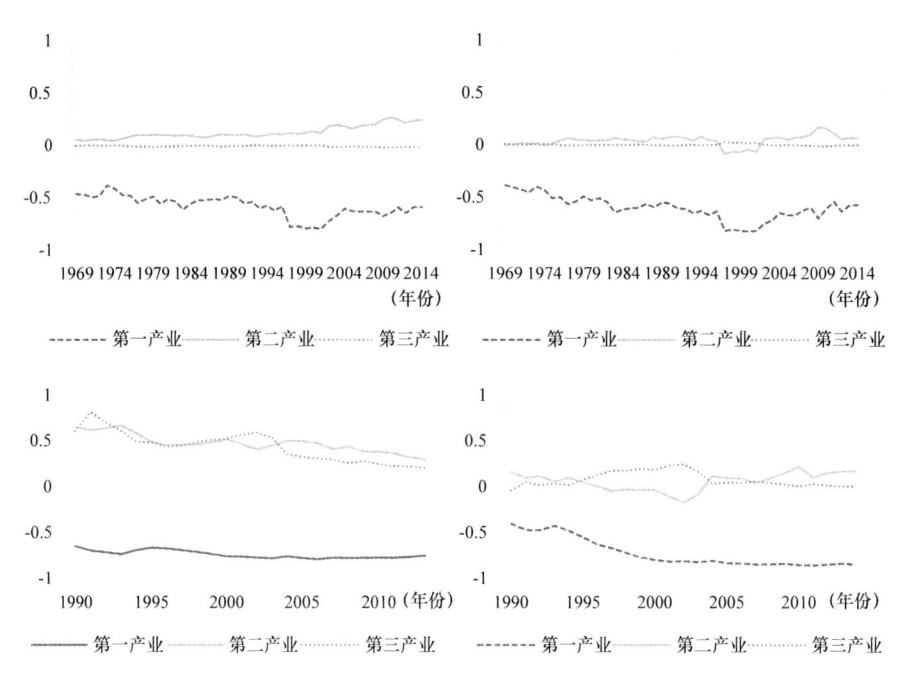

图 7-6 美国东北部城市群（左上）、纽约州（右上）、京津冀城市群（左下）、北京（右下）产业结构偏离度变动比较

注：东北部城市群使用 1969—2014 年数据计算，京津冀城市群使用 1990—2013 年数据计算。

与美国东北部城市群相比，京津冀城市群具有以下特点。

首先，第一产业劳动力待转移。京津冀城市群第一产业稳定在 -0.7 以上（美国东北部城市群在 -0.6 左右），表明可以通过挤出劳动人口提升其单位产值。河北是实现京津冀农业人口转移的关键，加快城镇化和产业调整非常必要。

其次，第二产业吸纳劳动力的空间在逐渐下降，而美国东北部城市群这一空间却在加大。在京津冀城市群，北京和天津两地第二产业结构偏离度在0.2左右，低于河北的0.52，因此，可以作为产业调控重点，利用河北第二产业的劳动力吸纳能力转移京津的就业人口。

最后，第三产业的结构偏离度在下降，但仍具备一定的劳动吸纳能力，美国东北部城市群该指标基本接近于零。尽管第三产业发展给就业带来了非常积极的影响，但京津冀城市群核心区北京的结构偏离度接近零值，表明其第三产业的劳动力吸纳能力已经饱和，相应产业人口不会再继续增长。与此同时，河北的第三产业劳动力吸纳能力明显不足，偏离度仅为0.1，高新技术产业向河北地区转移有助于提升第三产业的生产率，有助于提升河北地区的劳动力吸纳能力。

**（五）纽约州生产性服务业和公共服务业就业占比高**

城市群的人口空间结构是产业结构的反映，其中，核心区的产业结构更是直接影响着区域人口分布，进而影响区域空间格局。通过对两大城市群核心区域的行业结构对比可以发现两个特点（见表7-9）。

第一，纽约州制造业，交通运输、仓储和邮政业，教育业三大行业的占比低于北京市。纽约州这三大行业产值占总产值的比例仅为8.42%，远远低于北京的21.71%，其中，制造业，交通运输、仓储和邮政业，两大行业的产值比仅为6.65%，就业人口占比为7.36%；北京市两大行业产值占比高达17.68%，就业人口占比则高达19.45%，这两个行业属于高能耗、高水耗、高地耗和高污染、高聚人的行业；教育则属于高地耗和非在业人口高度聚集的行业，该行业在纽约州的产值比例仅为1.77%，而在北京市则达4.03%，行业就业人口比例也达4.85%。

第二，纽约州公共管理、社会保障和社会组织，卫生和社会工作，金融业等行业的占比高于北京。北京卫生和社会工作行业产值仅占2.19%，低于纽约州的6.72%，表明作为区域医疗卫生等公共资源中心，北京市在医院占地面积过高的前提下其产值并未达到较高的水平，需要进行优化升级。此外，北京市文化、体育和娱乐业以及金融业二者产值比例合计仅为17.95%，而纽约州相应比例则为21.71%，北京市在此领域也具有提升的空间。

表 7-9　　2014 年美国东北部城市群和京津冀城市群核心区域行业结构比较　　单位：%

| 行业 | 产值结构 纽约州 | 产值结构 北京市 | 就业结构 纽约州 | 就业结构 北京市 |
| --- | --- | --- | --- | --- |
| 农、林、牧、渔业 | 0.24 | 0.76 | 0.60 | 0.42 |
| 采矿业 | 0.07 | 0.83 | 0.15 | 0.61 |
| 制造业 | 4.84 | 13.24 | 4.18 | 12.86 |
| 电力、热力、燃气及水生产和供应业 | 2.36 | 3.50 | 0.35 | 0.85 |
| 建筑业 | 3.05 | 4.23 | 4.30 | 6.30 |
| 批发和零售业 | 9.54 | 11.30 | 12.64 | 12.17 |
| 交通运输、仓储和邮政业 | 1.81 | 4.44 | 3.18 | 6.59 |
| 住宿和餐饮业 | 2.50 | 1.71 | 6.56 | 4.36 |
| 信息传输、软件和信息技术服务业 | 7.57 | 9.76 | 2.61 | 8.35 |
| 金融业 | 17.93 | 15.74 | 7.50 | 4.54 |
| 房地产业 | 13.49 | 6.23 | 4.52 | 5.19 |
| 租赁和商务服务业 | 1.91 | 7.97 | 1.32 | 12.31 |
| 科学研究和技术服务业 | 7.93 | 7.79 | 7.98 | 8.18 |
| 水利、环境和公共设施管理业 | 1.34 | 0.64 | 5.12 | 1.17 |
| 居民服务、修理和其他服务业 | 1.92 | 0.73 | 5.95 | 1.70 |
| 教育 | 1.77 | 4.03 | 3.93 | 4.85 |
| 卫生和社会工作 | 6.72 | 2.19 | 13.78 | 2.66 |
| 文化、体育和娱乐业 | 3.78 | 2.21 | 2.98 | 2.26 |
| 公共管理、社会保障和社会组织 | 11.23 | 2.70 | 12.37 | 4.62 |

值得一提的是，产业结构调整对于城市群空间协作的价值不仅表现在经济效益上，而且对人口空间流动的规模和方向也会产生积极的影响。然而，2010 年前后，京津冀城市群人口的空间结构现状不利于区域协调发展，而人口空间流动的惯性也使京津冀城市群空间协作的实现受到阻碍：首先，京津冀内部人口流动[①]加剧向两个区域增长极聚集。北京一直是区域内人口流入的主要集中地，同时北京和河北省户籍人口流动至天津的比例也有所增加，天津成为区域内人口流入的次核心。其次，京津冀外部流

---

① 内部流动人口是指京津冀户籍人口在京津冀三个区域之间流动的人口。

入人口[1]同样加速向两个区域增长极聚集。这一群体人口规模持续增加，而北京一直是外部流入人口的主要聚集地，占外部流入人口总规模的比例由2000年的57.50%增至2010年的60.29%；天津是外部流入人口的次要聚集地，由2000年的16.06%增至2010年的24.71%。从人口流动趋势看，天津的人口吸引力在逐渐上升，而河北省对外部流入人口的吸引力下降，共同推动京津冀外部人口流入两极化格局的形成。从单极到两极再到多核心格局的转变，既依托于城市群产业结构的调整结果，也依赖于核心区产业转移的内容、方向与进程。

表7-10　　　　　京津冀地区内部流动人口数量与方向　　　　单位：万人

| 年份 | 流出地 | 流入地 | | |
|---|---|---|---|---|
| | | 北京 | 天津 | 河北 |
| 2000 | 北京 | — | 0.4 | 2.9 |
| | 天津 | 1.8 | — | 3.2 |
| | 河北 | 55.5 | 23.9 | — |
| 2010 | 北京 | — | 2.3 | 7.5 |
| | 天津 | 8.3 | — | 6.5 |
| | 河北 | 155.9 | 75.5 | — |

资料来源：2000年和2010年中国人口普查资料。

### （六）推与拉：在产业结构调整中推动人口结构优化

通过对比美国东北部城市群和京津冀城市群的人口状况，我们发现以下几点差异。

第一，北京中心城就业人口和常住人口为"双高"占比，而纽约中心城就业人口和常住人口却为"双低"占比。以北京市为例，2015年中心城常住人口占常住人口总量的比例高达59.1%，中心城就业人口占总就业的58.3%，1个就业人口对应2个常住人口，呈现"就业人口高、常住人口高"的特征，居住和就业均过度集中于中心城。同年，纽约都市区中心城区的常住人口仅占总人口的38.5%，其就业人口占总就业的36.0%，1个就业人口对应1.5个常住人口，因此，纽约都市区中心城"就业人口占比低、常住人口占比低"的特征明显。

---

[1] 外部流入人口是指非京津冀户籍、来源于其他省份的流动人口。

第二，北京中心城高产值、低产值行业也表现出"双聚集"特征。从不同行业就业人口在中心城的聚集程度看，北京呈现"高生产率和低生产率行业均聚集于中心城"的特点。一方面，北京劳动生产率较高的行业就业人口过度集中于中心城，其中，以文化娱乐业、科技服务业和金融保险业为最高，2015年几乎占到了全市该行业就业人口的75%以上，这类行业经济效益较好且能够承担高价租金，而在纽约此类就业也主要集中于中心城。另一方面，劳动生产率较低的行业过度集中于中心城，如批发业和零售业等。值得注意的是，纽约都市圈行业向中心区聚集的程度较弱，即使是能够承担高价租金的信息业、文化娱乐业和金融保险业等现代行业，或是教育、科技服务业、卫生和社会工作等公益性行业，其在中心城的占比均低于北京市，批发业、零售业和制造业等行业的占比更低。因此，北京市中心城人口发展首先需要解决就业过度集中的问题，之后需要实现关键行业之间的结构平衡，避免批发业、零售业和制造业的过度集中（见图7-7）。

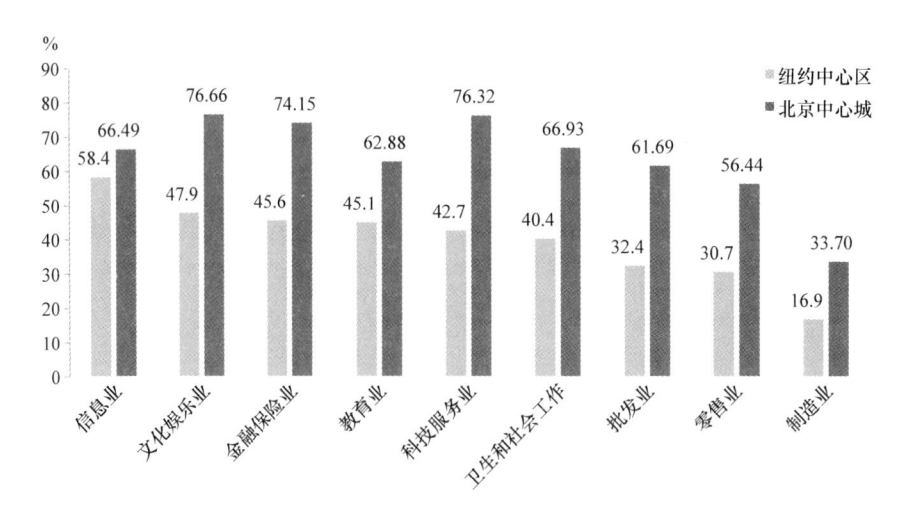

| 行业 | 纽约中心区 | 北京中心城 |
|---|---|---|
| 信息业 | 58.4 | 66.49 |
| 文化娱乐业 | 47.9 | 76.66 |
| 金融保险业 | 45.6 | 74.15 |
| 教育业 | 45.1 | 62.88 |
| 科技服务业 | 42.7 | 76.32 |
| 卫生和社会工作 | 40.4 | 66.93 |
| 批发业 | 32.4 | 61.69 |
| 零售业 | 30.7 | 56.44 |
| 制造业 | 16.9 | 33.70 |

**图7-7 2015年纽约与北京中心区关键行业就业人口占行业总就业的比例**

资料来源：纽约都市圈中心区为包含纽约区、皇后区、布鲁克林区、布朗克斯区和李奇文区等5个城区在内的区域，地域面积为910平方千米；北京市中心城为包含西城区、东城区、朝阳区、海淀区、丰台区、石景山区6个城区在内的区域，地域面积为1085平方千米。

第三，北京市要重视常住人口和就业人口之间的空间关联性，通过分散服务功能和集中发展功能，建立人口和产业相互促进的优化模式。北京城市空间优化面临的首要问题是解决人口过度集中于中心城的状况，而人口分布的优化主要依赖于就业人口而非常住人口。因此，需要加强产业结构转型升级。按照西欧和北美地区的城市发展经验，人口分布优化过程中主要存在三种不同的模式：第一种关联模式为产业外迁带动人口流动。例如，西班牙的马德里和德国的杜塞尔多夫。在西欧城市管理者规划郊区化的时代，大多数城市中心区的人口也开始因为产业向郊区转移而自发地流向城市周边地区。第二种关联模式为人口流动带动产业外迁。例如，德国法兰克福、汉堡和英国伦敦。1970—1977 年，法兰克福市中心人口下降，高密度人口聚集区向外延伸了 50 千米，就业也随之向郊区迁移，导致市中心就业机会急剧减少。第三种模式为人口流动和产业外迁相互促进，以英国伦敦和日本东京为代表。"二战"之后，英国的城市规划发起阿伯克龙比计划，重点强调发展"新城"，有计划地将伦敦市中心工业人口向郊区转移，扩展首都周边面积，最终使伦敦市中心区人口降至总人口的30%。之后，东京也开始修建城市次中心来缓解中心区的压力，1970 年至 1995 年就有 1000 万人从市中心迁至郊区或卫星城。无论是产业带动人口外迁，还是人口带动产业外迁，均反映出城市发展过程中就业和居住人口分布之间的关系，这一变动规律与人口的郊区化关联极大。城市的协调均衡发展依赖于中心城的功能分散化和优势集中化过程，"优势集中化"是城市发展过程中自发调节的结果，信息、科技、金融、文化等能够承担高租金的行业更可能进入中心城，但"功能分散化"具有一定的滞后性，依赖于政府的及时规划与干预。一方面，需要通过建设和发展卫星城的方式引导传统产业向郊区分散；另一方面，需要建立与中心城生活需求相适应的公共服务业体系，可以通过公共服务行业向外围带动一部分人口流动。

**（七）疏与聚：在产业转移中关注公共服务改善**

作为一个完整的经济社会系统，城市群的产业结构变化对区域整体的空间协调影响较大，甚至可以构成区域协作的基础。同时，产业结构变动对城市群及其核心城市存在不同的影响。对于城市群而言，区域经济竞争力必然导致规模效应的形成，构成了第二产业的发展基础。对于核心城市而言，区域经济竞争力提升的同时需要进行产业转移，以实现城市群内部的空间协作与优化，美国东北部城市群的产业结构变动状况反映了上述特点。从美国东北部城市群与京津冀城市群的对比来看，虽然区域增长极的人口核心地位相对稳定，但前者已经完成了由极化分布向均衡分布的转变，而后者目前人口充分分流的状况还未出现。

通过对两大城市群核心区的行业结构比较可以发现：科技产业园区和第二产业外迁是优化城市就业结构的重要途径。从美国东北部城市群产业结构的长期纵向数据来看，第二产业是核心区域向外围进行产业疏解和转移的重点对象，以产业园为典型发展模式的信息传输、软件和信息技术服务业也存在向外围转移的可能。随着城市群的发展，核心区域部分产业将逐步向非核心区域转移。从纽约州产业细分结果来看，向外围转移和疏解的产业主要集中于第一产业和第二产业，部分第三产业有所调整：由于城市群核心区域本身具有良好的产业基础，第一产业中农、林、牧、渔业和采矿业劳动力数量较小，其绝对规模的下降对于人口疏解作用甚微；第二产业中制造业在城市群发展初期吸纳劳动力数量极大，随后经历了较大的缩减，其中，服装、化工、机器、电子设备等行业的就业规模缩减超过总量一半，对后期产业结构调整作用非常显著；第三产业中信息传输、软件和信息技术服务业的从业规模也存在减少趋势，其中，以出版业（非网络）和信息中介的就业规模下降最快，公共管理、社会保障和社会组织的从业规模相对稳定，政府工作人员规模在明显下降，但医疗卫生、社会工作和教育服务业增长迅速，其中，门诊医疗、护理人员和社会工作人员规模增加最快。适度将公共服务业从中心城向非中心城及周边城市转移，从而促进公共服务资源空间分布的均等化，将有助于推动城市群均衡发展。

**（八）舍与得：在空间圈层布局中关注产业稳定性**

在空间关联对比中，我们发现了城市群人口的一些量化差异特征。

1. 美国东北部城市群常住人口与卫生、批发零售等生活服务行业的空间一致性较强，与教育、信息、金融、科技等非生活服务行业的空间一致性较弱

在讨论需要外迁的部分行业类型之后，亟待解决的另一个问题是如何了解产业空间分布与常住人口空间分布之间的关系。从美国东北部城市群纽约都市圈150千米范围内的圈层分布数据看，表7-11显示，区域内的就业岗位数量与常住人口数量之间存在高度相关，但信息软件、金融、文

体娱乐、科技服务等占据城市核心位置的行业就业与常住人口之间的关联度不高，卫生和社会工作、批发业、零售业与常住人口的空间分布之间存在高度关联。换言之，向外围转移信息服务、金融、文化、体育和娱乐业、科技服务等行业对于人口向外围转移的影响较小，反而是卫生和社会工作等公共服务部门、批发业、零售业等生活服务部门和制造业的外移与常住人口关联度较高。

然而，从京津冀城市群来看，似乎各圈层常住人口与很多行业就业人口都存在空间相关性（见表7-12）。这是两个城市群一个很有意思的差异，值得未来深入观察和研究。

2. 特定行业的就业在空间圈层分布上具有相对稳定性

通过对2015年美国东北部城市群纽约都市圈150千米范围的人口数据分析后发现：

（1）三成就业人口集中于10千米圈内，1/4的常住人口集中于10—30千米圈。从常住人口和就业人口的空间分布关系看，距离市中心越远，二者的关联程度越高。在10千米圈范围内就业人口的比例高于常住人口，但10—30千米圈的常住人口占比远高于就业人口，反映出纽约市中心就业、近郊区居住的空间特征。

（2）高新技术类行业聚集于0—10千米、30—60千米圈两个圈层。60%以上的信息传输、软件和信息技术服务业就业与40%的科技服务业就业集中在10千米圈。同时，仍有16%的信息传输、软件和信息技术服务业就业与20%以上的科技服务业就业集中在30—60千米圈。

（3）零售业分布较为均衡，批发业集中于40—50千米圈。与批发业相比，零售业属于生活服务类行业，与常住人口的空间分布关系极为紧密。因此，在纽约都市圈零售业就业人口的分布已经呈现出较为均匀分布的状态，而批发业则主要聚集于纽约中心区和外围卫星城中间的连接处。

（4）文化娱乐业聚集于0—10千米和30—50千米圈两个圈层，教育行业在90千米圈外仍有一定比例。文化教育类行业属于集中度较高的行业，但其行业内部的分布特点也存在一定差异。与教育行业相比，文化娱乐业对交通和常住人口密度的需求更高，因此，接近70%的文化娱乐业就业人口集中在纽约的50千米圈内，而教育也在50千米圈内的比例不足65%，接近30%的教育就业分布于纽约都市圈最外围，基本分布在90—150千米圈内。

表 7-11　2015 年美国东北部城市群纽约都市圈 150 千米范围内不同类型人口与到城市群中心距离的空间相关度

| 项目 | 到中心距离 | 常住人口 | 就业人口 | 教育 | 金融业 | 科技服务业 | 批发业 | 零售业 | 文体娱业 | 信息传输、软件和信息技术服务业 | 卫生社会工作 | 制造业 |
|---|---|---|---|---|---|---|---|---|---|---|---|---|
| 到中心距离 | 1.0000 | | | | | | | | | | | |
| 常住人口 | -0.7719* | 1.0000 | | | | | | | | | | |
| 就业人口 | -0.7587* | 0.7534* | 1.0000 | | | | | | | | | |
| 教育 | -0.5521 | 0.5534 | 0.9272* | 1.0000 | | | | | | | | |
| 金融业 | -0.6464 | 0.5082 | 0.9386* | 0.9676* | 1.0000 | | | | | | | |
| 科技服务业 | -0.6745 | 0.5356 | 0.9571* | 0.9392* | 0.9876* | 1.0000 | | | | | | |
| 批发业 | -0.6920 | 0.7449* | 0.9312* | 0.7656* | 0.8075* | 0.8732* | 1.0000 | | | | | |
| 零售业 | -0.7391* | 0.6959 | 0.8676* | 0.6489 | 0.7271 | 0.8196* | 0.9654* | 1.0000 | | | | |
| 文化、体育和娱乐业 | -0.6270 | 0.5490 | 0.9450* | 0.9906* | 0.9918* | 0.9720* | 0.7930* | 0.6998 | 1.0000 | | | |
| 信息传输、软件和信息技术服务业 | -0.6112 | 0.4868 | 0.9158* | 0.9825* | 0.9899* | 0.9631* | 0.7426* | 0.6551 | 0.9956* | 1.0000 | | |
| 卫生社会工作 | -0.8032* | 0.9208* | 0.9453* | 0.8058* | 0.7832* | 0.8122* | 0.9018* | 0.8503* | 0.8113* | 0.7640* | 1.0000 | |
| 制造业 | 0.1114 | 0.1600 | 0.1261 | -0.0802 | -0.0645 | 0.0708 | 0.4490 | 0.5036 | -0.0846 | -0.1500 | 0.1782 | 1.0000 |

注：此表是以 10 千米为单位对 150 千米范围内的地域进行空间切割并得到相关圈层的人口数据。基于这些圈层人口数据进行统计相关分析。

*：表示该相关系数在 0.05 的水平上显著。

表7-12　2015年京津冀城市群150千米范围内不同类型人口与到城市群中心距离的空间相关度

| 项目 | 到中心距离 | 常住人口 | 就业人口 | 教育 | 金融业 | 科技服务业 | 批发业 | 零售业 | 文体娱业 | 信息软件业 | 卫生社会工作 | 制造业 |
|---|---|---|---|---|---|---|---|---|---|---|---|---|
| 到中心距离 | 1 | | | | | | | | | | | |
| 常住人口 | -0.8396* | 1 | | | | | | | | | | |
| 就业人口 | -0.8357* | 0.9864* | 1 | | | | | | | | | |
| 教育 | -0.4755* | 0.9298* | 0.8712* | 1 | | | | | | | | |
| 金融业 | -0.5557* | 0.9444* | 0.9364* | 0.8581* | 1 | | | | | | | |
| 科技服务业 | -0.5204* | 0.9619* | 0.9216* | 0.9637* | 0.9564* | 1 | | | | | | |
| 批发业 | -0.5801* | 0.7426* | 0.9718* | 0.7777* | 0.9094* | 0.8610* | 1 | | | | | |
| 零售业 | -0.5557* | 0.9864* | 0.8212* | 0.8781* | 0.8324* | 0.7611* | 0.8392* | 1 | | | | |
| 文化、体育和娱乐业 | -0.4911* | 0.9230* | 0.9415* | 0.7741* | 0.9630* | 0.8889* | 0.9136* | 0.7959* | 1 | | | |
| 信息软件业 | -0.4895* | 0.9036* | 0.8828* | 0.9409* | 0.8579* | 0.9196* | 0.8125* | 0.7960* | 0.7960* | 1 | | |
| 卫生和社会工作 | -0.5891* | 0.9224* | 0.8665* | 0.9355* | 0.9045* | 0.9647* | 0.8404* | 0.7977* | 0.7977* | 0.8591* | 1 | |
| 制造业 | -0.4037 | 0.6028* | 0.6487* | 0.4959* | 0.3926 | 0.4204 | 0.6380* | 0.415 | 0.415 | 0.5197* | 0.425 | 1 |

注：此表是以10千米为单位对150千米范围内的地域进行空间切割并得到圈层的人口数据。基于这些圈层人口数据进行统计相关分析。
*：表示该相关系数在0.05的水平上显著。

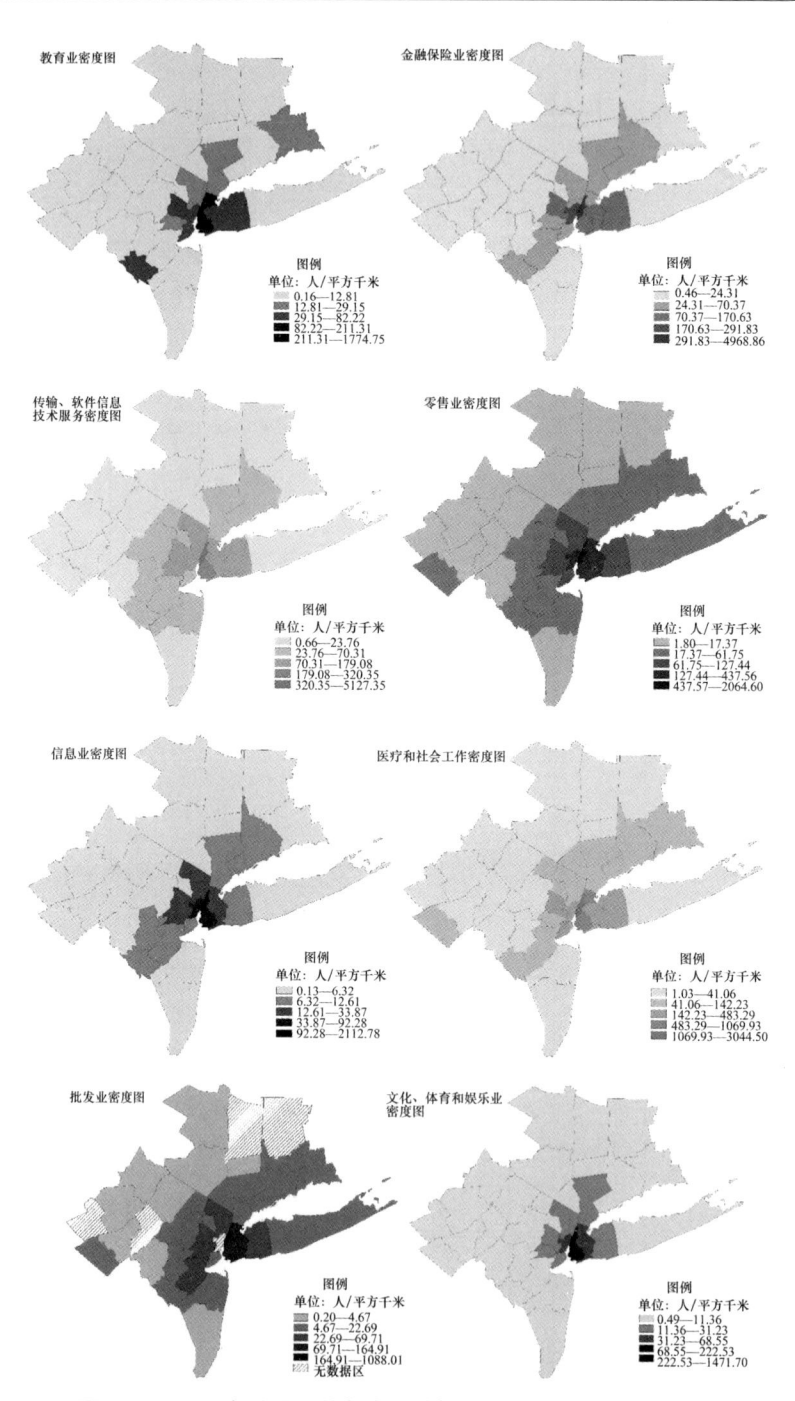

图 7-8　2015 年美国纽约都市圈关键行业就业人口的空间分布

(5) 金融保险业就业规模大且聚集于市中心，制造业就业人口规模小且远离市中心。从行业人口空间分布看，金融保险业与制造业属于现代行业部门和传统行业部门的两个极端，纽约都市圈 112 万的金融保险业从业人员中，70% 以上集中于 30 千米圈内，在制造业就业人员规模仅有 59 万的前提下，仅有不足 17% 的制造业从业人员集中于 30 千米圈范围内（见图 7-8、图 7-9）。

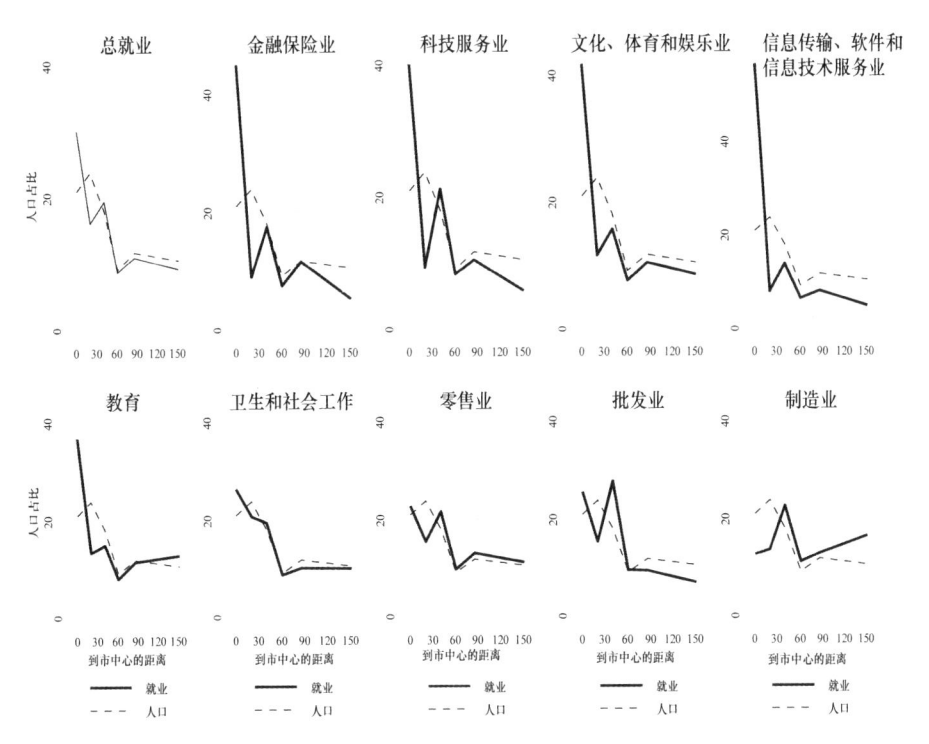

**图 7-9 2015 年纽约都市圈关键行业的 150 千米圈分布特点（单位：%，千米）**

注：图中横轴为到达市中心的直线距离，纵轴为 x 千米处某行业人口占该行业总人口的比例，实线图为常住人口的空间分布，虚线图为某行业就业人口的空间分布。

3. 在人口和产业空间布局变动的过程中需要关注生活服务业配套，保障居民基本生活需求

图 7-10 反映了 2000 年至 2015 年纽约中心区常住人口与部分行业就业人口数稳定的对应关系，其中，1 个医疗和社会工作者对应 10.6 个常住人口，1 个零售业工作者对应 20.7 个常住人口，这也反映出常住人口对生活配套及公共服务的需求具有一定的稳定性，一味地减少这类行业就

业人口将难以满足常住人口生活需求。因此，需要重视生活服务行业与常住人口之间分布的长期稳定性，在人口和产业空间布局变动的过程中保障居民生活配套需求。

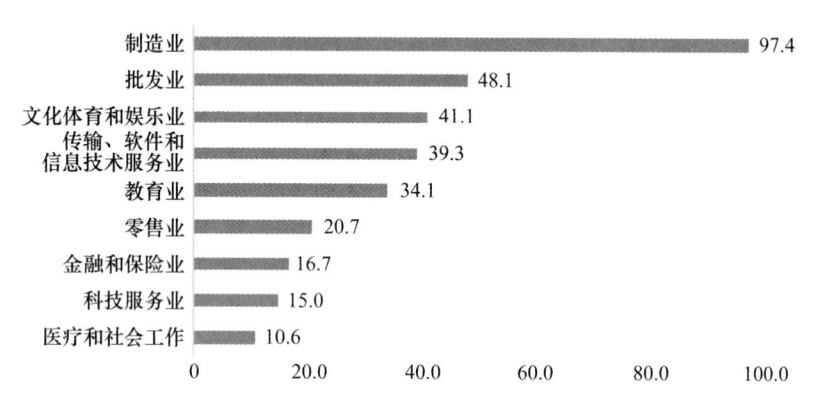

| 行业 | 数值 |
| --- | --- |
| 制造业 | 97.4 |
| 批发业 | 48.1 |
| 文化体育和娱乐业 | 41.1 |
| 传输、软件和信息技术服务业 | 39.3 |
| 教育业 | 34.1 |
| 零售业 | 20.7 |
| 金融和保险业 | 16.7 |
| 科技服务业 | 15.0 |
| 医疗和社会工作 | 10.6 |

图 7-10　2000—2015 年纽约中心区平均每 1 个就业人口与常住人口的对应比

4. 重视 30—50 千米圈在城市空间布局中的重要价值，减缓产业聚集的同时增强城市发展活力

纽约都市区行业人口的空间分布与其经济效益存在高度关联，金融业、科技服务业、文化娱乐业和信息业除了聚集于城市租金最高的中心区，还聚集于 30—50 千米圈。北京市全国政治中心、文化中心、国际交往中心、科技创新中心的功能定位为疏解高能耗、低产出的行业提供了可能性，这既可以提升北京市的核心竞争力，又可以引导人口向外围疏散，促进城市群的空间协同。

当前，北京传统制造业亟待疏解或升级，建筑业、交通运输业就业占比合计超过 8%，其他公共服务类行业发展相对不足。因此，强化首都文化、科技等核心资源的空间聚集优势，转移服装、化工、机器和电子设备制造、传统出版和信息中介等行业到非核心区域，既可能减缓产业过度集聚的局面，又有助于保持并增强城市的发展活力。

**（九）群与圈：双重定位下的京津冀城市群发展模式**

在城市群发展过程中，运用圈层和集群思维，处理好人口圈层、公共服务圈层、产业圈层之间的关系，对未来城市群的可持续发展和空间优化具有重要作用。

一是要进一步改变"京津冀人口向北京聚集、北京人口向中心城聚集"的极化态势,明确北京市及其中心城在京津冀城市群与首都都市圈中的双重功能与定位。二是要处理好城市空间优化与城市群空间优化的关系,重视中心城空间优化在首都功能定位中的价值与作用。三是要处理好人口、就业与产业空间布局之间的关系,其构建城市群良性人口空间分布具有重要作用。与京津冀城市群相比,美国东北部城市群具有如下特点:(1) 在产业外围布局中,市中心距离与产业布局的空间关联度较低;(2) 在城市群生活服务配置中,市中心距离与生活服务业的空间关联度高;(3) 在产业集聚效应方面,同类产业之间的空间关联度高;(4) 在产业带动就业效应方面,人口就业与产业布局之间的关联度高。与之相对的是,京津冀城市群的产业外围布局不足,市中心距离与产业布局的空间关联度较高;生活服务配置过度聚集,市中心距离与生活服务业的空间关联度极高;产业集聚度高,但不同类别产业之间的空间关联度更高,不利于优化配置;产业带动就业效应不足,人口就业与产业布局之间的关联度不高。这些问题都在一定程度上束缚了京津冀人口的协同发展。

# 第八章 50千米城市圈层的"以点带面"

在第七章，我们更多地将研究范围聚焦在广域的城市群层面，而对于城市群中心城市，其50千米圈层以内的人口分布会表现出怎样的特点？这对于城市规划和区域协同又会产生怎样的实质性影响？这些问题引导着我们开展了北京、东京和多伦多都市圈中心50千米的国际比较，以探寻人口分布"以点带面""点上突破"的重要性。

伴随着经济的高速发展，2014年我国城市化率达到54.77%，已超世界平均水平且仍将提速。由于人口向城市聚集具有强烈的指向性和区域性，因此，近年来，我国大城市常住人口总量激增且在空间分布上表现出明显的内部不均衡性。作为我国首都的北京市，同样面临这些问题，其人口布局和功能疏解难题亟待破解，亟须在把握大城市人口空间演变规律的基础上，重塑人口空间分布。

关于经济发展、城市化与人口分布之间的相关关系已有较多研究，大体可分为两类：一是区域发展与人口空间分布的关系。文献普遍认为，区域经济差异刺激了区域间的人口流动规模和方向，影响着区域人口分布的空间格局，而人口的流动则进一步推动城市化进程，通过劳动力资源的优化配置反作用于经济发展。对于三者之间的关系，最成熟的是城市化发展的"三阶段论"。该理论认为，城市化一般遵循S形的发展曲线，即早期发展缓慢、中期进程加速、后期速度放缓。当前，我国城市化发展处于中期阶段，快速城镇化导致了人口向大中型城市的过度聚集。二是城市发展与内部人口空间分布的关系研究。孙平军等使用自然断裂法对东北城市进行空间分析后发现，经济城市化的空间分异是人口城市化和空间变动的主导因素[1]；刘洁

---

[1] 孙平军、丁四保：《人口—经济—空间视角的东北城市化空间分异研究》，《经济地理》2011年第7期。

等认为，经济聚集和人口聚集之间不合理状态是影响发展的重要原因，经济—人口分布的协调是提升经济系统收益和人口系统福利转化效率的有效方法[1]。在大城市发展的不同阶段，经济发展对不同区位的人口增加有着显著推动作用，即在城市发展的早期阶段，城市几何中心承担行政、经济和文化等重要功能，是城市人口密度最高的区域；在城市发展的中期阶段，城市化水平不断加速，城市土地利用和开发开始向外扩散，人口密度由几何中心向外围转移，形成围绕中心区发展的重要功能区；在城市发展的后期阶段，城市化已达到较高水平，核心城区人口对经济发展的敏感性下降，"逆城市化"显现，形成城市人口"郊区化"现象，最终培育出单核心的大都市区或多核心的城市群。然而，当前对于中国大城市是否已基本完成城市化进程，是否已经进入"郊区化"阶段等问题，仍有较大争论。

总之，多数文献致力于经济发展、城市化与区域人口分布之间的关联性研究，而对城市群及大城市内部人口空间分布变动与经济发展阶段的规律性研究相对不足。因此，本部分力图在以下两个方面寻求新的探索：第一，从京津冀城市群的角度，探讨经济发展与区域人口空间分布的关系如何？有何问题？第二，从北京城市内部的角度，基于与东京和多伦多的比较，探讨北京城市发展阶段与内部人口圈层空间分布表现出怎样的关联性？重塑人口分布的调整方向在哪里？

## 一　数据来源与研究方法

本部分的研究数据包括两类：一是人口数据。中国数据主要来源于北京市"五普"和"六普"的分街道数据和统计年鉴；日本数据主要来自日本统计局和东京市统计局以及《日本国势图绘》；加拿大数据主要来自多伦多统计局和多伦多大都市区的普查单元数据。本部分选择东京都市圈和多伦多大都市区作为比较对象，是综合考虑区域面积、经济水平和城市化阶段的结果。[2] 由于我国人口

---

[1] 刘洁、王宇成、苏杨：《中国人口分布合理性研究——基于发展方式角度》，《人口研究》2011年第1期。

[2] 从城市面积和人口数量上看，东京都市圈和北京市人口分别为3680万人和2152万人。二者在空间上具有可比性：东京都市圈面积为1.34万平方千米，小于北京市的1.64万平方千米，但北京的平原面积仅占38%；选择多伦多作为比较对象主要是因为在城市规划方面加拿大与中国相似，上级政府对其所辖区发展规划具有直接影响，多伦多大都市区经历多次城市规划，其人口空间分布受到政策的影响较大，其空间变动情况反映了城市发展和城市规划共同作用的结果。

普查十年进行一次，因此，本研究数据采集的时间节点截至 2010 年全国第六次人口普查。待 2020 年全国第七次人口普查数据公布后，再续新篇。二是坐标数据。本部分以普查资料中的街道或单元为分析单位。使用 Geocoding 对 Google 地图的数据库进行地址解析，得到各个普查街道或单元的坐标数据，并依据坐标数据，分别计算各街道或单元与城市中心坐标的直线距离。本部分的研究方法包括区域几何重心法[1]、Gini 系数法和 Wright 系数法[2]、空间自相关分析[3]

---

[1] 用于测量京津冀区域内人口和经济的空间分布状况以及人口重心和经济重心的坐标及空间变动趋势。经纬度具体计算公式分别为：$\bar{x} = \dfrac{\sum X_i W_i}{\sum W_i}$；$\bar{y} = \dfrac{\sum Y_i W_i}{\sum W_i}$，其中，$W_i$ 为区域内第 $i$ 个基本单位的某一属性值，$X_i$ 为该单位的经度坐标，$Y_i$ 为纬度坐标。经计算后的 $(\bar{x}, \bar{y})$ 即为某一属性的区域几何重心。本部分主要使用人口属性（人口数）测量人口重心，使用经济属性（地区生产总值）测量经济重心。

[2] 洛伦茨曲线较早地被应用于城市土地空间利用的研究，使用洛伦茨曲线可有效反映城市人口的空间聚集状态。由于洛伦茨的具象化特点不适用于比较研究，因此需要使用洛伦茨曲线的数值指标进行比较分析。通过从右下角画一条 45°的对角斜线，将洛伦茨曲线分割为区域 A、B 和 C，Gini 系数和 Wright 系数的计算方法分别为：

$$Gini = \dfrac{areaA + areaB}{areaA + areaB + areaC} \quad (1.1)$$

$$Wright = 1 - \dfrac{2(areaA)}{areaA + areaB} \quad (1.2)$$

运用 Gini 系数可测量城市人口分布的分离程度，但不能用于测量人口分布的峰值不对称情况。因此，我们进一步使用 Wright 系数测量人口的相对集中度，取值范围从 [-1, 1]，取值越大表示峰值倾向于高密度区域，取值为 0 则表示其为标准的洛伦茨曲线。在 Gini 系数既定的情况下，Wright 系数越高表示区域人口集中度越高。

[3] 是指同一个变量在不同空间位置上的相关性，是空间单元人口聚集程度的一种度量。空间自相关性使用全局和局部两种指标，全局指标（Univariate Moran'I 指数）用于探测整个区域的人口空间模式，使用单一的值来反映该区域的自相关程度，其计算公式为：$I = \dfrac{n \sum_{i=1}^{n} \sum_{j=1}^{n} w_{ij}(x_i - \bar{x})(x_j - \bar{x})}{\sum_{i=1}^{n} \sum_{j=1}^{n} w_{ij}(x_i - \bar{x})^2}$，其中，$I$ 为 Moran 指数，$n$ 为街道单位数，$x_i$ 和 $x_j$ 分别为 $i$ 街道和 $j$ 街道的人口数，$w_{ij}$ 为标准化的空间权重矩阵，该指数的取值范围为 [-1, 1]：大于 0 表示各单元存在空间正相关，单位内观察值有趋同趋势；小于 0 表示各单元存在空间负相关，单位内观察值有不同趋势；等于 0 时表示各单位为独立随机分布，空间不相关；局部指标（Local Moran'I 指数，LISA）用于计算每一个空间单元与邻近单元人口分布的局部自相关程度，即识别"热点区域"，其计算公式为 $I_i = z_i \sum_{j=1}^{n} w_{ij} z_j$，其中，$z_i$ 和 $z_j$ 为 $i$ 街道和 $j$ 街道上人口数的标准化。依据 $I_i$ 和 $z_j$ 的正负取值差异，可将全部空间单位划分为四种类型的空间模式：高—高类型代表人口规模大的街道被相似街道所包围，低—低类型代表人口规模小的街道被相似街道所包围，低—高类型和高—低类型则代表某一街道被与其人口规模相差巨大的其他街道所包围。

和城市人口圈层比较分析。[①]

## 二 北京常住人口圈层分布特征

北京是我国最典型的以同心圆方式发展的大城市，人口分布变动和城市化的发展都呈现圈层分布的特点，人口高度集聚在中心城区[②]：1949年以前北京市的人口分布保留着传统大城市的分布特征，即呈现典型的同心圆分布，人口密度由中心城区向四周逐步降低；中华人民共和国成立后，北京市进行多次城市规划和行政区扩充，尽管中心城区仍保持着较高的人口密度，但近郊区和远郊区的人口增长速度高于中心城区；20世纪90年代后，首都功能核心区（今东城和西城所在区域）的人口吸纳能力基本饱和，人口密度保持相对稳定，但在这一阶段北京市人口总量激增，进一步导致了城市功能扩展区人口密度的快速增加，中心城区人口超负荷运转。

### （一）常住人口的空间分异

1990年至今，北京市常住人口更多地向城区集中，城市化率继续上升，北京市进入城市化的新阶段。基于1990年、2000年和2010年三次人口普查的街道人口数据，本部分使用Gini系数法和Wright系数法对北京市人口空间分布均衡程度的变动情况进行分析，发现两个特点。

第一，Gini系数显示，北京城市内部人口分布的不均衡性增强，中心城区问题最突出。依照空间Gini系数的判定标准，0.3—0.4位于相对合理区间，0.4—0.5为差距较大区间。按此标准，北京市人口分布的Gini系数不断扩大：从1990年的0.31增加至2010年的0.47，特别是中心城区自20世纪90年代开始就已超出合理范围，2010年更是达到0.46的水平，北京市的人口分布越来越不均衡（见表8-1）。

---

[①] 用于比较处于不同发展阶段的城市，其人口空间分布的规律性。数据来源有二：一是人口普查数据。加拿大和东京以普查区（Census Tarcts）为基本单位，而我国能够获得的最小单位为街道数据；二是利用普查区坐标数据产生距离变量，根据距离变量对普查区进行梯度分组，最后对各组人口数量和密度进行纵向比较，并与其他城市进行横向比较。

[②] 中心城区是指当前的西城、东城、朝阳、海淀、丰台、石景山6个区。

表 8-1　　北京市人口空间分布的 Gini 系数和 Wright 系数

|  | 1990 年 | 2000 年 | 2010 年 |
| --- | --- | --- | --- |
| Gini 系数 | 0.3091 | 0.3904 | 0.4716 |
| 中心城 | 0.4023 | 0.4159 | 0.4573 |
| 非中心城 | 0.2810 | 0.2635 | 0.2551 |
| Wright 系数 | 0.1448 | 0.2202 | 0.3956 |

第二，Wright 系数显示，北京市人口空间分布的区域集中度增加，更多的人口集中于更少的街道。结合比较 2000 年和 2010 年北京市人口分布的洛伦茨曲线发现，在北京市人口分布 Gini 系数扩大的同时，洛伦茨曲线变得更加陡峭，相应的 Wright 系数变得更高，这表明北京市人口空间分布不仅表现出严重的区域不均衡特征，而且大量人口主要集中在小部分区域（见图 8-1）。

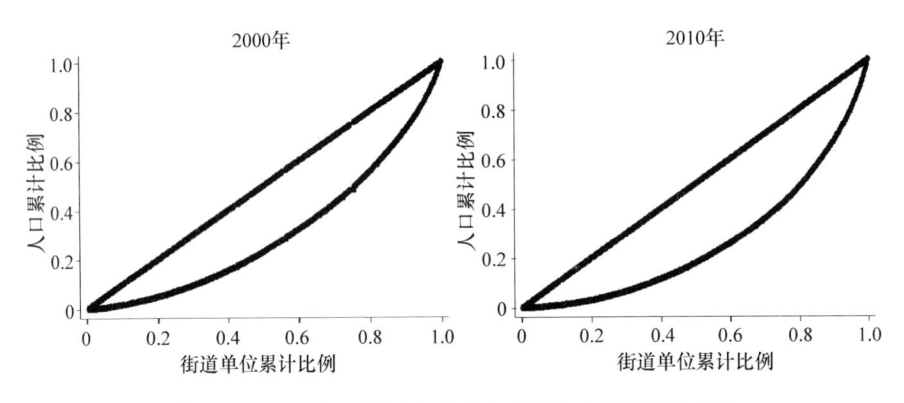

图 8-1　2000 年、2010 年北京市人口分布的洛伦茨曲线

### （二）常住人口全局性空间关联度

由于北京市人口集中的重心以及离散的具体情况并不能仅仅通过 Gini 系数和 Wright 系数展现出来，所以我们有必要对北京市人口空间分布的关联模式加以分析。本节进一步使用"全局 Moran'I 指数"对北京市常住人口和流动人口数据进行分析，以便更直观地比较北京市常住人口和流动人口的空间关联特征；使用"局部 Moran'I 指数"（LISA）对流动人口数据进行分析，以便于探讨北京市流动人口空间分化格局及其变动趋势（由于户籍人口空间分布比较稳定，常住人口的空间集聚变动很大部分受

到流动人口的影响，因此书中只选取了流动人口的 LISA 结果）。

表 8-2　　　　　　　　　北京市人口空间关联性分析

| 年份 | 全局 Moran'I：常住人口 | 全局 Moran'I：流动人口 |
| --- | --- | --- |
| 1990 | 0.3668 | — |
| 2000 | 0.4486 | 0.5129 |
| 2010 | 0.3970 | 0.4003 |

第一，全局 Moran'I 指数显示，常住人口空间关联度存在"先升后降"的趋势。一方面，1990—2010 年北京市常住人口全局 Moran'I 指数均大于 0，表明北京市各街道常住人口存在显著的空间正相关关系，各街道常住人口在空间上更多地表现出"高—高""低—低"的聚集分布；另一方面，常住人口全局 Moran'I 指数先升后降的特点与城市化进程的阶段性变化有关，特别是与流动人口规模和居住方式的阶段性特征相关。其中，1990 年至 2000 年常住人口全局 Moran'I 指数的快速上升与流动人口的大量流入有关。2000 年流动人口全局 Moran'I 指数为 0.51，显著的空间正相关关系表明：北京市流动人口居住分布具有更强的聚集性，即流动人口数高的街道更多地聚集在一起，流动人口数低的街道也更多地聚集在一起；而 2000 年至 2010 年 Moran'I 指数的小幅下降也与流动人口的空间分布变动有关。2010 年，北京市流动人口占常住人口的比例提高为 35.9%，而流动人口全局 Moran'I 指数下降为 0.40，下降速度比常住人口指数还快，从而推动了北京市常住人口全局空间聚集程度的下降。

第二，流动人口的局部 Moran'I 指数结果显示，流动人口空间分化格局变动较大，高关联区域在中心城和外围均有所减少，人口分布的圈层结构明显。与 2000 年相比，北京市 2010 年流动人口的空间分化格局更加明显，流动人口规模趋于稳定且居住选择更为多元：（1）"高—高"类型区域开始向城市外围扩散（西北和东南方向），中心城各区流动人口聚集程度下降明显，呈现显著的"离心化"流动趋势；（2）城市郊区对市区流动人口仍缺乏足够吸纳能力，显著的"低—低"类型区域主要集中在生态涵养区；（3）存在一部分"低—高"和"高—低"类型区域，该类区域自身流动人口较为集中，但并未带动周边区域的人口增长；（4）部分地区流动人口空间分布相对独立，不存在显著的空间关联模式，主要集中在远郊区县与市区的结合部，构成了市区周边典型的圈层分布。

## 三 北京与东京、多伦多的国际比较

依据城市化发展的阶段论，在城市化进程中的第二阶段，大城市数量、城市空间和人口规模会伴随经济发展而迅速扩大。在这一过程中，大城市的空间扩张和人口规模扩大促使城市群和大都市区应运而生，城市发展也表现出阶段性的空间特点。北京、东京和多伦多分别作为京津冀经济圈、东京都市圈和多伦多大都市区的中心，占地面积存在差异，但核心区域基本都在半径 50 千米范围之内。因此，为了统一口径，本部分均对三者 50 千米圈层以内的人口分布演变规律进行比较，并发现大城市经历了由"极化""扩散"到多城市协同发展的过程。

### （一）由极化到扩散的"倒U形"北京人口圈层

在北京市人口总量不断增加的同时，其人口圈层分布已渡过城市"极化"阶段，呈现倒 U 形的发展特点，波峰开始由核心区向外推移，即越趋近于城市中心，人口比例下降幅度越大，人口空间增长重心由最核心的 10 千米圈层（约四环以内）[①] 向 10—30 千米圈层（约四环外至六环外围）转移，从中心城区向城市发展新区转移。

第一，10 千米圈层内（约四环以内）人口占 50 千米圈层总人口的比例显著下降，且仍有下降空间。2000 年，北京市中心 5 千米圈层内（约三环以内）常住人口占比为 14.89%，2010 年下降到 9.74%；2000 年 5—10 千米圈层内（约三环和四环之间）常住人口占比为 26.13%，2010 年下降到 21.58%。然而，10 千米圈层以内人口总占比依然很高，占 31.32%。

第二，10—30 千米圈层内（约四环至六环外）人口比重显著上升。2000 年 10—15 千米圈层内（约四环与五环之间）常住人口占比为 20.36%，2010 年上升到 25.99%；2000 年 15—30 千米圈层内（约五环至六环外围）常住人口占比为 22.95%，2010 年上升到 29.79%。五环外围位于城市发展新区，在吸纳中心城人口的功能方面发挥了一定作用，与

---

[①] 以市中心为原点的城市圈层与北京城市环路尽管有相当的空间重合，但并不严格一致。

其"疏散城市中心区产业与人口的重要区域"的功能定位相一致。

第三,2010年30千米圈层内(约六环外围以内)人口占比不降反升,高达87.10%。尽管10千米圈层人口占比有所下降,但10—30千米圈层人口占比上升幅度更大,所以30千米圈层内人口比例不仅没有得到有效控制,2010年反比2000年上升了2.78个百分点。

表8-3　　　　　　　北京市人口空间分布变化比较

| 距离<br>(千米) | 常住人口数<br>(万人) | | 调整前占比<br>(全市口径:%) | | 调整后占比<br>(50千米口径:%) | |
|---|---|---|---|---|---|---|
| | 2000年 | 2010年 | 2000年 | 2010年 | 2000年 | 2010年 |
| 0—5 | 179.22 | 175.29 | 13.21 | 8.94 | 14.89 | 9.74 |
| 5—10 | 314.48 | 388.46 | 23.18 | 19.81 | 26.13 | 21.58 |
| 10—15 | 245.01 | 467.83 | 18.06 | 23.85 | 20.36 | 25.99 |
| 15—20 | 119.93 | 250.15 | 8.84 | 12.75 | 9.97 | 13.90 |
| 20—30 | 156.16 | 286.06 | 11.51 | 14.59 | 12.98 | 15.89 |
| 30—40 | 105.48 | 139.20 | 7.77 | 7.10 | 8.76 | 7.73 |
| 40—50 | 83.17 | 92.88 | 6.13 | 4.74 | 6.91 | 5.16 |
| 50—60 | 24.50 | 25.70 | 1.81 | 1.31 | | |
| 60—70 | 63.95 | 74.63 | 4.71 | 3.81 | | |
| 70以上 | 40.15 | 40.89 | 2.96 | 2.08 | | |

注:1. 表中"距离"按照各街道办事处、乡镇政府与天安门的直线距离计算得到。

2. 调整前人口比例是以全市人口为基数,显示了0—70千米以上10个分组的人口比例;调整后人口比例是以50千米圈内人口为基数,显示了0—50千米7个分组的人口比例。

## (二) 由扩散到协同的"M形"东京都市圈人口圈层

国家经济发展水平不仅能直接影响区域间的人口流动,而且还能影响城市人口内部空间结构的变动。日本作为较早进入发达国家行列的国家之一,经济发展经历了1955—1972年激增、1973—1990年减缓以及1990年以后相对停滞等阶段,东京都市圈人口分布的空间模式也随之发生了重大变化。狭义的东京都市圈主要包括东京都、千叶县、埼玉县、神奈川县等区域,总面积约1.34万平方千米,占日本国土面积的3.5%。从1920年到2010年,伴随着经济发展,东京都市圈城市化经历了先慢后快、再趋于稳定的过程,城市化水平从18%增加到90%,特别是1950年以后城市化进入加速期，东京人口空间分布变动很大（见图8-2）。

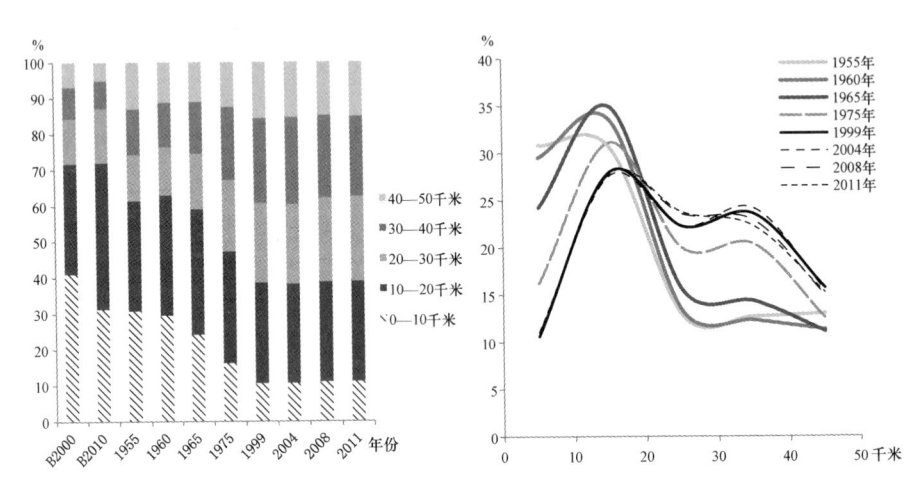

**图8-2 东京50千米人口圈层分布变动趋势（1955—2011年）**

注：B2000是指北京2000年的情况；B2010是指北京2010年的情况。

第一，10千米圈层内的人口占比显著下降。该比例从1955年的30.8%下降至1999年的10.6%，而在1999年之后略有回升，直到2011年基本保持在11%的水平。当前的北京也具有此特点，但此圈层人口比例（31.32%）仍明显高于东京。

第二，10—30千米圈层内人口占比表现出显著上升趋势，10—20千米圈层是第一个人口高峰。尽管10—20千米圈层人口占比持续下降，但最终稳定在28%左右，依然保持较高比例；而10—30千米圈层内人口占比从1955年的43.4%增长到2011年51.5%，主要来自20—30千米圈层人口增长的贡献，其人口占比从1955年的12.8%连续增长到2011年的23.7%，增长期主要是从1965年开始。

第三，30千米圈层以内人口占比显著下降。该比例从1955年的74.2%下降至2004年的60.4%，2011年微升至62.6%。下降的主要原因是10千米圈层人口占比的迅速下降，从1955年至2011年下降了19.7个百分点，远远超过20—30千米圈层人口占比的增幅。

第四，30—40千米圈层人口占比显著上升，形成人口圈层分布的第二个小高峰。该比例由1955年的12.7%上升到2004年的最高值（24.1%），而后略降至22%，并保持稳定。

可见，东京都市圈早期人口分布一直保持着典型的同心圆式城市空间结构，之后的人口分布由核心区开始出现波浪式、向四周推动的特点，并最终形成以东京为核心的多极重心。此外，东京都市圈人口增加的幅度、速度与到市中心的距离存在非线性关系，人口分布也呈现 M 形的双峰曲线特征，这与不同时期的经济发展和城市化阶段有关：1955 年以后，日本经济开启高速发展模式。规划中，东京都市圈被定位为国家经济中心，利用其聚集效应加速推动日本经济发展；随后，由于东京的可利用空间严重不足，1968 年《第二次首都圈建设规划》将规划范围扩展至"一都七县"，也使城市外围区域得到开发建设；随着 20 世纪 70 年代中期日本经济增速趋缓，经济发展模式开始稳定，东京都市圈也经历了由"一极集中"的地域结构向"多心多核"地域结构规划的转变，最终形成了人口空间分布 10—20 千米和 30—40 千米的双峰格局。

**（三）"全局式"变中求稳的多伦多都市圈人口圈层**

多伦多是加拿大人口规模最大的城市，也是北美第四大都市区。多伦多大都市区除了多伦多市外，还包括其他四个地级市，2011 年总人口规模为 657 万，是加拿大人口密度最高的城市群。1950 年，安大略省政府制定多伦多大都市区发展规划，计划将地方政府划分为区域政府和市镇政府，分别管理相应公共事务。1970 年，安大略省政府进一步制定新的规划，以多伦多为核心分别向东、西、北三个方向延伸，涵盖 120 千米的范围，并建立了皮尔、约克、达拉莫和霍尔特姆四个区域政府，与多伦多分别制定各自的区域发展规划。直到 1996 年，安大略省政府成立金色委员会（The Golden Commission）统一研究多伦多大都市区的发展问题，重新建议成立涵盖多伦多大都市区的区域和市镇政府。尽管这一建议最后未能落实，但多伦多大都市区各个区域之间的关联性得到增强。

第一，在多伦多大都市区的视野下，多伦多市的人口占比明显下降。该比例由 1991 年的 53.7%下降到 2011 年的 43.2%，下降了 10.5 个百分点。

第二，多伦多市 10 千米以内圈层人口的占比显著下降，从 1951 年的 30.6%下降至 2011 年的 15.4%。多伦多大都市区依安大略湖而建，其整体空间结构呈扇形或半圆形分布，人口主要集中在多伦多市区，构成了半径为 20 千米左右的内部扇形区域。从长期趋势看，多伦多市区人口的增长主要集中在 10—20 千米圈层，10 千米以内的人口圈层则持续下降。

表 8-4　　　　多伦多人口基本分布情况（1991—2011 年）

|  | 1991 年 | 1996 年 | 2001 年 | 2006 年 | 2011 年 |
|---|---|---|---|---|---|
| 多伦多大都市区 | 423.8 | 463.2 | 508.5 | 555.1 | 605.3 |
| 多伦多市 | 227.6 | 238.5 | 248.1 | 250.3 | 261.5 |
| 其他区域 | 196.0 | 224.3 | 260.0 | 305.3 | 343.9 |
| 霍尔特姆 | 31.3 | 34.0 | 37.5 | 43.9 | 50.2 |
| 皮尔 | 73.3 | 85.3 | 98.9 | 115.9 | 129.7 |
| 约克 | 50.5 | 59.2 | 72.9 | 89.3 | 103.3 |
| 达拉莫 | 40.9 | 45.9 | 50.7 | 56.1 | 60.8 |
| 多伦多市人口占 GTA 比例（%） | 53.7 | 51.5 | 48.8 | 45.1 | 43.2 |

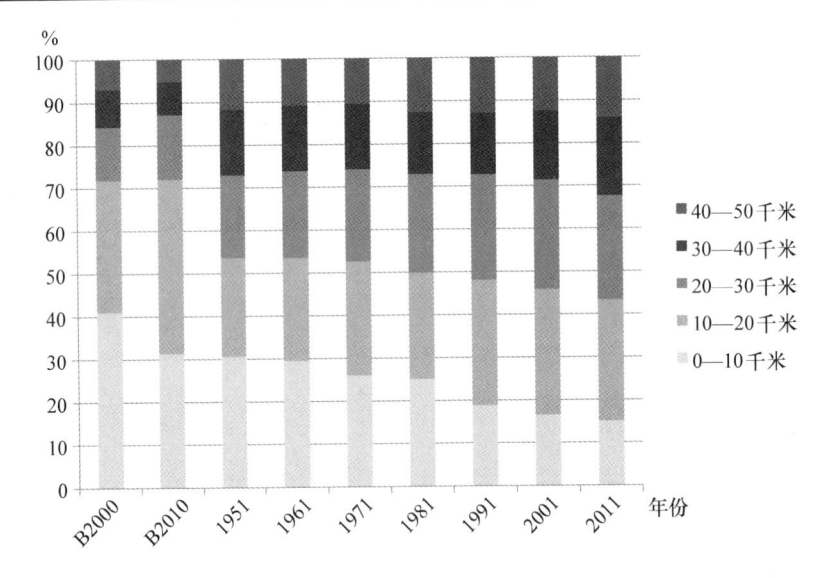

图 8-3　多伦多大都市区 50 千米人口圈层分布变动趋势（1951—2011 年）

注：B2000 是指北京 2000 年的情况；B2010 是指北京 2010 年的情况。

第三，10—30 千米的圈层内人口占比呈现显著上升态势，从 1951 年的 42.2% 上升至 2011 年的 53.6%，增加了 11.4 个百分点。1951—1961 年，多伦多市中心区人口空间增长与 2000 年以前的北京非常相似，增长中心即几何中心。1981 年以后的多伦多大都市区与 2010 年的北京人口空间分布特点一致，增长重心开始外移。"二战"以后，加拿大城市化开始加速进行，直到 20 世纪 70 年代以后才开始放缓。尽管在 70 年代以后城市人口增加缓慢，但城市内部人口空间分布模式却在发生迅速变化，人口重心逐渐外移，稳定集中于 10—30 千米的圈层范围内。

第四，30 千米圈层内人口占比相对稳定。先由 1951 年的 72.9% 上升到 1971 年的 77%，之后下降在 70% 左右，并保持稳定。30 千米圈层人口占比稳定的主要原因来自 10—30 千米圈人口占比的迅速上升，抵消了 10 千米圈层内人口占比下降的影响。

第五，多伦多大都市区的人口增长主要集中在外围 30—40 千米圈层内，呈现与东京相似的双峰格局。由于多伦多大都市区为扇形结构，半径为 50 千米左右，其人口圈层分布数据信息在图 8-2 中不能得到充分反映。然而，根据加拿大普查资料显示[①]的 2006 年到 2011 年人口增幅可以发现：市中心区人口几乎没有过快增长，仅有部分小幅增长集中在市中心区的外围，大部分人口增长集中于距离市中心 30—40 千米的范围内。

## 四　明晰城市群中心城市人口圈层分布格局

### （一）波浪式外推的人口重心

认识和把握好人口重心波浪式外推趋势是本项研究的重要结论之一。基于北京、东京和多伦多的发展演变，我们可以发现：城市化的早期阶段，城市人口在空间上呈线性分布，城市人口高度聚集于市中心，距离市中心越远，人口密度越低；城市化的中期阶段，城市人口在空间上呈倒 U 形分布，城市开始新区建设，人口重心随经济重心而转移，由市中心向外扩散；城市化的后期阶段，城市人口在空间上呈"M 形"分布，形成人口双极或多极分布特点。城市人口在由线性分布转向"M 形"分布的过程中，人口重心呈波浪式外推趋势，经济重心也在外移。因此，对于我国京津冀地区而言，完善外围区域的城市功能，实现中心区与新城的功能互相对接，对于城市未来人口空间模式变动将产生积极影响。

### （二）30 千米的重要圈层分界线

从东京和多伦多的发展规律来看，半径 30 千米以内的城市圈层人口

---

[①] 数据来自 2011 年加拿大国家人口普查统计公报，2012 年 2 月 8 日发布。

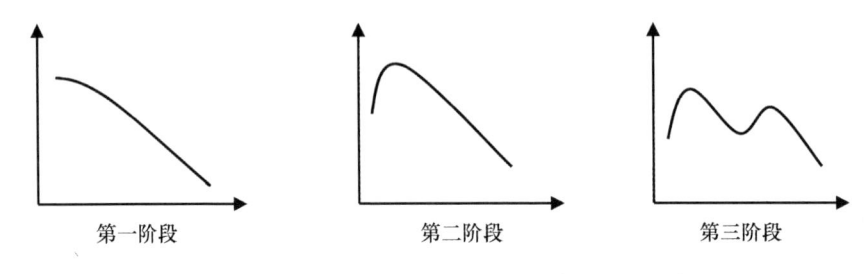

图 8-4 人口空间模式的三个阶段（东京和多伦多）

比例相对稳定，30 千米以外的城市圈层承载一定量的人口，这是大都市发展的基本特点，也是市场选择和政策规划等因素共同影响的结果。若要解决城市人口问题，首先需要解决 30 千米圈内的人口拥挤问题，需要通过功能或产业转移等方式，提升卫星城或新城的人口吸引力。因此，我们需要明确中心城市半径 30 千米圈层的重要分界线。基于此，东京和多伦多都从规划、改造和产业调整等方面对外围城区和卫星城建设做了大量工作，最终对于 30 千米圈层内的人口比例，东京降至 63% 左右、多伦多降至 70% 左右，而目前的北京依然位于 87% 的高位（以 50 千米圈层为统计口径），而且 2010 年比 2000 年还有一定程度的增长，这表明北京市人口分布仍有调整空间，需要提升外围城区和津冀地区的人口吸引力。

**（三）50 年的城市人口空间演变周期**

人口空间分布从剧烈变动到趋于稳定，东京都市圈和多伦多大都市区基本都经历了 50 年左右的时间。日本在 1950 年后经历了经济加速增长、缓慢和停止阶段，人口空间分布直到 1999 年之后开始趋于稳定（当时人均 GDP 为 35025 美元）；加拿大在 20 世纪 50 年代后人口空间分布也经历多次变动，直至 2001 年以后开始稳定（2005 年人均 GDP 为 36116 美元）。而 2000 年我国人均 GDP 为 949 美元，与 1965 年时的日本相近，当时的北京还处于演变周期的早期阶段；2010 年我国人均 GDP 激增至 4434 美元，参照东京和多伦多的发展规律，北京 10 千米圈内人口比例将会进一步下降，10—20 千米圈人口比例维持在 40% 左右的水平，20 千米以外人口比例将进一步上升。同时，北京市人口空间分布模式可能在 2035 年左右趋于稳定，短期干预可以缩短周期，但难以完全改变阶段性特征。因此，尊重 50 年的城市人口空间演变周期，是平稳推进城市群及其中心城人口分布格局调整时应把握的原则之一。

**（四）"单一城市"规划向"全局式"城市群规划的转变**

推动"单一城市"规划向"全局式"城市群区域规划的转变是本研究国际比较的落脚点。多伦多大都市区通过成立金色委员会的方式消除区域规划的内部冲突，执行全区统一的基本建设规划，其经验和教训值得借鉴。相比北京而言，津冀地区无论是可利用面积还是资源承载力均有较大发展空间，若仅依赖北京市自身规划进行人口分布优化，仍难以解决京津冀人口均衡协调发展的根本问题。京津冀协同发展需要改善北京周边地区的发展环境，实现公共服务和产业功能的综合统筹，因此，对京津冀经济社会发展进行"全局式"城市群协同规划，对于北京人口疏解、人口空间布局重塑以及京津冀城市群的孵化都具有重要意义。

# 第九章　东京都市圈就业人口圈层演进

纵观世界各大城市的发展进程，虽然各有不同、各具特色，但在其独特之处的背后，依然可以找到一些共通之处。相对而言，发达国家主要城市现代化进程起步较早，目前已迈入较为成熟的阶段，因此，总结其发展经验和规律性认知，对于我国城市群未来的孵化发育而言仍具一定的参考借鉴价值。已有研究表明，无论纽约、伦敦、东京、首尔还是巴黎，人口向中心城市的聚集是城市化进程中的一个发展阶段，这不仅是不同群体人口对更优质工作与生活的追求，也是市场优化配置人力资源的一种表现。[①] 然而，城市人口规模的迅速增加也是一把"双刃剑"，人口骤增既会对城市现有公共资源供给体系形成挑战，人口聚集反过来又会形成规模经济效应并由此促进发展。因此，在大城市发展过程中，如何平衡这杆秤的利弊两端，如何在人口空间布局中缓解人口规模聚集之重，亟待学界做出回答。

对于我国的现实情况而言，当城市人口规模的增长速度超过公共资源供给时，高房价、高污染等"城市病"便随之而生，这是供需矛盾凸显的外在体现之一。2018年，在距离学者蔡昉提出的"人口红利拐点"仅过去6年，各城"抢人大战"悄然爆发。通过降低落户门槛、推广经济补贴、推行住房和子女入学优惠政策等手段，以行政力量影响市场经济环境下高技能劳动力的空间分布[②]，似乎"抢来了"高技能劳动力，城市就拥有了更进一步发展的可能。然而，与之相对的是，仅有为数不多的城市能关注到由此产生的低技能劳动者需求缺口。

---

[①] 陆铭：《城市发展如何达到高效且包容》，《中国青年社会科学》2018年第1期。
[②] 夏怡然、陆铭：《行政主导的人力资本均衡可否持续：让历史告诉未来》，《学术月刊》2018年第5期。

据估计，在美国每个高技能岗位的增加，会带来 5 个劳动力需求缺口，其中，2 个为卫生、法律等高技能劳动力岗位需求，剩下 3 个为住宿餐饮、收银等低技能劳动力岗位需求，即高技能劳动者与低技能劳动者大约维持在 1∶1 的比例。[1]"大城市病"治理影响着一批低技能劳动者的流出，而高技能劳动者需求数量的增加又进一步扩大了对传统服务业的需求缺口。由此不禁令人反思，究竟如何在不损伤城市活力的前提下合理调整产业和优化人口构成？近年来，为解决好首都北京的"大城市病"等一系列现实问题，2015 年我国将京津冀协同发展上升到了国家战略层面。如何进一步明确并落实好不同区域和不同城市的功能定位，实现非首都功能疏解与京津冀协同发展的共促共进，是一个复杂而又艰巨的系统工程。

作为一衣带水的邻居，同为首都圈的东京都市圈在"二战"后飞速发展，跃升为世界重要都市圈之一，这不仅是受到自然环境、区位条件等因素的长期影响，而且也是市场规律与政府行政力量共同作用的结果。城市经济增长的直接动力来自城市产业结构的升级调整，与之相伴的还有区域经济结构的空间地理转化。[2]近年来，区域与城市空间结构研究被城市地理学广泛讨论。在实证研究中往往选取某一要素进行研究，如建筑物分布、土地利用空间结构、人口分布、产业空间结构、就业空间结构、交通网络分布等。周春山曾将城市空间结构总结为"城市物质空间结构""城市经济空间结构"与"城市社会空间结构"[3]，经济发展与产业结构升级会导致区域空间结构变动，而就业结构的空间分布则是描述这一变化的重要指标。因此，本节将选取反映经济空间结构的重要指标——就业因素进行分析。同人口的空间分布不同，区域就业结构的空间分布将更为直观地描述区域与人口的经济活动特征，兼顾人口分布与经济发展的双重属性，故本节主要从都市圈就业结构的空间分布入手，寻找其集聚与扩散的规律性认识。

区域性城市群的构建已成为世界经济发展的趋势。在此过程中，需要

---

[1] 梁文泉、陆铭：《城市人力资本的分化：探索不同技能劳动者的互补和空间集聚》，《经济社会体制比较》2015 年第 3 期。
[2] 孙铁山、齐云蕾、刘霄泉：《北京都市区就业结构升级与空间格局演化》，《经济地理》2014 年第 34 卷第 4 期。
[3] 周春山、叶昌东：《中国城市空间结构研究评述》，《地理科学进展》2013 年第 32 卷第 7 期。

尊重市场力量对资源配置的决定性作用，同时应重视行政力量的规划性推动。东京都市圈能够在"二战"后迅速崛起，日本政府的政策规划引导是不容忽视的重要一环，自1945年2月出台《战灾复兴规划基本方针》起，不断择机引导。面对"二战"后东京都[①]城市人口快速集中[②]的发展困局，日本政府推动并形成了以国家政策为主导、以政府公共项目为依托的区域与城市开发体系[③]，积极调整产业结构布局，推动中心区产业结构向知识密集型的转变，并制定了包含《首都圈整备规划》《近畿圈整备规划》和《中部圈开发整备规划》等在内的一系列都市圈发展规划，形成了在区位、经济、社会、政治等方面相互关联、相互依赖的东京首都圈，为减轻中心城市人口集中压力以及区域经济的迅速发展做出了贡献。若要准确剖析城市发展带来的结构性调整，不仅应注意到城市经济结构的部门调整，更不可忽视其空间格局变迁过程。因此，本部分尝试从空间维度入手，深入剖析东京都市圈的发展经验，找寻其就业结构的演变发展规律，以期对北京市乃至京津冀城市群的发展寻找某些可能的借鉴。

## 一　数据来源和研究方法

本部分基于1980年至2015年东京都市圈市町村级就业人口及就业密度数据，对该城市群就业结构的时空演进展开分析，并尝试寻找其发展规律。具体来看，本部分要解决的问题为：第一，从宏观上看，东京都市圈的就业结构呈现哪些圈层特点？第二，不同圈层的就业结构是否存在差异？其变化趋势是否一致？第三，随着东京都市圈的经济发展与产业结构升级，就业结构在圈层空间上发生了哪些变化，是否存在集聚或扩散趋势？第四，东京都市圈的就业重心在哪些圈层范围之内？随时间推移是如何变化的？第五，在就业空间结构的变化过程中，各行业的圈层分布表现出怎样的特点？本节按照以下研究框架而展开。

东京位于日本中部，建立于公元1457年，至今已有560余年的历史。

---

① 本章所用东京都为包含东京区部（23区）、市部与多摩地区在内的广义东京概念。
② "二战"后东京人口迅速增长，1945年人口为349万，至1962年已增长至1018万。随后增速有所放缓，至2018年为1384万。
③ 陈佳鹏、黄匡时：《特大城市的人口调控：东京经验及其启发》，《中国人口·资源与环境》2014年第24卷第8期。

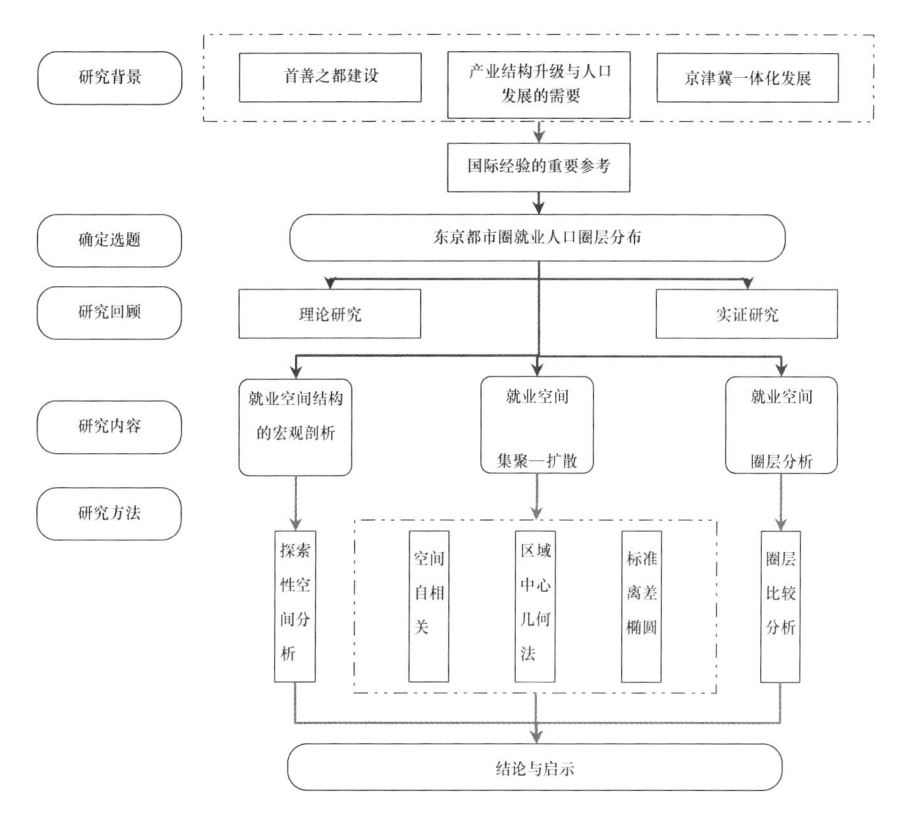

图 9-1　东京都市圈就业结构圈层分布研究框架

明治 2 年（1869 年），东京被确立为日本首都，随后实现了由政治中心向经济中心的转变。虽然在 1923 年大地震以及"二战"中受到严重破坏，但迅速完成了灾后和战后重建工作。20 世纪 50 年代初期，日本经济腾飞，进入工业化、城市化高速增长阶段，城市化率由 1955 年的 56.1% 迅速增长到 1970 年的 72.1%，第三产业就业占总就业的占比也从 1950 年的 29.6% 攀升到 1980 年的 55.4%[1]，一跃成为全国政治、经济、文化、国际交往中心。2015 年，土地面积仅占日本全国 0.58% 的东京，聚集了日本 10.63% 的人口，其 GDP 占日本全国 GDP 的 18.9%[2]，成为全日本人口最密集、经济最发达的地区。作为世界十大城市之一，东京连续多年被

---

[1] 孙波、白永秀、马晓强：《日本城市化的演进及启示》，《经济纵横》2010 年第 12 期。
[2] 资料来源：东京都统计年鉴。

GAWC（全球化与世界级城市研究小组与网络）评级为 A⁺ 城市，即世界一线城市。

东京的腾飞是东京都市圈协同发展的结果。面对"二战"后人口迅速集中的局面，东京政府作出一系列应对措施。一方面，加强东京都市圈建设规划，推动东京及其周边地区向大都市圈方向迈进。东京政府部门连同日本城市规划学会自 1956 年起制定《首都圈整备方案》，提出以东京为中心、半径 100 千米的首都圈地域建设范围。随后，陆续提出《近畿圈整备规划》和《中部圈开发整备规划》，并几乎每隔十年酌情修订。另一方面，加强立法。自 1950 年起，连续颁布《首都建设法》（1950 年）、《首都圈整备法》（1956 年）、《首都高速公路公团法》（1959 年）、《首都圈建成区内工业等限制法》（1959 年）等一系列法律法规，有效推动了东京首都圈建设。[①] 在政府的大力推动下，东京人口规模在一定程度上得以控制，而东京都市圈全域的人口吸附力则不断增强。2015 年，东京都市圈以全日本 3.59% 的土地面积，汇集了全日本 28.43% 的人口，与 1920 年相比提高了 14.57 个百分点。

目前，对于东京都市圈概念的界定存在狭义与广义两种，前者是指脱胎于 1956 年首版首都圈整备方案中的"一都三县"，即以东京都为中心，加上琦玉县、千叶县、神奈川县三县，半径约 80 千米，而后者是指在 1968 年第二版首都圈整备方案中提到的"一都七县"思想，具体是指在"一都三县"基础上，增加北关东地区的群马、栃木、茨城三县，构成广义的东京大都市圈，即首都圈。[②] 依据目前国内研究惯例，本部分选取狭义东京都市圈作为研究区域。

为保证统计口径统一，本部分数据均来自日本历年国势调查。日本国势调查是日本最重要的统计调查，涵盖了所有居住在日本的人口，以五年为周期进行调查，通常以全国、都道府县与市町村为统计单元，最早可追溯到大正 9 年（1920 年）。出于空间统计需要，本章节所使用最小地理单元为市町村级，由于日本国势调查直到昭和 55 年（1980 年）国势调查中才出现涉及全域的市町村别数据，为确保口径统一，本部分研究时段为

---

① 陈佳鹏、黄匡时：《特大城市的人口调控：东京经验及其启发》，《中国人口·资源与环境》2014 年第 24 卷第 8 期。

② 卢明华、李国平、孙铁山：《东京大都市圈内各核心城市的职能分工及启示研究》，《地理科学》2003 年第 2 期。

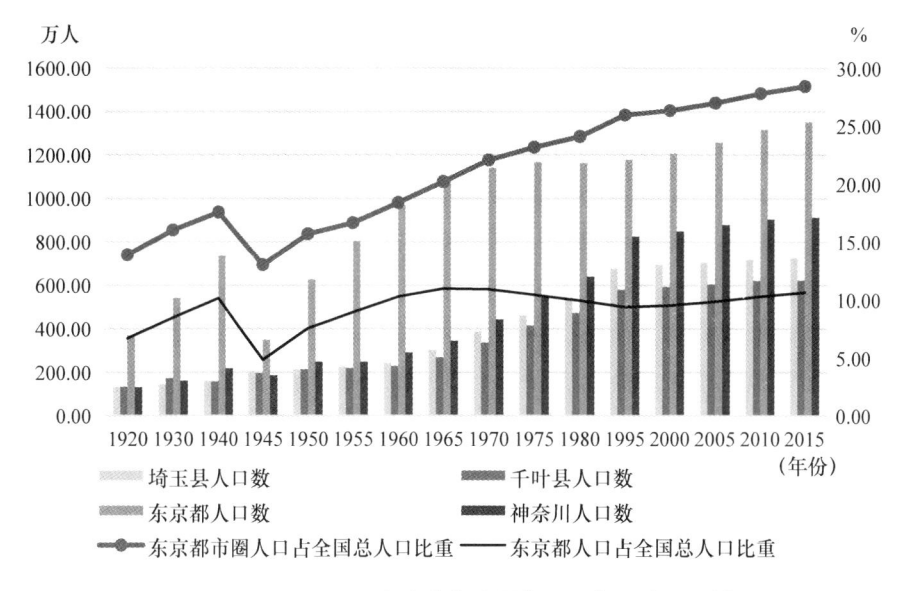

第九章　东京都市圈就业人口圈层演进　197

图 9-2　1920—2015 年东京都市圈各县（都）人口规模、
占全国人口比重变化统计

1980 年至 2015 年，共 35 年。

江户时代，日本各地依据地缘与血缘关系自发组建为地方自治组织，形成大量的町、村。据统计，在明治大合并之前，日本全国共有 71341 个地方自治组织。明治 21 年（1888 年）4 月 25 日，依托于"渐进化演化"①与"集约式增长"②两条城市化道路③，日本政府正式发布郡区町村编制法，要求自 1889 年 4 月起开始町村合并工作，自此掀起了全国町村合并浪潮。1889 年，4 月 1 日，日本政府直接指定 31 个地区为市制，在随后的一年里又增加了 8 个地区，这 39 个城市成为日本最早的一批城

---

①　指在单个村的基础上，随着其社会经济发展，在达到一定条件时可实现由村制向町制的转化，同理，町也可以进一步转化为市。升级指标主要有三条，规定国势调查人口在 5 万以上、以家庭户为单位非农产业就业率在 60% 以上、住宅区连片的中心城区的家庭户占比在 60% 以上。

②　指在自主选择的基础上，人为地将几个相邻的村合并，以达到城市化的目的。总体来看，日本先后有三次大规模的市町村合并，分别是明治大合并（1888—1889 年）、昭和大合并（1953—1961 年）及平成大合并（2000—2009 年）。同明治时期相比，后两次合并更注重居民意愿，若未通过"住民投票"则不强制合并。此外，中国部分研究者也关注到了日本在 1965—1974 年经济高速增长期间，因都市迅速发展并向外扩张而促成的町村合并。

③　焦必方：《从市町村结构变化看日本的农村城市化》，《上海农村经济》2017 年第 4 期。

市。"市制·町村制"行政体制的建立为行政体系的精简以及城市化的发展做出了重要贡献。1947 年日本市町村总数为 10505 个，三者数量分别依次为 210 个、1784 个和 8511 个，而 2014 年日本市町村总数骤降至 1718 个，三者数量分别依次为 790 个、745 个、183 个，三者数量排列实现由小到大再由大到小的转变，日本全域城市化已达相当高的水平。

表 9-1　历年日本及东京都市圈"一都三县"市町村数量变更情况

| 地区 | 统计时点 | 市数 | 区数 | 町数 | 村数 | 总数 |
|---|---|---|---|---|---|---|
| 全日本 | 1888 年（明治 21 年）12 月 | — | — | 71314 | | |
| | 1889 年（明治 22 年）12 月 | 39 | — | 15820 | 15859 | |
| | 1947 年（昭和 22 年）8 月 | 210 | — | 1784 | 8511 | 10505 |
| | 1956 年（昭和 31 年）4 月 | 495 | — | 1870 | 2303 | 4668 |
| | 1965 年（昭和 40 年）4 月 | 560 | — | 2005 | 827 | 3392 |
| | 1995 年（平成 7 年）4 月 | 663 | — | 1994 | 577 | 3234 |
| | 2014 年（平成 26 年）4 月 | 790 | — | 745 | 183 | 1718 |
| 琦玉县 | 1889 年 4 月 1 日 | 0 | — | 40 | 368 | 408 |
| | 1950 年 11 月 3 日 | 8 | — | 49 | 266 | 323 |
| | 1960 年 11 月 3 日 | 23 | — | 35 | 37 | 95 |
| | 2000 年 1 月 1 日 | 43 | — | 38 | 11 | 92 |
| | 2012 年 10 月 1 日 | 40 | — | 22 | 1 | 63 |
| 千叶县 | 1888 年 | 0 | — | 66 | 2391 | 2457 |
| | 1889 年 4 月 1 日 | 0 | — | 43 | 315 | 358 |
| | 1953 年 4 月 1 日 | 10 | — | 77 | 201 | 288 |
| | 1960 年 4 月 1 日 | 18 | — | 69 | 14 | 101 |
| | 2000 年 1 月 1 日 | 31 | — | 44 | 5 | 80 |
| | 2013 年 1 月 1 日 | 37 | — | 16 | 1 | 54 |
| 神奈川县 | 1888 年 | 0 | — | 177 | 1177 | 1354 |
| | 1889 年 4 月 1 日 | 1 | — | 26 | 294 | 321 |
| | 1953 年 4 月 1 日 | 8 | — | 35 | 73 | 116 |
| | 1960 年 4 月 1 日 | 14 | — | 24 | 1 | 39 |
| | 2000 年 1 月 1 日 | 19 | — | 17 | 1 | 37 |
| | 2007 年 3 月 11 日 | 19 | — | 13 | 1 | 33 |

续表

| 地区 | 统计时点 | 市数 | 区数 | 町数 | 村数 | 总数 |
|---|---|---|---|---|---|---|
| 东京都 | 1889年5月1日 | 1 | 0 | 14 | 160 | 175 |
| | 1943年7月1日 | 2 | 35 | 18 | 66 | 121 |
| | 1953年10月1日 | 5 | 23 | 19 | 50 | 97 |
| | 1961年6月1日 | 11 | 23 | 20 | 4 | 58 |
| | 2000年1月1日 | 27 | 23 | 5 | 8 | 63 |
| | 2001年1月21日 | 26 | 23 | 5 | 8 | 62 |

注：1. 市町村为日本对于市、町、村等"基础自治体"的总称，也是日本最底层的地方行政单位，其上有广域自治体的都、道、府、县等地方公共团体。

2. 东京都由于其政治、经济特殊性，故特增设区一级，属于第三级行政规划，可以理解为是东京都管辖之下的直辖市。东京都区部也是狭义东京市的所在地，是东京的中心城区，又被称东京23区、东京特别区、或东京都内。

资料来源：作者根据有关资料整理。

在本部分研究区间内，恰逢2000—2009年的"平成大合并"，其数据发生较大变化。据此，均以2010年口径为准，并对行政区域有所变化的地区进行重新计算，具体操作情况如下。

表9-2　　　　　　埼玉县研究区间内变动情况一览

| 变动前地区 | 变动时间 | 变动后地区 | 变动方式 |
|---|---|---|---|
| 浦和市 | 2001年5月1日 | 埼玉市 | 新设市·町 |
| 大宫市 | | | |
| 与野市 | | | |
| 入间郡名栗町 | 2005年1月1日 | 饭能市 | 编入合并 |
| 岩城市 | 2005年4月1日 | 埼玉市岩城区 | 编入合并 |
| 秩父市（旧） | 2005年4月1日 | 秩父市 | 新设市·町 |
| 秩父郡吉田町 | | | |
| 秩父郡荒川村 | | | |
| 秩父郡大泷村 | | | |
| 北足立郡吹上町 | 2005年10月1日 | 鸿巢市 | 编入合并 |
| 北埼玉郡川里町 | | | |

续表

| 变动前地区 | 变动时间 | 变动后地区 | 变动方式 |
| --- | --- | --- | --- |
| 熊谷市（旧） | 2005年10月1日 | 熊谷市 | 新设市·町 |
| 大里郡大里町 | | | |
| 大里郡妻沼町 | | | |
| 上福冈市 | 2005年10月1日 | 藤野市 | 新设市·町 |
| 入间郡大井町 | | | |
| 小鹿野町 | 2005年10月1日 | 秩父郡小鹿野町 | 新设市·町 |
| 秩父郡两神町 | | | |
| 春日部市（旧） | 2005年10月1日 | 春日部市 | 新设市·町 |
| 北葛饰郡庄和町 | | | |
| 北埼玉郡南河原村 | 2006年1月1日 | 行田市 | 编入合并 |
| 深谷市（旧） | 2006年1月1日 | 深谷市 | 新设市·町 |
| 大里郡冈部町 | | | |
| 大里郡川本町 | | | |
| 大里郡花园町 | | | |
| 小玉郡神川町（旧） | 2006年1月1日 | 小玉郡神川町 | 新设市·町 |
| 小玉郡神泉村 | | | |
| 本庄市（旧） | 2006年1月10日 | 本庄市 | 新设市·町 |
| 小玉郡小玉町 | | | |
| 比企郡都几川町 | 2006年2月1日 | 比企郡时川町 | 新设市·町 |
| 比企郡玉川町 | | | |
| 大里郡江南町 | 2007年2月13日 | 熊谷市 | 编入合并 |
| 加须市（旧） | 2010年3月23日 | 加须市 | 新设市·町 |
| 北埼玉郡骑西町 | | | |
| 北埼玉郡北川边町 | | | |
| 北埼玉郡大利根町 | | | |
| 久喜市（旧） | 2010年3月23日 | 久喜市 | 新设市·町 |
| 南埼玉郡菖蒲町 | | | |
| 北葛饰郡栗桥町 | | | |
| 北葛饰郡鹭宫町 | | | |
| 鸠谷市 | 2011年10月11日 | 川口市 | 编入合并 |

注：本表经汇总研究区间内各市町村在研究区间内的行政区划历史沿革而得，下同。

表9-3　　　　　　　　千叶县研究区间内变动情况一览

| 变动前地区 | 变动时间 | 变动后地区 | 变动方式 |
|---|---|---|---|
| 东葛饰郡关宿町 | 2003年6月6日 | 野田市 | 编入合并 |
| 鸭川市（旧） | 2005年2月11日 | 鸭川市 | 新设市·町 |
| 安房郡天津小凑町 | | | |
| 东葛饰郡沼南町 | 2005年3月28日 | 柏市 | 编入合并 |
| 旭市（旧） | 2005年7月1日 | 旭市 | 新设市·町 |
| 香取郡干潟町 | | | |
| 海上郡海上町 | | | |
| 海上郡饭纲町 | | | |
| 夷隅郡夷隅町 | 2005年12月5日 | 夷隅市 | 新设市·町 |
| 夷隅郡大原町 | | | |
| 夷隅郡岬町 | | | |
| 八日市场市 | 2006年1月23日 | 匝瑳市 | 新设市·町 |
| 匝瑳郡野荣町 | | | |
| 安房郡富浦町 | 2006年3月20日 | 南房总市 | 新设市·町 |
| 安房郡富山町 | | | |
| 安房郡白滨町 | | | |
| 安房郡千仓町 | | | |
| 安房郡丸山町 | | | |
| 安房郡和田町 | | | |
| 安房郡三芳村 | | | |
| 香取郡下总町 | 2006年3月27日 | 成田市 | 编入合并 |
| 香取郡大荣町 | | | |
| 佐原市 | 2006年3月27日 | 香取市 | 新设市·町 |
| 香取郡小见川町 | | | |
| 香取郡山田町 | | | |
| 香取郡栗源町 | | | |
| 山武郡成东町 | 2006年3月27日 | 山武市 | 新设市·町 |
| 山武郡山武町 | | | |
| 山武郡松尾町 | | | |
| 山武郡莲沼村 | | | |

续表

| 变动前地区 | 变动时间 | 变动后地区 | 变动方式 |
|---|---|---|---|
| 山武郡横芝町 | 2006年3月27日 | 山武郡横芝光町 | 新设市・町 |
| 匝瑳郡光町 | | | |
| 印幡郡印幡村 | 2010年3月23日 | 印西市 | 编入合并 |
| 印幡郡本埜村 | | | |

表9-4　　　　　东京都研究区间内变动情况一览

| 变动前地区 | 变动时间 | 变动后地区 | 变动方式 |
|---|---|---|---|
| 秋川市 | 1995年9月1日 | 秋留野市 | 新设市・町 |
| 西多摩郡五日市町 | | | |
| 田无市 | 2001年1月21日 | 西东京市 | 新设市・町 |
| 保谷市 | | | |

表9-5　　　　　神奈川研究区间内变动情况一览

| 变动前地区 | 变动时间 | 变动后地区 | 变动方式 |
|---|---|---|---|
| 津久井郡津久井町 | 2006年3月20日 | 相模原市 | 编入合并 |
| 津久井郡相模湖町 | | | |
| 津久井郡藤野町 | | | |
| 津久井郡城山町 | | | |

## 二　文献评述

### (一)"大都市圈"概念变迁

1910年，美国首次提出"大都市区"（MD）[①]的概念，并被应用于当年人口普查之中。1949年，这一概念被修正为"标准大都市区"（SMA），随后经历了多次变革：1959年改称"标准大都市统计区"（SMSA）[②]；1983年又更改为"大都市统计区"（MSA）；1990年以"大

---

[①] 大都市区（MD）：包括一个10万以上人口的中心城市及其周围10英里以内的地区，或者虽超过10英里但与中心城市连绵不断、人口密度达到150人/平方英里以上的地区。

[②] 标准大都市区（SMA）或标准大都市统计区（SMSA）：包括一个拥有5万人或5万人以上的中心城市及拥有75%以上非农业劳动力的郊县。

都市区"（Metropolitan Area，MA）[①]为总称，泛指大都市统计区（Metropolitan Statistical Area，MSA）、综合大都市统计区（Consolidated Metropolitan Statistical Area，CMSA）、主要大都市统计区（Primary Metropolitan Statistical Area，PMSA）三者；2000年更改为核心基础统计区[②]（Core Based Statistical Area，CBSA），包含"大都市统计区"和"小都市统计区"（Micropolitan Statistical Areas）[③]两大类[④]。随着这一统计口径被普遍使用，不同国家也依据本国国情建立起本国统计指标，如英国"标准大都市劳动市场"（SMLA）、加拿大的"国情调查大都市区"（CMA）等，虽名称各异，但均可视同为MA（大都市区）平级指标。

1954年，日本政府以SMA为参照提出本国都市圈标准，包括具有一个人口在10万以上的中心城市且通勤距离不超过一日的地域范围，同时满足人口密度在170人/平方千米以上、纯农业户占家庭总数的50%以下这几条标准。[⑤]1960年，日本正式提出"大都市圈"的概念，规定大都市圈中心城市为中央指定市或人口规模在100万人以上、邻近有50万人以上的城市，外围地区到中心城市的通勤率不小于本身人口的15%，且大都市圈之间的物资运输量不得超过总运输量的25%。[⑥]这一概念提出后，日本政府及学术界不断深化讨论，并延伸其定义，其中，日本政府多以美国标准为参考，再根据本国国情制定标准，而日本学者多从城市圈内部的产业关联与分工合作关系入手，通过昼夜人口数、产业关联与通勤来

---

[①] 大都市区（MA）：大都市区泛指所有的大都市统计区、基本大都市统计区和综合大都市统计区，其统计范畴略有调整，规定每个大都市区应有一个人口在5万以上的核心城市化地区，围绕这一核心的都市区地域为中心县和外围县。中心县是该城市化地区的中心市所在县；外围县则是与中心县邻接且满足以下条件的县：（1）从事非农业活动的劳动力至少占全县劳动力总量的75%以上；（2）人口密度大于50人/平方英里，且每10年人口增长率在15%以上；（3）至少15%非农业劳动力向中心县以内范围通勤或双向通勤率达到20%以上。

[②] 核心基础统计区（CBSA）：指一个拥有至少1万或1万以上人口的城市核心区以及与之有较高经济和社会整合度（主要标准为通勤联系）的周边地区组成的地域实体。

[③] 大都市统计区必须包括至少一个人口在5万或5万以上城市化区域，小都市统计区必须包括至少一个人口在1万以上5万以下的城市化区域

[④] 王旭：《美国城市发展模式：从城市化到大都市区化》，清华大学出版社2006年版；金本良嗣，日本の都市圈設定基準，応用地域学研究，No.7，2002。

[⑤] 谢守红：《大都市区的概念及其对我国城市发展的启示》，《上海城市规划》2003年第6期。

[⑥] 张京祥、邹军、吴君焰等：《论都市圈地域空间的组织》，《城市规划》2001年第25卷第5期。

区分中心城市与郊外城市，如山田浩之提出的标准大都市雇佣圈[①]（Standard Metropolitan Employment Area，SMEA）的概念。同一时期，川屿臣彦等提出的"城市功能区"（Functional Urban Region，FUR）的概念也较有影响力。2002 年，金本良嗣等根据城市发展的新变化提出了都市雇佣圈[②]（Urban Employment Area，UEA）判定标准。从中心城市的城市人口（DID）、通勤率以及产业劳动比例三方面进行限制标准构成，并划分为大都市雇佣圈（DID 在 5 万人以上）与小都市雇佣圈（DID 在 1 万—5 万）。此外，还延续其中心城市[③]与郊外城市二分类，并更正其测量指标。这一标准随后也被日本内阁府、经济产业省等采用。[④]

### （二）国外城市区域理论的发展

以戈特曼"大都市区"理论为代表。20 世纪中期以来，在工业化、信息化、全球化的推动下，伴随着城市化率的快速提高，城市形态已发生巨大变化。一方面，城市面积不断扩大，同时迅速向郊区扩散，城市郊区化现象逐渐显著，并且出现如银河大都市[⑤]、边缘城市[⑥]、无边缘的城市[⑦]等新型城市形态；另一方面，城市也不再是一个孤岛，而是逐渐由个体走向集体，城市正在向城市群方向发展。城市群的概念缘起为 1898 年为解决城市化带来的大城市过度膨胀问题，霍华德（Ebenezer Howard）在其名著《明日的田园城市》中，除了提出"田园城市"这一思想，还创建性地描述了一种由田园城市组成的城市群体（Town Cluster）。霍华德将城市和乡村视为同一层级的问题来处理，不但强调应对大城市做适当减负与规模控制，避免过度拥挤与环境破坏，同时主张消除城乡的二元对立，大

---

[①] 山田浩之・德冈一幸，わが国における標準大都市雇用圏：定義と適用—戦後の日本における大都市圏の分析（2），經濟論叢（京都大学），No. 132，1983。

[②] 金本良嗣，德冈一幸，日本の都市圏設定基準，応用地域学研究，No. 7，2002。

[③] （1）DID 拥有 10000 或以上人口的市镇；（2）不包含其他城市郊区的市町村；（3）郊区向中心城市通勤率的情况下是大于或等于 10% 的基准值；（4）郊区各市之间劳动人口与常住人口的比例大于 1；（5）同一城市圈可容纳多个中心城市；（6）对于政府指定的城市，如果一个或多个区满足上述的条件，将其添加到中心城市。

[④] 韦伟、赵光瑞：《日本都市圈模式研究综述》，《现代日本经济》2005 年第 2 卷。

[⑤] Tim Hall，*Urban Geography*，Routledge，1998.

[⑥] Garreau, Joel, "Edge City: Life on the New Frontier", *Journal of Urban History*, 1991.

[⑦] Lang R E, Lefurgy J, "Edgeless Cities: Examining the Noncentered Metropolis", *Housing Policy Debate*, Vol. 14, No. 3, 2003.

表9-6　日本不同标准都市圈情况对比（1995年）

| | 项目 | 国势调查中大都市圈概念（总务厅统计局） | 城市功能区（FUR） | 标准大都市雇佣圈（SMEA） | 日经产业消费研究所 |
|---|---|---|---|---|---|
| 中心城市 | 常住人口（夜间人口） | 政府指定城市 | 10万人以上 | 5万人以上 | 城市与郊区（未提及人口状况） |
| | 昼夜间人口比 | — | 1以上 | 1以上 | — |
| | 流出比率 | — | — | (1)流出就业人数与其他特定中心城市的比例小于15%；(2)总流出就业人数的比例不超过30%的 | — |
| | 非农产业就业率 | — | — | 75% | — |
| | 合并条件 | 中心城市接近 | 20千米以内 | — | — |
| 郊外 | 流出比率 | 流向中心城市的通勤者及学生在常住人口中所占比例大于1.5% | 流向中心城市的就业者占比大于5%或者人数大于500 | 流向中心城市的就业者占比大于10% | 流向中心城市的通勤者及学生所占比例大于10% |
| | 非农产业就业率 | — | — | 75% | — |
| | 中心都市选择条件 | — | 吸纳流出就业者占比最高的城市 | 吸纳流出就业者占比最高的城市 | — |
| | 空间连续性 | 围绕中心城市 | 围绕中心城市 | — | — |

续表

| 项目 | | 国势调查中大都市圈概念（总务厅统计局） | 城市功能区（FUR） | 标准大都市雇佣圈（SMEA） | 日经产业消费研究所 |
|---|---|---|---|---|---|
| | 总人口 | — | — | 10万人以上 | 452 |
| 都市圈规模 | 都市圈数(个) | 7 | 87 | 124 | 452 |
| | 中心都市数(个) | 13 | 113 | 124 | — |
| | 郊外市町村数合计(个) | 773 | 1673 | 1107 | — |
| | 都市圈市町村数合计(个) | 786 | 1786 | 1231 | — |
| | 都市圈总面积(km²) | 5215093 | 15787003 | 10785878 | — |
| | 都市圈总人口(人) | 73496190 | 107624450 | 96996441 | — |
| 占全国百分比(%) | 都市圈市总町村数 | 24.3 | 55.2 | 38.1 | — |
| | 都市圈总面积 | 13.8 | 41.8 | 28.5 | — |
| | 都市圈总人口 | 58.5 | 85.7 | 77.2 | — |

资料来源：金本良嗣，德冈一幸，日本の都市圏設定基準，応用地域学研究，No.7，2002。

力发展中心城周围的乡村,其实质在于用城乡一体化的小城市群来代替巨型城市。不过,霍华德的思想还是一种朴素的城市群理念,其削弱卫星城与中心城关系的思想同现代意义上的城市群思想恰好相反,但其理念对现代城市规划起到重要影响作用。真正具有现代意义的概念提法来自法国地理学家戈特曼(J. Gottmann,1957)的大都市区(又译为大都市带、大城市连绵区等,Megalopolis)理论[①],其用这一概念来描述美国东北部以纽约为中心的大都市聚集现象(这一片区域也被后人称为世界六大城市群之一)。在其1957年的文章中,戈特曼创建性地指出都市带是一种"异常生长"(exceptional growth),能够在如此小的面积里聚集如此多的人口、财富与其他文化资源,同时是一个先锋区域,很可能代表着未来城市发展的常态。文章还深入剖析了大都市区产生的时代背景、大都市区对周边区域的影响、其自身内部的主要作用因素以及其内部组织可能存在的问题与解决方案等一系列问题,并最终认为这将是人类聚居和经济活动空间组织形式演进的新趋向。这一研究也被视为现代意义上城市群研究的开端。[②]

戈特曼强调的大都市区是以特定交通走廊为纽带组成的多核心城市体系,打破了原有城市壁垒,人口、就业、经济高度集聚,城乡界限模糊,不同地域相互蔓延并产生密切联系的体系。在其后续研究中,戈特曼进一步从概念界定、功能特征、空间特征等领域对该理论进行完善。4年后出版的《大都市带:城市化的美国东北海岸》[③]一书中指出了大都市带应具备的两个重要功能,即枢纽功能(Hinge)与孵化器功能(Incubator),同时归纳了东北海岸大都市带为多核心星云状(Nebulous)空间形态以及其多样化空间组织特征——马赛克结构(Mosaic)。此外,他还提出构成大都市区应具备的两个标准,即人口规模在2500万人以上,人口密度超过

---

[①] University C, *Megalopolis or the Urbanization of the Northeastern Seaboard*, Urban Planning International, Vol. 33, No. 3, 1957;于洪俊、宁越敏:《城市地理概论》,安徽科学技术出版社1983年版。

[②] J.戈特曼、李浩、陈晓燕:《大城市连绵区:美国东北海岸的城市化》,《国际城市规划》2007年第5期。

[③] Gottmann, Jean, *Megalopolis: The Urbanized Northeastern Seaboard of the United States*, New York: The Twentieth Century Fund, 1961.

250 人/平方千米。① 根据这一标准，1976 年戈特曼划分出世界六大都市带，分别为①美国东北部大西洋沿岸都市带（纽约）；②日本东海道太平洋沿岸都市带（东京）；③欧洲西北部都市带（巴黎）；④美国五大湖沿岸都市带（芝加哥）；⑤英格兰都市带（伦敦）；⑥中国长江三角洲都市带（上海）。② 1987 年，戈特曼发表《大都市带：二十五年后》这一专著，标志着其学术思想的完整成形。在这本书中，戈特曼系统反思整个理论体系，将大都市带的诞生同国际经济体系联系到一起，并指出随着国际经济中心由大西洋向太平洋转移，美国阳光地带将孕育出更多大都市带，其核心城市可能为洛杉矶、旧金山等，而传统大都市带并不会因此衰落，而是继续发挥其创新孵化器功能。③

戈特曼所提出的都市区（Metropolitan Area）、大都市带（Megalopolis）现象，经过实践证明具有一定的可推广性。它不仅仅代表某一个区域的空间形态，也是一个发展的、类型阶段的概念，实质反映的是城市化进程的快速推进对人类社会演化、生产方式、生活方式等诸多因素集中冲击的外在体现，代表着人类聚居和生产空间的新发展方向。④ 之后，学者们在此基础上加以创新，世界大都市带（Constantinos Doxiadis，1967）、大都市圈（日本政府，1960）、超级城市区域（Megaurban Region）与半城市化区域（Desatoka）（Mcgee，1991）等若干概念应运而生。

### （三）国内城市区域理论研究发展

1983 年，戈特曼"Megalopolis"的思想第一次被引入中国并被译为"巨大都市带"（宁越敏，1983）。此后，受到戈特曼思想与麦吉半城市化区域的影响，周一星（1991）、顾朝林（1992）、姚士谋（1992）等学者

---

① Gottmann J, *Megalopolis: The Urbanized Northeastern Seaboard of the United States*, Twentieth Century Fund, 1961.

② Gottmann J, "Megalopolitan Systems Around the World", *Ekistics*, No. 41, 1976；对于此评价标准中国学者认为（于洪俊、宁越敏，1983），中国长三角都市带在 20 世纪 80 年代还不能与其他五个都市带相提并论，建议将其与美国西部沿岸大都市带、巴西南部沿海大都市带和意大利北部波河平原大都带一起列入正在形成的大都市带。

③ Johnston R J, Gottmann J, "Megalopolis Revisited: 25 Years Later", *Geographical Journal*, Vol. 154, No. 2, 1988；李仙德、宁越敏：《城市群研究述评与展望》，《地理科学》2012 年第 32 卷第 3 期。

④ 史育龙、周一星：《戈特曼关于大都市带的学术思想评介》，《经济地理》1996 年第 3 期。

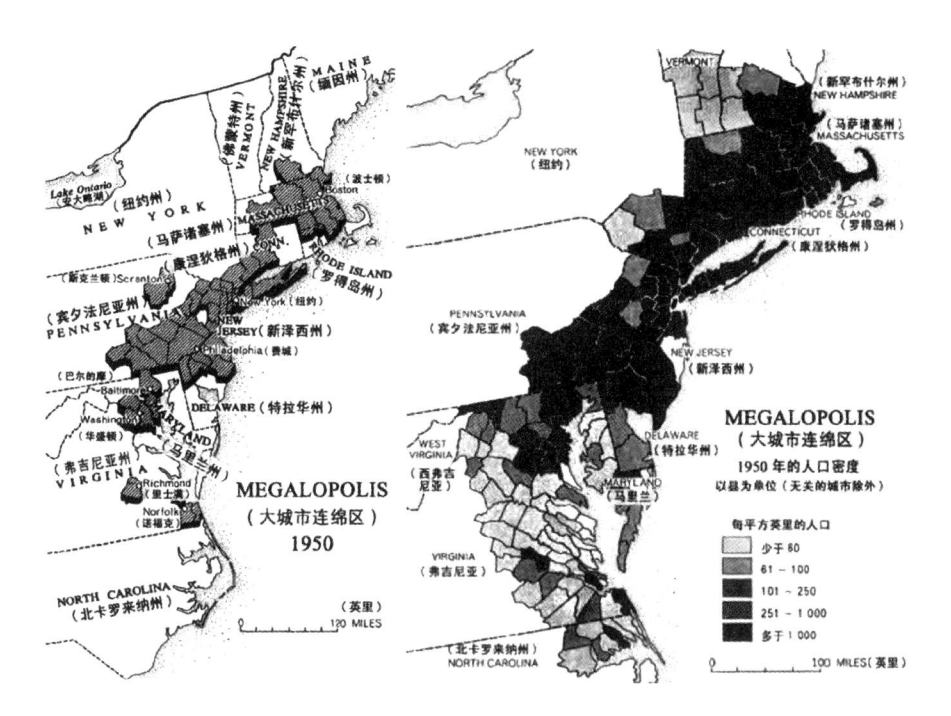

图 9-3　美国东北海岸大都市带（左）和该地区人口密度图（右）

资料来源：Gottman J, "Megalopolis, the Urbanized Northeastern Seabord of the United States", *Economic Geography*, Vol. 33, No. 3, 1957。

分别提出"城市—区域"理论、都市连绵区理论、城市带、城市集聚区、城市群等概念并进行实证研究。

接下来，对都市连绵区（Metropolitan Interlocking Region，MIR）理论与城市群理论做简单介绍。都市连绵区是以若干大城市为核心，且大城市与周围地区保持强烈交互作用和密切社会经济联系，沿一条或多条交通走廊分布的巨型城乡一体化区域。[1] 周一星、赵永革[2]等认为，我国虽然并未设立大都市区这一地域统计单元，但类似的城市功能地域已现雏形。此外，如果说西方都市区是由城至乡、自上而下逐层推进的话，中国大都市

---

[1] 周一星：《中国的城市体系和区域倾斜战略探讨——见中国城市化道路宏观研究》，黑龙江人民出版社1991年版。

[2] 赵永革：《论中国都市连绵区的形成、发展及意义》，《地理与地理信息科学》1995年第1期。

区则是自上而下与自下而上的结合，其中，农村经济的快速发展是孕育出我国大都市区的最重要因素。正是由于农村地区主动接受城市辐射并同城市经济建立紧密联系，才推动了城乡服务业的交流与人口大规模流动，带动了城乡一体化发展。[1] 周一星等学者进一步提出了形成 MIR 的五个必要条件[2]：①具有两个或以上人口超过百万的特大城市作为增长极；②拥有对外口岸；③区域内拥有便利的交通干线作为发展走廊链接增长极与对外口岸；④在交通走廊及其两侧具有较多的中小城镇；⑤城乡之间存在紧密经济联系。在此基础上，根据对我国及太平洋地区经济发展态势，预判出可能发展为都市连绵区或具备都市连绵区雏形的四大地区（长江三角洲、珠江三角洲、京津唐地区与辽中南地区[3]），其形势预判基本被后续实践所证实。

  2012 年 12 月，我国城镇化工作会议首次把城市群作为推进新型城镇化的主体，提出继续优化建设好京津冀、长江三角洲、珠江三角洲三大国家级城市群并争取建成具有国际竞争力的世界城市群。截至 2019 年 11 月，国务院先后批复 10 个国家级城市群，着力推动建立以中心城市引领城市群发展、城市群带动区域发展新模式，这代表着城市群已成为我国"大都市带"的代名词。这一概念可追溯到顾朝林（1991）提出的九大城市经济区思想[4]，为后来国家城市群空间格局的形成奠定了理论基础[5]，在其后续研究中也较早使用了"城市群"一词[6]（顾朝林，1992）。同一年，姚士谋对中国城市群展开系统研究，对"城市群"这一概念进行界定，并于 2001 年再版时将其修订为"依托一定的自然环境条件，以一个或者两个超大或特大都市作为地区经济的核心，借助于现代化的交通工具和综合运输网的通达性，以及高度发达的信息网络，发生与发展着城市个

---

[1] 赵永革：《论中国都市连绵区的形成、发展及意义》，《地理与地理信息科学》1995 年第 1 期。
[2] 周一星：《城市地理求索：周一星自选集》，商务印书馆 2010 年版。
[3] 胡序威、周一星、顾朝林：《中国沿海城镇密集地区空间集聚与扩散研究》，科学出版社 2000 年版。
[4] 顾朝林：《中国城市经济区划分的初步研究》，《地理学报》1991 年第 2 期。
[5] 方创琳：《中国城市群研究取得的重要进展与未来发展方向》，《地理学报》2014 年第 69 卷第 8 期。
[6] 顾朝林：《中国城镇体系：历史·现状·展望》，商务印书馆 1992 年版。

体之间的内在联系,共同构成一个相对完整的城市集合体"①。虽然这一概念在学界存在争议,但依然掀起了学界与政府对这一概念的广泛讨论。例如,许学强等认为这一概念缺乏明确的指标以及空间尺度内涵,同时虽然将其命名为"Urban Agglomeration",但其实质为"大都市区内的城镇聚集体"②,此前学界对城市群的概念界定还缺乏统一的标准,苗长虹(2005)③、方创琳(2005)④、顾朝林(2011)⑤、杨保军(2011)⑥等均作出自己的概念界定。部分学者依然沿着都市绵延区的学术传统,认为城市群的界定应建立在都市区的基础之上(宁越敏,2011)⑦,但已逐渐式微。2011年,中国科学院地理所方创琳团队发布了国内第一部《中国城市群发展报告》,提出了城市群形成发育的7大定量判断标准,并提出"15+8"的国家城市群空间结构格局⑧,这一成果被部分纳入《国家新型城镇化规划(2014—2020)》,并于2013年修正为"5+9+6"⑨的城市群空间结构新格局。此报告将城市群定义为"城市群是指在特定地域范围内,以1个以上特大城市为核心,由至少3个以上大城市为构成单元,依托发达的交通通信等基础设施网络,所形成的空间组织紧凑、经济联系紧密,并最终实现高度同城化和高度一体化的城市群体"⑩。

### (四)就业空间结构的理论与实证研究

理论研究发现,城市源自人口、资源的区域性集聚。因此,对城市人

---

① 姚士谋:《中国的城市群》,中国科学技术大学出版社1992年版;姚士谋:《中国城市群》(第2版),中国科学技术大学出版社2001年版。
② 许学强、周一星、宁越敏:《城市地理学》(第2版),高等教育出版社2009年版。
③ 苗长虹:《从区域地理学到新区域主义:20世纪西方地理学区域主义的发展脉络》,《经济地理》2005年第25卷第5期。
④ 方创琳、宋吉涛、张蔷等:《中国城市群结构体系的组成与空间分异格局》,《地理学报》2005年第60卷第5期。
⑤ 顾朝林:《城市群研究进展与展望》,《地理研究》2011年第30卷第5期。
⑥ 杨保军、陈鹏:《中国的城市化之路怎么走》,《城市规划学刊》2011年第1期。
⑦ 宁越敏:《中国都市区和大城市群的界定——兼论大城市群在区域经济发展中的作用》,《地理科学》2011年第3期。
⑧ 方创琳、姚士谋、刘盛和:《2010中国城市群发展报告》,科学出版社2011年版。
⑨ "5+9+6"内涵为重点建设5个国家级城市群,积极建设9个区域性城市群,引导培育6个地区性城市群。
⑩ 方创琳:《中国城市群研究取得的重要进展与未来发展方向》,《地理学报》2014年第69卷第8期。

口分布与经济分布的研究具有重要意义，而就业结构的空间分布则是经济分布中的重要指标。如果说对城市人口分布的研究结果所描绘出的城市图景是一个静谧的、夜间的城市，那么对城市就业人口分布的空间呈现则谱画出一副动态的、日间的城市图像。常住人口多以其居住地为统计，反映的是"夜间人口"，被更多地用来反映城市的社会特征，而就业人口作为"日间人口"则更能反映城市和区域的经济特征。城市是流动的城市，城市群更是以交通要道为链接、极为重视经济活动的地域集合体，这一研究指标具有特殊意义。随着城市的逐渐发展以及城市空间的逐渐变动，作为要素之一的就业空间结构同样随之变动。总结已有成果发现，其研究多从两个方面入手：一是对就业中心的识别与分级；二是研究其分布集聚与扩散分析，其中，前者是为了对区域就业结构模式判断，即单中心模式或多中心模式，而后者则是为了识别区域发展的整体脉络。

城市发展是集聚力量（向心力）与扩散力量（离心力）相互作用的结果[1]，前者是城市经济发展的基本特征，正是因为存在规模大且整合较好的劳动力市场及其规模的递增性，构成了大城市存在和发展的内在动力。规模化的劳动力市场对就业者与雇佣者存在双向利好，而其规模递增性则是指增加一个劳动力所带来的边际效应的递增，从而提高城市效率。然而，这种集聚力量本身存在边际效用递减，随着集聚超过一定限度，人居城市成本将随之增加，成本体现在高额房租、通勤时间、环境恶化等多方面，反过来限制劳动力与资源的集聚，这种制约机制被形象地称为"城市病"。当集聚所产生的边际效应超过制约机制时，集聚现象将持续发生，反之则会出现扩散现象。城市空间结构正是这两种力交织作用的结果。

城市发展的扩散力量是导致城市空间结构由单中心向多中心转变的主要因素，而扩散力量机制的形成则是市场与政府双重作用的结果。一方面，资本为了寻求更大利益，面对集聚带来的激烈竞争与市场饱和，会主动向外迁移以寻求新的发展机会，从而形成就业次中心。另一方面，部分产业受成本、原料供给等因素影响，也会逐步远离城市中心。同时，政府出于宏观配置资源的考虑，通过制定政策来鼓励与诱导过度集聚地区向外扩散，也是扩散力量的重要推动力。

---

[1] Fujita M, Thisse J F, "Economics of Agglomeration: Cities, Industrial Location, and Regional Growth", *University Avenue Undergraduate Journal of Economics*, 2002.

就业空间结构的实证研究由来已久,其研究方法与对人口空间结构的研究有很大相似性。1909年,韦伯在其《工业区位论》①一书中首次系统地论述了工业区位理论,后来者逐步建立起及涉及交通、人口、住宅等要素的经济活动空间结构模型,如Alonso W 1964年建立的单中心城市模型②与Mills提出的多中心模型理论③。此后学者纷纷从就业中心的识别及其变迁两个角度进行研究,如Giuliano、Small④使用1980年人口普查数据中就业密度与就业人数两个指标,识别出该地区存在32个就业子中心;Mcmillen等⑤通过对62个美国大城市地区的样本进行简单泊松回归支持了Fujita提出的城市空间结构模型(该模型认为就业子中心的数量随着人口和通勤成本的增加而增加)⑥,同时得出结论,拥堵程度较低的城区在人口达到268万时形成第一个子中心,人口达到674万时形成第二个子中心。此外,还有学者通过研究通勤的空间、时间和模式,对20世纪80年代美国大都市区就业空间结构的分散趋势展开讨论,其数据表明1980—1990年,美国大都市区的就业人数在中心城市以外增加了49.2%,而中心城市则增长了13.1%,这导致平均车辆行驶里程(VMT)的延长,同时交通和乘车共享市场份额减少(这反过来降低了平均车辆占用率)。⑦

总的来看,国外学者对就业中心的识别与分级中,最重要的指标在于就业人数与就业密度,同时涉及的其他重要指标包括常住人口数、通勤成本等。通常使用的方法可分为四类,分别是探索性空间分析(图形分

---

① [德]阿尔弗雷德·韦伯:《工业区位论》,李刚剑、陈志人、张英保译,商务印书馆2011年版。

② Alonso W, *Location and Land Use: Toward a General Theory of Land Rent*, The Exploration of Egypt and the Old Testament: Oliphant, Anderson & Ferrier, 1964.

③ Mills E S, "An Aggregative Model of Resource Allocation in a Metropolitan Area", *American Economic Review*, Vol. 57, No. 2, 1967.

④ Giuliano G, Small K A, "Subcenters in the Los Angeles Region", *University of California Transportation Center Working Papers*, Vol. 21, No. 2, 1991.

⑤ Mcmillen D P, Smith S C, "The Number of Subenters in Large Urban Areas", *Journal of Urban Economics*, Vol. 53, No. 3, 2003.

⑥ Fujita M, Ogawa H, "Multiple Equilibria and Structural Transition of Non-monocentric Urban Configurations", *Regional Science & Urban Economics*, Vol. 12, No. 2, 1982.

⑦ Cervero R, "Subcentering and Commuting: Evidence from the San Francisco Bay Area, 1980-1990", *University of California Transportation Center Working Papers*, Vol. 35, No. 7, 1996.

析)、门槛值法、参数模型法以及非参数模型法。[1] 前两者往往借助 ArcGis 即可完成,后两者需借助其他统计工具(R 语言)来协助完成。探索性空间分析是将数据在空间上加以呈现,并以此寻找就业中心[2],但根据分组标准的不同,其结果会出现一定差异;门槛值法中临界值的设定也是一种经验的、主观的方法,其结果同样会随着临界值的改变而改变[3]。参数模型法是利用区域密度函数对城市结构拟合的一种方法,可分为单中心区域密度函数与多中心区域密度函数,前者包含 Clark 模型[4]、Smeed 模型[5]和 Newling 模型[6]等,后者则是 20 世纪 90 年代初逐渐发展起来的新方法[7]。1998 年,Mcmillen 提出基于非参数模型的两阶段识别城市就业次中心方法。Mcmillen 认为,对于城市而言,到处都有就业机会,但只有当某一个地区对城市整体就业模式、人口密度、地租等因素产生影响时,才是就业子中心。基于这样的判断,Mcmillen 第一阶段使用非参数模型来识别就业密度显著高于周边地区的街道,并将其作为候选就业中心,第二阶段则对筛选出来的就业中心进行检验,判断其对城市整体空间结构的影响,并将其中具有重要解释力的候选就业中心确定为城市就业次中心。其认为这种方法可应用于汇总或分解数据,而不需要详细了解研究区域,并且可由其他研究人员轻松重现。据此,Mcmillen 使用 1980—1990 年分季度的详细数据,识别了芝加哥的就业子中心并确定其对就业密度的影响。通过对已有的 20 个子中心构建密度函数发现,就业密度与选择方程误差之间存在显著的相关性,而子中心距离对预期密度有很大影响,而与芝加哥

---

[1] 宋鑫:《京津冀城市群就业空间结构及集散趋势研究》,博士学位论文,华中师范大学,2017 年。

[2] Giuliano G, Small K A, "Subcenters in the Los Angeles Region", University of California Transportation Center Working Papers, Vol. 21, No. 2, 1991.

[3] Gordon P, Richardson H W, Wong H L, "The Distribution of Population and Employment in a Polycentric City: The Case of Los Angeles", Environ Plan A, Vol. 18, No. 2, 1986.

[4] Clark C, "Urban Population Densities", Journal of the Royal Statistical Society, Vol. 114, No. 4, 1951.

[5] Smeed R J, The Traffic Problem in Towns, Norbury, Lockwood, 1961.

[6] Newling B E, "The Spatial Variation of Urban Population Densities", Geographical Review, Vol. 59, No. 2, 1969.

[7] Heikkila E, Gordon P, Kim J I, et al, "What Happened to the CBD – Distance Gradient? Land Value in a Polycentric City", Environment & Planning A, Vol. 21, No. 2, 1989.

CBD、奥黑尔机场、高速公路交汇处和铁路线的距离无关。[1] 2001 年，Mcmillen 对使用二阶段法对芝加哥、达拉斯、休斯敦、洛杉矶和旧金山以及新奥尔良进行就业子中心的识别。这一方法逐渐推广使用，如韩国学者全名镇[2]使用非参数方法对 1981 年和 1996 年首尔的就业中心进行识别，发现 1981 年存在 4 个子中心，而 1996 年这一数量上升为 6 个，其中，在 1981 年的 4 个子中心中有 2 个子中心被分类为在就业密度方面具有全市影响力的主要子中心，而另外 2 个子中心被识别为局部峰值。首尔在 1996 年变成了多中心城市形态，有 3 个主要子中心和 3 个次要（本地高峰）子中心。

我国国内相关研究基本沿用了国外的几种方法。使用 ArcGis 软件可以绘制就业密度等值线图以设置门槛值，并通过空间插值（反距离插值或克里金等方法）进行研究，或直接将其呈现在图层上进行分析[3]。王法辉[4]是我国国内较早使用参数模型函数的学者，随后冯健、周一星[5]在研究北京城区人口空间分布结构时使用了单中心密度函数与多中心密度函数；吴文钰等[6]也将这一方法应用在上海市人口空间分布上。较早使用二阶段识别法的学者是谷一桢等[7]、孙铁山等[8]、孙斌栋等[9]，对北京、上海

---

[1] Mcmillen D P, Mcdonald J F, "Suburban Subcenters and Employment Density in Metropolitan Chicago", *Journal of Urban Economics*, Vol. 43, No. 2, 1998.

[2] 전명진, Identification of Seoul's Employment Centers by Using Nonparametric Methods, 國土計劃, 제38권 제3호, 2003.

[3] 王玮：《基于 GIS 支持的北京市就业空间结构研究》，博士学位论文，中国地质大学（北京），2009 年；蒋丽、吴缚龙：《广州市就业次中心和多中心城市研究》，《城市规划学刊》2009 年第 3 期；刘碧寒、沈凡卜：《北京都市区就业—居住空间结构及特征研究》，《人文地理》2011 年第 4 期；张勤：《武汉市就业分布的时空演变研究》，博士学位论文，华中师范大学，2014 年。

[4] Wang F, "Regional density functions and growth patterns in major plains of China, 1982 – 1990", *Papers in Regional Science*, Vol. 80, No. 2, 2001.

[5] 冯健、周一星：《近 20 年来北京都市区人口增长与分布》，《地理学报》2003 年第 58 卷第 6 期。

[6] 吴文钰、马西亚：《多中心城市人口模型及模拟：以上海为例》，《现代城市研究》2006 年第 21 卷第 12 期。

[7] 谷一桢、郑思齐、曹洋：《北京市就业中心的识别：实证方法及应用》，《城市发展研究》2009 年第 16 卷第 9 期。

[8] 孙铁山、王兰兰、李国平：《京都市区人口—就业分布与空间结构演化》，《地理学报》2012 年第 67 卷第 6 期。

[9] 孙斌栋、魏旭红：《上海都市区就业—人口空间结构演化特征》，《地理学报》2014 年第 69 卷第 6 期。

## 三 就业结构总体特征

基于以上的已有文献和统计指标，我们首先来看一看东京都市圈就业结构的整体变化情况。

### （一）全域就业结构高度服务化

1980—2015年的35年间，东京都市圈产业结构升级的脚步从未停歇，不同产业之间以及产业内部结构不断调整（见表9-7）。

表9-7　东京都市圈各县就业结构宏观变动统计

| 时间 | 区域 | 就业人数（万人） | 同上一区间相比变动量（万人） | 第一产业就业比重（％） | 第二产业就业比重（％） | 第三产业就业比重（％） |
|---|---|---|---|---|---|---|
| 1980年 | 埼玉县 | 269.30 | — | 6.25 | 38.46 | 55.29 |
|  | 千叶县 | 215.85 | — | 10.85 | 30.58 | 58.57 |
|  | 东京都 | 567.21 | — | 0.70 | 31.83 | 67.47 |
|  | 神奈川县 | 314.23 | —22.99 | 2.14 | 38.38 | 59.48 |
|  | 都市圈 | 1366.59 | — | 3.73 | 34.45 | 61.83 |
| 2000年 | 埼玉县 | 352.84 | 83.54 | 2.36 | 30.06 | 67.57 |
|  | 千叶县 | 297.57 | 81.72 | 3.88 | 24.23 | 71.89 |
|  | 东京都 | 615.84 | 48.63 | 0.43 | 21.83 | 77.74 |
|  | 神奈川县 | 424.53 | 110.3 | 1.02 | 27.3 | 71.69 |
|  | 都市圈 | 1690.77 | 324.18 | 1.58 | 25.33 | 73.09 |
| 2015年 | 埼玉县 | 348.46 | -4.38 | 1.59 | 23.07 | 75.34 |
|  | 千叶县 | 287.99 | -9.58 | 2.79 | 19.44 | 77.77 |
|  | 东京都 | 585.90 | -29.94 | 0.39 | 15.33 | 84.28 |
|  | 神奈川县 | 412.18 | -12.35 | 0.83 | 21.04 | 78.13 |
|  | 都市圈 | 1634.53 | -56.24 | 1.18 | 19.14 | 79.68 |

1. 东京都市圈就业结构不断升级，2015年全域第三产业就业比重已接近80%

35年间，东京都市圈第一、第二产业占比不断下降，其中，第二产业就业占比由1980年的34.45%下降到2015年的19.14%，下降了15.31个百分点；第三产业就业比重迅速提升，2015年东京都市圈全域第三产业就业比重达到79.68%，相较1980年61.83%的就业比重增长17.85个百分点。在东京都市圈内，1980年时仅有东京超过60%，而经过35年的转型升级各区县第三产业就业比重均大幅上涨，均超过了75%，其中，东京更是达到了84.28%。

2. 东京都市圈第二产业就业占比显著下降，为就业结构高度服务化释放了升级空间

从产业分布来看，1980—2000年，东京都市圈第二产业就业比例降幅占第一产业和第二产业就业比例二者合计总降幅的80.99%；2000—2015年，东京都市圈第二产业就业比例降幅占第一产业和第二产业就业比例二者合计总降幅的93.93%。这说明随着时间的推移，第一产业农业的就业比例已降至极低的水平，只能在第二产业就业占比的压缩上寻求空间。从时间上看，1980—2000年东京都市圈各区县就业结构变动幅度大于2000—2015年。1980—2000年东京都市圈第三产业就业比重增加了11.26个百分点。相应地，同期第一产业就业比重降幅最大的是千叶县，由1980年的10.85%下降至2000年的3.88%；东京、神奈川县第二产业降幅双双超过了10%，神奈川县降幅达到11.08%，是35年间第二产业就业比重降幅最大的地区。2000—2015年，由于产业结构已达到较高水平，第三产业就业比重15年间增幅仅为6.59个百分点，其中，增幅最大的埼玉县第三产业比重相较2000年增加了7.77个百分点。

3. 21世纪以后东京都市圈就业人口向纵深腹地转移，且就业人口总量呈现"先增后减"态势

从就业人数上看，1980—2015年，东京都市圈就业人数由1980年的1366.59万人增长到2015年的1634.53万人，但增加的这267.94万就业人口在时、空两个维度上的分布并不均匀。从时间上看，20世纪后20年的1980—2000年，其就业人数增加了324.18万人。从空间上看，神奈川县、埼玉县、千叶县和东京分别承担了增量的34.13%、28.16%、25.14%和12.56%，其中，承担增量最多是神奈川县。然而，进入21世

纪以后，东京都市圈就业人口呈现负增长态势，2000—2015年就业人口减少56.24万人，其中，东京都就业人口下降最多，占下降总数的53.24%，其他三县就业人口也呈缓慢下降趋势。总体来看，东京都就业人口占东京都市圈总就业人口的比例由1980年的41.51%下降至2015年的35.85%，而相对处于都市圈腹地的神奈川县，其就业人口占比则由1980年的22.99%上升至2015年的25.22%。

### （二）20—30千米圈层的就业密度明显增加

为更好地了解东京都市圈各地区就业结构的变动情况，我们将1980年与2015年就业密度图进行空间叠置，得出35年间的就业密度变动量，并以就业密度变动量-1000人/平方千米、-500人/平方千米、0人/平方千米、500人/平方千米和1000人/平方千米为节点，将变动量归入6类区域，从而得到1980—2015年东京都市圈就业密度变动量的基本情况（见表9-8）。

#### 1. 7成区域就业密度呈上升态势，35年间总体上升197.63人/平方千米

总体来看，1980—2015年东京都市圈就业密度呈上升趋势，全域就

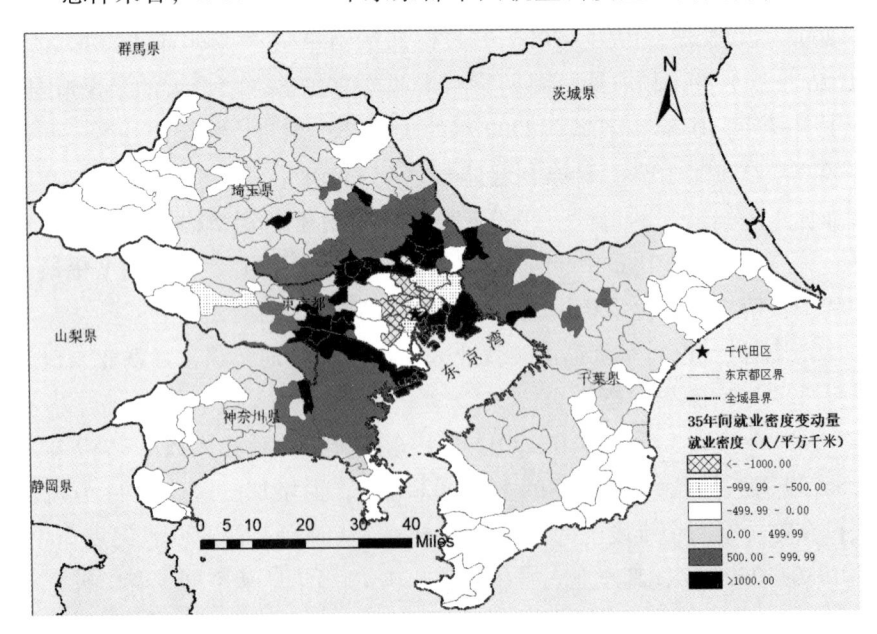

图9-4　1980—2015年东京都市圈（一都三县）就业密度变动量的空间分布

业密度由1980年的1007.94人/平方千米提高到2015年的1205.57人/平方千米。"一都三县"就业密度同样均呈上升态势，上升幅度为85.44人/平方千米—405.45人/平方千米不等。分行政单位来看，1980—2015年，就业密度呈上升态势的共有145个行政单元，占全部203个区的68.97%，而呈下降态势的地区共有63个，占比为31.03%。在全部区间内就业密度上升0—500人/平方千米的行政单元数量最多，共有112个区，占总数的55.17%。就业密度上升最快的区是东京都的西东京市（大体位于距离市中心20—25千米的圈层内），由1980年的1223.60人/平方千米上升为2015年的5947.95人/平方千米，上升幅度高达4485.49人/平方千米，而就业密度降幅最快的地区是同样位于东京都的新宿区（大体位于距离市中心5—10千米的圈层内），由1980年的9994.40人/平方千米下降为2015年的7397.04人/平方千米，降幅为-2597.37人/平方千米。

表9-8 东京都市圈（一都三县）就业密度变动量情况

| | 地区 | 就业人口（人） | | 就业密度（人/平方千米） | | |
|---|---|---|---|---|---|---|
| | | 1980年 | 2015年 | 1980年 | 2015年 | 变动量 |
| | 埼玉县 | 2693026 | 3484648 | 709.04 | 917.46 | 208.42 |
| 增长前5 | 川口市 | 181988 | 285638 | 3264.36 | 5123.55 | 1859.19 |
| | 和光市 | 22658 | 40963 | 2052.36 | 3710.42 | 1658.06 |
| | 户田市 | 38115 | 66972 | 2097.69 | 3685.86 | 1588.17 |
| | 朝霞市 | 42494 | 67135 | 2311.97 | 3652.61 | 1340.64 |
| | 志木市 | 22194 | 34326 | 2449.67 | 3788.74 | 1339.07 |
| 缩减前5 | 上里町 | 9894 | 7020 | 338.72 | 240.33 | -98.39 |
| | 小川町 | 13632 | 8860 | 225.51 | 146.57 | -78.94 |
| | 习野町 | 6325 | 4032 | 99.43 | 63.39 | -36.05 |
| | 小鹿野町 | 7977 | 3588 | 46.53 | 20.93 | -25.60 |
| | 秩父市 | 36693 | 29658 | 63.52 | 51.34 | -12.18 |
| | 千叶市 | 321923 | 430638 | 1183.19 | 1582.76 | 399.57 |
| 增长前5 | 浦安市 | 28345 | 79358 | 1638.44 | 4587.17 | 2948.73 |
| | 习志野市 | 53305 | 78409 | 2539.54 | 3735.54 | 1196.00 |
| | 流山市 | 44311 | 82097 | 1255.98 | 2327.01 | 1071.03 |
| | 船桥市 | 208378 | 286205 | 2433.19 | 3341.95 | 908.77 |
| | 酒酒井町 | 5422 | 22602 | 285.07 | 1188.33 | 903.26 |

续表

| 地区 | | 就业人口（人） | | 就业密度（人/平方千米） | | |
|---|---|---|---|---|---|---|
| | | 1980 年 | 2015 年 | 1980 年 | 2015 年 | 变动量 |
| 缩减前5 | 南房总市 | 65058 | 19136 | 282.59 | 83.12 | -199.47 |
| | 匝瑳市 | 35836 | 18260 | 352.09 | 179.41 | -172.69 |
| | 铫子市 | 42211 | 30923 | 503.05 | 368.53 | -134.53 |
| | 大网白里町 | 12784 | 7084 | 220.19 | 122.01 | -98.17 |
| | 多古町 | 9692 | 3237 | 133.35 | 44.54 | -88.81 |
| 东京都 | | 5672052 | 5858959 | 2592.94 | 2678.38 | 85.44 |
| 增长前5 | 西东京市 | 19394 | 90489 | 1223.60 | 5709.09 | 4485.49 |
| | 中央区 | 47930 | 66868 | 4708.25 | 6568.57 | 1860.31 |
| | 府中市 | 88107 | 123572 | 3002.97 | 4211.72 | 1208.76 |
| | 江户川区 | 243393 | 303120 | 4891.34 | 6091.64 | 1200.30 |
| | 国分寺市 | 40860 | 54565 | 3559.23 | 4753.05 | 1193.82 |
| 缩减前5 | 新宿区 | 182198 | 134848 | 9994.40 | 7397.04 | -2597.37 |
| | 北区 | 196549 | 144825 | 9545.85 | 7033.75 | -2512.09 |
| | 丰岛区 | 153005 | 121926 | 11760.57 | 9371.71 | -2388.85 |
| | 涉谷区 | 128793 | 92718 | 8523.69 | 6136.20 | -2387.49 |
| | 台东区 | 108081 | 85952 | 10722.32 | 8526.98 | -2195.34 |
| 神奈川县 | | 3142295 | 4121817 | 1300.69 | 1706.15 | 405.45 |
| 增长前5 | 大和市 | 74503 | 108018 | 2753.25 | 3991.80 | 1238.54 |
| | 川崎市 | 502309 | 676420 | 3520.04 | 4740.15 | 1220.12 |
| | 茅崎市 | 72484 | 107642 | 2029.80 | 3014.34 | 984.54 |
| | 横滨市 | 1258353 | 1673913 | 2877.02 | 3827.14 | 950.11 |
| | 藤沢市 | 130841 | 194029 | 1882.33 | 2791.38 | 909.05 |
| 缩减前5 | 真鹤町 | 4848 | 3467 | 690.60 | 493.87 | -196.72 |
| | 横须贺市 | 187373 | 173982 | 1860.71 | 1727.73 | -132.98 |
| | 箱根町 | 12205 | 6753 | 131.49 | 72.75 | -58.74 |
| | 三浦市 | 22717 | 21353 | 703.75 | 661.49 | -42.26 |
| | 汤河原町 | 12747 | 11257 | 310.98 | 274.63 | -36.35 |

## 2. 就业密度变动量呈现出以千代田区为中心，由内向外"减—增—减"的环状圈层分布态势

虽然日本政府在1958年、1968年、1976年曾三次发布首都圈基本规划，提出广义的东京都市圈构想，并主张充分发挥区域内各地区的功能特色，但人口与产业向东京集中的大趋势依然没有发生根本性变化[①]，而且早期政策引导效果也并不明显。例如，1977年日本政府公布的《第三次全国综合开发计划》中提出，全国经济中心应是大阪，但依然有大量公司将其总部搬迁至东京，导致其负担的经济功能不但没有得以疏解，反而不断加强。在这样的背景下，1985年日本政府出台《首都改造计划》，明确提出从当前"单极结构"向"多核多圈层"的结构转变。[②] 在这样的背景下，东京市区就业密度在1980—2015年快速下降，而在距离市中心20—30千米的近郊整备地带就业密度均不同程度的增强，就业密度增加量大于1000人/平方千米（共34个行政单位）的多个行政单元位于这片区域，说明这一地区在此期间获得较快发展，同时承担了东京市区向外疏解的部分功能。东京都市圈外围地区就业密度出现下降，说明人口向中心城聚集的规律依然客观存在。使用全局Moran'I指数对就业密度变动量进行空间自相关检验，Moran'I指数为0.40829，Z值为14.24，P值接近于0，说明存在显著空间聚集，充分验证了就业密度变动量存在"减—增—减"分布的结论。

## 四 "单核"向"多核"转变中的就业密度

近年来，许多研究开始借助空间统计分析方法对社会现象的空间模式与分布状态进行探测。为直观地揭示研究区域及研究区域内部各单元间就业分布的空间关系，本部分借助Geoda对1980—2015年的就业人口分布进行空间自相关分析。空间自相关是对空间范围内某项指标聚集程度的一

---

[①] 冯建超、朱显平：《日本首都圈规划调整及对我国的启示》，《东北亚论坛》2009年第18卷第6期。

[②] 王应贵、娄世艳：《东京都市圈人口变迁、产业布局与结构调整》，《现代日本经济》2018年第3期。

种度量,分为全局空间自相关与局部空间自相关。①

本部分空间自相关分析所采用的空间权重矩阵为一阶邻接矩阵,并对结果选用蒙特卡罗模拟的方法,以其 9999 次随机检验(P 值小于 0.0005)结果为准。一阶邻接矩阵矩阵假定空间截面只要有非零长度的共同边界便默认存在空间交互作用,并将其赋值为 1,否则赋值为 0。在本部分中,Queen 邻接识别结果均值为 5.24,Rook 邻接识别结果均值为 5.10,存在一定差异。为更准确识别空间交互作用,矩阵规则选用 Queen 邻接,即当仅存在顶点相接时也将其赋值为 1。

对 1980—2015 年区域绝对量的常住人口、就业人口数及区域相对量的常住人口密度、就业人口密度进行全局空间自相关分析,结果如表 9-9 所示。

第一,各项指标均存在显著性空间自相关,相对量密度指标更能反映聚集程度。1980—2015 年,无论是常住人口总量、就业人口总量还是常住人口密度、就业人口密度,均存在显著性空间自相关,即表现出高值聚集形态。从数值上看,就业、常住人口数空间聚集程度低于就业人口密度数、常住人口密度数,这说明同作为绝对量的地区人口数相比,考虑到面积因素的密度指标更能反映其该项的空间集聚,其中,就业密度的

---

① 全局空间自相关分析是一个总体性指标,反映的是相似属性在研究区域内的空间关联模式,主要的指标和方法包含全局 Moran'I 指数及 Geary's C 指数。其中前者更被学界认同。Moran'I 指数取值范围为 ±1,绝对值越大则代表越存在空间相关性,若该值为正值则代表相似属性存在空间聚集,若该值为负则代表相异属性存在空间聚集,绝对值越接近 0 代表该属性在空间上越接近随机分布。基本公式为:

$$I = \frac{n \sum (X_i - \bar{X})(X_j - \bar{X})}{J \sum (X - \bar{X})^2}$$

局部空间自相关。由于全局空间自相关掩盖了局部小范围区域的相关性,当需要进一步识别研究区域内不同类型的空间关联模式,以及寻找对全局空间自相关贡献率大的因素时,需要采用局部空间自相关进行分析。主要方法包含 Gi 统计、Moran 散点图、局部 Moran'I 指数等。本部分主要采用最后一种方法。局部 Moran'I 指数又被称为 LISA 空间自相关分析法,可以用来度量每个研究单元与周边地区属性值之间的空间集聚程度。局部空间自相关同样需要通过显著性检验。若通过显著性水平检验时,则表示存在局部空间自相关,此时若 Moran'I 值为正,则表示研究单元与周围区域存在空间集聚,当双方属性值均较高时,则出现热点区域,用 HH 表示,反之则出现冷点区域,用 LL 表示;若 Moran'I 值为负,则表示研究单元与周围区域存在空间异质,将出现高值被低值包围的 HL 形和低值被高值包围的 LH 形。其基本公式为:

$$I_i = \frac{X_i - \bar{X}}{S^2} \sum_{j=1, i \neq j} w_{ij}(X_j - \bar{X})$$

Moran'I 指数已达到 0.8 以上，就业密度越高的地区，其周边地区就业密度越高，而就业密度越低的地区也同样有低值地区与之相邻。

表 9 – 9　　1980—2015 年东京都市圈全局空间自相关检验结果

| 年份 | 就业人数 ||| 就业密度 |||
|---|---|---|---|---|---|---|
| | Moran'I | Z 得分 | P 值 | Moran'I | Z 得分 | P 值 |
| 1980 | 0.2391 | 6.5027 | 0.0005 | 0.8200 | 18.2419 | 0.0005 |
| 1990 | 0.2115 | 6.0093 | 0.0005 | 0.8192 | 18.1450 | 0.0005 |
| 2000 | 0.1975 | 5.6931 | 0.0005 | 0.8183 | 18.0306 | 0.0005 |
| 2010 | 0.1905 | 5.5410 | 0.0005 | 0.8339 | 18.6267 | 0.0005 |
| 2015 | 0.1953 | 5.6610 | 0.0005 | 0.8154 | 18.1871 | 0.0005 |

| 年份 | 常住人口 ||| 人口密度 |||
|---|---|---|---|---|---|---|
| | Moran'I | Z 得分 | P 值 | Moran'I | Z 得分 | P 值 |
| 1980 | — | — | — | — | — | — |
| 1990 | — | — | — | — | — | — |
| 1995 | 0.1931 | 5.6275 | 0.0005 | 0.3724 | 8.7798 | 0.0005 |
| 2000 | 0.1903 | 5.5555 | 0.0005 | 0.3770 | 8.8667 | 0.0005 |
| 2005 | 0.1930 | 5.6434 | 0.0005 | 0.3899 | 9.1478 | 0.0005 |
| 2010 | 0.1973 | 5.7256 | 0.0005 | 0.3995 | 9.3568 | 0.0005 |
| 2015 | 0.2015 | 5.7900 | 0.0005 | 0.4056 | 9.5208 | 0.0005 |

第二，常住人口与就业人口先扩散再集聚的变动方向一致，但人口分布指标敏锐性高于密度指标。从时间上看就业人数与常住人口均经历了先扩散再集聚的过程，但 2005 年常住人口 Moran'I 指数已出现回升，而 2010 年就业人口 Moran'I 值依然呈下行趋势，即说明常住人口向中心区域集中的趋势要更快，这一情况的解释还需进一步讨论。

第三，就业密度变动趋势同就业人口一致呈先扩散后聚集模式，人口密度区间内持续性聚集。1980—2015 年，就业密度 Moran'I 指数由 0.8200 先下降后上升至 0.8154，说明就业密度同就业人口一样呈先扩散后聚集模式，但其指标变动不大。作为比较的常住人口密度 Moran'I 指数变动趋势则有所不同，由 1995 年的 0.3724 持续上升至 2015 年的 0.4056，说明人口密度仍处于不断集中态势。这样的结果的一种潜在解释是常住人口与就业人口的空间分布正逐步趋同，居住—就业分割现象或有所缓解。

为更好地寻找发现35年间高值聚集于低值聚集,使用局部空间自相关分析进行探究。依然选用Queen邻接的一阶邻接矩阵,将1980年、2000年、2010年、2015年的就业密度值纳入Geoda中来进行分析,分别生成Moarn散点图、LISA聚类图（LISA Cluster Map）、LISA显著性水平检验分布图（LISA Significance Map）。Moarn I散点图是以标准化的就业密度为x轴,以就业标准化值为x轴,以就业密度的空间滞后值为y轴的可视化的二维图示,每一个区域就业密度的空间滞后值是其周围邻居观测值的加权平均数。根据区域值落在不同象限而将其区分为"高—高"（H—H区,第一象限）、"低—高"（L—H区,第二象限）、"低—低"（L—L区,第三象限）、"高—低"（H—L,第四象限）四类,研究单元空间依赖关系越强,距离原点越近（见图9-5）。

结果显示,东京都市圈内各区历年就业密度存在正值且拟合程度较高的空间依赖关系,区域值多位于第一、第三象限,这说明区域内就业密度呈现高值聚集与低值聚集态势。第三象限空间依赖关系要高于第一象限,低值聚集更为明显。

第一,1980—2015年,东京都市圈主要呈现高值聚集和低值聚集,期间变化较小。LISA聚类图及LISA显著性水平检验分布图可以很清楚地看到不同类型地区在空间上的分布情况。1980—2015年,H—H（高—高）区域由1890年的30个增加到2015年的37个,增加区域主要位于东京都郡部,即东京都区部向西延伸地区。而L—L（低—低）区域由1980年的61个下降到2015年的57个,变化较小,均位于神奈川西部低值聚集区,同时仅存在少量L—H（低—高）地区,该类型表示为低就业密度区域被高就业密度区域所包围,可将其功能视为"高低值过渡区",21世纪以来仅有千代田区为L—H地区。同时不存在H—L地区,即除东京都区部外缺乏十分明显的就业中心。整体来看,东京都市圈就业密度分布格局较为稳定。

第二,东京都市圈就业密度聚集区对应"一都三县"格局,呈现"一高三低"分布态势。从图9-6中可知,就业密度聚集区可将其分为东京都东部一个就业密度高值聚集区,以及埼玉县西侧、神奈川县西南部及千叶县大部三个就业密度低值聚集区。东京都东部的高值聚集区是以千代田区为中心,半径20千米左右的区域,包含东京23区及外延部分地区,35年间其面积正逐步扩大。东京都中心区一直为东京都市圈乃至全

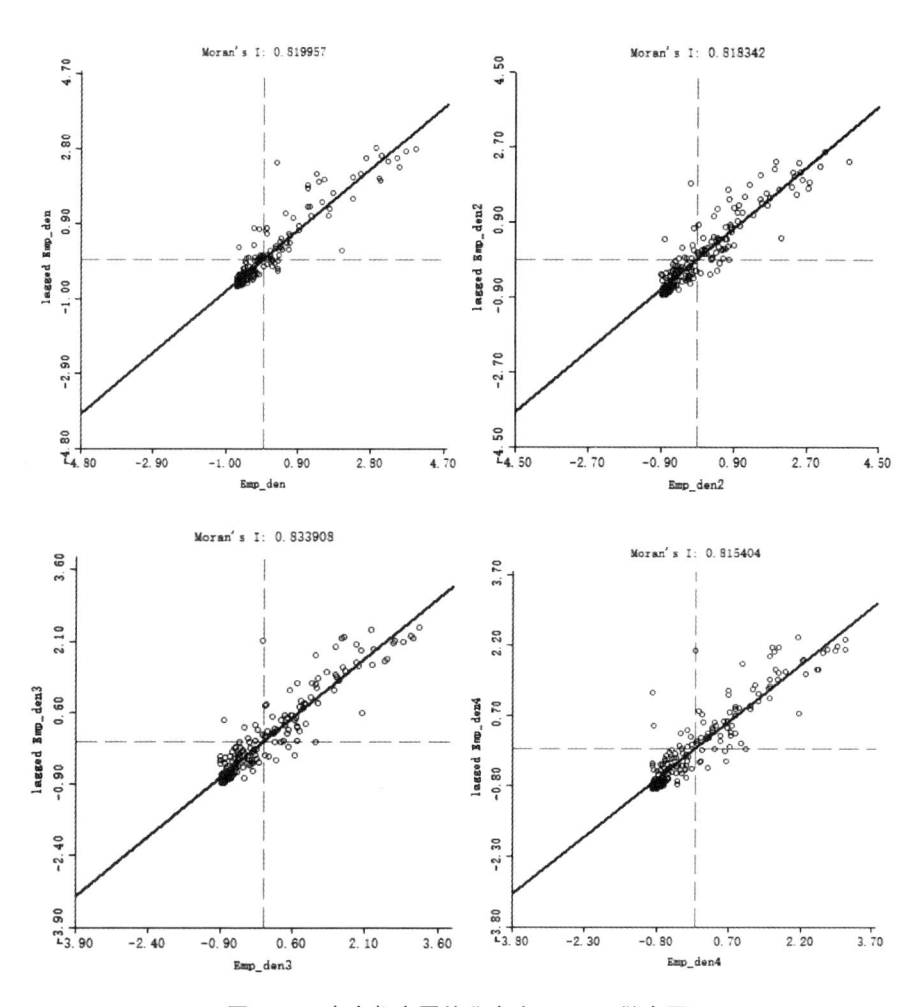

图 9-5 东京都市圈就业密度 Moarn I 散点图

日本的经济中心，经济发达，就业机会充沛，加之面积有限，因此其就业密度居高不下，同时由于扩散效应的存在，随时间推移，周边地区就业密度也将随之升高。埼玉县西侧低值聚集区也包含了东京都西北部奥多摩町，其变化不大。神奈川西南部低值聚集区是三个低值聚集区中面积最小的，同时其包含区县也在不断减少，2015年仅包含小田原市、秦野市、开成町三个地区。千叶县大部地区属于低值聚集区，且除千叶市、四街道市等少数几个地区外均为 L—L（低—低）地区。

第三，从显著性水平上看，就业密度呈现先扩散后集中的演进态势，

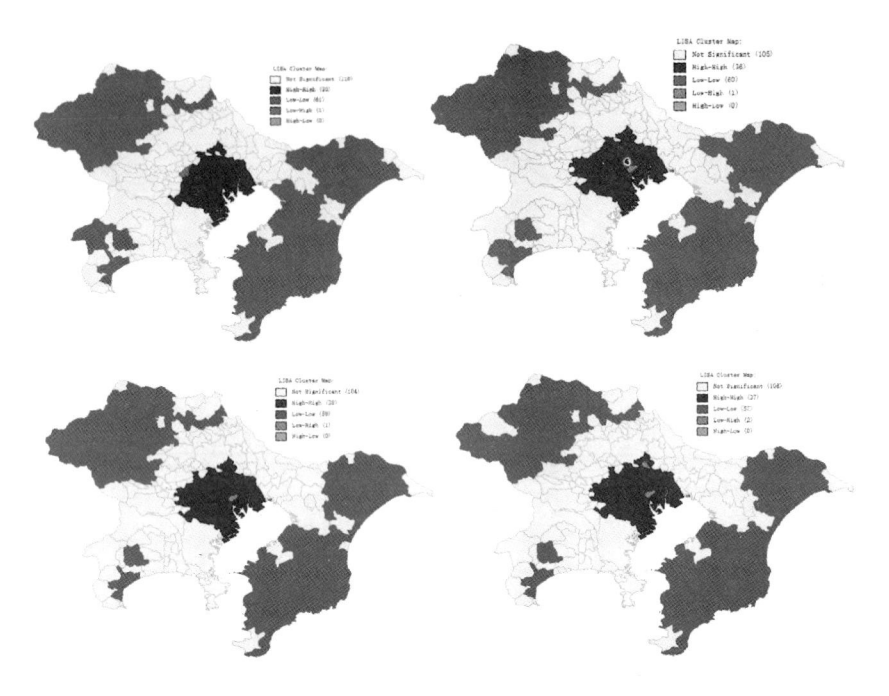

图 9-6　东京都市圈就业密度 LISA 聚类图

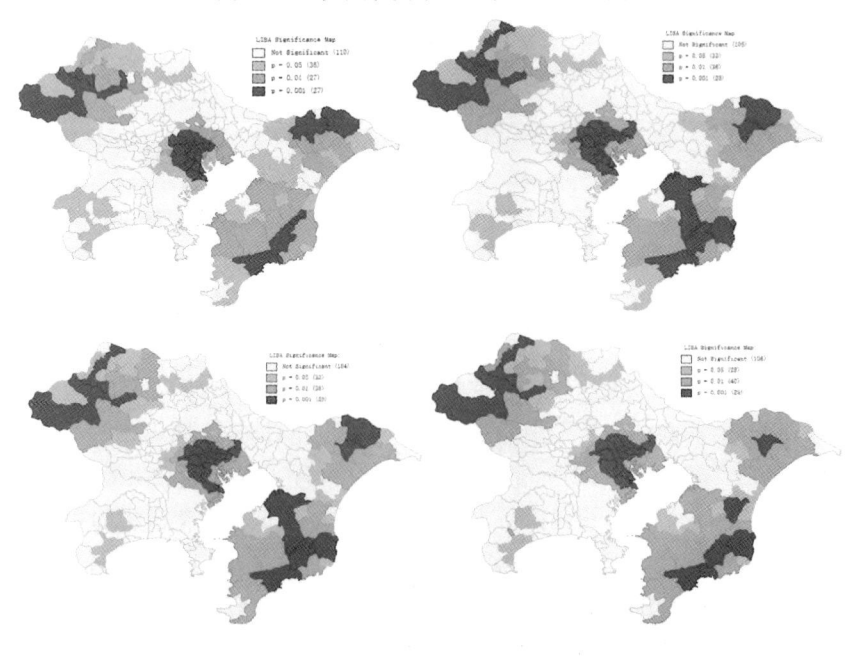

图 9-7　东京都市圈就业密度 LISA 显著性水平检验分布图

同全局空间自相关结果一致。图 9-7 给出了不同显著性水平下的空间聚集程度分布图。整体看，基本同由图 4-23 的 LISA 聚类图一致，但在 0.001 显著性水平上"一高三低"分布态势有所转变，可以发现低值聚集区数量先增后减，说明就业密度呈现先扩散后集中的演进态势，同上文得出的结论保持一致。

总的来看，截至 2015 年，东京都市圈依然保持"单核结构"，并未出现第二片就业高值聚集区。自 1985 年《首都改造计划》中提出建立"多核多圈层"结构以来，日本政府遂做出大量努力，但从空间自相关分析结果看依然仅有东京都区部这一个高值聚集区，想要实现"多核多圈层"结构，还需假以时日。

## 五 就业重心的迁移测度及离散趋势

本节使用"区域重心"及"区域标准离差椭圆"来描述东京都市圈就业人口的空间迁移。1974 年，美国学者沃尔克（F. Walker）借用物理学中重心概念第一次使用"人口重心"来描述地区人口分布的中心区位。因其简明、概括的特征在随后的研究中得到广泛应用，在分析追踪要素时空变化以及不同类型要素间比较时具有较强说服力，实质是研究区域内全部要素的平均 X 坐标及 Y 坐标。[①]

如果将就业区域重心看作一种集中趋势测度方法的话，测量离散趋势则需要使用标准距离来测度。在传统统计学中，经常使用标准差来表述变量与平均值偏离的程度，而标准距离正是这一指标在二维平面空间的展

---

① 人口重心公式可表示为：

$$\bar{X} = \frac{\sum_{i=1}^{n} x_i}{n}, \bar{Y} = \frac{\sum_{i=1}^{n} y_i}{n}$$

其中 $x_i$、$y_i$ 分别表示第 $i$ 个要素的坐标，$n$ 为要素总数。当要素类型为面数据（shape）时则为要素几何中心点。经过加权平均后，该公式转化为：

$$\bar{X} = \frac{\sum_{i=1}^{n} x_i w_i}{\sum_{i=1}^{n} w_i}, \bar{Y} = \frac{\sum_{i=1}^{n} y_i w_i}{\sum_{i=1}^{n} w_i}$$

$W_i$ 表示第 $i$ 个要素的权重值。当要素均匀分布时，要素重心应同研究区域的几何重心重合，距离几何中心越远代表要素偏离程度越大。通过追踪就业重心的移动方向和移动距离，将有助于了解就业分布的方向及其强度大小，揭示时空演进的特征，为探讨其原因与政策规划提供决策依据。

示，其形状为以要素重心为圆心标准距离为半径的计算而得的标准距离圆（Standard Distance Circle）。例如，就业分布的标准距离圆就是以就业重心为圆心，不同方向的标准距离为半径。然而，在实际生活中，要素往往并非平均分布在区域内，而是因为地形、河流、政治中心、文化中心等种种原因具有某种集聚态势，这将导致不同方向的标准距离并不相等，由此得出标准距离椭圆（Standard Deviational Ellipse，标准差椭圆）的概念。①

基于 1980 年、1990 年、2000 年、2010 年、2015 年五个年份的就业人口数，并利用空间统计技术绘制 1980—2015 年东京都市圈就业人口重心及标准离差椭圆专题地图，并将其空间统计结果汇总（如表 9-10 所示）。

表 9-10　　1980—2015 年东京都市圈就业态势空间统计结果

| 项目 | 1980 年 | 1990 年 | 2000 年 | 2010 年 | 2015 年 |
| --- | --- | --- | --- | --- | --- |
| 就业重心 X 坐标 | 134.772 | 134.766 | 134.766 | 134.765 | 134.766 |
| 就业重心 Y 坐标 | 42.685 | 42.688 | 42.691 | 42.691 | 42.692 |
| 椭圆面积（km²） | 3360482.552 | 3316106.709 | 3379664.907 | 3302836.831 | 3264265.567 |
| 椭圆长轴（km） | 36.478 | 36.465 | 36.880 | 36.545 | 36.344 |
| 椭圆短轴（km） | 29.326 | 28.948 | 29.171 | 28.770 | 28.590 |
| 旋转角 | 88.799 | 85.204 | 85.369 | 84.144 | 83.443 |

---

① 标准距离椭圆以区域重心为圆心，基于欧式距离对 X 坐标和 Y 坐标与圆心的标准差进行计算，从而定义椭圆的轴。如果该要素具备空间正态分布（中心集中外围稀疏）则一个标准距离椭圆可以纳入 68% 的要素。利用该椭圆，可以发现要素的分布是否是存在特定方向。其公式为：

$$SDE_x = \sqrt{\frac{\sum_{i=1}^{n} x_i - \bar{X}}{n}}, SDE_y = \sqrt{\frac{\sum_{i=1}^{n} y_i - \bar{Y}}{n}} \tag{1}$$

$$\tan\theta = \frac{A+B}{C} \tag{2}$$

$$A = \left(\sum_{i=1}^{n} x_i^2 - \sum_{i=1}^{n} y_i^2\right)$$

$$B = \sqrt{\left(\sum_{i=1}^{n} x_i^2 - \sum_{i=1}^{n} y_i^2\right)^2 + 4\left(\sum_{i=1}^{n} x_i y_i\right)}$$

$$C = 2\sum_{i=1}^{n} x_i y_i$$

$$\sigma_x = \sqrt{2}\sqrt{\frac{\sum_{i=1}^{n}(x)_i \cos\theta - y_i \sin(\theta)^2}{n}} \tag{3}$$

$$\sigma_y = \sqrt{2}\sqrt{\frac{\sum_{i=1}^{n}(x)_i \sin\theta + y_i \cos(\theta)^2}{n}}$$

通过数据分析，我们可以发现东京都市圈人口就业的几个空间特点。

第一，五个年份的就业重心均在东京都涉谷区、世田谷区交界处（大约距离市中心5—10千米圈层内），且逐步向北部的杉并区、中野区靠近。区域几何中心正位于这两个区的交界处，一方面说明当以几何中心为界，其南部就业人数要更为集聚；另一方面说明随时间推移北部获得了更快的发展，其结果表明就业人数在全域越发呈现空间正态分布性。

第二，就业中心位移逐渐稳定。1980—1990年，就业重心向西北方移动707.95米，而1990—2000年，就业中心向北移动了263.82米。此后，就业重心位移速度进一步减少，在2000—2010年仅向西北方向移动53.77米，随后5年间，向东北方向缓慢移动108.39米。这样的演进方向说明21世纪以来东京都市圈就业空间分布格局已基本稳定，但依然存在小范围的波动转移。

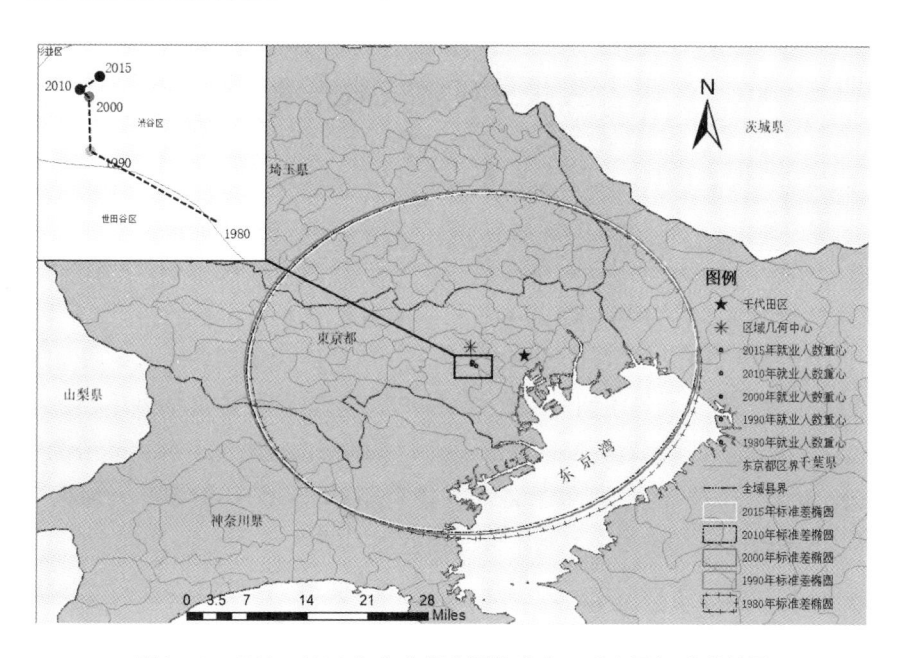

图9-8　1980—2015年东京都市圈就业人口重心及标准差椭圆

第三，1980—2015年就业标准差椭圆变动较小，主要走向（东西方向）变化不大，次要走向（南北方向）走向略有集聚。就业标准差椭圆覆盖了东京市区及与之相连的"一都三县"部分地区，包含了建成区与近郊整备地带①大部分地区。从椭圆长、短轴以及面积上看，经历了"减—增—减"的发展模式。通常来看，标准差椭圆面积减少时表示就业人口呈聚集态势，而标准差椭圆面积增加时表示就业人口呈扩散态势。由于35年间椭圆变动较小，不能轻易加以判断，因此具体看长轴、短轴的变化态势。相比而言，椭圆短轴变动更大，而短轴几乎呈南北走向，可以认为，35年间就业人口主要走向（东西方向）变动较小，而次要走向（南北方向）整体看呈聚集态势。

第四，东京都市圈就业分布大致呈东西走向，逐年向西南—东北方向偏移。1980—2015年，东京都市圈旋转角与正北方向夹角由1980年的88.799°降低到2015年的83.583°，总体看依然呈东西走向分布，但正同时逐步向西南—东北方向偏移。结合就业重心的变化趋势说明东北部发展速度正处于区域间较快的水平。

## 六 就业空间圈层结构分析

如前文所述，东京都市圈就业结构在空间上呈"同心圆式"圈层分布，由东京23区向外逐层递减。自1958年公布的《第一次首都圈基本规划》开始，日本政府便以东京市区为中心进行圈层式规划。第一圈为建成区，距中心半径为10—15千米；第二圈由建成区向外延伸8—10千米，为近郊地带，距中心半径为20—30千米；第三圈为城镇开发区，并未规定半径。由于1958年规划对于人口增长以及城市扩张速度估计不足，七年后日本政府不得不对此加以修订，扩大首都圈地域范围，并将其分为建成区（半径15千米）、近郊整备地带（半径50千米）、城市开发地区。②在之后发布的几次规划中也基本以此为蓝本。

从我们前面所做的研究中发现，东京市中心千代田区并非整个区域的就业中心所在地。因此，为了进一步探讨东京都市圈就业与空间的关系，

---

① 1965年，日本政府对《首都圈整备法》进行修订，划定建成区（既成市街地）、近郊整备带（近郊整備地帯）和城市开发地区（都市開発区域）三个圈域。其中建成区为以千代田区为中心15千米为半径的地区，近郊整备带为建成区外50千米的环带，其他地区属于都市开发地区。

② 冯建超、朱显平：《日本首都圈规划调整及对我国的启示》，《东北亚论坛》2009年第18卷第6期。

这里采用圈层分析方法，对东京都市圈就业结构分布的特征及其状态进行分析。具体方法如下：一是将各区县人口数量和就业数量关联到东京都市圈行政区划图中；二是确定中心点位置。本研究以东京都千代田区为中心点；三是建立不同半径的缓冲区。通过使用 Multiple Ring Buffer 命令建立多重缓冲区，这里从城市中心点开始以 5 千米为半径进行环装切割，最终形成 20 环、100 千米（5 千米 ×20 环）的东京都市圈（一都三县）的圈层地图（见图 9-9）；四是使用多环缓冲区对东京都市圈行政区划图进行切割，最终从之前的 203 个行政区划单元切割为 610 个圈层区域，并根据环带切割所形成的面积数据重新计算变量，最终得到这 610 个小区域的人口和就业数据，并在此基础上计算得到 20 个环带的相关数据。

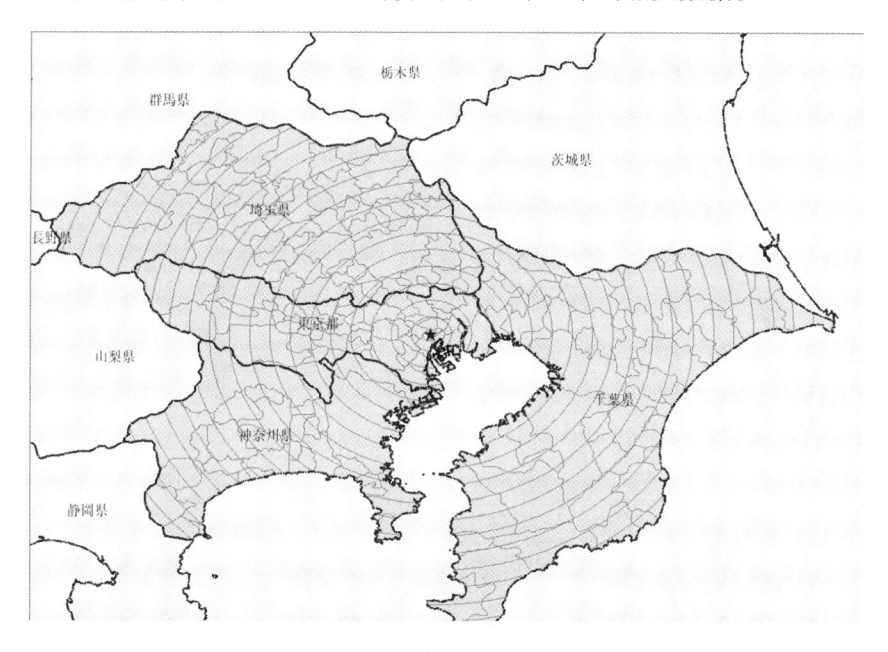

图 9-9　东京都环带切割过程

根据圈层分析数据结果，我们发现东京都市圈人口密度与就业密度均符合 1951 年克拉克（Clark）所提出的人口密度距离衰减模型，即随距离增长密度逐渐下降。克拉克模型最早是对人口密度空间分布的概括，其实质是一种负指数模型，公式为：

$$d_x = d_0 e^{-bx}$$

其中，$d_x$ 含义为当距中心点的距离为 $x$ 时的人口密度，$d_0$ 为中心区人口密度，指数项 $bx$ 中 $b$ 是常数项，表示随距离增长而衰减的速度，$b$ 越大则人口越靠近中心城区。为了检验克拉克模型在东京都市圈的适用情况，这里使用 SPSS 曲线回归中提供的九种模型对人口密度以及就业密度进行拟合，得到 2015 年东京都市圈人口密度和就业密度的拟合函数（见表 9-11、表 9-12）。

表 9-11　　　　　　　　东京都市圈人口密度模型拟合情况

| 方程 | 年份 | 常数项(Constant) | 回归系数1(b1) | 回归系数2(b2) | 回归系数3(b3) | 决定系数($R^2$) | 方差(F) |
|---|---|---|---|---|---|---|---|
| 直线方程 LIN | 1995 | 10525.84 | -130.85 | | | 0.770 | 60.15 |
| | 2000 | 10826.31 | -134.70 | | | 0.775 | 61.86 |
| | 2015 | 12601.53 | -159.23 | | | 0.758 | 56.25 |
| 对数 LOG | 1995 | 23034.75 | -5200.56 | | | 0.918 | 200.97 |
| | 2000 | 23696.84 | -5351.86 | | | 0.923 | 215.96 |
| | 2015 | 28410.85 | -6486.14 | | | 0.949 | 334.34 |
| 反函数 INV | 1995 | 715.89 | 81730.23 | | | 0.686 | 39.26 |
| | 2000 | 722.88 | 84268.27 | | | 0.692 | 40.48 |
| | 2015 | 404.71 | 106660.78 | | | 0.776 | 62.42 |
| 二次方程 QUA | 1995 | 15526.06 | -403.59 | 2.60 | | 0.970 | 273.64 |
| | 2000 | 15938.92 | -413.57 | 2.66 | | 0.973 | 310.64 |
| | 2015 | 19091.62 | -513.23 | 3.37 | | 0.982 | 457.00 |
| 三次方程 CUB | 1995 | 16448.19 | -497.69 | 4.78 | -0.01 | 0.973 | 195.68 |
| | 2000 | 16882.00 | -509.81 | 4.89 | -0.01 | 0.977 | 225.91 |
| | 2015 | 21171.87 | -725.53 | 8.31 | -0.03 | 0.994 | 868.85 |
| 复合曲线 COM | 1995 | 17465.40 | 0.96 | | | 0.951 | 346.52 |
| | 2000 | 18373.12 | 0.95 | | | 0.955 | 379.31 |
| | 2015 | 22975.84 | 0.95 | | | 0.964 | 480.20 |
| 幂函数 POW | 1995 | 571082.81 | -1.58 | | | 0.863 | 113.52 |
| | 2000 | 622165.29 | -1.60 | | | 0.861 | 111.55 |
| | 2015 | 1081928.70 | -1.75 | | | 0.868 | 118.84 |
| 曲线方程 S | 1995 | 6.60 | 21.60 | | | 0.490 | 17.31 |
| | 2000 | 6.61 | 21.82 | | | 0.487 | 17.08 |
| | 2015 | 6.52 | 24.05 | | | 0.499 | 17.89 |

续表

| 方程 | 年份 | 常数项(Constant) | 回归系数1(b1) | 回归系数2(b2) | 回归系数3(b3) | 决定系数($R^2$) | 方差(F) |
|---|---|---|---|---|---|---|---|
| 指数方程EXP | 1995 | 17465.40 | -0.05 | | | 0.951 | 346.52 |
| | 2000 | 18373.12 | -0.05 | | | 0.955 | 379.31 |
| | 2015 | 22975.84 | -0.05 | | | 0.964 | 480.20 |

表9-12　　东京都市圈就业密度模型拟合情况

| 方程 | 年份 | 常数项(Constant) | 回归系数1(b1) | 回归系数2(b2) | 回归系数3(b3) | 决定系数($R^2$) | 方差(F) |
|---|---|---|---|---|---|---|---|
| 直线方程LIN | 1980 | 5300.27 | -67.63 | | | 0.655 | 34.19 |
| | 2000 | 5611.88 | -70.14 | | | 0.762 | 57.62 |
| | 2015 | 5751.76 | -72.26 | | | 0.772 | 61.03 |
| 对数LG | 1980 | 12577.42 | -2905.80 | | | 0.913 | 188.77 |
| | 2000 | 12402.62 | -2810.69 | | | 0.924 | 217.44 |
| | 2015 | 12810.19 | -2912.33 | | | 0.947 | 321.21 |
| 反函数INV | 1980 | -74.20 | 50697.43 | | | 0.841 | 94.90 |
| | 2000 | 320.31 | 44724.54 | | | 0.707 | 43.50 |
| | 2015 | 260.02 | 47201.87 | | | 0.752 | 54.70 |
| 二次方程QUA | 1980 | 8631.94 | -249.36 | 1.73 | | 0.938 | 129.21 |
| | 2000 | 8368.41 | -220.50 | 1.43 | | 0.972 | 290.35 |
| | 2015 | 8592.14 | -227.19 | 1.48 | | 0.985 | 548.89 |
| 三次方程CUB | 1980 | 10496.54 | -439.64 | 6.15 | -0.03 | 0.985 | 352.70 |
| | 2000 | 9010.43 | -286.02 | 2.95 | -0.01 | 0.978 | 232.34 |
| | 2015 | 9333.01 | -302.79 | 3.23 | -0.01 | 0.992 | 694.94 |
| 复合曲线COM | 1980 | 7340.41 | 0.96 | | | 0.926 | 226.58 |
| | 2000 | 9432.52 | 0.95 | | | 0.955 | 378.49 |
| | 2015 | 10365.21 | 0.95 | | | 0.963 | 469.61 |
| 幂函数POW | 1980 | 294987.48 | -1.62 | | | 0.926 | 226.10 |
| | 2000 | 337983.14 | -1.62 | | | 0.869 | 119.11 |
| | 2015 | 437617.89 | -1.70 | | | 0.864 | 114.58 |
| 曲线方程S | 1980 | 5.72 | 23.60 | | | 0.597 | 26.62 |
| | 2000 | 5.91 | 22.23 | | | 0.497 | 17.78 |
| | 2015 | 5.82 | 23.30 | | | 0.492 | 17.43 |

续表

| 方程 | 年份 | 常数项（Constant） | 回归系数1（b1） | 回归系数2（b2） | 回归系数3（b3） | 决定系数（$R^2$） | 方差（F） |
|---|---|---|---|---|---|---|---|
| 指数方程 EXP | 1980 | 7340.41 | -0.04 | | | 0.926 | 226.58 |
| | 2000 | 9432.52 | -0.05 | | | 0.955 | 378.49 |
| | 2015 | 10365.21 | -0.049 | | | 0.963 | 469.608 |

在人口密度拟合方面，二次方程、三次方程、复合曲线以及指数方程拟合效果较好，$R^2$ 均在 0.95 以上。在就业密度拟合方面，以上四种模型指标仍然较好，而其中指数方程即为克拉克模型。

可以看出，在东京都市圈范围内，克拉克模型并非最好选择，三次模型拟合效果要优于克拉克模型。这很有可能是因为克拉克模型是建立在单一城市的分析上，而对于城市群人口及就业密度的适用性还需要进一步研究，但这并不是否认了克拉克模型的适用性，无论是对人口密度还是就业密度的拟合均达到一个较高水平，这里的适用性也仅仅是一个相对标准。

### （一）人口圈层分布的总体特征

通过对东京都市圈进行 5 千米的环形切割后，我们发现常住人口和就业人口空间分布的几个特点。

第一，就业人口圈层分布变动大于常住人口，就业人口圈层变动更为剧烈。从数据来看，东京都市圈就业人口各圈层占比在 1980 年和 2015 年两个历史节点上的差值的绝对值累计为 15.06%，而常住人口为 10.09%，前者高于后者。

第二，就业人口与常住人口空间圈层分布差异在逐步缩小。在前面的分析中已经发现，从空间上看，东京都市圈就业密度及常住人口密度均符合密度衰减模型，2015 年从直观曲线上看二者也在逐渐重合，这说明东京都市圈职住平衡的内在驱动力在增强。从数据来看，1980 年东京都市圈各圈层常住人口占比与就业人口占比之间的差值的绝对值累计为 5.75 个百分点，而 2015 年缩小为 5.43 个百分点。

第三，35 年间，东京都市圈常住人口占比最高峰依然在 10—15 千米圈层，而就业人口占比最高峰向外推移至 15—20 千米圈层。10—15 千米圈层在 1980 年和 2015 年均是东京都市圈常住人口最大占比，分别为

13.38%和12.31%，而10—15千米圈层在1980年是就业人口占比最高峰，为13.94%，而15—20千米圈层则在2015年是就业人口占比最高峰，为11.63%。

表9-13　　　　　　东京都市圈不同环带常住人口分布

| 距离（千米） | 常住人口（万人） ||||| 常住人口占比（%） |||||
|---|---|---|---|---|---|---|---|---|---|---|
| | 1980年 | 1990年 | 2000年 | 2010年 | 2015年 | 1980年 | 1990年 | 2000年 | 2010年 | 2015年 |
| 0—5 | 111.26 | 96.68 | 94.25 | 114.19 | 124.90 | 3.88 | 3.03 | 2.91 | 3.33 | 3.52 |
| 5—10 | 305.10 | 292.38 | 285.54 | 313.91 | 326.72 | 10.64 | 9.15 | 8.83 | 9.15 | 9.22 |
| 10—15 | 383.95 | 393.67 | 397.13 | 427.50 | 436.32 | 13.38 | 12.32 | 12.28 | 12.46 | 12.31 |
| 15—20 | 337.44 | 379.91 | 382.82 | 418.13 | 426.51 | 11.76 | 11.89 | 11.83 | 12.18 | 12.03 |
| 20—25 | 284.12 | 325.97 | 347.25 | 376.49 | 385.39 | 9.90 | 10.20 | 10.73 | 10.97 | 10.87 |
| 25—30 | 272.06 | 318.48 | 344.89 | 372.26 | 378.79 | 9.48 | 9.97 | 10.66 | 10.85 | 10.68 |
| 30—35 | 256.25 | 300.20 | 327.95 | 350.51 | 354.19 | 8.93 | 9.40 | 10.14 | 10.21 | 9.99 |
| 35—40 | 221.13 | 261.70 | 287.82 | 303.04 | 304.35 | 7.71 | 8.19 | 8.90 | 8.83 | 8.58 |
| 40—45 | 177.86 | 223.74 | 234.21 | 244.44 | 245.67 | 6.20 | 7.00 | 7.24 | 7.13 | 6.93 |
| 45—50 | 148.41 | 182.88 | 192.35 | 197.77 | 200.38 | 5.17 | 5.72 | 5.95 | 5.76 | 5.65 |
| 50—55 | 107.94 | 128.35 | 138.27 | 139.44 | 138.37 | 3.76 | 4.02 | 4.27 | 4.06 | 3.90 |
| 55—60 | 81.86 | 96.94 | 96.02 | 96.46 | 93.59 | 2.85 | 3.03 | 2.97 | 2.81 | 2.64 |
| 60—65 | 50.13 | 56.81 | 60.63 | 59.29 | 57.17 | 1.75 | 1.78 | 1.87 | 1.73 | 1.61 |
| 65—70 | 35.15 | 37.46 | 38.33 | 36.87 | 35.70 | 1.23 | 1.17 | 1.18 | 1.07 | 1.01 |
| 70—75 | 31.78 | 33.30 | 33.73 | 32.29 | 30.54 | 1.11 | 1.04 | 1.04 | 0.94 | 0.86 |
| 75—80 | 28.80 | 30.17 | 30.50 | 29.42 | 27.76 | 1.00 | 0.94 | 0.94 | 0.86 | 0.78 |
| 80—85 | 18.60 | 19.45 | 19.63 | 18.76 | 16.19 | 0.65 | 0.61 | 0.61 | 0.55 | 0.46 |
| 85—90 | 9.87 | 9.90 | 9.55 | 8.83 | 7.65 | 0.34 | 0.31 | 0.30 | 0.26 | 0.22 |
| 90—95 | 4.68 | 4.50 | 4.21 | 3.77 | 3.45 | 0.16 | 0.14 | 0.13 | 0.11 | 0.10 |
| 95—100 | 2.29 | 2.21 | 2.07 | 1.85 | 1.72 | 0.08 | 0.07 | 0.06 | 0.05 | 0.05 |

表9-14　　东京都市圈不同环带常住人口密度和就业人口密度

| 距离（千米） | GIS识别面积（平方千米） | 常住人口密度（人/平方千米） ||||| 就业人口密度（人/平方千米） |||||
|---|---|---|---|---|---|---|---|---|---|---|---|
| | | 1980年 | 1990年 | 2000年 | 2010年 | 2015年 | 1980年 | 1990年 | 2000年 | 2010年 | 2015年 |
| 0—5 | 75.04 | 14825.32 | 12883.65 | 12559.55 | 15215.92 | 16643.54 | 8012.55 | 7223.69 | 6673.35 | 7209.03 | 7090.13 |
| 5—10 | 209.78 | 14543.26 | 13937.10 | 13611.34 | 14963.26 | 15574.00 | 7473.38 | 7635.45 | 7192.14 | 6926.63 | 6747.29 |

续表

| 距离（千米） | GIS识别面积（平方千米） | 常住人口密度（人/平方千米） |||||就业人口密度（人/平方千米） |||||
|---|---|---|---|---|---|---|---|---|---|---|---|
| | | 1980年 | 1990年 | 2000年 | 2010年 | 2015年 | 1980年 | 1990年 | 2000年 | 2010年 | 2015年 |
| 10—15 | 335.69 | 11437.69 | 11727.19 | 11830.32 | 12734.89 | 12997.70 | 5587.57 | 6291.49 | 6110.97 | 5806.52 | 5622.22 |
| 15—20 | 427.50 | 7893.23 | 8886.59 | 8954.77 | 9780.75 | 9976.80 | 3493.77 | 4468.27 | 4607.91 | 4584.76 | 4606.43 |
| 20—25 | 531.06 | 5349.94 | 6138.05 | 6537.88 | 7089.32 | 7256.90 | 2367.32 | 3113.93 | 3293.19 | 3308.45 | 3344.26 |
| 25—30 | 639.66 | 4253.18 | 4978.89 | 5391.66 | 5819.63 | 5921.74 | 1895.06 | 2499.75 | 2683.28 | 2695.63 | 2697.23 |
| 30—35 | 831.21 | 3082.85 | 3611.64 | 3945.42 | 4216.93 | 4261.17 | 1386.78 | 1818.80 | 1956.43 | 1944.28 | 1922.15 |
| 35—40 | 945.65 | 2338.39 | 2767.40 | 3043.66 | 3204.58 | 3218.44 | 1045.52 | 1399.14 | 1509.33 | 1485.43 | 1469.67 |
| 40—45 | 1037.75 | 1713.89 | 2156.03 | 2256.95 | 2356.82 | 2367.36 | 785.07 | 1027.32 | 1113.47 | 1087.07 | 1080.05 |
| 45—50 | 1112.32 | 1334.22 | 1644.18 | 1729.24 | 1778.00 | 1801.42 | 609.54 | 784.31 | 847.51 | 816.13 | 823.27 |
| 50—55 | 1139.91 | 946.95 | 1125.97 | 1212.98 | 1223.23 | 1213.82 | 451.70 | 552.32 | 593.47 | 568.90 | 557.22 |
| 55—60 | 1165.82 | 702.20 | 831.53 | 823.61 | 827.36 | 802.79 | 310.60 | 379.30 | 402.89 | 389.51 | 371.96 |
| 60—65 | 1074.38 | 466.63 | 528.73 | 564.33 | 551.59 | 532.10 | 223.94 | 263.87 | 277.46 | 260.34 | 250.04 |
| 65—70 | 983.48 | 357.44 | 380.88 | 389.74 | 374.90 | 362.99 | 192.99 | 194.72 | 197.36 | 179.57 | 174.18 |
| 70—75 | 872.29 | 364.30 | 381.58 | 386.64 | 369.50 | 350.07 | 203.69 | 195.10 | 195.67 | 176.41 | 166.61 |
| 75—80 | 655.58 | 439.37 | 460.20 | 465.30 | 448.76 | 423.47 | 225.45 | 235.52 | 234.45 | 216.30 | 200.79 |
| 80—85 | 513.25 | 362.46 | 379.02 | 382.54 | 365.48 | 315.40 | 191.72 | 197.17 | 196.20 | 179.25 | 154.32 |
| 85—90 | 286.56 | 344.30 | 345.34 | 333.42 | 307.99 | 267.07 | 183.91 | 179.02 | 170.30 | 148.66 | 130.65 |
| 90—95 | 124.72 | 375.23 | 360.50 | 337.57 | 302.30 | 276.37 | 177.19 | 180.40 | 165.97 | 140.31 | 131.79 |
| 95—100 | 61.23 | 374.65 | 360.14 | 337.75 | 302.67 | 280.43 | 176.38 | 179.65 | 166.58 | 140.45 | 133.52 |

表9-15　　东京都市圈不同环带就业人口分布

| 距离（千米） | 就业人口（万人） |||||就业人口占比（%） |||||
|---|---|---|---|---|---|---|---|---|---|---|
| | 1980年 | 1990年 | 2000年 | 2010年 | 2015年 | 1980年 | 1990年 | 2000年 | 2010年 | 2015年 |
| 0—5 | 60.13 | 54.21 | 50.08 | 54.10 | 53.21 | 4.47 | 3.34 | 2.98 | 3.29 | 3.14 |
| 5—10 | 156.78 | 160.18 | 150.88 | 145.31 | 141.55 | 11.65 | 9.86 | 8.99 | 8.83 | 8.36 |
| 10—15 | 187.57 | 211.20 | 205.14 | 194.92 | 188.73 | 13.94 | 13.00 | 12.22 | 11.84 | 11.14 |
| 15—20 | 149.36 | 191.02 | 196.99 | 196.00 | 196.93 | 11.10 | 11.76 | 11.73 | 11.91 | 11.63 |
| 20—25 | 125.72 | 165.37 | 174.89 | 175.70 | 177.60 | 9.34 | 10.18 | 10.42 | 10.68 | 10.49 |
| 25—30 | 121.22 | 159.90 | 171.64 | 172.43 | 172.53 | 9.01 | 9.84 | 10.22 | 10.48 | 10.19 |
| 30—35 | 115.27 | 151.18 | 162.62 | 161.61 | 159.77 | 8.56 | 9.30 | 9.68 | 9.82 | 9.43 |
| 35—40 | 98.87 | 132.31 | 142.73 | 140.47 | 138.98 | 7.35 | 8.14 | 8.50 | 8.54 | 8.21 |

续表

| 距离（千米） | 就业人口（万人） ||||| 就业人口占比（%） |||||
|---|---|---|---|---|---|---|---|---|---|---|
| | 1980年 | 1990年 | 2000年 | 2010年 | 2015年 | 1980年 | 1990年 | 2000年 | 2010年 | 2015年 |
| 40—45 | 81.47 | 106.61 | 115.55 | 112.81 | 112.08 | 6.05 | 6.56 | 6.88 | 6.86 | 6.62 |
| 45—50 | 67.80 | 87.24 | 94.27 | 90.78 | 91.57 | 5.04 | 5.37 | 5.61 | 5.52 | 5.41 |
| 50—55 | 51.49 | 62.96 | 67.65 | 64.85 | 63.52 | 3.83 | 3.87 | 4.03 | 3.94 | 3.75 |
| 55—60 | 36.21 | 44.22 | 46.97 | 45.41 | 43.36 | 2.69 | 2.72 | 2.80 | 2.76 | 2.56 |
| 60—65 | 24.06 | 28.35 | 29.81 | 27.97 | 26.86 | 1.79 | 1.74 | 1.78 | 1.70 | 1.59 |
| 65—70 | 18.98 | 19.15 | 19.41 | 17.66 | 17.13 | 1.41 | 1.18 | 1.16 | 1.07 | 1.01 |
| 70—75 | 17.77 | 17.02 | 17.07 | 15.39 | 14.53 | 1.32 | 1.05 | 1.02 | 0.94 | 0.86 |
| 75—80 | 14.78 | 15.44 | 15.37 | 14.18 | 13.16 | 1.10 | 0.95 | 0.92 | 0.86 | 0.78 |
| 80—85 | 9.84 | 10.12 | 10.07 | 9.20 | 7.92 | 0.73 | 0.62 | 0.60 | 0.56 | 0.47 |
| 85—90 | 5.27 | 5.13 | 4.88 | 4.26 | 3.74 | 0.39 | 0.32 | 0.29 | 0.26 | 0.22 |
| 90—95 | 2.21 | 2.25 | 2.07 | 1.75 | 1.64 | 0.16 | 0.14 | 0.12 | 0.11 | 0.10 |
| 95—100 | 1.08 | 1.10 | 1.02 | 0.86 | 0.82 | 0.08 | 0.07 | 0.06 | 0.05 | 0.05 |

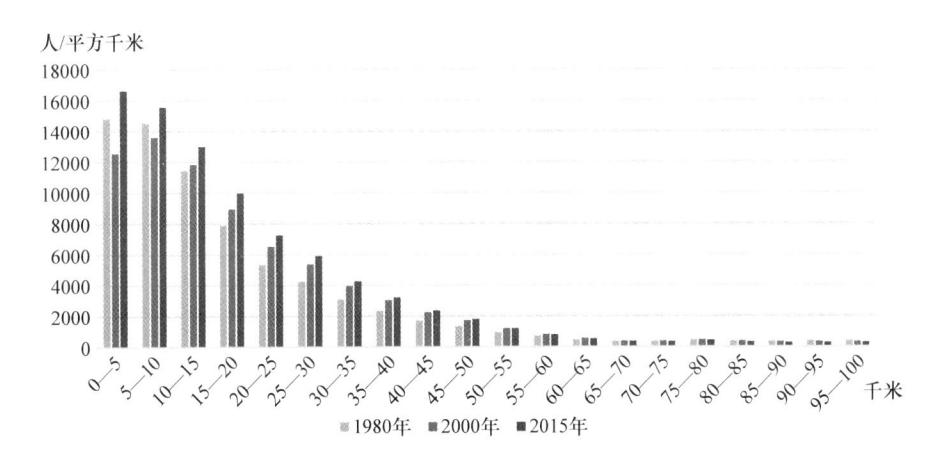

图9-10 1980—2015年东京都市圈人口密度圈层数据变化

第四，35年间，15—50千米是常住人口占比和就业人口占比同步增长的区域。总体来看，15千米以内，常住人口占比和就业人口占比都出现了同步下降的态势，就业人口占比下降的幅度更大；在55—100千米圈层中，常住人口占比和就业人口占比也都出现了同步下降的态势。也就是

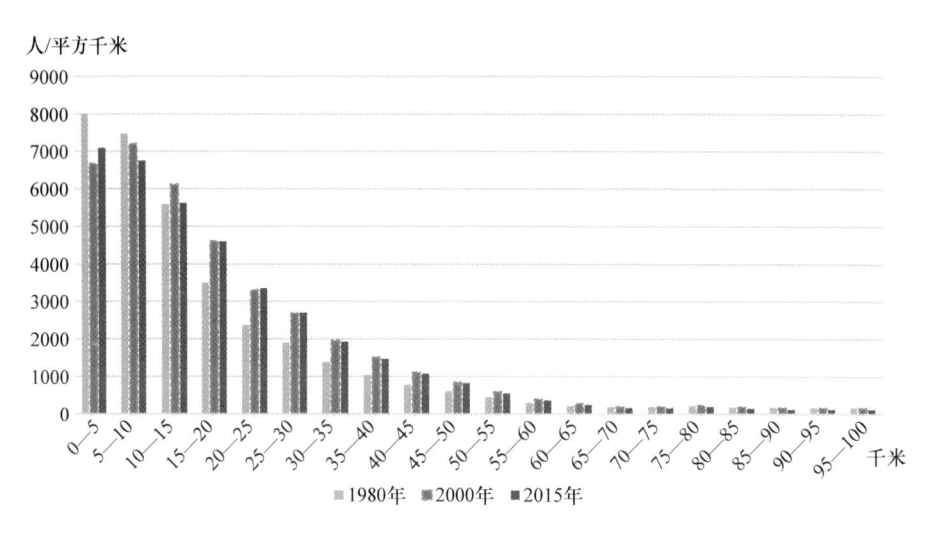

图 9 – 11　1980—2015 年东京都市圈就业密度圈层数据变化

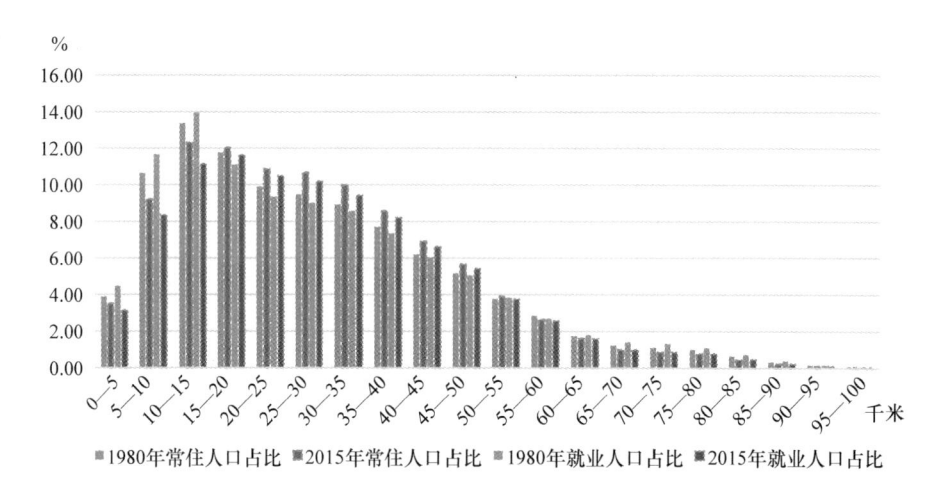

图 9 – 12　1980—2015 年东京都市圈常住人口和就业人口的圈层占比变化

说，从占比来看，15—50 千米圈层在加速吸引着人口的聚集。当然，从人口规模来看，由于东京都市圈整体人口总量在上升，所以 35 年间，15 千米以内的常住人口总量是增加的，这与用人口占比指标计算的结果有所不同。

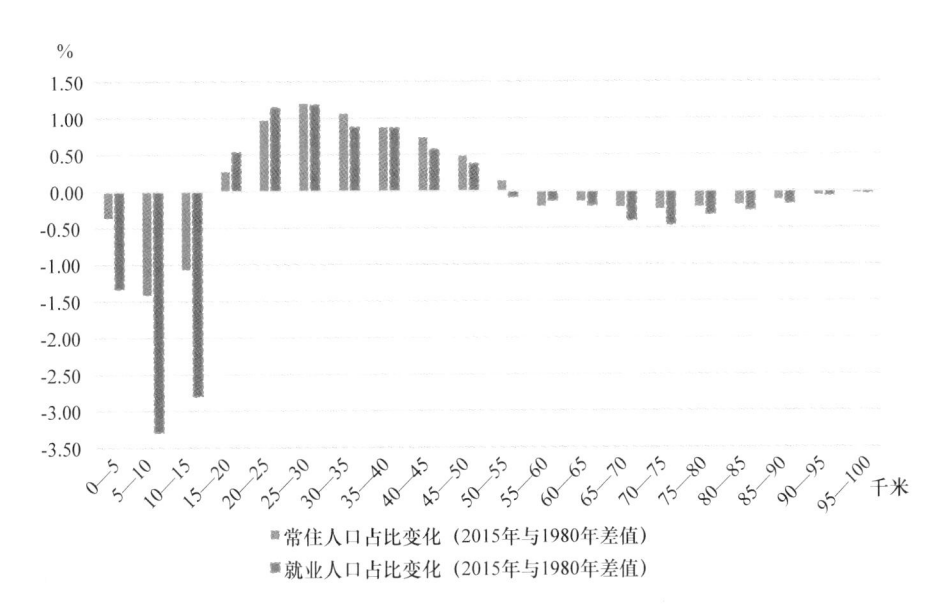

图 9-13　1980—2015 年东京都市圈各圈层常住人口占比和就业人口占比变化

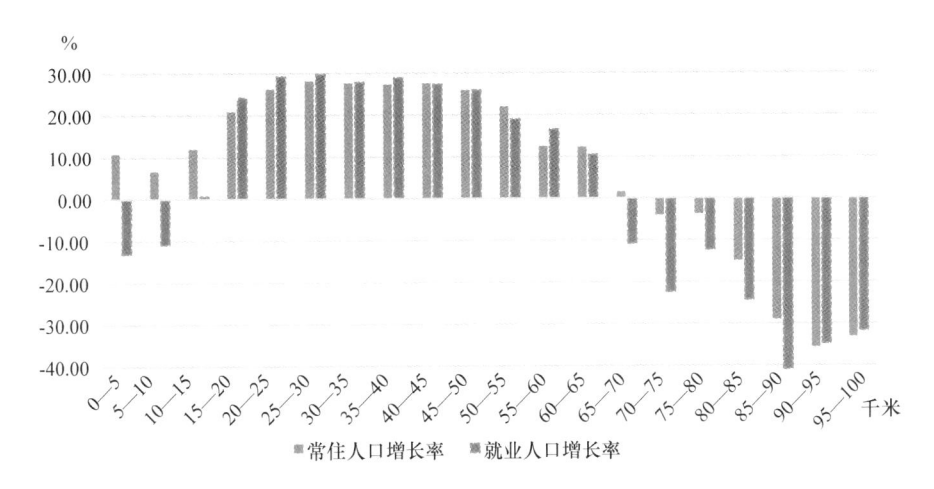

图 9-14　1980—2015 年东京都市圈各圈层常住人口增长率和就业人口增长率变化

### (二) 三次产业人口圈层分布特征

就业密度的时空变迁是多方因素共同作用的结果,其中就业结构的转型升级是其中重要的一环,因此,本部分将继续探讨 1980—2015 年东京都市圈第二、第三产业就业密度的变迁。

首先,第二产业就业密度呈现随距离增加先增后减的态势,且随时间

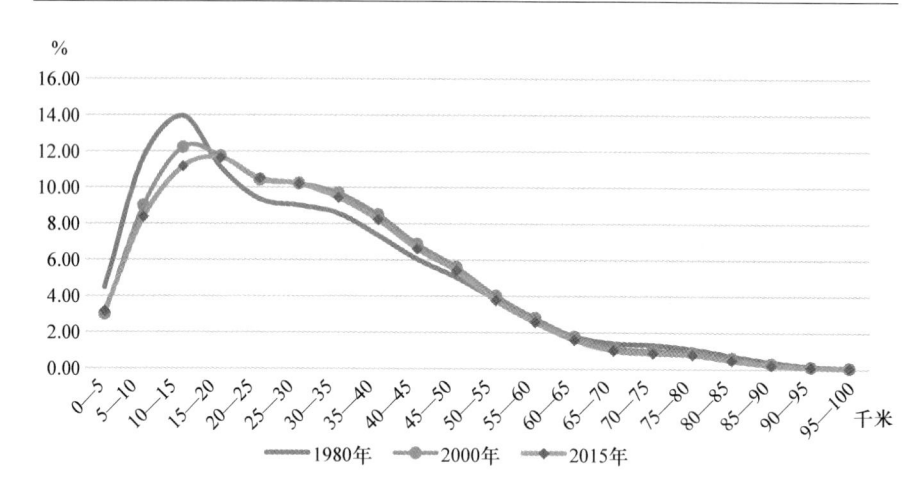

图 9-15　东京都市圈 100 千米以内就业人口的圈层占比

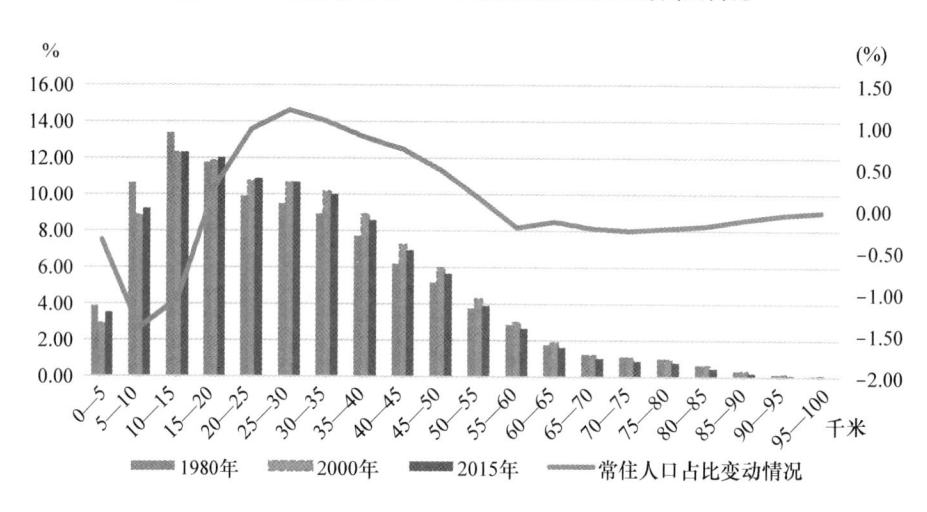

图 9-16　东京都市圈 100 千米以内常住人口占比的圈层分布

推移就业密度逐年下降。1980—2015 年，东京都市圈第二产业就业密度由 1980 年的 355.08 人/平方千米下降到 2015 年的 242.46 人/平方千米，降幅达到 31.72%，其中，东京都建成区（0—15 千米，面积为 620.52 平方千米，基本相当于东京都区部 621.97 平方千米）下降迅速，由 1980 年的 2059.56 人/平方千米下降到 2015 年的 909.84 人/平方千米。降幅高达 55.82%。具体来看各个圈层，从空间上看，第二产业就业密度在 5—10 千米圈层最高，并在此期间迅速下降，由 1980 年的 2331.12 人/平方千米下降到 2015 年的 946.24 人/平方千米，但其并非降幅最大的地区，0—5

千米环带由1980年的2057.80人/平方千米下降到2015年的814.27人/平方千米，降幅高达60.43%，超过了5—10千米圈层的59.40%。

此外，第二产业就业密度在各圈层并非匀速下降。1980—2000年，在0—20千米处就业密度下降迅速，由1980年的1735.90人/平方千米下降到2000年的1324.46人/平方千米，但20千米以外地区第二产业就业密度不降反升，由1980年的234.23人/平方千米上升至2000年的246.10人/平方千米，这很有可能是因为建成区第二产业外迁所导致的。而2000—2015年，就业密度在全域各圈层均出现下降，并未出现第二个就业密度高峰。

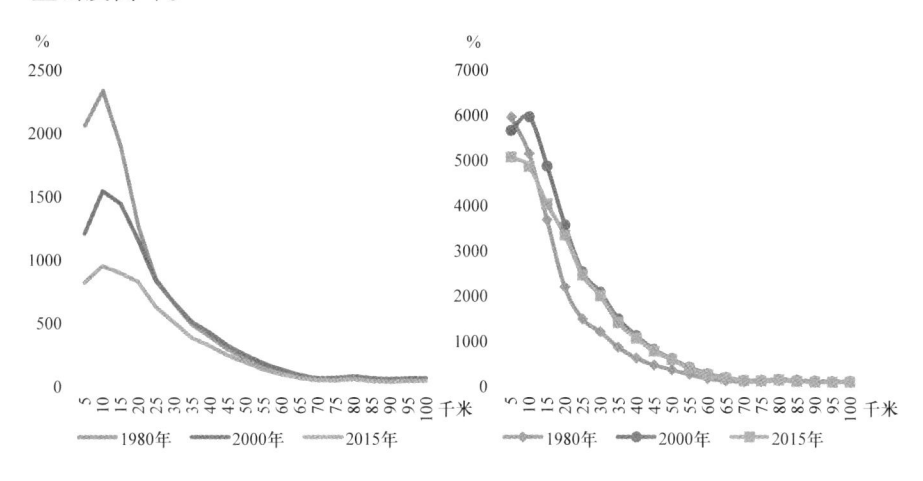

图9-17 东京都市圈第二产业（左）、第三产业（右）就业密度圈层数据拟合

其次，第三产业就业密度的圈层分布呈现出随距离增加递减态势，且除建成区外第三产业就业密度均有所增长。1980—2015年，东京都市圈第三产业就业密度由1980年的638.08人/平方千米增长到2000年的969.26人/平方千米，随后略有下降至2015年的889.69人/平方千米，但仍较1980年增长了28.29%。其中东京都建成区先增后降，由1980年的4435.31人/平方千米增加到2000年的5318.19人/平方千米，随后下降至4422.081人/平方千米。具体看各个圈层，发现1980—2000年，除0—5千米圈层第二产业就业密度有所降低外，其他圈层均不同程度升高，其中5—10千米圈层5946.73人/平方千米的就业密度超过0—5千米圈层成为最高值。2000—2015年，空间分布态势再次发生转变，所有圈层均不同

程度的下降，0—5千米再次居于首位。总的来看，1980—2015年除0—10千米圈层及90千米以外圈层就业密度呈下行趋势外，其他圈层就业密度在35年间均有所提升。

### （三）基于空间插值法的就业中心识别

为充分探究东京都市圈就业空间分布的特征以及各就业中心的辐射范围、功能分工及相互联系，接下来采用反距离权重（IDW）及等值线法对就业中心进行识别。通过Arc GIS将2015年东京都市圈各区就业密度数据加以空间可视化，取出各区几何中心点，并使用IDW空间插值法将已有矢量数据栅格化处理，生成2015年东京都市圈就业密度栅格表面。通过等值线分析方法，同时以个人经验判断为辅，识别东京都市圈就业中心并进行可视化标注。以就业密度值500为间隔，生成就业密度等值线，并加以筛选处理，同时通过等值线间隔情况寻找就业中心位置，并通过等值线的形状及大小判断就业中心分布范围及规模，最终找出12个就业中心，其中，埼玉县3个、千叶县1个、东京都6个、神奈川县2个（见图9-18）。

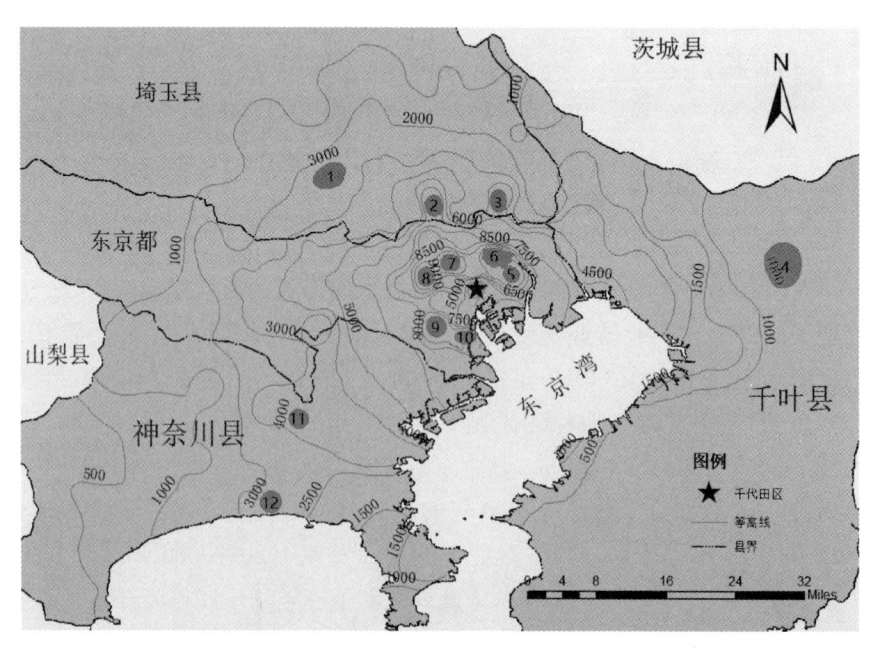

图9-18 东京都市圈2015年就业中心分布

表 9-16　　　　2015 年东京都市圈各就业中心区域位置及规模

| 序号 | 地区 | 就业中心名称 | 面积 (km²) | 人口密度 (人/km²) | 就业密度 (人/km²) | 工业就业比重 (%) | 服务业就业比重 (%) | 昼/夜间人口比例 (%) | 流出/流入人口比例 (%) |
|---|---|---|---|---|---|---|---|---|---|
| 1 | 埼玉县 | 富士见野市 | 14.64 | 7579.9 | 3507.2 | 24.0 | 75.0 | 82.4 | 212.0 |
| 2 | 埼玉县 | 蕨市 | 5.11 | 14140.9 | 7055.4 | 21.2 | 78.6 | 83.2 | 180.6 |
| 3 | 埼玉县 | 草加市 | 27.46 | 8996.1 | 4299.3 | 26.4 | 73.0 | 84.0 | 206.3 |
| 4 | 千叶县 | 四街道市 | 34.52 | 2585.3 | 1150.0 | 20.5 | 78.3 | 81.2 | 230.0 |
| 5 | 东京都 | 墨田区 | 13.77 | 18611.0 | 8883.4 | 21.8 | 78.1 | 108.9 | 76.8 |
| 6 | 东京都 | 荒川区 | 10.16 | 20892.1 | 9417.9 | 19.7 | 80.2 | 91.4 | 140.0 |
| 7 | 东京都 | 丰岛区 | 13.01 | 22380.2 | 9371.7 | 14.2 | 85.7 | 143.3 | 38.7 |
| 8 | 东京都 | 中野区 | 15.59 | 21052.9 | 8988.4 | 12.8 | 87.0 | 95.4 | 117.5 |
| 9 | 东京都 | 目黑区 | 14.67 | 18924.5 | 8151.8 | 12.7 | 87.1 | 105.9 | 83.6 |
| 10 | 东京都 | 品川区 | 22.84 | 16937.6 | 8002.0 | 16.6 | 83.3 | 140.6 | 42.6 |
| 12 | 神奈川县 | 茅崎市 | 35.70 | 6704.4 | 3015.2 | 23.4 | 75.6 | 79.2 | 316.8 |
| 11 | 神奈川县 | 大和市 | 27.09 | 8598.1 | 3987.4 | 24.2 | 75.3 | 84.3 | 198.8 |

1. 就业中心分布及规模

通过空间分析方法与个人经验判断，提取出了 12 个就业中心。东京都市圈就业中心的空间分布具有如下特点。

（1）东京都区部集中 6 个就业中心，且就业中心形成以千代田区为圆心呈环形分布。在 12 个就业中心中，有 6 个就业中心位于东京都区部。从空间上看在距中心区 5—10 千米处形成了一个巨大的始自墨田区（见图 9-18 中的 5 号位置），由东向西途经台东区、文京区、北区、丰岛区、板桥区、练马区、中野区、杉并区、目黑区、品川区（见图 9-18 中的 10 号位置）的就业中心环带。处于就业中心环带内的 11 个区就业密度均在 7000 人/平方千米以上，而识别出的 6 个就业中心就业密度均大于 8000 人/平方千米，其中，荒川区、丰岛区就业密度超过了 9000 人/平方千米。

（2）就业中心存在等级差异，东京都就业人口吸引力大于其他就业中心吸引力。各就业中心面积不等，且东京都就业中心同其余三县相比存在等级差异。位于东京都的 6 个区就业密度均在 8000 人/平方千米以上，而位于其余三县的 6 个区除埼玉县的蕨市就业密度超过 7000 人/平方千米

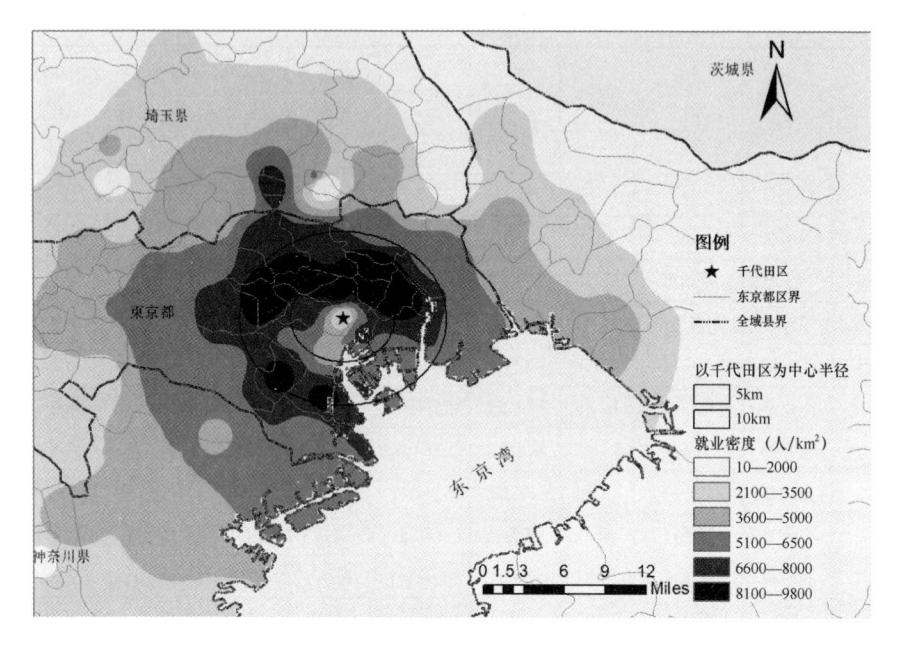

图 9-19　东京都市圈 2015 年就业密度空间插值

外，均位于 3000—4500 人/平方千米区间内。此外，从昼/夜间人口比例以及流入/流出人口比例上看，虽然各个就业中心就业密度均超过周围其他地区，但从整体上看，东京都依然是东京都市圈就业集中地，其吸引力大于外围各个就业中心的吸引力。

（3）多数就业中心就业人数在 10 万人以上。2015 年，从就业人数来看，除埼玉县蕨市、千叶县四街道市外，其余 10 个就业中心就业人数均在 5 万以上，其中位于东京都的 6 个就业中心就业人数均大于 10 万。就业人数最高的就业中心是东京都的品川区，是 5—10 千米圈层各区中就业人口最高的区域，达到 18.9 万人。值得注意的是，当采用就业人口这个绝对量进行比较时，可以发现虽然位于 5—10 千米的这 6 个就业中心就业密度最高，但就业人口相较 10—15 千米圈层的区域要少一些，这个结论也印证了前文圈层分析结果。

2. 就业中心人员构成及功能识别

随着道路交通发展与经济活动的日益纷繁，不同区域间开始相互合作。因此不同就业中心在职能上也会存在一定差异。这里对选定的就业中

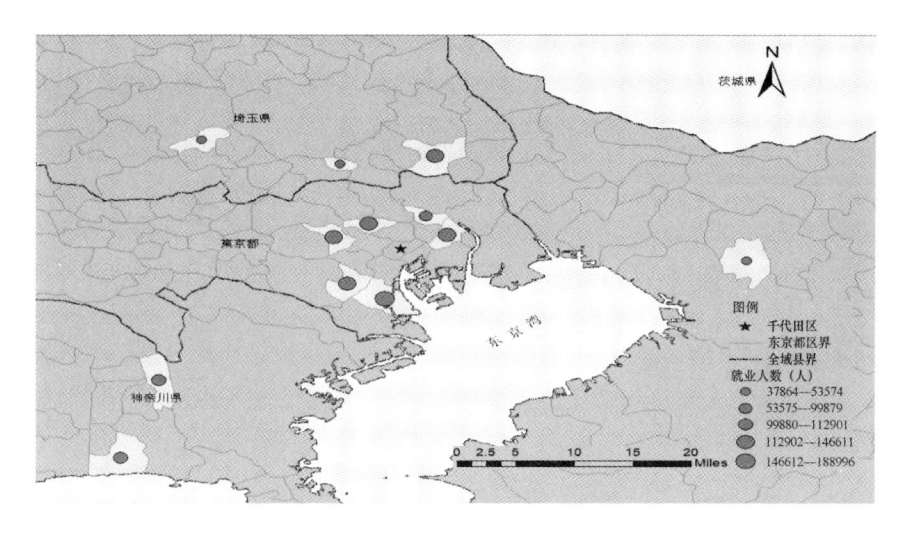

图9-20 各就业中心就业人数气泡

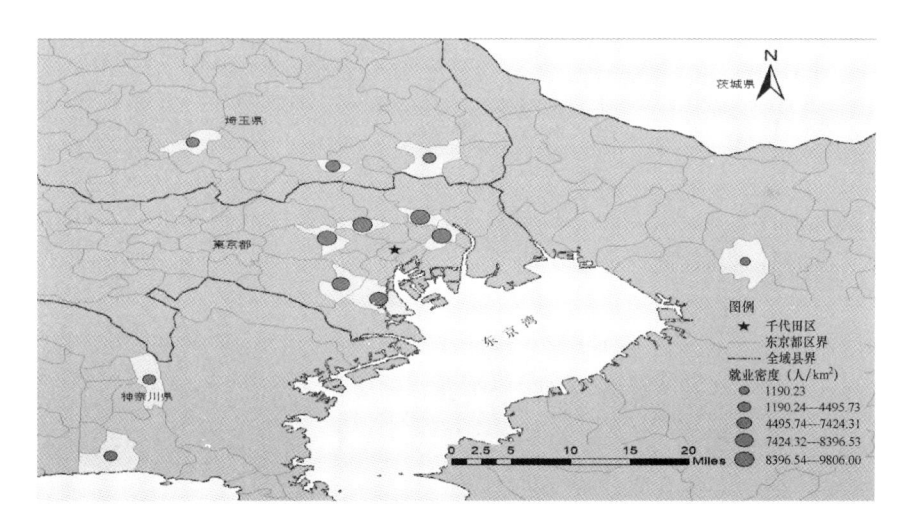

图9-21 各就业中心就业密度气泡

心分析其产业构成情况，来判断就业中心的职能分工及相互联系。由于服务业作为"剩余"部门而存在，所含颇广，内部结构极为复杂，因此有必要对服务业内部进行划分。对服务业内部结构的研究始于1956年Stigler的探寻，目前较为主流的分类方法包含标准行业分类法、服务业二分法、服务业三分法与服务业四分法。标准行业分类法是最适合于统计数据采集与行业管理的一种分类方法，也是各国在服务业统计分类中所普遍采用的一种方法。该方法基于服务业的功能性质及组织形式来进行划分，其他任何分类方法都必须以标准行业分类法为基础。Stigler[1]、Greenfield[2]、李江帆[3]等学者将服务业二分为生产性服务业和消费性服务业，2015年中国国家统计局也提出了生产性服务业与生活性服务业的二分法。这种分类方法计算方便，简洁易行，但对于某些介于生产与消费之间的中间行业如医疗、政务部门来讲很难界定。Katouzian（1970）根据罗斯托（Rostovian）的经济发展阶段理论，将服务业划分为新兴服务业（The New Services），包括医疗、教育、娱乐、文化等；补充服务业（Complementary Services），包括金融、运输、商业等；传统服务业（The Old Services）指传统的劳动密集型服务业。这种分类方法将服务业与经济发展阶段相结合，指出服务业的内涵与外延是相对概念，具有一定动态性。

1975年，Browing和Singelman[4]以服务功能为标准，将服务业分为三类：分配服务业、生产者服务业和消费者服务业。Singelman（1978）根据服务的性质和功能特征重新划分为四类：分配性服务（Distributive Services）、生产性服务（Producer Services）、个人性服务（Personal Services）、社会性或非营利政府服务（Social Services）。由于该方法能够很好地与标准产业分类法相适应，影响力不断扩大。这种结构划分成为当前西方社会对服务业的主流分类方法。2000年OECD[5]采用该标准研究了27个国家的就业情况，其权威性得到证明。

分析区域职能性质通常有两个指标来表示，一是优势职能，即将城市中就业比例最高的行业视为城市优势职能；二是显著职能，即高于所有城市就业比例均值1个标准差以上的行业，即将职能高于Ⅰ级的产业部门作为城市显著职能。[6]前者实质反映的是城市内部各职能类型的比较，而后

---

[1] Stigler G J, *Trends in Employment in the Service Industries*, Princeton: Princeton University Press, 1956.

[2] Greenfield H L, *Manpower and the Growth of Producer Services*, New York: Columbia University Press, 1966.

[3] 李江帆：《第三产业经济学》，广东人民出版社2009年版。

[4] Browning H C, Singelmann J, *The Emergence of a Service Society: Demographic and Sociological Aspects of the Sectoral Transformation of the Labor Force in the U.S.A*, Springfield, UA: NationalTechnical Information Service, 1975.

[5] Employment in the Service Economy: A Reassessment, in Employment Outlook, Chapter 3, 2000.

[6] 方创琳：《中国城市发展空间格局优化理论与方法》，科学出版社2016年版。

者则是对同一职能类型不同城市的比较,因此根据研究需要,选取城市优势职能作为就业中心性质辨析的主要指标。并根据其是否大于Ⅰ级标准,将其分为一般性就业中心、专业性就业中心与综合性就业中心。其中,一般性就业中心是指该地区各项指标均低于Ⅰ级标准;专业性就业中心是指该地区存在高于Ⅰ级标准的职能部门,且仅有一个这样的职能部门;综合性就业中心是指存在多个职能部门高于Ⅰ级标准的区域。

表9-17 不同口径服务业分类对照

| | OECD | 联合国(ISIC Rev.3) | 日本标准行业分类 |
|---|---|---|---|
| 生产服务业<br>(65—74) | 商业服务业 | J 金融媒介服务 | J 金融保险业 |
| | 金融保险业 | K 房地产、租赁及相关商务活动 | K 不动产,物品赁贷业 |
| | 房地产业 | | L 学术研究,专业技术服务业 |
| 分配服务业<br>(50—64,不含55) | 批发零售业 | G 批发零售贸易业 | I 批发零售业 |
| | 交通业 | I 交通运输、仓储和邮电通信业 | H 交通运输、仓储业 |
| | 通信业 | | G 邮电通信业 |
| 个人服务业<br>(55,92,95) | 住宿餐饮业 | H 住宿和餐饮业 | M 住宿和餐饮业 |
| | 文体娱乐业 | O 其他社区和个人服务(92、93) | N 生活相关服务业,娱乐业 |
| | 家庭服务 | P 私人家庭的雇工服务 | Q 综合服务业 |
| | 其他个人服务 | | |
| 社会服务业<br>(75—91) | 公共管理服务 | L 公共行政、国防、社会保障 | F 电力·燃气·供热·水工业 |
| | 医疗业 | M 教育 | O 教育业 |
| | 教育业 | N 健康和社会工作 | P 医疗服务业 |
| | 其他社会服务 | O 其他社区和个人服务(90、91) | S 公共管理 |
| | | Q 领土外组织和机构 | R 其他类服务业 |

依据上文中所提出的服务业分类标准,将各就业中心分为6类,分别为建筑业中心、制造业中心、生产服务业中心、分配服务业中心、个人服务业中心、社会服务业中心。其就业分类占比见表9-18。

表 9-18　　各就业中心区域就业比重　　单位:%

| 序号 | 地区 | 就业中心名称 | 建筑业 | 制造业 | 生产服务业 | 分配服务业 | 个人服务业 | 社会服务业 |
|---|---|---|---|---|---|---|---|---|
| 1 | 埼玉县 | 蕨市 | 6.86 | 11.92 | 15.44 | 35.81 | 15.45 | 33.31 |
| 2 | 埼玉县 | 富士见野市 | 6.75 | 15.06 | 14.84 | 35.88 | 13.71 | 35.57 |
| 3 | 埼玉县 | 草加市 | 8.20 | 15.75 | 12.71 | 41.29 | 13.91 | 32.09 |
| 4 | 千叶县 | 四街道市 | 9.10 | 10.42 | 11.98 | 36.94 | 11.91 | 39.17 |
| 5 | 东京都 | 墨田区 | 4.95 | 14.29 | 17.73 | 36.30 | 15.40 | 30.58 |
| 6 | 东京都 | 荒川区 | 5.28 | 11.60 | 16.51 | 34.60 | 16.04 | 32.85 |
| 7 | 东京都 | 丰岛区 | 4.05 | 7.78 | 22.27 | 28.92 | 14.89 | 33.93 |
| 8 | 东京都 | 中野区 | 4.26 | 6.75 | 22.60 | 29.36 | 15.12 | 32.91 |
| 9 | 东京都 | 目黑区 | 2.99 | 7.76 | 25.91 | 28.82 | 13.50 | 31.77 |
| 10 | 东京都 | 品川区 | 4.15 | 10.51 | 21.15 | 33.88 | 14.76 | 30.21 |
| 11 | 神奈川县 | 大和市 | 7.82 | 14.97 | 13.17 | 35.93 | 13.92 | 36.99 |
| 12 | 神奈川县 | 茅崎市 | 6.41 | 15.79 | 13.53 | 34.02 | 14.65 | 37.80 |
| 均值 | | | 5.90 | 11.88 | 17.32 | 34.31 | 14.44 | 33.93 |
| 标准差 | | | 1.91 | 3.30 | 4.60 | 3.70 | 1.11 | 2.86 |
| I 类标准 | | | 7.81 | 15.19 | 21.92 | 38.02 | 15.55 | 36.80 |

一般性就业中心属于自给自足型就业中心，其所有城市职能都有所涉及，但并不突出。包括埼玉县蕨市、埼玉县富士见野市、东京都墨田区、东京都品川区四个。说明这四个就业中心主要以满足其自身需要为标准，其中，东京都墨田区以及品川区虽然就业密度较高，具有丰富的人力资源，但其在战略发展上并未突出某项职能，因此同样属于一般性就业中心而非综合性就业中心。

专业性就业中心属于在某一类职能方面具有重要辐射作用的就业中心，包括东京都目黑区、中野区、丰岛区、荒川区及神奈川县的大和市。其中，位于东京都的4区中，前三者为生产服务业中心，体现出金融业、商务服务业、信息产业的聚集，而荒川区为个人服务业中心，体现为住宿餐饮业、文体娱乐业等产业聚集。此外，神奈川县的大和市为社会服务业就业中心，体现在医疗、教育、公共服务等方面存在区域性聚集。

综合性就业中心是只存在多个部门职能强度高于 I 级标准的区域，包括埼玉县草加市、千叶县四街道市与神奈川县茅崎市。草加市存在建筑业就业中心、制造业就业中心与分配服务就业中心三种职能；四街道市存在建筑业与社会服务业两种职能；茅崎市存在制造业与社会服务业两种职能。

总的来看，东京都各就业中心多为一般性就业中心或以生产服务业为主导的专业性就业中心，一方面体现出东京都服务业的发展水平普遍高于其他区域，不但就业结构以服务业为主，同时其服务业结构也趋向高级化。另一方面，其他区域多为包含工业在内的综合性就业中心或一般性就业中心，这也说明由于其他区域就业中心数量较少，需要兼顾多项职能。

3. 特定行业就业中心的圈层分析

因不同时间节点数据口径差异较大，为最大限度地减少纵向比对时口径差异带来的影响，经比对，最终选取生产服务业中的金融业，生活服务业中的批发零售业、住宿餐饮业（根据日本标准行业分类法，将批发零售业、住宿餐饮业合并计算）、房地产及租赁业、公共服务业中的公务人员作为典型行业进行比较（见表9-19）。

金融保险业。东京都市圈作为日本的政治、经济中心，金融保险业始终高度发达。1980年，全域共有51.22万人从事相关行业，占就业人口的3.81%。20世纪80年代，日本金融业保险业稳定发展，并在1990年初达到顶峰。1990年，东京都市圈金融保险业就业人数达到69.54万人，占就业人口比重提升至4.28%。但自20世纪90年代，受到日本国内房地产和股票泡沫破灭、日元升值、亚洲金融危机等一系列因素影响，金融保险业从业人口比重开始下降，由1990年的4.28%逐步下降至3.07%，相关从业人口总数随之减少了17.51万人。

基于圈层的视角研究发现，金融保险业从业人口普遍集中在30千米圈层内，其中，0—5圈层就业人口占比最高，2015年该圈层金融保险业从业人口比重达到4.53%。除中心0—5圈层外，各圈层金融保险业从业人数占该圈层就业人口的比重均有不同程度的降低。从行业内部空间分布上看，在30千米范围内金融保险业从业人口经历了一个先疏解后集中的发展态势，占全域的比重从1980年的65.71%一度下降至2010年的63.41%，随后迅速攀升，至2015年提升至67.04%。其中，15—20千米圈层、20—25千米圈层、25—30千米圈层是这一阶段新增从业人口的主要贡献地区。

表 9-19　2015年东京都市圈（一都三县）100千米范围内服务业内部各行业就业人口占同圈层就业人口比重统计　　　单位：%

| 距离（千米） | 生产性服务业 ||||| 生活性服务业 ||||| 公共服务业 |||
|---|---|---|---|---|---|---|---|---|---|---|---|---|---|
| | 信息通信业 | 运输邮政业 | 金融保险业 | 学术研究及专门技术行业 | 批发零售业 | 房地产及租赁业 | 住宿餐饮业 | 生活关联服务业、娱乐业 | 综合服务业 | 其他类型服务业 | 电气、热水供给 | 教育业 | 卫生服务业 | 公务人员 |
| 0—5 | 12.13 | 3.96 | 6.57 | 10.34 | 18.12 | 6.07 | 8.66 | 3.95 | 0.34 | 8.37 | 0.41 | 6.01 | 11.00 | 4.07 |
| 5—10 | 11.80 | 5.92 | 5.52 | 8.30 | 19.24 | 5.45 | 8.36 | 4.75 | 0.40 | 9.66 | 0.47 | 5.44 | 11.10 | 3.60 |
| 10—15 | 10.82 | 7.28 | 5.19 | 7.43 | 20.10 | 5.15 | 7.74 | 4.80 | 0.46 | 9.67 | 0.43 | 5.56 | 11.91 | 3.48 |
| 15—20 | 10.72 | 7.55 | 5.23 | 6.68 | 20.47 | 4.57 | 7.43 | 4.93 | 0.51 | 9.45 | 0.44 | 5.90 | 12.51 | 3.61 |
| 20—25 | 9.25 | 7.60 | 4.86 | 6.25 | 20.98 | 4.18 | 7.23 | 4.76 | 0.58 | 9.28 | 0.48 | 6.51 | 13.67 | 4.35 |
| 25—30 | 8.41 | 7.77 | 4.75 | 6.16 | 21.10 | 4.12 | 7.18 | 4.73 | 0.59 | 9.25 | 0.52 | 6.81 | 14.20 | 4.42 |
| 30—35 | 7.28 | 8.26 | 4.30 | 5.84 | 21.57 | 3.94 | 7.30 | 4.87 | 0.62 | 9.51 | 0.56 | 6.67 | 14.85 | 4.42 |
| 35—40 | 6.49 | 8.85 | 3.82 | 5.50 | 21.92 | 3.74 | 7.43 | 5.04 | 0.69 | 9.71 | 0.57 | 6.42 | 15.30 | 4.52 |
| 40—45 | 5.92 | 8.86 | 3.61 | 5.60 | 21.73 | 3.62 | 7.55 | 5.17 | 0.75 | 9.63 | 0.61 | 6.76 | 15.59 | 4.60 |
| 45—50 | 5.06 | 9.16 | 3.20 | 5.39 | 21.68 | 3.41 | 7.69 | 5.35 | 0.84 | 9.70 | 0.61 | 6.77 | 15.87 | 5.27 |
| 50—55 | 4.03 | 9.93 | 2.80 | 4.71 | 21.68 | 3.02 | 7.70 | 5.61 | 0.98 | 10.01 | 0.62 | 6.51 | 16.55 | 5.87 |
| 55—60 | 3.54 | 10.44 | 2.74 | 4.53 | 22.10 | 2.83 | 7.90 | 5.97 | 1.11 | 9.91 | 0.64 | 6.58 | 16.59 | 5.11 |
| 60—65 | 3.19 | 10.14 | 2.72 | 4.32 | 22.18 | 2.58 | 8.24 | 6.08 | 1.27 | 9.78 | 0.65 | 6.58 | 16.91 | 5.37 |
| 65—70 | 2.37 | 9.52 | 2.72 | 3.66 | 22.92 | 2.13 | 9.19 | 6.13 | 1.55 | 9.19 | 0.66 | 6.39 | 18.22 | 5.36 |

续表

| 距离(千米) | 生产性服务业 ||||| 生活性服务业 ||||| 公共服务业 |||
|---|---|---|---|---|---|---|---|---|---|---|---|---|---|
| | 信息通信业 | 运输邮政业 | 金融保险业 | 学术研究及专门技术行业 | 批发零售业 | 房地产及租赁业 | 住宿餐饮业 | 生活关联服务业、娱乐业 | 综合服务业 | 其他类型服务业 | 电气、热水供给 | 教育业 | 卫生服务业 | 公务人员 |
| 70—75 | 2.13 | 9.30 | 2.66 | 3.52 | 23.08 | 1.99 | 9.89 | 6.12 | 1.71 | 9.08 | 0.62 | 6.28 | 18.50 | 5.12 |
| 75—80 | 2.22 | 8.91 | 2.71 | 3.74 | 23.37 | 2.13 | 10.22 | 6.15 | 1.61 | 8.80 | 0.63 | 6.16 | 18.14 | 5.21 |
| 80—85 | 1.50 | 8.47 | 2.35 | 3.20 | 21.90 | 2.19 | 13.73 | 6.54 | 1.66 | 8.54 | 0.54 | 5.58 | 18.44 | 5.36 |
| 85—90 | 1.01 | 8.83 | 2.77 | 2.72 | 22.92 | 1.92 | 14.80 | 6.39 | 1.85 | 8.26 | 0.65 | 5.45 | 17.86 | 4.59 |
| 90—95 | 0.87 | 9.56 | 3.74 | 2.71 | 25.86 | 1.37 | 10.26 | 6.32 | 2.09 | 7.77 | 0.89 | 6.32 | 17.53 | 4.71 |
| 95—100 | 0.85 | 9.50 | 3.71 | 2.74 | 25.76 | 1.37 | 10.21 | 6.36 | 2.08 | 7.70 | 0.89 | 6.39 | 17.72 | 4.73 |
| 东京都市圈 | 8.28 | 7.90 | 4.49 | 6.33 | 20.95 | 4.19 | 7.68 | 4.98 | 0.65 | 9.49 | 0.52 | 6.28 | 13.96 | 4.30 |

表 9-20　东京都市圈（一都三县）100 千米范围内金融保险业
就业人口圈层占比变动统计　　　　　　　　　单位:%

| 距离<br>(千米) | 占同圈层就业人口比重 ||||| 占金融业总就业人口比重 |||||
|---|---|---|---|---|---|---|---|---|---|---|
| | 1980 年 | 1990 年 | 2000 年 | 2010 年 | 2015 年 | 1980 年 | 1990 年 | 2000 年 | 2010 年 | 2015 年 |
| 0—5 | 3.63 | 4.19 | 3.82 | 4.38 | 4.53 | 4.26 | 3.26 | 3.14 | 4.35 | 4.79 |
| 5—10 | 4.06 | 4.44 | 3.78 | 3.78 | 3.81 | 12.42 | 10.23 | 9.36 | 10.07 | 10.78 |
| 10—15 | 4.28 | 4.61 | 3.97 | 3.66 | 3.57 | 15.69 | 13.99 | 13.39 | 13.10 | 13.45 |
| 15—20 | 4.31 | 5.02 | 4.27 | 3.91 | 3.63 | 12.56 | 13.78 | 13.81 | 14.05 | 14.30 |
| 20—25 | 4.35 | 5.02 | 4.18 | 3.74 | 3.42 | 10.66 | 11.94 | 12.01 | 12.06 | 12.15 |
| 25—30 | 4.28 | 4.97 | 4.15 | 3.70 | 3.35 | 10.13 | 11.44 | 11.69 | 11.71 | 11.57 |
| 30—35 | 3.94 | 4.55 | 3.80 | 3.33 | 2.98 | 8.87 | 9.89 | 10.15 | 9.89 | 9.55 |
| 35—40 | 3.52 | 4.00 | 3.40 | 2.96 | 2.60 | 6.79 | 7.61 | 7.97 | 7.62 | 7.26 |
| 40—45 | 3.46 | 3.76 | 3.22 | 2.80 | 2.44 | 5.51 | 5.77 | 6.11 | 5.79 | 5.49 |
| 45—50 | 3.24 | 3.42 | 2.84 | 2.44 | 2.14 | 4.29 | 4.29 | 4.40 | 4.06 | 3.94 |
| 50—55 | 2.98 | 3.01 | 2.51 | 2.13 | 1.84 | 3.00 | 2.72 | 2.79 | 2.54 | 2.34 |
| 55—60 | 2.60 | 2.72 | 2.34 | 2.01 | 1.74 | 1.84 | 1.73 | 1.80 | 1.68 | 1.52 |
| 60—65 | 2.39 | 2.56 | 2.21 | 1.95 | 1.72 | 1.12 | 1.04 | 1.08 | 1.00 | 0.93 |
| 65—70 | 2.17 | 2.37 | 2.00 | 1.87 | 1.66 | 0.80 | 0.65 | 0.64 | 0.61 | 0.57 |
| 70—75 | 2.06 | 2.22 | 1.93 | 1.80 | 1.61 | 0.71 | 0.54 | 0.54 | 0.51 | 0.47 |
| 75—80 | 2.12 | 2.33 | 2.03 | 1.83 | 1.65 | 0.61 | 0.52 | 0.51 | 0.48 | 0.44 |
| 80—85 | 1.92 | 2.04 | 1.81 | 1.56 | 1.45 | 0.37 | 0.30 | 0.30 | 0.26 | 0.23 |
| 85—90 | 2.12 | 2.22 | 2.04 | 1.71 | 1.67 | 0.22 | 0.16 | 0.16 | 0.13 | 0.13 |
| 90—95 | 2.53 | 2.79 | 2.55 | 2.21 | 2.13 | 0.11 | 0.09 | 0.08 | 0.07 | 0.07 |
| 95—100 | 2.54 | 2.80 | 2.56 | 2.22 | 2.12 | 0.05 | 0.04 | 0.04 | 0.04 | 0.03 |
| 平均 | 3.81 | 4.28 | 3.63 | 3.31 | 3.07 | — | — | — | — | — |

房地产业。日本房地产业经历了一段极具故事性的发展历程。由于"二战"后日本经济在较长时间内保持高速增长，在快速工业化和城市化的背景下，日本土地价格飞速上涨，造就了所谓的"土地神话"。对此现象，有人形容道"卖掉东京可以买下整个美国"。1989 年，日本政府察觉到房地产市场过热后，通过宏观调控强制冷却房地产市场，1991 年日本房地产泡沫破灭，1993 年日本房地产业全面崩溃。但出乎意料的是，东京都市圈房地产业就业人数持续提升，1980 年共吸纳 18.41 万人就业，

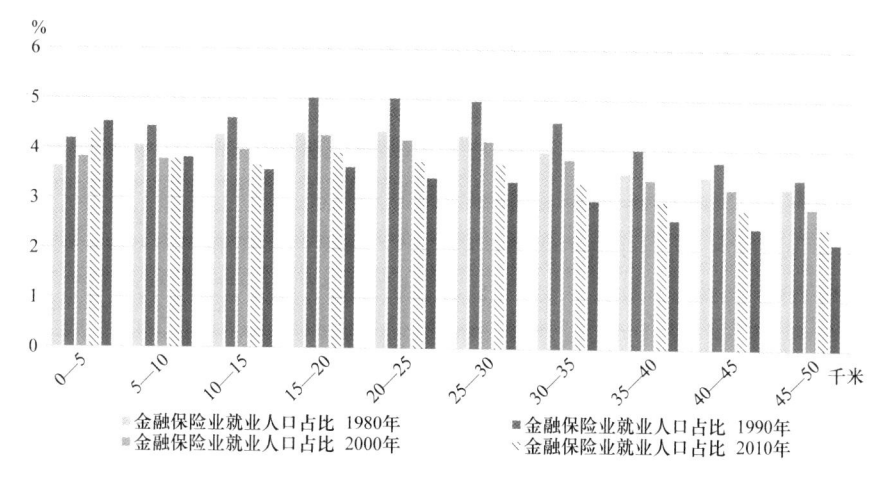

图 9-22　日本 1980—2015 年金融保险业的空间分布

到 1990 年增长至 31.18 万人，就业人口占比也从 1.73% 提升至 1.92%。2000 年，尽管房地产泡沫破灭，但就业人口占比再次提升，2015 年，东京都市圈就业人口已达到 48.59 万人，占总就业人口的 2.87%。

从圈层视角来看，1980—2015 年各圈层房地产业从业人口占比均有不同程度的提升，其中 30 千米范围内各圈层房地产业从业人口占比提升均超过 1.5%。此外，在 15 千米范围内虽然房地产业从业人口占圈层总就业人口的比重不断增长，但其在全域从业人口中的比重持续走低，而 20—30 千米范围内两个圈层的占比增幅均超过 2%。

表 9-21　东京都市圈（一都三县）100 千米范围内房地产业就业人口圈层占比重变动统计　　　　　　　　　　　　单位：%

| 距离（千米） | 占同圈层就业人口比重 ||||| 占房地产业就业人口比重 |||||
|---|---|---|---|---|---|---|---|---|---|---|
| | 1980 年 | 1990 年 | 2000 年 | 2010 年 | 2015 年 | 1980 年 | 1990 年 | 2000 年 | 2010 年 | 2015 年 |
| 0—5 | 2.49 | 3.66 | 3.82 | 4.33 | 4.19 | 8.14 | 6.36 | 5.76 | 5.07 | 4.73 |
| 5—10 | 1.89 | 2.69 | 2.79 | 3.68 | 3.76 | 16.13 | 13.81 | 12.67 | 11.58 | 11.39 |
| 10—15 | 1.69 | 2.39 | 2.49 | 3.44 | 3.54 | 17.22 | 16.22 | 15.35 | 14.53 | 14.30 |
| 15—20 | 1.51 | 2.09 | 2.19 | 3.11 | 3.17 | 12.25 | 12.78 | 13.01 | 13.21 | 13.37 |
| 20—25 | 1.33 | 1.85 | 1.98 | 2.85 | 2.94 | 9.05 | 9.79 | 10.42 | 10.85 | 11.18 |
| 25—30 | 1.30 | 1.83 | 1.95 | 2.81 | 2.90 | 8.55 | 9.38 | 10.07 | 10.50 | 10.73 |
| 30—35 | 1.21 | 1.74 | 1.81 | 2.66 | 2.73 | 7.58 | 8.44 | 8.89 | 9.31 | 9.37 |

续表

| 距离<br>(千米) | 占同圈层就业人口比重 ||||| 占房地产业就业人口比重 |||||
|---|---|---|---|---|---|---|---|---|---|---|
| | 1980年 | 1990年 | 2000年 | 2010年 | 2015年 | 1980年 | 1990年 | 2000年 | 2010年 | 2015年 |
| 35—40 | 1.13 | 1.61 | 1.70 | 2.52 | 2.55 | 6.07 | 6.84 | 7.30 | 7.67 | 7.61 |
| 40—45 | 1.12 | 1.57 | 1.63 | 2.42 | 2.45 | 4.96 | 5.38 | 5.66 | 5.92 | 5.90 |
| 45—50 | 1.04 | 1.48 | 1.51 | 2.24 | 2.29 | 3.84 | 4.15 | 4.28 | 4.40 | 4.50 |
| 50—55 | 0.89 | 1.28 | 1.27 | 1.91 | 1.98 | 2.50 | 2.58 | 2.58 | 2.68 | 2.70 |
| 55—60 | 0.74 | 1.13 | 1.11 | 1.73 | 1.80 | 1.45 | 1.60 | 1.57 | 1.70 | 1.68 |
| 60—65 | 0.61 | 1.04 | 1.01 | 1.57 | 1.63 | 0.80 | 0.95 | 0.91 | 0.95 | 0.95 |
| 65—70 | 0.42 | 0.82 | 0.77 | 1.25 | 1.30 | 0.43 | 0.50 | 0.45 | 0.48 | 0.48 |
| 70—75 | 0.37 | 0.74 | 0.69 | 1.16 | 1.21 | 0.36 | 0.40 | 0.36 | 0.39 | 0.38 |
| 75—80 | 0.39 | 0.79 | 0.77 | 1.26 | 1.30 | 0.31 | 0.39 | 0.36 | 0.39 | 0.37 |
| 80—85 | 0.38 | 0.82 | 0.75 | 1.24 | 1.35 | 0.20 | 0.27 | 0.23 | 0.25 | 0.23 |
| 85—90 | 0.34 | 0.72 | 0.66 | 1.07 | 1.16 | 0.10 | 0.12 | 0.10 | 0.10 | 0.09 |
| 90—95 | 0.28 | 0.52 | 0.48 | 0.75 | 0.78 | 0.03 | 0.04 | 0.03 | 0.03 | 0.03 |
| 95—100 | 0.29 | 0.53 | 0.50 | 0.76 | 0.78 | 0.02 | 0.02 | 0.02 | 0.01 | 0.01 |
| 平均 | 1.37 | 1.92 | 1.98 | 2.81 | 2.87 | — | — | — | — | — |

批发零售、住宿餐饮业。[①] 作为最古老的经济活动形式之一，批发零售、住宿餐饮业往往是吸纳劳动力最多的产业之一。1980 年，全域共有 336 万人从事这一行业，占就业人口的比重达到 24.97%。20 世纪 80 年代，批发零售、住宿餐饮业稳定发展，至 1990 年从业人数已达到 384.95 万人，但由于其劳动密集属性，并非是新增就业人口的首选，占全域就业人口的比重下降至 23.69%。在日本经济陷入滞涨期后，批发零售、住宿餐饮业开始发挥其蓄水池作用，十年间再次吸纳 14.54 万人。进入 21 世纪，批发零售、住宿餐饮业地位迅速下降，2015 年从业人数由 2000 年的 399.49 万人下降至 331.76 万人，就业人口占比也下降至 19.59%。其中批发零售业就业人口占比 2010 年的 16.14% 下降至 2015 年的 14.33%；住宿餐饮业就业人口占比由 2010 年的 5.78% 下降至 2015 年的 5.26%（见表 9-22）。

---

[①] 在 1980 年、1990 年、2000 年日本国势调查中，将批发零售、住宿餐饮业看作同一门类行业，为保证数据口径一致可比，这里将 2010 年、2015 年数据做合并处理。

表9-22 东京都市圈（一都三县）100千米范围内批发零售、住宿餐饮业就业人口圈层占比重变动统计　　　单位:%

| 距离（千米） | 占同圈层就业人口比重 ||||| 各圈层批发零售、住宿餐饮就业人口占比 |||||
|---|---|---|---|---|---|---|---|---|---|---|
| | 1980年 | 1990年 | 2000年 | 2010年 | 2015年 | 1980年 | 1990年 | 2000年 | 2010年 | 2015年 |
| 0—5 | 36.95 | 32.81 | 30.56 | 22.27 | 18.48 | 6.61 | 4.62 | 3.83 | 3.34 | 3.06 |
| 5—10 | 30.99 | 28.03 | 26.62 | 21.86 | 19.05 | 14.46 | 11.66 | 10.05 | 8.81 | 8.45 |
| 10—15 | 27.96 | 25.74 | 24.98 | 21.42 | 19.13 | 15.61 | 14.12 | 12.83 | 11.58 | 11.32 |
| 15—20 | 25.60 | 24.09 | 24.10 | 21.77 | 19.38 | 11.38 | 11.95 | 11.88 | 11.83 | 11.96 |
| 20—25 | 24.04 | 23.46 | 23.91 | 22.25 | 19.84 | 8.99 | 10.08 | 10.47 | 10.84 | 11.06 |
| 25—30 | 23.69 | 23.39 | 23.88 | 22.24 | 19.93 | 8.55 | 9.71 | 10.26 | 10.64 | 10.79 |
| 30—35 | 23.15 | 23.05 | 23.63 | 22.29 | 20.03 | 7.94 | 9.05 | 9.62 | 9.99 | 10.05 |
| 35—40 | 22.18 | 22.23 | 23.01 | 22.18 | 20.01 | 6.53 | 7.64 | 8.22 | 8.64 | 8.75 |
| 40—45 | 21.52 | 21.54 | 22.46 | 21.80 | 19.81 | 5.22 | 5.97 | 6.50 | 6.82 | 6.99 |
| 45—50 | 20.84 | 20.95 | 22.04 | 21.71 | 19.70 | 4.21 | 4.75 | 5.20 | 5.47 | 5.68 |
| 50—55 | 20.14 | 20.15 | 21.46 | 21.32 | 19.26 | 3.09 | 3.30 | 3.63 | 3.83 | 3.86 |
| 55—60 | 19.27 | 19.45 | 20.70 | 21.09 | 19.05 | 2.08 | 2.23 | 2.43 | 2.66 | 2.61 |
| 60—65 | 18.66 | 19.12 | 20.42 | 21.07 | 19.25 | 1.34 | 1.41 | 1.52 | 1.63 | 1.63 |
| 65—70 | 18.78 | 19.12 | 20.45 | 21.55 | 19.56 | 1.06 | 0.95 | 0.99 | 1.05 | 1.06 |
| 70—75 | 18.63 | 18.80 | 20.14 | 21.74 | 19.97 | 0.99 | 0.83 | 0.86 | 0.93 | 0.91 |
| 75—80 | 19.99 | 19.48 | 20.60 | 22.22 | 20.44 | 0.88 | 0.78 | 0.79 | 0.87 | 0.85 |
| 80—85 | 19.09 | 18.69 | 19.62 | 24.32 | 21.97 | 0.56 | 0.49 | 0.49 | 0.62 | 0.55 |
| 85—90 | 19.65 | 19.52 | 20.08 | 25.16 | 22.69 | 0.31 | 0.26 | 0.25 | 0.30 | 0.27 |
| 90—95 | 22.00 | 21.43 | 21.38 | 22.77 | 20.59 | 0.14 | 0.13 | 0.11 | 0.11 | 0.11 |
| 95—100 | 22.14 | 21.53 | 21.48 | 22.86 | 20.56 | 0.07 | 0.06 | 0.05 | 0.05 | 0.05 |
| 平均 | 24.97 | 23.69 | 23.79 | 21.92 | 19.59 | — | — | — | — | — |

从圈层视角出发，虽然从占比上看各圈层均有不同程度的下降，但实际下降较为明显的是0—15千米圈层，35年间累计减少47.5万就业人口，其中，15—20千米也仅增加了1.45万人。在20—60千米，就业人口累计增加了42.7万人，在一定程度上承接了中心圈层对外疏解的功能。至2015年，东京都市圈不同圈层的批发零售、住宿餐饮业就业人口占比

基本维持在20%左右，而这一年北京的合计占比为28.3%。①

1980—2015年，东京都市圈公务人员人口较为稳定，始终维持在50万人左右，相较1980年2015年仅增加了649人。由于东京都市圈就业人口的不断增长，其比重不断下降，从1980年的3.7%下降至2.94%。从圈层视角出发，中心区域公务人员人口下降较为明显，0—15千米累计下降1.6万人，而15—30千米圈层人口均略有增加，累计增加1.3万人，其余圈层变化程度不大。从各圈层公务人员人口占比上看，各圈层从业人口占比变化也较小。

表9-23　东京都市圈（一都三县）100千米范围内公务人员人口圈层占比重变动统计　　　单位：%

| 距离（千米） | 占同圈层就业人口比重 ||||| 各圈层公务人员人口占比 |||||
| --- | --- | --- | --- | --- | --- | --- | --- | --- | --- | --- |
|  | 1980年 | 1990年 | 2000年 | 2010年 | 2015年 | 1980年 | 1990年 | 2000年 | 2010年 | 2015年 |
| 0—5 | 3.04 | 2.88 | 2.90 | 2.77 | 2.81 | 3.68 | 3.07 | 2.82 | 3.02 | 3.10 |
| 5—10 | 2.86 | 2.49 | 2.38 | 2.40 | 2.49 | 9.02 | 7.82 | 7.00 | 7.03 | 7.35 |
| 10—15 | 2.77 | 2.30 | 2.27 | 2.30 | 2.39 | 10.44 | 9.53 | 9.05 | 9.03 | 9.43 |
| 15—20 | 3.11 | 2.52 | 2.55 | 2.56 | 2.51 | 9.33 | 9.44 | 9.76 | 10.11 | 10.30 |
| 20—25 | 4.06 | 3.23 | 3.01 | 3.13 | 3.06 | 10.27 | 10.48 | 10.25 | 11.09 | 11.35 |
| 25—30 | 4.39 | 3.39 | 3.17 | 3.18 | 3.12 | 10.70 | 10.63 | 10.59 | 11.04 | 11.24 |
| 30—35 | 4.44 | 3.45 | 3.28 | 3.12 | 3.07 | 10.28 | 10.24 | 10.36 | 10.17 | 10.25 |
| 35—40 | 4.24 | 3.51 | 3.41 | 3.24 | 3.08 | 8.43 | 9.12 | 9.45 | 9.16 | 8.97 |
| 40—45 | 4.39 | 3.69 | 3.50 | 3.32 | 3.11 | 7.18 | 7.71 | 7.86 | 7.54 | 7.31 |
| 45—50 | 4.80 | 4.20 | 3.94 | 3.79 | 3.53 | 6.54 | 7.19 | 7.23 | 6.94 | 6.79 |
| 50—55 | 5.07 | 4.51 | 4.28 | 4.11 | 3.85 | 5.25 | 5.57 | 5.64 | 5.37 | 5.13 |
| 55—60 | 3.82 | 3.51 | 3.58 | 3.49 | 3.24 | 2.78 | 3.04 | 3.27 | 3.19 | 2.95 |
| 60—65 | 3.69 | 3.57 | 3.77 | 3.67 | 3.40 | 1.78 | 1.99 | 2.19 | 2.07 | 1.92 |
| 65—70 | 3.29 | 3.24 | 3.55 | 3.49 | 3.26 | 1.26 | 1.22 | 1.34 | 1.24 | 1.17 |
| 70—75 | 3.05 | 2.97 | 3.34 | 3.32 | 3.11 | 1.09 | 0.99 | 1.11 | 1.03 | 0.95 |
| 75—80 | 3.18 | 3.09 | 3.36 | 3.36 | 3.17 | 0.95 | 0.94 | 1.01 | 0.96 | 0.88 |
| 80—85 | 3.09 | 3.09 | 3.41 | 3.39 | 3.30 | 0.61 | 0.61 | 0.67 | 0.63 | 0.55 |
| 85—90 | 2.42 | 2.44 | 2.71 | 2.80 | 2.76 | 0.26 | 0.25 | 0.26 | 0.24 | 0.22 |

① 参见本书第六章。

续表

| 距离<br>（千米） | 占同圈层就业人口比重 ||||| 各圈层公务人员人口占比 |||||
|---|---|---|---|---|---|---|---|---|---|---|
| | 1980年 | 1990年 | 2000年 | 2010年 | 2015年 | 1980年 | 1990年 | 2000年 | 2010年 | 2015年 |
| 90—95 | 2.35 | 2.35 | 2.57 | 2.77 | 2.68 | 0.10 | 0.10 | 0.10 | 0.10 | 0.09 |
| 95—100 | 2.36 | 2.34 | 2.59 | 2.80 | 2.70 | 0.05 | 0.05 | 0.05 | 0.05 | 0.05 |
| 平均 | 3.70 | 3.14 | 3.06 | 3.02 | 2.94 | — | — | — | — | — |

通过对1980—2015年数据的空间分析，得到了东京都市圈"一都三县"就业结构时空变化的基本特征，结论主要分为以下几点。

第一，东京都市圈就业结构已发展至较高水平。全域第二产业就业比重由1980年的34.45%下降到了2015年的19.14%，而第三产业就业比重接近80%，其中东京都接近85%。此外，东京都市圈就业结构的转型升级呈现先快后慢的阶段性特点。1980—2000年，各区县就业结构变动较大，东京都市圈第三产业就业比重增加了11.26个百分点，平均每年增长0.56个百分点，快于35年间0.51%的平均速度。

第二，就业结构升级的内在驱动力发生变化。35年间，东京都市圈就业人口增长了336万，其中，在20世纪末期增长的就业人数占比高达96.43%。而分产业看，而其中绝大部分新增劳动力投身于第三产业，同1980年相比2000年第三产业就业人口增长了417万，增长率高达33.05%。自21世纪以来，随着东京都市圈人口增长进入滞涨阶段，就业人口同样增长缓慢，此时就业结构的转型升级很大程度依赖于内部的结构调整。随着劳动生产率的进一步提升，第一、第二产业剩余劳动力充分释放，15年间非服务业就业人口减少了132万人，其中，第二产业释放了124万人。因此，尽管第三产业就业人口增长缓慢，增长率仅有3.09%，但就业结构的升级之路并未停歇，2000—2015年，第三产业就业比重平均每年依然保持着0.46%的增速。

第三，就业空间聚集特征显著。通过空间自相关分析发现，东京都市圈的就业分布在空间上具有十分显著的聚集特征，呈现以千代田区[①]为中心向外逐层递减的圈层分布态势，且地区间差异巨大。数据显示，2015

---

① 日本天皇皇居、国会、警视厅、最高法院、中央省厅及大量公司总部等所在地，是日本的政治、经济中心。

年，最集中的1%的土地上集中了3.69%的就业人口，而在10%的节点上则集中了25.71%的就业人口。过半的就业人口集中在27%的土地上。从空间上看东京都市圈就业密度聚集区对应"一都三县"格局，呈"一高三低"分布态势。就业密度聚集区可将其分为东京都区部一个就业密度高值聚集区，以及埼玉县西侧、神奈川县西南部及千叶县大部三个就业密度低值聚集区。

第四，就业空间分布变化趋于稳定，就业重心向区域几何重心偏移。1980—1990年，就业重心向西北方移动707.95米，而1990—2000年，就业中心向北移动了263.82米。在随后的15年里，就业重心基本没有发生大的迁移，两个时间节点分别向西北、东北移动了53.77米和114.72米。伴随于此的，1980—2015年就业标准差椭圆变动较小，经历了"减—增—减"的发展模式，其中主要走向（东西）变化不大，次要走向（南北）走向略有集聚。

第五，不同圈层就业空间结构存在差异。同常住人口向中心区迁移的趋势不同，随着近郊环带的飞速发展，就业人口正逐步向外迁移，目前的峰值点为10—20千米处，并呈现逐渐向20—30千米环带转移的趋势，而这一环带也是35年间就业密度增长最快的地区，增长了1112.66人/平方千米。分产业看，第二产业就业密度随距离增加呈现先增后减的态势，且随时间推移就业密度逐年下降。第二产业最为集中的东京都建成区（0—15千米）35年间降幅高达55.82%，而第三产业在0—10千米圈层的就业密度同样有所降低，但其他圈层就业密度在35年间均有所提升，这也是区域就业结构整体升级的体现。

第六，自1920年以来，东京都市圈就业空间结构演变大致经历了集聚、扩散和再集聚三个阶段，在基础设施日益完善、轨道交通高度发达的背景下，逐渐形成了以千代田区为中心向外逐层递减的圈层分布态势。随着政府的大力调节，就业机会持续扩散，中心区域就业人口密度总体呈下降趋势，而在距千代田区15—50千米的近郊整备地带则获得较快发展，既顺利承接东京市区向外疏解的部分功能，也有效吸纳都市圈外围地区的劳动力转移。东京都市圈就业多中心化特征明显，共识别出就业中心12个。主就业中心位于距离中心点5—10千米的东京都区部，此处集中了6个就业中心，从空间上看形成了一个巨大的始自墨田区，由东向西途径台东区、文京区、北区、丰岛区、板桥区、练马区、中野区、杉并区、目黑区、品川区的就业中心环带。处于就业中心环带内的 11 个区就业密度均在 7000 人/平方千米以上。不同就业中心等级差异显著,位于东京都的 6 个区就业密度均在 8000 人/平方千米以上,而位于其余三县的 6 个区除蕨市外均位于 3000—4500 人/平方千米区间内。从功能上看,东京都各就业中心多为一般性就业中心或以生产服务业为主导的专业性就业中心,就业结构侧重于生产服务业;而外围次就业中心多为包含工业在内的综合性就业中心或一般性就业中心,在第二产业及分配服务业方面占比较高。

通过对东京都市圈 35 年来就业空间结构的分析,发现随着产业结构的升级转型,就业人口的空间分布也在随之发生变化。因此,我们应着手探讨如何优化京津冀城市群的产业结构,从而推动区域内劳动力空间分布的合理化。

第一,进一步促进京津冀城市群产业结构的优化升级,发挥就业弹性效应。产业结构的逐步升级转型是京津冀一体化的重要任务。目前,京津冀三地的发展水平并不一致,北京已迈入后工业化阶段,而天津、河北则还在奋勇直追,在这一过程中,三地应依据各自特色和就业优势,明确自身功能定位,如河北省可以充分利用自身人力资源优势,承接来自北京、天津的劳动密集型产业,而京津二地的产业结构调整则应偏向资本密集型与技术密集型企业。区域内应逐渐形成一套合理的产业链条,推动各自产业结构的变动升级。应充分发挥第三产业在劳动力吸纳方面的优势,积极鼓励发展新兴产业来带动就业,保证夕阳产业被淘汰时所释放的剩余劳动力,积极引导就业人口的合理有序流动。

第二,积极创新有利于劳动力合理分布的政策体系。京津冀协同发展更多的是在公共服务、就业领域的一体化。京津冀区域内教育医疗服务均等化,对于劳动力区域配置会起到推动作用。产业结构的变化可以从政府推动,市场引导之手来改变劳动力分布,而教育医疗等公共资源更多依赖政府之手推动。因此,首先应完善劳动力就业政策,以市场为手段推动就业人口的自由流动,增强劳动力集聚区的经济活力,在调整产业结构的同时创造更多的就业岗位。

第三,加强政府公共就业服务体系建设,完善人力资本开发体系。市场在资源配置中的作用不容忽略,但从各国的实践经验来看,政府的公共就业服务体系在促进劳动力供求平衡等方面也在发挥重要作用。在提升京津冀地区人力资本方面,首先,可以加强地区间的沟通合作,积极整合资源，构建统一的劳动力市场服务体系；其次，逐步加强劳动力市场的信息化建设，实现劳动力资源的优化配置；最后，构建就业导向型的社会政策体系，完善劳动力市场服务体系，逐步缩小地区工资差距，保障公平和就业促进目标的有机统一。

第四，城市群的发展需要政府因势利导形成合理规划。一是应加强统筹规划协调，合理有序推进城市更新。在东京都市圈发展过程中，为了缓解市中心人口过密问题，日本政府先后五次提出首都圈整备计划，在推动市中心非核心功能疏解的同时，通过完善轨道交通等手段大力发展城市次中心，并以此带动周边地区发展。此举有效实现了都市圈整体产业结构的提升，同时形成了分工有序、运转良好的经济循环体系。二是核心区非首都功能疏解是都市圈发展的必然选择。而在功能疏解过程中，应具备环形思维。作为日本的政治中心，东京都以千代田区为核心的 5 千米圈层内并未形成城市就业中心，而是在距离千代田区 5—10 千米圈层内形成了就业中心环带。此外，1980—2015 年的数据显示，15 千米外的近郊整备地带就业密度有不同程度的增强，在都市圈城市化率整体处于较高水平的情况下，要充分挖掘发挥此区域的重要功能。三是不同就业中心功能应有所侧重。在人口的集聚力量与扩散力量的共同作用下，都市圈主就业中心应侧重发展以金融业、商务服务业为代表的生产性服务业，而制造业等劳动密集型产业应尽可能向外部交通节点和开发区等地区外迁，通过良好的规划调节，实现城市就业空间的合理演进。

# 第四篇
# 锚定协同

# 第十章　首都人口高质量发展

本书前面的章节既从行政区划的角度研究了京津冀人口格局的协同特征，也基于圈层分布的视角探索了京津冀人口分布的国际异同。在这些分析中，一些研究结论值得提炼，也值得未来持续观察。

第一，从行政区划的角度，观察城市群人口发育过程。在世界级城市群经历了人口聚集到扩散的过程之后，京津冀城市群正在形成"聚集—极化—分流"的人口分布转变，城市群发育向前迈出了重要一步，但此时的人口分流可能只是城市群人口分布优化的初级阶段，因为已有数据更多指向的是"域外"人口转移（人口向京津冀区域之外分流）。也就是说，截至目前，京津冀城市群中心城市北京在出现了人口减少的态势之后，并没有明显地带来该城市群内部其他城市（特别是河北省的各节点城市）人口的显著增加。除此之外，在京津冀城市群人口发育的过程中，出现了区域经济的全国贡献率下降、服务业劳动生产率仍待改善、人才引进和流动依然不畅、流动人口居留意愿与居留行为产生明显背离等并发性难题。未来，需要在"一核两翼"等战略布局下，持续观测雄安新区和北京城市副中心等若干增长极对城市群内部城际人口与经济的综合影响。

第二，从圈层结构的角度，分析城市群人口圈层分布特征。在对世界级城市群人口数据进行圈层分析之后，我们发现一些很有意思的特点。例如，在纽约都市圈150千米范围之内，常住人口与卫生、批发零售等生活性服务业和公共服务业就业人口具有较强的空间一致性，而与信息、金融、科技等生产性服务行业的空间一致性较弱，有别于我国首都圈常住人口与诸多行业就业人口均存在高度空间相关性的特点；在东京都市圈50千米范围之内，常住人口M形空间分布特征，有别于北京人口的倒U形分布。东京30—50千米圈层在城市规划中的作用在加强，有别于北京人口聚集于30千米以内的特点；美国东北部城市群和日本东京都市圈金融业就业主要聚集于 10 千米以内的圈层,而零售业就业人口分布较为均匀,批发业集中于 40—60 千米圈层内等分布特征,都对未来北京乃至京津冀的人口协同发展有所启发。

放眼世界之后,必须立足国情。未来的京津冀城市群如何走出一条具有中国特色、解决本土问题的人口发展之路,最终还得回到政府—市场—社会三者协作下的共建共治:落实政府规划,疏解非首都功能并"跳出北京来看";依托市场资源,以产业链带动人口链;整合社会主体,调动不同主体的协同积极性。因此,锚定协同,始于首都北京,成于京畿三地。

# 一 城市治理的宏观背景

党的十八大以后,习近平总书记自 2014 年起多次视察北京并发表重要讲话,这是习近平总书记系列重要讲话精神的重要组成部分。最近几年,习近平总书记创造性地提出和推动了京津冀协同发展,设立了雄安新区,都是具有历史意义的重大战略。这些国家大事、千年大计均与首都北京非首都功能的疏解密切相关,都是运用马克思主义的立场、观点和方法分析解决我国区域发展难题、将五大发展理念融入我国都市圈和城市建设之中的重大布局和生动实践。一城与一域的人口发展离不开全国的形势发展,离不开全球的世界眼光。作为社会经济发展的基础性影响因素,北京人口高质量发展同样需要放在城市治理、区域协同、民族复兴的大局中予以回应,以形成双向促进的良性循环和理论闭环。

## (一)城市化是认识和应对城市问题的宏大背景

认识和把握北京未来的高质量发展,我们应还原到全国整个城市化进程的大背景下予以理解。从城市化率的国际比较中我们可以看到,我国城市化率从 10% 提高到 50%,只用了 61 年的时间,而拉丁美洲用时约 210 年,欧洲为 150 年左右,北美也耗时约 105 年。可见,在全世界范围之内,我国城市化速度非常之快,即从 1949 年的 10% 迅速提升到 2019 年的 60.6% 左右,70 年间提升了 50 多个百分点。基于理论的视角,在城市化率可能会经历的 S 形曲线之中段部分,即在 30% 到 70% 的城市化率之间,很多国家在此阶段的城市化率将显著提升,而当前中国的城市化率突破了

60%，恰好在此区间之内。2019 年，我国城镇常住人口近 8.5 亿，已完全由农村社会迈入城市社会。我国正在经历全球规模最大、速度最快、情况非常复杂的城镇化进程。因此，城市是今后相当长一段时间内我国经济社会发展的一个战略高地，首都北京人口的发展自然受到城市化大趋势的深刻影响，所以在全书结尾之时，我们为何依然要紧紧抓住"城市"这个切入点和突破口首先来谈，与推动京津冀的协同发展有关，也与国家高质量发展的宏大背景相连。

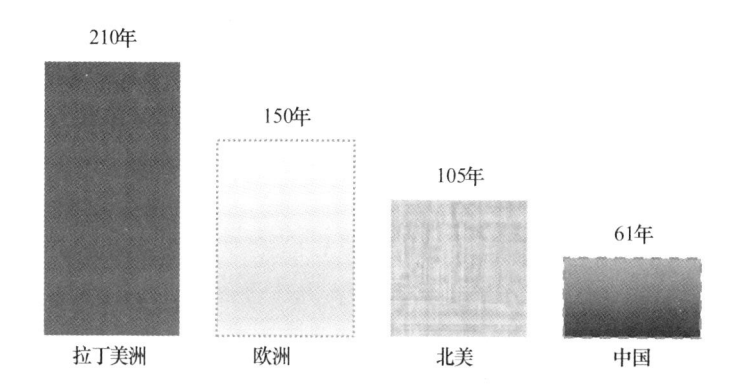

图 10-1 不同区域城镇化率从 10% 提升到 50% 大约所需的年数对比

**（二）"一个尊重、五个统筹"**

在这样一个大背景下，时隔 37 年的时间，中央城市工作会议于 2015 年 12 月再次召开并特别指出："全面建成小康社会，加快实现现代化，必须抓住城市这个火车头"，而且提出要做到"一个尊重、五个统筹"。

"一个尊重"即尊重城市发展规律。每一个城市的人口规模、用地规模要与其承载力相适应。从全国来讲，我们怎样才能走出一条中国特色的城市发展道路？中国城市化的规律到底是什么？作为全国城市的建设者，我们应该如何准确把握这样的城市发展规律？这些问题都值得密切关注。

"五个统筹"：一是统筹空间、规模、产业三大结构。诸多城市的发展应放在城市群的主体形态中谋求共赢，实现城市空间布局、城市规模与产业结构相协调，在全国范围内实现城乡一体化。二是统筹规划、建设、管理三大环节。一个城市的科学发展需要始于规划、重在建设、成于服务管理。三是统筹改革、科技和文化三大动力。在改革创新中激活城市发展,在科技赋能中点亮城市治理,在文化特色中推动城市差异化发展。四是统筹生产、生活、生态三大布局。城市建设的最终目的就是要打造出和谐宜居的人居环境,通过抓好生产、生活、生态三者之间的统筹,实现人居环境的优化和城市活力的激发。五是统筹政府、社会、市场三大主体。城市建设建什么、谁来建、怎么建,需要激活政府、市场、社会这三大主体,需要调动各个行为主体的力量来参与城市建设,参与区域的发展,最终体现共建、共治、共享的城市发展思路。这就是中央城市工作会议对我国城市建设提出的基本要求,也是首都北京发展的根本遵循。

### (三)"两个层次、三个坚持"

正是在上述背景下,习近平总书记视察了北京。本书第二章对习近平总书记多次视察北京的重要讲话进行了系统整理。整理之后我们发现,各个城市的发展都应紧扣习近平总书记所讲的这句原话而展开,即"要处理好国家战略要求和自身发展的关系,在服务国家大局中提高发展水平"。我们把习近平总书记视察北京的重要讲话精神,归纳成"两个层次、三个始终关注"。

"两个层次"的第一个层次即提高城市自身的发展水平。在提高自己发展水平的过程中,解决好北京面临的揪心问题,其中,城市规划、战略定位、城市建设质量的提高以及城市精细化管理水平的提升等都可以归入其中。第二个层次即城市发展要服务好国家大局,在服务国家大局的过程中解决单个城市自身的问题。习近平总书记谈及的京津冀协同发展、北京非首都功能的疏解、新机场的建设以及冬奥会的筹办等都可以放到大局这个要求里去理解。"三个始终关注"指的是关注城市规划、关注协同发展、关注民生问题,这既是城市发展的核心要义,也是人口发展的重大关切。

如何坚持目标导向和问题导向推进城市高质量发展,是北京城市建设的逻辑主线。总体来看,我国城市发展现阶段到底面临怎样的现实难题?习近平总书记为何要多次视察首都北京?北京城市总体规划对人口发展会产生怎样的引领作用?沿着习近平总书记谈及的这些观点,我们需要破解两个问题:一是单体城市的规划难题;二是区域发展的协同难题。

## 二 城市发展的现实之困

法国地理学家戈特曼在研究城市的时候发现,城市发展或许要把握住这样一个发展规律,即成熟的城市群将会经过四个阶段——城市离散阶段、城市体系形成阶段、城市发展向心化阶段以及城市群发展阶段。从整个京津冀来看,曾经出现了人口极化现象。从城市群发展规律来讲,京津冀城市群恰恰处于城市群发育的第三个阶段"向心化"向第四个阶段"城市群"转变的过渡过程,我们因此而面临着城市发展转型中的系列阵痛,这是理论阐释对现实问题的一种回应。

### (一) 城市规划难题

习近平总书记指出,"考察一个城市首先看规划。规划科学是最大的效益,规划失误是最大的浪费,规划折腾是最大的忌讳"[1],并强调服务保障能力、人口资源环境以及城市布局要与城市战略定位相适应、相协调、相一致。2014年习近平总书记在党的十八以后第一次视察北京,当时的首都北京为什么会表现出包括人口膨胀、交通拥堵、资源短缺、环境污染等在内的一系列令人揪心的问题,我们要牢牢把握住这一问题的根源所在。

1. 城市战略定位问题

其实,全国很多城市都应该关注这样的问题。一个城市的工作如何切入,先要抓住这个城市的战略定位,之后通过城市的规划调控以实现城市的可持续发展,并保证规划的严肃性和权威性。这三个层次缺一不可。

关于城市战略定位,习近平总书记谈到要"明确城市战略定位,坚持和强化首都全国政治中心、文化中心、国际交往中心、科技创新中心的核心功能,深入实施人文北京、科技北京、绿色北京战略,努力把北京建设成为国际一流的和谐宜居之都"。习近平总书记还特别强调,"表面上看,北京的问题是人口过多造成的,其实深层次的问题是功能太多带来的",这句话真正地把握住了我们国家很多城市的命脉,即城市发展为什

---

[1] 中国共产党北京市委员会、北京市人民政府:《北京城市总体规划(2016年—2035年)》,中国建筑工业出版社2019年版。

么会出现这个问题，是因为功能定位出了问题。

我们在现实中发现问题，在历史中寻找答案，我们来看看几千年来，北京市的功能定位发生了怎样的变化？为什么北京表现出令人揪心的系列问题？辽金之前，北京的功能定位只有一个，即全国重要的军事要塞；元代至清代，北京的定位也只有一个，即全国政治中心；20世纪50年代北京两次修订城市总体规划。因国家推行重工业优先发展战略，北京城市功能定位调整为"四中心一基地"，即全国政治中心、经济中心、文化中心、科技中心和工业基地。中华人民共和国成立以后，北京城市总体规划自20世纪80年代初以后剥离经济中心，即1982年上报国务院、1983年党中央和国务院批准的城市规划做了一个减法，减成了"三个中心"。然而，1993年党中央、国务院批准的《北京城市总体规划（1991年至2010年）》又做了一个加法，加上了"现代国际城市"的定位；2006年党中央、国务院批准的《北京城市总体规划（2004年—2020年）》再次做了一个加法，增加了"交通枢纽"功能；2014年习近平总书记指出北京要坚持"四个中心"的定位，所以2017年《北京城市总体规划（2016年—2035年）》将城市功能定位确定为"四个中心"。一路走来，我们可以看到，北京市的功能定位一直在发生变化，加加减减，进而对城市发展产生了历史性影响。

在当前的规划中北京不提经济中心，不是要放弃经济发展，而是要放弃"大而全"，打造"高精尖"的经济结构。在打造"高精尖"的时候，我们又面临怎样的发展难题？其实难题很多，我们举一个例子。比如，从2015年企业资金占全社会研发投入的比例来看，北京只占到29%，而上海占到85%，广东占到59%。这说明在当时的北京，企业为了创新自行投资的比例不算太高。未来，我们要打造"高精尖"、落实"四个中心"的城市定位，我们应调动不同行为主体的积极性，这也是中央城市工作会议上提到的"三大动力"和"三个主体"的重要问题。

当前的城市总体规划为何要修订？为何习近平总书记指出2014年前后北京存在一些令人揪心的问题？正如前文讲到的，北京的城市布局可能也要做出相应调整。《北京城市总体规划（2004年—2020年）》中的市域城镇体系规划。从这个规划上我们可以看到，北京城市布局"单中心"的特点很难在短时间之内予以消除。其实，早在中华人民共和国成立之初，著名的建筑学家梁思成等人就曾建议，"展拓城外西面郊区公主坟以东、月坛以西的适中地点……定为首都的行政中心区域"[①]，行政中心不宜放在老城区里，老城应该用古城的形式保护起来。从全国来看，这种城市"单中心"的发展模式不是北京所独有，上海也曾经走过类似的道路并逐步由"单中心"向"多中心"方向转变。整体来看，中心城（城六区）面积不大，但不管是从三甲医院、在京的高校数量以及从业人员和产业单位的数量来看，其所承载的功能占比却非常之高。城市为什么会"生病"，其中一个重要原因就是功能过度集中于中心城。未来就要通过修订规划来解决这样的问题，这也是解决"大城市病"的一个重要抓手。

2. 规划调控问题

在抓好城市战略定位之后，下一层级的问题就是规划调控。习近平总书记谈到，我们要沿着城市可持续发展的方向发力，以解决"大城市病"的问题。习近平总书记在2017年视察北京的时候特别强调，要以资源环境承载力为硬约束，并提出"三条线"，即城市人口总量上限、城市开发边界线以及生态红线。对于这三条线，应该怎么理解呢？

第一条线：确定人口总量上限。单个城市的人口总量控制需要在整个区域的空间优化中解决，应放在一个更大的尺度和区域下看待单体城市的人口总量问题。怎么理解这句话？今天，我们谈到的大城市人口膨胀，不是个别城市的特例，而是一个世界性难题。几百年来，包括纽约、伦敦、东京在内的世界城市，其人口规模一直在膨胀，虽然这些城市也想通过城市规划、卫星城建设以及土地资源配置等手段来解决这一问题，但效果不是太明显。从国内来讲，我国一线城市北京、上海、广州、深圳、天津、重庆自1978年改革开放以来，其人口总体趋势均呈现出加速增长的普遍特征。怎么解决单体城市人口总量上限问题？其实中央一直在帮助北京建设。比如，在北京东部建设一个城市副中心，把北京市四套班子搬过去，带动功能疏解；2017年4月1日，中共中央、国务院印发通知，决定设立河北雄安新区，在北京南边建设一个雄安新区，集中疏解非首都功能。这两个举措已告诉我们：通过整个区域的空间优化，在空间上发力来解决单体城市人口膨胀的问题。这些都是我们对城市发展规律的把握。

另外，在整个空间布局上，北京面临着职住分离的问题，即大规模人口居住在城市中间圈层或外围圈层，而大规模就业机会则主要分布在城市

---

[①] 梁思成等：《关于中央人民政府行政中心区位置的建议》，1950年。

270　第四篇　锚定协同

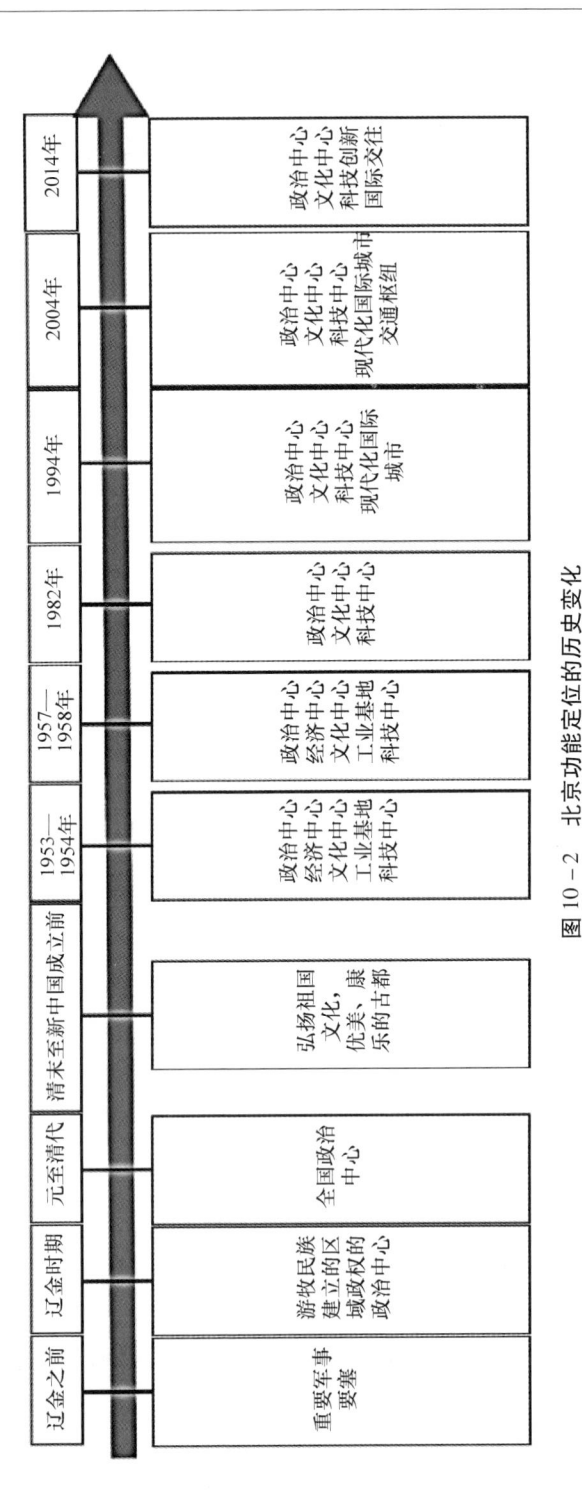

图10-2　北京功能定位的历史变化

| 时期 | 功能定位 |
|---|---|
| 辽金之前 | 重要军事要塞 |
| 辽金时期 | 游牧民族建立的区域政权的政治中心 |
| 元至清代 | 全国政治中心 |
| 清末至新中国成立前 | 弘扬祖国文化，优美、康乐的古都 |
| 1953—1954年 | 政治中心、经济中心、文化中心、工业基地、科技中心 |
| 1957—1958年 | 政治中心、经济中心、文化中心、工业基地、科技中心 |
| 1982年 | 政治中心、文化中心、科技中心 |
| 1994年 | 政治中心、文化中心、科技中心、现代化国际城市 |
| 2004年 | 政治中心、文化中心、科技中心、现代化国际城市、国际交通枢纽 |
| 2014年 | 政治中心、文化中心、科技创新、国际交往 |

注：此图引自郑新业等的著作，未对其中的年份进行修订。此图也未列出2017年新版总规。

资料来源：郑新业等：《京津冀协同发展背景下的功能疏解与产业协同：基于首都核心区的视角》，科学出版社2016年版。

内圈层。比如，北京北部的"回天地区"（回龙观、天通苑），甚至一个社区居住着几十万人，而这些人的就业岗位则主要在中心城，大量人口每天通勤于中心城与城郊之间。从全国四次经济普查的数据来看，2004年到2008年，北京中心城法人单位数量只是从16.77万增加到21.03万，但在北京奥运会之后的五年，即从2008年到2013年，中心城的法人单位数由21.03万翻番至43.25万，其中还包括社会团体和民办非企业在中心城的显著增加。2018年全国第四次经济普查时，北京中心城法人单位继续增至58.24万，只不过中心城法人单数占全市法人单位总数的比例下降了，2004年、2008年、2013年和2018年该比例分别为75.9%、74.0%、68.6%和58.9%，这也是非首都功能疏解前后的数据变化。可见，未来我国城市发展和区域协同都要破这样一个局，即破解中心城的"虹吸效应"。其实，北京、上海、广州、深圳等很多城市一直都被这个问题所困扰。因此，我们要特别注意怎么在空间优化中实现单个城市人口规模控制的问题。

第二条线：划定城市开发边界，遏制城市"摊大饼式"的开发。从1991年至2011年的20年间、多个时间段城乡建设用地增长状况我们可以看到，北京平原地区的土地是如何随着时间的流逝一点一点被吞噬掉的。如果我们采取这样"遍地开花""摊大饼"的模式，城市功能能不多吗？人口能不膨胀吗？"大城市病"能得到有效解决吗？所以习近平总书记强调，需要控制城市开发强度。也许有人会问，把城市开发强度控制住了，怎么解决城市发展的问题？这就是对阶段性特征的一种认识和理解。以前，城市发展走的是增量发展之路，而走到目前"大城市病"治理的阶段，我们则要试图通过创新驱动、提高劳动生产率等若干途径，不断提高质量与效率，控制城市开发强度，最终走出一条减量发展之路。

第三条线：划定生态的红线，增加绿色生态空间。从国际经验来看，国际大都市一般用于居住、交通、绿地的用地占比高达69%—86%，而2015年前后北京仅占到46.9%，特别是公共绿地的占比北京只占到4.7%左右，所以未来北京和我国其他城市怎么发展？会表现出什么样新的景象？绿地的增加将会是其中一个显著的变化。在2020年通过的《首都功能核心区控制性详细规划（街区层面）（2018年—2035年）》就首次创新性提出"公共事务用地"这一用地类型。公共事务用地内不固定某类特定功能，而是允许结合现实需求适时安排文化、基础教育、医疗卫生、体育、社会福利、社区综合服务等任一类型的公益性设施,以提升规划的科学性与适应性,并可随需求变化进行调整。

3. 城市规划的严肃性问题

在城市功能定位和城市规划调控之后,习近平总书记谈到城市规划的严肃性和权威性问题。有学者对改革开放之后北京城市总体规划的人口目标进行了一个梳理[①]：1982 年修编的《北京城市总体规划》,规划期 20 年,规划期内将全市常住人口控制在 1000 万左右,结果 4 年以后的 1986 年人口目标突破;1991 年编制的《北京城市总体规划（1991 年至 2010 年）》,规划期 19 年,规划到 2010 年常住人口控制在 1250 万左右,结果在 5 年之后的 1996 年,人口目标再次被突破;2003 年修编的《北京城市总体规划（2004 年—2020 年）》规划 2020 年北京实际居住人口控制在 1800 万以内,但 2010 年全国第六次人口普查数据显示,北京 2010 年常住人口 1961.2 万人,提前 10 年完成了人口规划目标,只用了 7 年的时间又突破了规划目标。这位学者以人口目标为例讲述了这段历史,其实城市用地指标也是如此。因此,这些现实问题让我们去反思：一个城市总体规划的各项指标如何更加科学化设计、如何体现其严肃性和权威性。

**（二）协同与疏解难题**

1. 京津冀协同发展难题

改革开放以后,自 1981 年的华北经济技术协作区到 2004 年的"廊坊共识"、2011 年的"十二五"规划,再到 2015 年《京津冀协同发展规划纲要》的下发,几十年时间,京津冀协同发展一直牵动着社会各界的目光。为何京津冀协同如此之难？我们试图归纳出四个方面的原因：一是行政壁垒。长三角、珠三角发展得好是因为市场的力量很强烈,而京津冀几十年以来的行政壁垒影响着区域的深入合作。二是效率问题。从整体上看,虽然京津冀协同项目数量很多,但分布比较散,且产业趋同,同质化特点明显。三是公共服务落差大。例如,2015 年京津冀人均财政一般预算支出中,北京人均 2.6 万元,而河北仅约 7500 元,只是北京的 1/3,预算支出的差距进一步加大了原有的公共服务三地落差。四是配套性问题。非首都功能疏解过程中,用地指标河北可以出,但配套政策谁推进？税收

---

① 胡兆量：《北京人口规模的回顾与展望》,《城市发展研究》2011 年第 4 期。

优惠政策谁来解决？公共服务配套资金如何解决？这一系列现实难题需要我们进一步研究。

2. 非首都功能疏解难题

在京津冀协同发展的视角下，最重要的是首都北京非首都功能的疏解问题，这个问题依然存在很大难度。疏解非首都功能是北京城市规划建设的"牛鼻子"，需要围绕"迁得出去，落得下来"研究制定配套政策，形成有效的激励引导机制。然而，为什么迁不出去，或迁不远，或迁出去了又回来了，这些问题的原因到底在哪里？2015年笔者做了相关的调查，归纳为五个原因。

第一个原因是因为中央和北京市两级政府聚集于北京，各类问题表现得更为复杂。比如大家非常熟悉的北京某批发市场，马路北面是市属产权，马路南面则是央属产权。过了一段时间以后再去调研发现，马路北面市属产权的这片区域疏解改造得差不多了，但南侧却变化不大。可见，在非首都功能疏解的过程中，北京的作为空间相对有限。第二个原因就是中心城资源固化，"虹吸效应"依然明显。例如，2010年人口普查数据显示，北京户籍人口也表现出向中心城聚集的特点。其实，上海也出现了户籍人口的向心化流动。例如，上海中心城的卢湾区、闸北、虹口区和静安区，从外区流到本区的流动人口中间，外区流入的比例已增加到30%，以前很低，之后的占比也在增加，所以这是很多城市面临的一个共同发展趋势。户籍人口聚集于中心城是因为众多功能汇聚使然。第三个原因是中心城和周边地区出现了"中梗阻"现象。中心城功能想往外疏解非首都功能，但周边区域却琢磨着为何要接纳中心城功能？对本区域的发展有何好处？因此就出现了"一头热、一头冷"的状况。未来，从这个角度来看，需要建立共赢机制，打通"中梗阻"。第四个原因是政策统筹力度不够。从全市政策统筹力度来讲，这种政策之间统筹的合力还有待进一步的提高。第五个原因是家庭愿景整体谋划不足。不光是北京市，其实从全国来讲，在城市治理中，很多城市政策总是在关注个人，关注企业，而忽视了对家庭的关注。为什么很多企业迁出去以后又回来了，或者出现来回的钟摆现象？这是因为家庭的整体需求尚未得以统合性满足，教育、医疗、交通等没有在规划的点位上集中聚集，这就是当前我们面临的基本形势。因此，"迁得出去，落得下来"一定要紧扣微观行为主体（包括个人和企业）流动机制的建构而展开。微观行为主体的流动机制到底是什么？我们认为主要涉及三个方面：经济利益、公共服务和发展机会。特别是人才的流动，比如说，雄安新区怎么才能聚集人才？怎么才能产业升级？我们认为一定要密切关注公共服务和潜在的发展机会对人才的吸引力，关注这两个重要的支撑力量对区域协同的深刻影响。

## 三　城市转型的改革之力

如何破解城市发展和区域协同难题？总体来看，京津冀协同发展需要注意理论支撑和实践探索的融合，其中的思考对我国其他城市群的孵化发育具有借鉴参考价值。

### （一）理论支撑

习近平总书记谈到北京城市建设时强调，"解决好北京发展的问题，需要跳出北京来看"[①]。这一跳就跳到了京津冀的协同发展之上。在区域的发展中，我们依然需要强调理论支撑与指导。诺贝尔经济学奖获得者诺缪尔达尔曾凭借"循环积累因果关系理论"奠定了其在理论界的地位，他其实就是试图阐释好"如何打造区域新的增长极"这一理论问题。笔者曾在一些文章中对此做过一个提炼，即在区域协同发展过程中要实现投资、产业、就业、消费、税收、人口等要素的良性循环。[②] 在这一循环中涉及两大系统，一个是经济系统；另一个是人口系统。具体地说，即在一个区域内，引进新产业或扩大原有产业规模，将会创造更多直接或间接的就业机会，而人口的增加又意味着地方财富的增加，地方政府税收的增加又扩大了政府的现实消费能力，从而可以提供更好的公共服务，这也将促进第三产业的发展。另外，产业的发展也增加了熟练劳动力的储备，进而吸引相关劳动力指向型的企业进驻该区域，该区域成为重要的增长极。作为发展过程中的衍生效应，增长极的形成过程中还可以促进技术创新和发明创造，这些又进一步带动相关产业的发展，从而形成良性循环。从缪尔达尔的循环积累因果关系理论中我们可以看到，一个区域人口与经济的良

---

[①]《谱写首都发展新篇章——以习近平同志为核心的党中央关于推动首都发展纪实》，《经济日报》2017 年 10 月 15 日。

[②] 参见尹德挺《建国六十年流动人口演进轨迹与若干政策建议》，《改革》2009 年第 9 期。

性循环一旦建立起来，这个国家的经济发展将会加速；相反地，如果一个国家人口和经济的循环体系出现了断裂，那么这个国家的经济发展和社会建设都会受到一定程度的影响。可见，人口发展与经济发展密不可分。其实，我国较多城市更多地关注经济系统，关注GDP，但随着社会的纵深发展，人口系统里的民生问题、服务管理问题都要深度嵌套在这个大系统里面去解决。因此，要真正把一个区域增长极打造出来，人口和经济两个系统"双轮驱动"是非常重要的一件事情。习近平总书记一直在强调民生的重要性，可见二者之间较强的理论契合性。

**（二）七个实践着力点**

从实践层面来看，七个方面的改革对于北京乃至整个京津冀的协同发展至关重要。

1. 抓紧编制一体化发展的相关规划

首先规划要加强顶层设计，要紧扣城市功能定位。习近平总书记强调，要抓紧编制首都经济圈一体化发展的相关规划，明确三地功能定位、产业分工、城市布局、设施配套、综合交通体系等重大问题，并从财政政策、投资政策、项目安排等方面形成具体措施。京津冀这三个地方怎么发展，首要的问题就是抓住功能定位不放松。三地功能定位到底是什么？本书的一开始就介绍了中央给出的要求，即北京"四个中心"、天津与河北各自的"一地三区"。在北京南部打造一个雄安新区就是要助力北京非首都功能疏解，就是要形成与北京的错位发展，就是要带动河北中部、南部，甚至整个河北的产业升级。这些都需要我们进一步思考三者之间如何定位，如何形成一个良好的创新链、产业链、供应链。北京是火车头，是龙头，北京"四个中心"发展不好，就会影响到整个京津冀的协同发展。下面重点来关注北京的全国创新中心怎么建？全国文化中心到底该怎么建？

首先先来看全国创新中心的建设。在北京市的"十三五"规划中突出强调了四个与创新相关的指标：第一，全社会的研究和试验发展的经费支出占GDP的比重要达到6%，即创新投入要增加；第二，服务业的增加值占GDP的比重要达到80%，即未来这个城市第三产业发展是重头戏；第三，社会的劳动生产率要达到人均23万元。体制机制创新，提升第三产业服务业劳动生产率，是一个现实难题。比如，老年人瘫痪在床，我们仅仅上机器、上设备就能解决其中的问题吗？第一产业、第二产业可以大规模使用机器，第三产业服务业的劳动生产率怎么进一步提高？除了资源空间配置优化之外，还有没有别的举措？第四，服务贸易总额要达到2000亿美元，即通过开放型经济，增强国与国之间的贸易，如信息产业服务、教育产业服务以及旅游服务等。这些就是全国创新中心怎么建、怎么引领的重要问题。"十四五"时期，全国各地均强调高质量发展，而北京市要深入打造"两区"，即国家服务业扩大开放综合示范区以及以科技创新、服务业开放、数字经济为主要特征的自由贸易试验区，这就要求我们以全新的技术手段、更优惠的政策措施以及更好的营商环境，调动不同主体的积极性，提升减量发展的实效。

其次，全国文化中心的建设。举个例子，很多人到北京来，都想看一看胡同是什么样的，胡同文化又是怎么样的。以南锣鼓巷为例，它是北京文化的一张金名片，南锣鼓巷在改造前后发生了怎样的变化？从南锣鼓巷的地图上看，中间是南锣鼓巷的主街，主街东西两侧各八条胡同，非常整齐地排列着，一共是16条胡同。南锣鼓巷因为主街高一点，两边的16条胡同略低一些，像一个驼背的人，所以以前叫罗锅巷，在清代以后改名为南锣鼓巷。几年前笔者到南锣鼓巷调研时发现，在16条胡同中，15条胡同都停着车，唯独前圆恩寺胡同用绿植盆景等手段尽力确保胡同通畅，这就是当前在城市治理中应关注的一个非常微观但很重要的问题，即胡同治理、背街小巷治理问题。胡同居民有停车的诉求，而街道又要保障胡同通畅和市容市貌，这两者之间如何形成一个平衡点？南锣鼓巷怎么解决这一问题？另外，当全世界的游客来到南锣鼓巷主街走一走、看一看的时候，大家特别想去体会胡同文化，但改造前的主街放眼望去，游客更多体会到的是单一的饮食文化！位于南锣鼓巷的茅盾故居跟主街相比，可以说是门可罗雀。北京在治理开墙打洞经营后，腾出的空间资源利用应该是留白增绿，业态升级，民生共享，这几个方向是很多城市在进行升级改造时应关注的一个现实问题。2014年，北京市副市长在主持南锣鼓巷修缮大会时谈到，修缮后的南锣鼓巷能否增加一些艺术馆、博物馆？2017年2月春节过后，笔者再次来到了改造后的南锣鼓巷。结果发现，很多条胡同都在通过绿植的方式来解决道路通畅问题。南锣鼓巷规划建设了若干地下停车场，在空间上想办法，解决机动车停放问题。另外，一些北京的知名品牌、反映北京文化底蕴的业态入驻南锣鼓巷主街，"品国粹""赏民俗"

一跃成为南锣鼓巷文化气质的重要一面。比如，南锣民俗文化馆、北京古玩、老北京手工艺（吹糖人儿、捏面人儿等）、稻香村等。以前一些现代化风格的建筑现在也开始慢慢地退出南锣鼓巷，还原胡同建筑本来的风貌，"文化"二字已深入南锣鼓巷的风貌之中，处处体现出文化气息，唤回了老街坊的乡愁记忆。南锣鼓巷改造前后的变化是全国文化中心建设的一个鲜活例子。城市的创新中心、文化中心建设在规划顶层设计时要紧扣城市功能定位进行相关改革。

2. 建立区域协调机制

习近平总书记视察北京时强调，要着力加大对协同发展的推动，自觉打破自家"一亩三分地"的思维定式，抱成团朝着顶层设计的目标一起做，充分发挥环渤海地区经济合作发展协调机制的作用。举一个例子。一方面，首都新机场为何要选址在北京与河北的交界处？一架飞机飞过来，检验、检疫谁来干？北京干还是河北干？另一方面，为何首都新机场最核心的部分——航站楼完全位于河北境内？一架飞机飞过来，在产值分配和利润分配时，北京与河北谁多谁少？这就要探索如何"打破一亩三分地"思维、形成协同发展机制。截至 2017 年，京津冀已经建立了三个协调机制，即三个省市常务副省长、副市长的联席会议，三个市协同办的联席会议，三个省市职能部门常态化的会商机制。试图通过类似的协作机制推动京津冀协同发展。

3. 交通率先突破

京津冀协同发展核心内容之一就是三个"率先突破"，即交通、产业和生态三个方面的率先突破。《京津冀协同发展规划纲要》提出"一环、四横、四纵"的交通规划，要着力构建现代化交通网络系统，把交通一体化作为先行领域，加快构建快速、便捷、高效、安全、大容量、低成本的互联互通综合交通网络。北京非首都功能的疏解要紧紧围绕"轨道上的京津冀"而展开。城市的功能疏解就要紧跟轨道走向。"一环"即首都地区环线通道，有效连通环绕北京的承德、廊坊、固安、涿州、张家口、崇礼、丰宁等节点城市，缓解北京过境交通压力。例如，在 2016 年以前，张家口通过高速路去承德，需要过境北京北六环，增加了北京交通的拥堵，但习近平总书记在 2014 年党的十八大以后第一次视察北京后的不到两年时间，张承高速迅速打通并通车；2018 年 8 月 20 日，首都地区环线高速公路（通州—大兴段）通车，这标志着"北京大七环"正式"成环"，实现全线通车，解决了长期以来困扰京津冀协同发展的问题。"四纵"即沿海通道、京沪通道、京九通道、京承—京广通道，而"四横"即秦承张通道、京秦—京张通道、津保通道和石沧通道，其中，雄安新区在"四横"中的第三横，正好处于京津冀协同发展"小三角"的位置上。此外，在京津冀协同发展中有一个重要的问题曾长期得不到解决，即从石家庄到天津，以前要先入北京，再从北京到天津，在铁轨上历时4—5个小时，而如今从天津到保定白洋淀高铁约50分钟，天津至石家庄高铁约一个半小时。

京津冀交通大体格局是"一环、四横、四纵"，但其中2019年投入运营的首都新机场值得关注，这是习近平总书记视察北京时讲到的一个重要问题。为何要建设首都新机场？放眼全世界，伦敦、巴黎、纽约、东京等城市群都有两到三个大型机场，周边还有若干小型机场，机场群支撑起了城市群，这是航空门户的国际规律。然而，2019年以前的北京，只有一个大型机场——首都机场。2015年10月，习近平总书记参观了英国曼彻斯特空港城，一个空港城把整个英国的北部都带起来了，英国政府把曼彻斯特机场及空港城作为英国"北方经济引擎"。习近平总书记指出，"正在建设中的曼彻斯特空港城在英国和中英合作历史上创下了多个第一。空港城是2012年伦敦奥运会后英国最大的城市改造项目，也是2011年两国签订关于加强基础设施合作谅解备忘录以来第一个落地实施的项目。希望双方精诚合作，将空港城打造成中英合作共赢的示范工程"[①]。之后，习近平总书记提出，中国首都要建新机场，要成为国家发展一个新的动力源，要成为世界交通重要的枢纽，带动京津冀，助力"一带一路"。从空间位置来看，新机场距北京天安门46千米，距首都机场67千米，距天津滨海机场85千米，距石家庄机场197千米，距雄安新区直线距离约60千米。在新机场的附近，还有很多军用、民用的小型机场，这就是在积极构建机场群。恰如缪尔达尔循环积累理论所提到的区域增长极，在未来的京津冀协同发展中，需要在北京南侧支出一个新的增长极带动整个京津冀的协同发展，以起到示范作用。

---

① 《习近平参观曼彻斯特空港城项目》，新华网，http://www.xinhuanet.com/world/2015-10/23/c_1116924571.htm。

### 4. 产业率先突破

习近平总书记强调，要着力加快推进产业对接协作，理顺三地产业发展链条，形成区域间产业合理分布和上下游联动机制，对接产业规划，不搞同构性、同质化发展。有了三地的功能定位，产业如何协作，特别是河北的第二产业如何升级备受关注，一流的石化、航天航空合成材料、装备制造、电子信息、生物制药等将成为河北第二产业的主攻方向，因为北京有北大医学部、北航、清华、北京科技大学等高校，北京的优势在于科技、人才及其研发能力，这能为河北的转型升级提供强大的智力和技术支持。对于北京而言，最缺的是土地资源，但河北不仅有纵深的腹地，而且还有丰富的劳动力，具有农业和制造业转型升级的基础，这是河北的比较优势。天津有港口，有制造业制造和研发优势。"四横四纵"最东边的一纵直接从秦皇岛通到了沧州，这些地方紧邻港口，具有地理优势，有利于发展装备制造业等优势产业。用好三地的比较优势，在产业、创新、要素、服务、环境等方面构建京津冀优势互补的基础框架和动力机制，以北京自贸试验区设立等为契机，实现京津冀三地自贸试验区协同联动、高水平开放，对推动京津冀产业高质量发展具有重要意义。

### 5. 生态率先突破

习近平总书记谈及此问题时特别强调，要着力扩大环境容量生态空间，加强生态环境保护合作，在已经启动大气污染防治协作机制的基础上，完善防护林建设、水资源保护、水环境治理、清洁能源使用等领域合作机制。北京"十三五"规划里提到了两个绿化隔离带：提升"一绿"，在北京五环；构建"二绿"，在北京六环附近。2015 年笔者的一份研究报告就提出要在北京 30 千米圈层附近，即六环外围建立生态缓冲区，而"二绿"就正好在六环这个位置上。从京津冀协同发展的角度来看，京津冀三地生态环境保护应在完善协作机制、统一规划、统一立法、统一标准、联合执法等多方面不断突破、深入合作，力争取得环境协同治理的新成效。

### 6. 一个"空间布局"

习近平总书记强调，要着力调整优化城市布局和空间结构，促进城市分工协作，提高城市群一体化水平，提高其综合承载能力和内涵发展水平。《京津冀协同发展规划纲要》中提到了"一核、双城、三轴、四区、多节点"的空间布局。"一核"是北京，"双城"是北京和天津，"三轴"

第一个是北京到天津的主轴。2016年，北京至天津滨海新区一个小时的高铁因此而迅速打通。第二个是京保石轴线（北京—保定—石家庄），即先进制造业集群发展轴，雄安新区也在这条轴线上。第三个是京唐秦（北京—唐山—秦皇岛），即东部发展轴，打通东部出海口，而北京城市副中心大体在这条轴线上。"四区"分别是中部核心功能区、东部滨海发展区、南部功能拓展区和西北部生态涵养区，每个功能区都有明确的空间范围和发展重点；"多节点"包括石家庄、唐山、保定、邯郸等区域性中心城市和张家口、承德、廊坊、秦皇岛、沧州、邢台、衡水等节点城市，重点是提高城市综合承载能力和服务能力，有序推动产业和人口聚集。

　　北京疏解非首都功能除了产业带动外，建议在北京30—50千米圈层范围内建立一些反磁力的"微中心"，把教育、医疗等家庭性功能需求以家庭为单位统合起来，以家庭愿景为规划单元，在北京郊区、环首都地区建立几个点，推动职住一体，缓解大城市病问题。上海松江区的经验值得借鉴。松江区至上海市中心的距离大概是1小时的高速车程，相当于北京顺义的位置，是一个典型的微中心设计。这个微中心的建设促进了更多企业、大学、高校的聚集，很多家庭的成员均在松江区上班、上学。社会学的角度来看，松江区还解决了一个社会心理的问题。很多人认为住在松江区是社会地位的一种体现，不一定非要住在上海的市中心。在松江区，同样能够享受到前瞻的城市规划、优质的公共服务以及富含文化与审美价值的城市品位。这样的城市规划理念值得全国很多城市学习。

　　北京城市副中心的面积是155平方千米，通州是906平方千米，二者不能画等号。城市副中心距离天安门23千米左右，往东就是河北的"北三县"。在北京的东部支出一个，一方面是要把北京的四套班子搬过去，把功能带动出去；另一方面是在京津冀东部发展轴线上把河北的"北三县"联动起来。曾经有人说北京的天通苑、回龙观地区是"睡城"，河北的燕郊也是如此，因为缺乏有利于就业人口聚集的规模性产业或现代性产业每天大约50万人从燕郊去北京国贸工作。未来，北京城市副中心会在空间上发挥怎样的功能作用非常值得期待。2017年，习近平总书记视察北京城市副中心时对其规划提出了很多要求，归纳起来有两点：第一，要在自己的历史中找特色，要将特色融入规划。对于北京副中心而言，不需要把北京核心区的四合院模式搬过来，也不需要把巴黎、伦敦、纽约模式搬过来，要在城市副中心这片土地上寻求自己的历史文化特色，所以总规把张家湾古镇、运河融进去了,还挖出一个古墓,把潞县的遗址公园也融进去了……这就是在城市自身的历史中寻找特色,让游客记住北京城市副中心。第二,要用21世纪的眼光进行规划,即国际标准、世界眼光、高点定位、中国特色。对于一个规划,要努力做到多少年以后回过头来再看依然不过时。在此思想的指导下,北京城市副中心形成了"一带一轴多组团"的空间布局,将人口总量上限、城市开发边界线和生态红线嵌入规划之中。"一带",即一条蓝绿交织的生态文明带,对有深厚历史文化底蕴的大运河进行改造之后,贯穿整个城市副中心,把副中心一分为二,实现水城共融。有水就更显灵动,有水就能控制城市开发强度,有水就能更好地化解城市"热岛效应"。"一轴",叫作清新明亮的创新发展轴,即在东六环整体性解决创新发展的问题。城市开发强度控制后要解决发展的问题,副中心就是要在这个创新发展轴上实现高效聚集发展。"多组团"即多极水城共融的十二个民生共享组团。比如,城市绿心、张家湾古镇、行政办公区等,依托水系、森林公园等把这一区域的城市开发强度控制住。此外,建成后的城市副中心外围还有一个绿色的环形带状设计,叫森林公园环线,把整个副中心环起来,将西部20多千米、东部30多千米连起来,这对于城市开发强度的控制、城市居民生活质量的提高都起到了重要作用。

7. 发挥市场在要素配置中的决定性作用

习近平总书记强调,要着力加快推进市场一体化进程,下决心破除限制资本、技术、产权、人才、劳动力等生产要素自由流动和优化配置的各种体制机制障碍,推动各种要素按照市场规律在区域内自由流动和优化配置。未来,在推动城市发展和区域协同之时,我们要处理好政府、市场、社会三者之间的关系,避免过多运用行政手段,而是要注意把市场和社会的力量引进来。在此过程中,政府要做规划、定标准、强监管。在城市建设的各个领域,市场资源和社会资本进来以后,政府部门重点要进行监管,达到标准就允许相关市场主体进行建设,达不到标准则要求其退出并重新招标,通过市场的手段来解决现实问题。在疏解非首都功能时,社会力量要注意在微观行为主体(企业、个人)和政府之间建立一个缓冲层,而这个缓冲层就是社会组织。在北京,行业商会是孵化得最好的社会组织的代表。政府—商会—商户这样一个社会治理结构有利于非首都功能疏解和京津冀协同发展。

## 四　城市治理的方法感悟

### （一）习近平总书记对北京重要讲话精神的重大意义

1. 政治意义

把握城市发展新的形势，治理好城市，是实现中华民族伟大复兴中国梦的一个重要载体和抓手。对于全国城市的领导者来讲，要重视城市的发展。

2. 理论意义

习近平总书记强调做好城市工作，要认识尊重和顺应城市发展的规律，端正城市发展的指导思想，这是对中国特色社会主义理论体系的丰富与发展，城市领导者和城市工作者都应该把握好城市发展规律。

3. 实践意义

我们要走出一条有中国特色的城市发展道路，从规划上来讲，必须做到"一张蓝图要干到底"。

4. 方法论意义

习近平总书记强调，我们一切工作的出发点和落脚点是增加人民的获得感，城市规划要以人民群众的满意度来衡量，要体现以人民为中心，更加紧密地围绕人民的需求和对美好生活的向往来建设，这是城市规划方面的一个意义。此外，如何治理北京发展面临一些揪心的问题，习近平总书记强调"跳出北京来看"，即跳出北京看北京，跳出城市看城市。北京把非首都功能疏解出去，既服务了京津冀协同发展的大局，又解决了城市自身的"大城市病"，体现了重要的方法论价值。

### （二）习近平总书记在北京的重要讲话精神对全国的指导如下

1. 新发展理念的指导

一是创新。通过体制机制的创新，优化城市的核心功能，提升城市的核心竞争力。北京发展什么？上海发展什么？广州发展什么？每一个城市把自己的核心力竞争力想清楚了，通过体制机制的创新，解决好这个问题。从全国来讲，就产生了"1+1>2"的效果。

二是协调。京津冀的协同发展和北京非首都功能的疏解一定要处理和利用好各自的比较优势。长三角城市群、珠三角城市群、长江中游城市群等区域的发展,都应充分思考各地的比较优势,在利用比较优势之中谋求区域整体发展。

三是绿色。城市建设要有持续发展的眼光,要以资源环境承载力为硬约束,要用规划调控的办法来解决可持续问题,要增加城市绿色生态空间。

四是开放。习近平总书记近些年一直在推进"一带一路"的建设,这就是要通过开放发展的视角来解决国内国际的一些问题,重塑世界新的发展格局。从京津冀到北京,都需要我们通过服务经济、开放型经济,实现高质量发展。

五是共享。对于整个城市的发展和区域的协同而言,抓 GDP、抓创新、抓转型、抓社会治理,最终是为了实现人的全面发展。习近平总书记的讲话就是共享理念的一种具体体现。

2. 城市发展的关键要素

在未来发展过程中,区域协同和城市发展始终是一个时代命题,如何落实、落地、落细,需要我们把握好城市发展的关键要素。

一是城市空间布局:以城市群为主体形态。从城市空间布局来讲,我们要从单个的城市中跳出来,要以城市群为主体形态来谋求发展。一二十年前,清华大学吴良镛教授谈到京津冀协同发展时讲了一个非常生动形象的词语,即"葡萄串"。一个一个的城市镶嵌在一条线上,通过轴线的发展方式来发展,这就是城市群为主体的形态。从全国来讲,所有的城市都应该关注这样一个空间布局,不能够单兵作战,要跳出来,要在区域发展和区域增长极的打造中解决好自己的问题。

二是城市发展方式:注重"质"的集约发展,避免"量"的扩张。从城市的发展方式来讲,习近平总书记一直在强调"三条线"的问题。我国很多城市已越过了"量"的积累扩张阶段,未来要更加注重城市的集约发展,要更多地追求"质",这是很多城市建设领导者应关注的现实问题。不要"摊大饼""遍地开花",要抓住每一个城市的核心功能深挖到底。

三是城市发展蓝图:城市发展规划。从城市发展蓝图来讲,习近平总书记强调,"考察一个城市首先看规划"。规划一要接地气。新版北京城市总体规划"开门办规划",将市民的诉求融入规划之中,城市的服务管理要更接地气。二要有特色、城市副中心的建设,要在自己的历史文化之中找特色。三要科学。要格外关注规划中各项指标科学设定的问题。

四是城市发展目标：和谐宜居。城市发展的终极目标就是要打造一个和谐宜居、水城共融的城市，要强调精明增长，建设"紧凑城市"。也就是说，一切工作都要更加凸显人民性，"人民城市为人民"。

五是城市发展动力：改革、创新、文化；城市发展主体：政府、市场、社会。要更加关注改革、科技、文化的力量，要更为有力地推动政府、市场、社会三个行为主体参与城市建设，更好地发挥"劲松模式""首创经验"，利用社会资本中的先行经验，利用市场力量、社会资本解决好城市更新以及资金投入的可持续性问题。

3. 尊重城市发展规律

尊重城市发展的规律，走中国特色的城市发展道路。一是城市发展要可持续，要将规模和承载力匹配起来。二是集群发展、协同发展，要在集群发展中解决自身的城市发展问题。三是关注城市发展的阶段性。依照戈特曼的理论，前些年北京人口出现向心化的特点，是因为当时的北京正处于城市群发展第三阶段向第四阶段过渡之中，未来最终会走向成熟的城市群，所以我们面临着城市发展的转型"阵痛"，需要深刻理解城市发展的规律性和阶段性，准确把握中国很多城市目前面临的形势。四是关注民生。城市发展要尊重一个重要的规律，即不是为了发展而发展，最终要落脚到民生问题上，这是城市发展和区域协同的出发点和落脚点。

综上所述，要把未来京津冀区域人口的发展融入首都高质量发展和京津冀协同发展国家战略，更好地把握住人口发展的形势与趋势。

# 第十一章　大变局时代的京津冀协同

当今世界正经历百年未有之大变局，我国正处于实现中华民族伟大复兴的关键时期。习近平总书记多次强调要胸怀"两个大局"，一个是中华民族伟大复兴的战略全局，一个是世界百年未有之大变局。深入领会和科学把握这"两个大局"，对推动"十四五"以及至2035年中长期规划时期京津冀人口发展至关重要。面对当前百年未有之大变局时代，科学研判京津冀人口发展的风险挑战和发展趋势已成为推动人口领域高质量的关键一环。

## 一　把握风险

综合本书前面已有的研究论述，总体来看，未来京津冀人口发展面临的风险挑战既有老问题，又有新动向。

### （一）京津冀人口多极协作、错位发展体系尚未形成

在美国东北部城市群，多极协作、错位发展是该城市群得以迅速崛起的关键。一方面，美国东北部城市群多极之间的分工是相对明确的。例如，纽约城为金融中心、华盛顿特区为政治中心、波士顿为文化中心、费城为工业中心、巴尔的摩为贸易中心；另一方面，这五个核心城市的人口总量占美国东北部城市群的比例曾高达28%，形成了五城联动、错位发展的"一核多极"功能格局。

当前，京津冀城市群人口的空间结构现状不利于区域协调发展，而人口空间流动的惯性也使京津冀城市群空间协作的实现受到阻碍，京津冀多极协作、错位发展的体系尚未形成，而区域的协作困局又反过来进一步制约着未来京津冀人口空间布局的再优化。因此，以产业链带动人口链的转

移是诸多协作工作的突破口。

### （二）京津冀人口陷入"既不够聚集、又不够分散"的双重困境

从前面的分析我们发现，京津冀人口的"不聚集"体现在区县层面的多点聚集不足。京津冀人口高度聚集型区县仅有 14 个，其中，有 11 个聚集在北京市，有 3 个聚集在天津市，京津之外缺少人口高度聚集型区县。然而，在区县数量与京津冀差异不大的美国东北部城市群，其高度聚集型区县多达 40 个。而京津冀人口的"不分散"则体现在城市层面的连片分散不足。京津冀高度聚集型的城市区域只有京津 2 片，而美国东北部城市群则形成了包括纽约城在内的 5 个城市、4 个区域的连片发展，"连片带状聚集"特征带动了城市群的发育。因此，京津冀城市群在提升区县人口多点聚集程度的同时，还应增加城市人口的连片分散程度，处理好聚集和分散之间的关系，实现人口空间结构的内部协调。

### （三）警惕首都人口活力缺失风险

北京人口发展应充分关注中心城（城六区）活力的问题。从 2010 年第六次人口普查数据来看，北京市劳动年龄内（16 岁及 16 岁以上）、有劳动能力、未参加或不要求参加社会经济活动的非经济活动人口（特别是老年人）在中心城聚集度很高，即 62.5% 的非经济活动人口集中在中心城，而且越靠近城市中心，非经济活动人口比例就越高。首都功能核心区该比例为 47.6%，即在首都功能核心区内近半数常住人口不就业，该比例明显高于其外围的城市功能拓展区（40.2%）、城市发展新区（37.0%）和生态涵养区（38.8%）；从常住老年人口来看，2010 年北京市中心六城区聚集了全市 61.9% 的 60 岁及以上老年人口和 68.2% 的 80 岁及以上老年人口。

除了中心城以外，北京人口发展过程还应充分关注北京市层面老龄化进程及其对经济发展的影响。2014 年，北京市常住人口中劳动力人口和老年人口的比值是 7.7，而从日、美、韩的经验看，当该比值低于 7.5 时，经济将从 8% 以上的高速增长逐渐转为 4% 左右的中速增长。据本课

题组预测①，人口老龄化和老年人口增多是北京市人口发展不可逆转的趋势，因此，北京市将面临健康服务、生活照料等养老负担不断加重的形势，对此应当未雨绸缪，规划先行。短期来看，到"十三五"期末，不同预测情形下65岁及以上老年人口绝对规模，从严格调控到适度调控五种情形下的结果很接近，总量从281.4万到286.4万。然而，从长期来看，五种不同预测情形下，北京市人口发展都将步入人口抚养负担不断加重的时代。人口调控力度上的差别短期内对缓解本市人口抚养负担并不会产生实质性的差异，"十三五"期末都是每100名劳动年龄人口需要承担

---

① 预期寿命的设定：根据联合国不同水平的出生平均预期寿命的年均增长步长的经验值，推测各年北京市分性别的出生平均预期寿命。由2010年北京普查数据算得，2010年北京女性0岁人口预期寿命为83.56岁，男性人口为79.79岁。按照联合国年均增长步长的经验值，选取预期寿命快速增长的模式，男性人口0岁预期寿命达到77.5岁之后年均增长为0.1岁；女性人口达到82.5岁之后年均增长为0.1岁。根据2010年人口预期寿命值与增长规律，2010—2030年男性人口预期寿命为年均增长0.1岁；女性亦为年均增长0.1岁。预期寿命在所有方案中的设定保持不变。性别比的设定：以2010年的北京市常住人口出生性别比109.5为基数，到2030年按线性插值递减到105。我们认为随着北京经济社会的发展和城市化水平的提高，特别是随之而来的人口性别观念意识的变化，未来的常住外来人口出生性别比应回落到基本正常的水平范围。性别比参数设计在不同方案中相同。总和生育率的设定：第一，低水平总和生育率设定（以下简称"低生育"）。我们将第六次人口普查北京常住妇女总和生育率0.71作为未来50年北京市常住外来人口预测的低方案参数，即保持这一总和生育率不变直到2030年。当前极低的生育率保持不变，其预测结果对于北京市未来常住外来人口发展的规模与结构能够起到参照和警示作用。第二，中等水平总和生育率设定（以下简称"中生育"）。我们假设总和生育率从2010年的0.71线性递增到2030年的1.0。随着2013年后单独二孩政策的放开，我们认为到2030年生育水平恢复到1.0是有可能的。第三，高水平总和生育率设定（以下简称"高生育"）。高方案的总和生育率由2010年的0.71线性递增到2030年的1.3。在政策放开的背景下，若人们的生育意愿转化为实际生育水平的程度较高，北京市生育水平至2030年达到超低生育水平的临界点（1.3）也有可能。以上三个方案均假设未来50年生育模式不变。

净迁入人口规模的设定。根据《2014年北京市统计年鉴》计算，1980—1989年、1990—1999年、2000—2009年户籍人口年均净迁入分别为5.3万、5.79万和12.80万。1980—1989年、1990—1999年、2000—2009年外来常住人口年均净迁入分别为2.74万、10.35万和45.68万。2000—2009年年均净迁入之所以如此之高，与普查年份数据有关，2000年净迁入为98.7万，2010年为90.5万。除去2000年，2001—2009年年均净迁入只有39.79万，2011—2013年只有32.67万，且年均迁入人口规模有下降的趋势（2011年为37.1万，2012年为31.6万，2013年为28.9万）。净迁入人口包括常住外来人口和户籍人口的迁入，所以从目前情况来看，北京一年常住人口净迁入约为40万。本研究作以下四种假设："严苛调控"指未来每年人口净迁入为0万人的情形；"宽松调控"指未来每年净迁移40万人的情形；"条件调控"指未来每年人口增加20万的情形；"极限规模"指2020年总人口规模达到2300万并在此之后逐年下降的情形；"适度调控"指2015—2030年净迁入人口保持20万人不变。

关于预测方案，具体参见笔者的另一本书《首都人口疏解的行与思》，中国社会科学出版社2017年版。

29—33 名老年人和儿童的抚养负担。但长期来看，如果调控力度加大，则会导致未来年份人口抚养负担呈快速加大的态势。

表 11-1　　不同预测情形下北京市 2025—2030 年 65 岁及以上常住老年人口规模　　单位：万人

|  |  | 2025 年 | 2030 年 |
| --- | --- | --- | --- |
| 宽松调控 | 低生育 | 369.3 | 473.5 |
|  | 中生育 | 369.0 | 473.2 |
|  | 高生育 | 368.7 | 472.7 |
| 严苛调控 | 低生育 | 356.6 | 448.9 |
|  | 中生育 | 356.3 | 448.5 |
|  | 高生育 | 356.0 | 448.1 |
| 条件调控 | 低生育 | 362.1 | 460.9 |
|  | 中生育 | 361.1 | 458.9 |
|  | 高生育 | 359.9 | 456.8 |
| 极限规模 | 低生育 | 360.5 | 455.8 |
|  | 中生育 | 359.4 | 453.8 |
|  | 高生育 | 358.3 | 451.9 |
| 适度调控 | 低生育 | 362.9 | 461.2 |
|  | 中生育 | 362.7 | 460.8 |
|  | 高生育 | 362.4 | 460.4 |

表 11-2　　不同预测情形下北京市 2025—2030 年人口抚养比

|  |  | 2025 年 | 2030 年 |
| --- | --- | --- | --- |
| 宽松调控 | 低生育 | 0.32 | 0.34 |
|  | 中生育 | 0.33 | 0.36 |
|  | 高生育 | 0.35 | 0.39 |
| 严苛调控 | 低生育 | 0.35 | 0.40 |
|  | 中生育 | 0.37 | 0.43 |
|  | 高生育 | 0.39 | 0.45 |
| 条件调控 | 低生育 | 0.33 | 0.36 |
|  | 中生育 | 0.35 | 0.39 |
|  | 高生育 | 0.38 | 0.42 |

续表

|  |  | 2025 年 | 2030 年 |
|---|---|---|---|
| 极限规模 | 低生育 | 0.34 | 0.38 |
|  | 中生育 | 0.37 | 0.41 |
|  | 高生育 | 0.39 | 0.44 |
| 适度调控 | 低生育 | 0.33 | 0.37 |
|  | 中生育 | 0.35 | 0.39 |
|  | 高生育 | 0.37 | 0.42 |

**（四）首都公共服务业就业明显不足**

通过对 2014 年北京市和纽约州行业结构的横向比较发现：第一，北京市 3 个行业的就业占比明显高于纽约州：制造业、信息传输业、租赁和商务服务业，三者合计北京市为 33.6%，而纽约州仅为 8.1%。第二，北京市 3 个行业的就业占比明显低于纽约州：公共管理、社会保障和社会组织业、卫生和社会工作业，其中，北京市卫生和社会工作行业就业占比仅为 2.7%，比纽约州低 11 个百分点。

通过对纽约州 1970—2014 年产业数据的纵向比较，纽约州产业"三疏解"的经验值得北京市借鉴：在纽约州，制造业中的服装、化工、机械和电子设备制造等行业的就业下降超过制造业总下降量的 50%；信息传输业中的出版业（非网络）和信息中介行业就业规模下降较快；租赁和商务服务业中的租赁业下降也较快。

从北京市当前就业占比来看，制造业接近 13%，租赁和商业服务业接近 13%，建筑业、交通运输业二者合计接近 13%，而其他公共服务类行业发展相对不足。因此，强化首都文化、科技等核心资源的空间聚集优势，转移服装、化工、机械和电子设备制造、传统出版和信息中介、租赁等行业到非核心区域，既可减缓产业过度集聚的局面，又有助于增强城市的发展活力。

**（五）密切关注首都中间圈层人口与经济聚集的匹配性**

首都城市发展新区大多处于距离城市中心 30 千米左右的城市中间圈层范围之内。从 2015—2018 年人口与经济变动情况来看，城市发展新区人口流入较快，人口占比快速提高，但并未带来经济占比的显著变化，经济产出效率呈现下降趋势，在一定程度上说明部分新流入人口并非"随着产业功能转移"，经济和人口要素在集聚过程中出现偏差和非同步性，发展新区的经济潜力还有待进一步挖掘。城市发展新区仍有一定的人口承载空间。从功能定位和承载能力看，自2015年以来中心城区（城市核心区）人口趋于饱和，生态涵养区（城市外围圈）人口承载力有限，而城市发展新区（城市中间圈）的人口承载效果显现，城市发展新区的人口密度近年来持续升高，从2015年到2019年常住人口每平方千米增加316人，可以进一步挖掘城市发展新区的结构调整潜力。

人口与经济非同步集聚引发的人口与经济不匹配问题已经成为区域空间效率损失和发展差异加剧的重要原因。人口分布与经济发展的偏离程度越大，越会阻碍区域的可持续发展，降低区域居民整体效用水平。

**（六）积极回应高低技能劳动力的互补性**

第一，即使产业升级，但传统服务业从业人员所占比例相对稳定。日本东京都1982—2012年30年的数据表明，尽管产业不断升级，但批发零售和住宿餐饮业的从业人员比例始终保持在就业人员总数的32%左右，也就是说，传统服务业从业人员比例相对稳定。美国数据显示：一个制造业岗位带动1.6个服务业岗位，而一个高科技行业岗位会带来5个服务业岗位，其中有2个高端的，例如律师、医生，有3个分布在消费型服务业。也就是说，产业越升级，对低技能劳动力的需求也随之提高。

第二，产业升级过程中，高技能和低技能劳动力具有明显的互补性。若用人均受教育年限来衡量人力资本水平，高技能定义为大学本科以上学历者，中等技能定义为高中和大专学历者，初中以下学历者为低技能，那么有研究显示，在美国，纽约等大城市比小城市具有更高比例的高技能劳动力和低技能劳动力，而中等技能劳动力的比例则更低。我国学者研究结果也显示了类似的情况，即如果2000年高技能劳动力比例增加1个百分点，那么在2000—2010年，高技能比例会显著增加1.13个百分点，低技能劳动力则会增加0.35个百分点，而中等技能劳动力则显著减少1.48个百分点，这充分说明大城市更需要技能互补。

因此，未来需要形成政府、市场、社会的三位一体的调控格局，而不是一味地依靠政府进行强势调控，要在推进产业升级的同时，通过成本杠杆解决人口疏解问题。例如，通过社会组织、行业协会等社会力量规范服务业的行业门槛和从业标准，提升城市精细化管理水平，避免"开墙打洞"经营等，确保产业升级与人口优化的平衡。

## 二 研判态势

### （一）京津冀人口发展趋势

1. 核心城区人口占比的先升后降是城市群人口聚集的重要特点

城市化进程影响着区域间的人口流动与空间分布，与城市群的发展，尤其与区域增长极的人口变动存在显著关联。从数据变动趋势看，随着城市化水平的提升，美国东北部城市群人口聚集程度经历了一个先升后降的过程，核心城区在核心区域中的人口占比在经历了先升后降之后稳定于40%左右，人口分布也由单极向多极转变，这些都为城市群的孵化奠定了人口基础。京津冀城市群核心城区（北京市中心城）在核心区域（北京市）的人口占比同样先升后降，目前为54%左右，未来还有下降空间。虽然核心城区保持城市群人口的重心地位有助于城市群整体发挥聚集优势，但也会因人口过多而产生各类城市问题。因此，需要理性认识核心城区在城市群发展过程中的定位，分析不同发展阶段下核心城区人口规模和分布的规律性。

2. 由单核心向多核心的转变将是城市群空间分布变动的主要趋势

城市是承载人口的重要地域单元，随着城市化的发展，大城市将继续发挥集聚人口的作用。北京、天津等大城市仍是今后吸纳人口的主要区域，空间结构不合理、要素中心极化等问题较为突出，影响城市功能最大限度地发挥。同时，与北京、天津的城市化水平相比，河北的城市容量仍有较大上升空间。因此，一方面，应优化空间结构，加强核心区域周边基础设施建设，在提升周边地区人口承载能力的同时缓解核心区域的人口压力；另一方面，需要通过产业转移提升非核心区域的人口吸纳能力，减少城市群人口集聚进程对核心区域的冲击。

3. 聚集和分散之间的平衡关系将是城市群空间结构调整的重要基础

美国东北部城市群的人口空间结构同时表现出既聚集又分散的特点，聚集体现在全局 Moran'I 指数高达 0.68，"高—高"类型区域多达 40 个；分散则体现在核心城区之外的 4 个城市均存在"高—高"关联，多点聚集特征使人口聚集和分散之间的协作功能得到加强。京津冀城市群则陷入既不够聚集也不够分散的双重矛盾之中，不聚集体现在全局 Moran'I 指数仅为 0.42，远低于美国东北部城市群；不分散体现在"高—高"类型区域仅有 14 个，且呈现显著的过度"中心化"特点，北京核心城区以外区域人口聚集程度明显不足。因此，在提升人口空间聚集程度的同时增加空间分化程度，有助于实现人口空间结构的内部协调。

4. 核心区域的行业结构调整将是实现城市群空间协作的关键问题

核心区域的产业结构不仅会影响城市自身的长远发展，而且会带动整个城市群的产业结构调整方向。纽约金融业、租赁和商业服务业、批发零售业以及公共服务业几乎占到了整个州的 50%，制造业、建筑业和交通运输业产值累积不到 10%。服务型的功能定位为疏解高能耗低产出行业提供了可能性，既可以保持核心区域的发展能力，又可以改善整个城市群的产业结构，同时为非核心区域提供更多的就业机会，引导人口多核心聚集，促进城市群的空间协同发展。因此，强化我国首都文化、科技等核心资源的空间聚集优势，转移建筑业、制造业和交通运输业到非核心区域，既可能减缓产业过度集聚的局面，又有助于保持并增强城市的发展活力。

**（二）首都人口发展趋势**

1. 首都人口表现出人口负增长的惯性态势

在人口内生和外生负增长的综合作用下，未来北京可能转而长期处于人口负增长时代。1986 年以后，北京的总和生育率就低于"低生育率陷阱"临界值（总和生育率为 1.5 左右），2016 年"全面两孩"政策实施后，常住人口自然增长率仍持续下降。本课题组根据"六普"死亡率估算未来时期分性别的出生预期寿命，以 2011—2019 年每年出生人口规模为基准，调整 2011—2019 年的总和生育率，结合推算出的 2011—2019 年历年净增常住流动人口规模，设置了高、中、低三种方案预测未来常住人口规模趋势。预测发现，"十四五"时期北京常住人口将会维持在 2100 万左右。北京下降的常住人口中，接近九成是 15—34 岁年龄段的年轻劳动力，常住外来人口规模减小是主因。2016—2019 年北京常住外来人口规模连续四年负增长。数据显示，2020 年第三季度人口吸引力指数 TOP10 的城市中，广州、深圳、上海位列前三甲，北京排在第 4 位。受新冠疫情影响，北京市 2020 年 1—9 月规模以上第三产业从业人员平均人数同比增长为 -3.1%。人口负增长的长期发展将带来诸多风险。全世界四成以上经历人口收缩的国家（地区）实践发现，人口收缩会伴随更低的经济增长率、劳动力数量减少、成本提升，并带来社区萎缩、国家财政以及社会保障的可持续性风险。如1960—2015年日本"煤都"夕张市人口从10.8万人萎缩至8843人，65岁以上老年人从1980年的9.1%升至2015年的48.6%，2006年，夕张市宣告财政破产。

2. 超少子化和深度老龄化将长期并存

一方面，少子化困局难破解。北京市已处于超低生育水平接近30年，处于超少子化社会20年。预测发现，"十四五"时期北京市常住出生人口将继续下降。低生育率国家的实践证明生育率降至较低水平后再次回升的难度较大。另一方面，劳动力人口将趋于老化。预测发现，北京市将在2022年进入深度老龄化社会（65岁及以上人口占比超过14%），2031年进入超级老龄化社会（65岁及以上人口占比超过20%），2027年左右45—59岁的劳动人口将超过25—44岁的劳动人口成为劳动力市场的主力，劳动力人口趋于老化。

内循环经济增长主要依靠资本、人口两大因素。少子老龄化一方面将导致医疗成本增加、养老金压力加大，到2025年总人口抚养负担将攀升至34%左右，老年抚养负担是少儿抚养负担的1.14倍；另一方面将导致新增劳动力供给不足，"十四五"时期15—59岁的劳动力人口将以年均24万左右的速度下降，2025年将下降至1300万左右，人口红利将在2037年消失。数据显示，2020年第二季度，东莞以77.31%青年流入比例排名第1，北京未进入前10名，《2019年北京地区高校毕业生就业质量年度报告》显示，应届毕业生在京就业的比例近三年连续呈小幅下降趋势。未来维持并吸引充足的年轻人口是保持经济持续发展的重要因素。

3. 境外人口增长的趋势不容忽视

北京做大做强"国际交往中心""创新中心"和"文化中心"，北京"十四五规划"还特别提到"国际创新中心"和"数字经济标杆城市"的建设等，必将提升城市的国际化水平。因此，衡量城市国际化程度的两大指标——境外人口规模和入境旅游人口规模的增加将成定势。从城市对比来看，在京境外人口仍存增长空间。此外，境外旅游人口的"大进大出"，也是未来的发展趋势。

## 三 打好协同发展主动战

面对京津冀城市群及其中心城市面临的人口风险及其发展走势,我们可以从以下几个方面进一步推动区域人口的协作,真正做到"在区划中实践,在圈层中思辨"。

### (一) 拉齐城市群公共服务水平

对于北京市中心城未来拐点的出现,目前已经具备良好的外部环境,但更依赖于北京市周边城市的迅速崛起,特别是城市建设品位、文化氛围的一体化,这是阻碍各类生产要素市场化转移的核心要素。从现实情况来看,目前由于京津冀三地财政支出状况存在显著的差异,从而造成了三地在公共服务、基础设施以及人才交流环境等方面均存在明显落差。例如,测量不均等状况的泰尔指数显示,1984年至2013年,京津冀的这一指数虽有波动,但30年间并未发生实质性变化。再如,在2014年人均财政总支出、人均公共服务支出、人均教育支出及人均医疗支出等指标上,北京市分别是河北省的3.3倍、2.0倍、2.8倍及2.5倍。这样的财政支出状况进一步束缚了京津冀服务协同和文化协同的步伐。京津冀的人口流动,特别是人才流动,需要着力拉齐公共服务水平,强化京津冀区域本土文化凝聚力,重点解决好人才流动后的心理落差、享有落差、环境落差及机会落差等现实问题。

### (二) 谋划城市群节点城市错位发展

在《京津冀协同发展规划纲要》"一核、双城、三轴、四区、多节点"空间布局的宏观指导下,目前"一核"北京市的主要任务在于优化首都人口与经济发展质量;"双城"北京市和天津市未来应主要致力于强化金融创新等方面的组团效应和协作效应;而"三轴、四区、多节点"则是打通京津冀人口流动之关键:一方面,要更为关注"三轴"中"北京—保定—石家庄"传统发展轴及"北京—唐山—秦皇岛"东部沿海发展轴的发展;另一方面,要以冬奥会为重要抓手,推动"四区"中以张家口、承德等地为核心的西北部生态涵养区发展。从美国东北部城市群"五城协作"的历史经验可知,未来京津冀需要打造的空间架构应是多个节点城市的多点支撑和联动发展，例如，打造以张家口、承德等为代表的生态文明城市，以保定、廊坊等为代表的创新先行城市，以及以秦皇岛、唐山等为代表的现代产业示范城市等。

### （三）创新城市治理体制机制

更好地运用规划、市场化、法治化等手段加强城市综合调控，在规划中谋布局，从管理中要效益，在城市管理精细化的过程中实现低端产业向外疏解。要注重城市总体规划对人口总量上限、生态红线和城市开发边界的控制，重点解决好城市功能超载、城市开发强度过大等根源性问题。在规划层面，需要对不同发展阶段的城市 GDP 增速、开发强度以及公共服务均等程度等提出合理的约束性指标，避免产业疏解目标的短期化和短视化；在管理层面，需要进一步提高政策有效性，提升政策合力，进一步强化产业政策衔接，增强部门之间和区域之间的产业协同。

### （四）培育城市人口韧性

出台支持女性平衡家庭和工作的政策，增强经济韧性。着力改善女性就业条件，完善父母亲产假、增设家庭基本养育保险等，防止劳动参与率快速下滑。如日本政府在内阁府设立了"推进工作与生活平衡室"，专门调查和解决工作与生活冲突问题，政府在大城市中设立专门提供计时工作岗位的职业介绍所，尤其为因生育孩子而中断就业的女性提供再就业的综合性援助。日本个人所得税的起征点也根据不同的家庭抚养负担而有所不同，家庭的孩子数量越多，起征点就越高，独身的起征点最低。

建立家庭照管者支持政策，增强社会韧性。为照顾 0—3 岁婴幼儿的祖父母及照顾 60 岁及以上老人的家庭提供差异化的个税抵扣、经济补贴政策、整合照料支持等。如瑞典政府为婴幼儿日托服务提供了税收支持，公共托儿所包括日托中心和注册的家庭服务中心，一般是由当地社区组织开办，享受政府给予的补贴，父母只需支付 10% 的费用。

超前布局托育、养老等服务设施，增强基础设施韧性。转变以往人口增量的规划思维，树立超前意识，在科学预测未来少儿、劳动力和老年人口发展趋势的基础上，制定基础教育、文化体育、医疗卫生各类设施的控制标准，从设施总量控制、设施规模、设施布局方面，通过职能定性、规模定量、布局定点的方式提出弹性布局，动态控制规划思路。

### （五）增强区域圈层活力

当前，中国城市群在选择与培育过程中存在"滥圈滥划、扩容贪大、拔苗助长、无中生有、拼凑成群"等一系列亟待解决的"城市群病"[1]。从可持续发展的视角看，结合本研究的主要发现，我们认为在发展城市群的过程中应重点处理好三种关系。一是外部协作与内部优化的关系，在通过空间内部优化的方式推进城市群内部区域一体化的过程中，同时应重视通过外部协作的方式促进区域间的资源优化配置，缩小城市群之间的差异。二是功能集中与服务分散之间的关系，应通过"分散服务功能"的方式降低公共服务的空间集中度，实现公共服务资源与居住人口相适应的合理配置，同时应通过"集中发展功能"的方式推动产业优化集中和合理外迁，发挥产业之间的关联协作效应。三是处理好局部减量与总体增量的关系，科技产业园区和第二产业外迁是优化城市就业结构的重要途径，其中，30—50千米圈在城市空间布局中具有重要价值，有序开发这一区域有助于在减少产业过度聚集的同时增强城市发展活力。

探索中国特色首都人口发展道路是一项复杂的系统工程，需要在京津冀协同发展的视野下，"跳出北京看北京"，推动人口发展与生产、生活、生态、生机"四位一体"的统筹协调。

首都人口发展与"生产"的统筹。在生产空间集约高效的前提下，紧扣规划布局和功能定位，推动京津冀人口区域均衡发展。紧紧围绕京津冀"一核、双城、三轴、四区、多节点"、北京"一核一主一副、两轴多点一区"的空间布局以及京津冀三地各自明确的功能定位，利用市场机制，重塑首都经济圈一体化的国际高端产业链，以"产业链"带动"人口链"的转移。强化首都文化、科技等核心资源的空间聚集优势，转移服装、化工、机械和电子设备制造、传统出版和信息中介、租赁等行业到非核心区域，既可减缓产业过度集聚的局面，又有助于优化提升首都功能。正如北京市第十二次党代会所强调的，北京需要在"疏"字上持续用力，在"舍"字上保持定力，在"优"字上集中发力。

首都人口发展与"生活"的统筹。在生活空间舒适便捷的前提下，紧扣服务和管理的双轮驱动，建立京津冀统一协调的人口服务管理机制。

---

[1] 方创琳、鲍超、马海涛：《2016中国城市群发展报告》，科学出版社2017年版。

积极推动经济系统和人口福利系统两大系统的紧密结合，提高区域民生保障能力和公共服务水平。在人口服务上，积极探索财力与事权相统一的基层财税制度，加快缩小京津冀三地教育、医疗、养老、文化等资源的落差，在基本公共服务均等化之中优化人口空间分布；在人口管理上，尝试探索建立集税务、健康保险、选举及居民服务于一体的居民基本台账系统，将个人迁移流动信息与个人纳税义务、福利供给整合于一体，寓"管理于服务之中"，提升人口流动的便捷性和人口服务管理的有效性，引导人口在京津冀范围内合理布局。

首都人口发展与"生态"的统筹。在生态空间山清水秀的前提下，紧扣城市的可持续发展，探索建立京津冀城市人口聚集、经济聚集及生态文明三者协同的评价机制。首都北京的城市人口规模要同资源环境的承载力相适应，城市人口要与用水相匹配。北京是我国严重缺水的超大城市，水资源总量不足，特别是进入21世纪以来，北京水资源供需缺口加剧。而且地下水的超采付出了巨大的生态代价和环境代价，环境问题已严重影响了北京的可持续发展。因此，北京要严格把住底线刚性约束，坚持以水定城、以水定地、以水定人、以水定产，严格城市开发边界、生态红线，防止"摊大饼"式扩张，努力把北京建设成为世界超大城市可持续发展的典范。

首都人口发展与"生机"的统筹。在城市空间生机盎然的前提下，紧扣人口大数据的动态监测，培育活力焕发的京津冀城市群。目前，北京户籍人口老龄化正加大劳动力供需缺口，城市发展需要密切关注人口和产业的刚性需求。2015年北京65岁以上户籍老年人口所占的比例达到16%，高于国际上公认的"深度老龄化社会"标准（14%）。少子老龄化、家庭核心化导致的养老问题逐渐由隐性转为显性，并对生活类服务业的流动人口产生明显的刚性需求，这将给"后人口调控时代"的劳动力供给及城市活力带来不容忽视的挑战。此外，2010年北京中心城聚集了全市61.9%的60岁及以上老年人口和68.2%的80岁及以上老年人口。因此，北京需要注意人口适量规模、适度结构、适宜分布的三重目标，确保首都的生机活力。

总之，首都人口发展需要积极服务于"四个中心"的城市战略定位，统筹"四位一体"，其中，生产是主线，生活是辅线，生态是外围，生机是内核，而建立区域之间、部门之间特别的协调机构和特殊机制则是实现首都人口分流的重要保障。

### （六）推进反磁力"微中心"建设

通过功能疏解和产业疏解，带动优质要素资源在北京市以及更大区域范围内进行结构性更新配置，培育若干促进区域人口均衡分布的节点性城镇，对于推动京津冀城市群发展意义重大。鉴于经济发展规律和国际特大城市的人口疏解经验，遵循特大城市圈 30 千米最佳辐射半径（这也是人口空间聚集特征相对稳定的分界线）的发展规律，功能疏解要坚持逐层外溢的普遍做法，依据北京市和各区功能定位，在大兴、房山、门头沟、昌平、怀柔、密云、顺义、平谷范围内，以中小城镇为重点，合理建设反磁力"微中心"空间布局。以促进"产城人"融合发展为目标，明确"微中心"功能定位。坚持整建制定向迁入优质产业，打造以产业植入为特征的主题小镇；坚持以人为本、民生优先、职住一体，满足家庭需求、实现家庭愿景；坚持基础设施、交通规划先行，提升发展保障能力、缓解通勤压力；坚持"互联网+"与生活性服务业融合发展，实现优质资源集约化、基本公共服务精准化。

总之，"微中心"的建设既是北京产业升级的蓄水池、经济增长的新引擎，也是全国农民产业化职业化、镇村城市化的示范区，有效增强对京津冀区域的辐射带动能力，对于全国其他城市群建设而言具有表率作用。

## 四　圈层发展的再讨论

在现代化、全球化和信息化的进程中，城市的崛起深刻地影响着经济社会变迁的方方面面。作为城市化过程中一种特定的空间组织形态，城市群发挥着承前启后的过渡作用，既为较低层级的单个城市节点之间的协作提供连接基础，也为区域增长极的发展建立广阔腹地，为形成更高层级的城市连绵体系提供可能性。正因为如此，城市群的人口发展一定是具有其内在的规律与特点的，而不仅仅是中心城市、非中心城市人口演变特征的简单组合。受行政区划和政策的影响较大，是京津冀城市群乃至中国城市群发展有别于其他世界级城市群的主要特点，导致后者的演变过程对前者的借鉴意义和参考价值在一定程度上大打折扣。

值得注意的是，本书为我们打开了认识和理解城市群的另外一扇窗，圈层视角下的不同城市群发育过程具有惊人的相似性，这种共同性超越了经济体制、地理空间、城市功能的差异。在对美国东北部城市群、日本东京都市圈和多伦多都市圈的研究中，可以发现城市群网络结构从单极转向双极和多极，中心城市人口重心波浪式外推过程中 30 千米圈层的约束性，医疗卫生、社会工作和教育等公共服务业的稳定性，生产性服务业与生活性服务业空间匹配度的提升等一系列特点；在中国 19 个城市群的分析中，也可以发现人口重心的转移、高密度城市群的延伸、生活性服务业与生产性服务业专业化程度不断调整等特点，在京津冀城市群的发展过程中也存在相似的问题。在复杂多样的表象之下，极化与均衡始终是潜藏在城市群发育背后的两大力量。城市群人口发展走向成熟的过程在某种程度上可以被视为极化特性不断外推的过程，在这个过程中单中心的相对吸引力在下降，但这种吸引力的下降并非被转移到其他城市群，而是推动城市群内多中心乃至整体的吸引力提升，城市群间的差异取代城市群内部的差异成为影响中国人口空间分化的主因就是这一过程的例证。完成第一阶段的极化特性外推后，城市群内部的均衡性和一体化程度得到改善，开始进入极化特性外推的第二阶段，既可能与其他城市群形成新的区域组团或城市连绵体系，也可能在与其他城市群竞争中再次强化或弱化整体的极化特性，美国纽约都市圈向东北部城市群的演变、日本东京都市圈向太平洋沿岸城市群的演变则是这一过程的实际诠释。

无论是极化还是均衡，都难以脱离圈层的框架，如果说第一阶段的极化特性外推主要发生在物理空间圈层领域中，以中心城市和城市群内部人口空间优化为主，那么第二阶段的极化特性外推则应重点发生在功能空间圈层领域之中，以城市群和其他城市群产业结构空间协作为主。如何真正打破"单一城市"规划的局限，实现向"全局式"城市群规划的方向转变，是实现城市群圈层结构优化的重要前提。单纯依赖中心城市自身规划进行人口分布优化，不仅难以解决城市群人口均衡协调发展的根本问题，而且会阻断城市群进入第二阶段的发育进程。因此，改善城市群非中心城市的发展环境，实现公共服务和产业功能的综合统筹，在"全局式"城市群协同规划的基础上推进内部一体化，打破不同圈层内部节点沟通协作的桎梏，对于大城市病问题的解决、人口和人才活力的激发、提高城市群整体发展能力都具有重要意义。

# 参考文献

## 一 中文文献

北京市"服务业新动能研究"课题组、夏翙、郭宏达、李柏峰:《国际大都市服务业发展规律及启示》,《前线》2018年第9期。

蔡昉:《双城记——户口"含金量"和户籍制度改革》,《小城镇建设》2001年第11期。

蔡禾、王进:《"农民工"永久迁移意愿研究》,《社会学研究》2007年第6期。

蔡玲、徐楚桥:《农民工留城意愿影响因素分析——基于武汉市的实证调查》,《中国农业大学学报》(社会科学版)2009年第26卷第1期。

蔡翼飞:《我国服务行业集聚特征分析》,《发展研究》2010年第3期。

常进雄、楼铭铭:《关于我国工业部门就业潜力问题的研究——基于产业结构偏离度的分析》,《上海财经大学学报》2004年第3期。

陈光庭:《北京城市化发展趋势及郊区应采取的对策》,《城市问题》1996年第6期。

陈红霞、李国平:《1985—2007年京津冀区域市场一体化水平测度与过程分析》,《地理研究》2009年第28卷第6期。

陈佳鹏、黄匡时:《特大城市的人口调控:东京经验及其启发》,《中国人口·资源与环境》2014年第24卷第8期。

陈剑锋、唐振鹏:《国外产业集群研究综述》,《外国经济与管理》2002年第8期。

陈俊峰、张鸿雁:《郊区化的内涵及其二重性研究》,《社会》2003年第5期。

陈明星、龚颖华:《城镇化系列咨询研究进展与影响》,《地理研究》2016年第11期。

陈世栋等:《都市生态圈层结构及韧性演进:理论框架与广州实证》,《规划师》2017年第8期。

陈岩、武义青:《关于京津冀产业优化调整的思考》,《河北经贸大学学报》(综合版)2014年第4期。

陈映芳:《"农民工":制度安排与身份认同》,《社会学研究》2005年第3期。

程大林等:《都市圈内部联系与圈层地域界定——南京都市圈的实证研究》,《城市规划》2003年第11期。

仇保兴:《我国城镇化高速发展期面临的若干挑战》,《城市发展研究》2003年第10卷第6期。

储金龙、王志强:《合肥城市人口空间分布变化特征研究》,《城市发展研究》2006年第4期。

邓丽君、张平宇、李平:《中国十大城市群人口与经济发展平衡性分析》,《中国科学院大学学报》2010年第27卷第2期。

邓于君:《发达国家后工业化时期服务业内部结构的演变、机理及启示》,《学术研究》2009年第9期。

范晓莉、黄凌翔:《京津冀城市群城市规模分布特征》,《干旱区资源与环境》2015年第29卷第9期。

方创琳、鲍超、马海涛:《2016中国城市群发展报告》,科学出版社2017年版。

方创琳、宋吉涛、张蔷等:《中国城市群结构体系的组成与空间分异格局》,《地理学报》2005年第60卷第5期。

方创琳、姚士谋、刘盛和:《2010中国城市群发展报告》,科学出版社2011年版。

方创琳:《中国城市群研究取得的重要进展与未来发展方向》,《地理学报》2014年第69卷第8期。

封志明、刘晓娜:《中国人口分布与经济发展空间一致性研究》,《人口与经济》2013年第2期。

冯建超、朱显平:《日本首都圈规划调整及对我国的启示》,《东北亚论坛》2009年第18卷第6期。

冯健、周一星:《近20年来北京都市区人口增长与分布》,《地理学报》2003年第58卷第6期。

福建省卫生和计划生育委员会:《福建省流动人口发展报告 2017》,福建省地图出版社 2017 年版。

戈特曼、李浩、陈晓燕:《大城市连绵区:美国东北海岸的城市化》,《国际城市规划》2009 年第 22 卷第 s1 期。

辜胜阻等:《中国特色城镇化道路研究》,《中国人口·资源与环境》2009 年第 1 期。

谷一桢、郑思齐、曹洋:《北京市就业中心的识别:实证方法及应用》,《城市发展研究》2009 年第 16 卷第 9 期。

顾朝林:《城市群研究进展与展望》,《地理研究》2011 年第 30 卷第 5 期。

顾朝林:《中国城市经济区划分的初步研究》,《地理学报》1991 年第 2 期。

顾朝林:《中国城镇体系:历史·现状·展望》,商务印书馆 1992 年版。

郭晨啸:《基于 Logit 模型的南京市流动人口长期居留意愿研究》,《经济研究导刊》2011 年第 25 期。

侯红娅、杨晶、李子奈:《中国农村劳动力迁移意愿实证分析》,《经济问题》2004 年第 7 期。

胡序威、周一星、顾朝林等:《中国沿海城镇密集地区空间集聚与扩散研究》,科学出版社 2000 年版。

黄匡时:《流动人口留京意愿的影响因素研究》,《陕西行政学院学报》2011 年第 25 卷第 1 期。

黄荣清:《是"郊区化"还是"城市化"?——关于北京城市发展阶段的讨论》,《人口研究》2008 年第 1 期。

黄莹、甘霖:《继承、发展与创新——对北京城市功能定位和发展目标的深化认识》,《北京规划建设》2012 年第 1 期。

姜鹏飞、翟瑞瑞、唐少清:《区域异质性视域下京津冀产业升级的就业效应研究》,《当代经济管理》2015 年第 37 卷第 7 期。

蒋丽、吴缚龙:《广州市就业次中心和多中心城市研究》,《城市规划学刊》2009 年第 3 期。

焦必方:《从市町村结构变化看日本的农村城市化》,《上海农村经济》2017 年第 4 期。

金福子、崔松虎:《产业结构偏离度对经济增长的影响——以河北省为例》,《生产力研究》2010 年第 7 期。

勒施:《经济空间秩序》,商务印书馆 2010 年版。

李国平等:《京津冀地区人口与经济协调发展关系研究地理科学进展》,《地理科学进展》2017 年第 36 卷第 1 期。

李建新、杨珏:《"胡焕庸线"以西的西部人口格局》,《西北民族研究》2018 年第 1 期。

李立文、余冲:《新生代农民工的社会适应问题研究》,《中国青年研究》2006 年第 4 期。

李楠:《农村外出劳动力留城与返乡意愿影响因素分析》,《中国人口科学》2010 年第 6 期。

李强、龙文进:《农民工留城与返乡意愿的影响因素分析》,《中国农村经济》2009 年第 2 期。

李善同、李华香:《城市服务行业分布格局特征及演变趋势研究》,《产业经济研究》2014 年第 5 期。

李树茁、王维博、悦中山:《自雇与受雇农民工城市居留意愿差异研究》,《人口与经济》2014 年第 2 期。

李仙德、宁越敏:《城市群研究述评与展望》,《地理科学》2012 年第 32 卷第 3 期。

李献波、林雄斌、孙东琪:《中国区域产业结构变动对经济增长的影响》,《经济地理》2016 年第 36 卷第 5 期。

李珍珍、陈琳:《农民工留城意愿影响因素的实证分析》,《南方经济》2010 年第 5 期。

李振刚:《社会融合视角下的新生代农民工居留意愿研究》,《社会发展研究》2014 年第 3 期。

梁琦、陈强远、王如玉:《户籍改革劳动力流动与城市层级体系优化》,《中国社会科学》2013 年第 12 期。

梁文泉、陆铭:《城市人力资本的分化:探索不同技能劳动者的互补和空间集聚》,《经济社会体制比较》2015 年第 3 期。

林勇明:《国外投融资体制研究与借鉴》,社会科学文献出版社 2018 年版。

刘碧寒、沈凡卜:《北京都市区就业—居住空间结构及特征研究》,《人文地理》2011 年第 4 期。

刘洁、王宇成、苏杨:《中国人口分布合理性研究——基于发展方式角度》,《人口研究》2011年第1期。

刘磊:《上海城市圈层结构研究》,博士学位论文,上海交通大学,2008年。

卢明华、李国平、孙铁山:《东京大都市圈内各核心城市的职能分工及启示研究》,《地理科学》2003年第2期。

卢小君、王丽丽、赵东霞:《流动人口的社会融合对其居留意愿的影响分析——以大连市为例》,《大连理工大学学报》(社会科学版) 2012年第33卷第4期。

陆大道、王铮、封志明等:《关于"胡焕庸线能否突破"的学术争鸣》,《地理研究》2016年第5期。

陆铭、陈钊:《在集聚中走向平衡:城乡和区域协调发展的"第三条道路"》,《世界经济》2008年第8期。

陆铭:《城市发展如何达到高效且包容》,《中国青年社会科学》2018年第1期。

罗伯特·默顿:《社会理论和社会结构》,译林出版社2006年版。

罗恩立:《就业能力对农民工城市居留意愿的影响——以上海市为例》,《城市问题》2012年第7期。

毛新雅、王红霞:《城市群区域人口城市化的空间路径——基于长三角和京津冀ROXY指数方法的分析》,《人口与经济》2014年第4期。

孟兆敏、吴瑞君:《城市流动人口居留意愿研究——基于上海、苏州等地的调查分析》,《人口与发展》2011年第17卷第3期。

苗长虹:《从区域地理学到新区域主义:20世纪西方地理学区域主义的发展脉络》,《经济地理》2005年第25卷第5期。

倪鹏飞等:《经济重心与人口重心的时空演变——来自省会城市的证据》,《中国人口科学》2014年第1期。

宁越敏:《中国都市区和大城市群的界定——兼论大城市群在区域经济发展中的作用》,《地理科学》2011年第3期。

戚伟、刘盛和、赵美风:《"胡焕庸线"的稳定性及其两侧人口集疏模式差异》,《地理学报》2016年第11期。

钱文荣、张忠明:《农民工在城市社会的融合度问题》,《浙江大学学报》2006年第4期。

冉淑青、刘晓惠、冯煜雯:《大城市发展过程中经济、人口、空间相互作用力空间分异研究——以陕西西安为例》，《改革与战略》2015年第2期。

任远、戴星翼：《外来人口长期居留倾向的Logit模型分析》，《南方人口》2003年第4期。

任远：《"逐步沉淀"与"居留决定居留"——上海市外来人口居留模式分析》，《中国人口科学》2006年第3期。

申秋红：《流动人口居留意愿影响因素分析——基于全国六城市的调查》，《经济研究导刊》2012年第2期。

申玉铭、柳坤、邱灵：《中国城市群核心城市服务业发展的基本特征》，《地理科学进展》2015年第34卷第8期。

史育龙、周一星：《戈特曼关于大都市带的学术思想评介》，《经济地理》1996年第3期。

宋尚玲、张晓青：《20世纪90年代以来京津冀城市群规模结构的时空演变分析》，《鲁东大学学报》（自然科学版）2015年第2期。

宋鑫：《京津冀城市群就业空间结构及集散趋势研究》，硕士学位论文，华中师范大学，2017年。

孙斌栋、魏旭红：《上海都市区就业—人口空间结构演化特征》，《地理学报》2014年第69卷第6期。

孙波、白永秀、马晓强：《日本城市化的演进及启示》，《经济纵横》2010年第12期。

孙贵艳、王传胜、肖磊等：《长江三角洲城市群城镇体系演化时空特征》，《长江流域资源与环境》2011年第20卷第6期。

孙力强、杜小双、李国武：《结构地位、社会融合与外地户籍青年留京意愿》，《青年研究》2017年第3期。

孙平军、丁四保：《人口—经济—空间视角的东北城市化空间分异研究》，《经济地理》2011年第7期。

孙铁山、齐云蕾、刘霄泉：《北京都市区就业结构升级与空间格局演化》，《经济地理》2014年第34卷第4期。

孙铁山、王兰兰、李国平：《北京都市区人口—就业分布与空间结构演化》，《地理学报》2012年第67卷第6期。

田雪原：《警惕人口城市化中的"拉美陷阱"》，《宏观经济研究》2006年第2期。

汪光焘：《1990 年代北京郊区化的最新发展趋势及其对策》，《城市规划》2004 年第 3 期。

王春兰、丁金宏：《流动人口迁居行为分析——以上海市闵行区为例》，《南京人口管理干部学院学报》2007 年第 4 期。

王二红、冯长春：《外来务工人员留城意愿影响因素研究——基于重庆市的实证分析》，《城市发展研究》2013 年第 20 卷第 1 期。

王桂新：《城市化基本理论与中国城市化的问题及对策》，《人口研究》2013 年第 6 期。

王桂新、潘泽瀚：《中国人口迁移分布的顽健性与胡焕庸线》，《中国人口科学》2016 年第 1 期。

王桂新、武俊奎：《城市农民工与本地居民社会距离影响因素分析——以上海为例》，《社会学研究》2011 年第 2 期。

王建伟等：《都市圈圈层界定方法》，《建筑科学与工程学报》2007 年第 2 期。

王静文、毛其智：《北京城市近 10 年人口分布演变态势分析》，《北京规划建设》2010 年第 1 期。

王良健、陈坤秋、王奔：《流动人口城市定居意愿及其影响因素研究——基于湖南省流动人口动态监测数据》，《调研世界》2016 年第 7 期。

王玮：《基于 GIS 支持的北京市就业空间结构研究》，硕士学位论文，中国地质大学（北京），2009 年。

王雯菲、张文新：《改革开放以来北京市人口分布及其演变》，《人口研究》2001 年第 1 期。

王小鲁：《中国城市化路径与城市规模的经济学分析》，《经济研究》2010 年第 10 期。

王旭：《美国城市发展模式：从城市化到大都市区化》，清华大学出版社 2006 年版。

王应贵、娄世艳：《东京都市圈人口变迁，产业布局与结构调整》，《现代日本经济》2018 年第 3 期。

韦伟、赵光瑞：《日本都市圈模式研究综述》，《现代日本经济》2005 年第 2 期。

吴文钰、马西亚：《多中心城市人口模型及模拟：以上海为例》，《现代城市研究》2006 年第 21 卷第 12 期。

夏杰长、肖宇：《生产性服务业：发展态势、存在的问题及高质量发展政策思路》，《北京工商大学学报》（社会科学版）2019年第34卷第4期。

夏显力、姚植夫、李瑶、贺强：《新生代农民工定居城市意愿影响因素分析》，《人口学刊》2012年第4期。

夏怡然：《农民工定居地选择意愿及其影响因素分析——基于温州的调查》，《中国农村经济》2010年第3期。

肖昕如、丁金宏：《基于logit模型的上海市流动人口居返意愿研究》，《南京人口管理干部学院学报》2009年第3期。

肖周燕、王庆娟：《我国特大城市的功能布局与人口疏解研究——以北京为例》，《人口学刊》2015年第37卷第1期。

谢建社、罗光容：《流动人口城市融合意愿统计分析》，《广州大学学报》（社会科学版）2015年第14卷第1期。

谢守红：《大都市区的概念及其对我国城市发展的启示》，《上海城市规划》2003年第6期。

徐海贤：《都市圈空间规划模式研究》，《城市规划》2003年第6期。

徐祖荣：《流动人口社会融入障碍分析》，《党政干部学刊》2008年第9期。

许庆明、胡晨光、刘道学：《城市群人口集聚梯度与产业结构优化升级——中国长三角地区与日本、韩国的比较》，《中国人口科学》2015年第1期。

许学强、周一星、宁越敏：《城市地理学》（第2版），高等教育出版社2009年版。

杨保军、陈鹏：《中国的城市化之路怎么走》，《城市规划学刊》2011年第1期。

杨建荣：《论中国崛起世界级大城市的条件与构想》，《财经研究》1995年第6期。

杨菊华：《人口学领域的定量研究过程与方法》，《人口与发展》2008年第1期。

杨雪、魏洪英：《流动人口长期居留意愿的新特征及影响机制》，《人口研究》2017年第41卷第5期。

杨政、罗雅楠：《北京市乡城流动人口长期居留意愿研究》，《人口与社会》2015年第31卷第1期。

姚士谋：《中国城市群》（第2版），中国科学技术大学出版社2001年版。

姚士谋：《中国的城市群》，中国科学技术大学出版社1992年版。

叶裕民等：《京津冀都市圈人口流动与跨区域统筹城乡发展》，《中国人口科学》2008年第2期。

叶振宇、叶素云：《北京市产业对外疏解的现实思考》，《城市》2015年第1期。

怡然、陆铭：《行政主导的人力资本均衡可否持续：让历史告诉未来》，《学术月刊》2018年第5期。

尹德挺：《超大城市人口调控困境的再思考》，《中国人口科学》2016年第4期。

尹德挺、卢镱逢：《世界大城市人口发展的主要特点与借鉴——以对北京的借鉴为例》，《治理现代化研究》2018年第2期。

尹德挺：《破解京津冀城市群的人口困境》，《北京观察》2017年第6期。

尹德挺、史毅、卢镱逢：《经济发展、城市化与人口空间分布——基于北京、东京和多伦多的比较分析》，《北京行政学院学报》2015年第6期。

尹德挺、史毅：《人口分布、增长极与世界级城市群孵化——基于美国东北部城市群和京津冀城市群的比较》，《人口研究》2016年第40卷第6期。

尹德挺、营立成：《建设大国首都的内在要求》，《北京日报》2018年7月23日。

于洪俊、宁越敏：《城市地理概论》，安徽科学技术出版社1983年版。

袁方、王汉生：《社会研究方法教程》，北京大学出版社2011年版。

战雪：《世界级城市人口变迁：过去的纽约和未来的北京》，《中国房地产》2017年第23期。

张本波：《我国就业弹性系数变动趋势及影响因素分析》，《经济学动态》2005年第8期。

张车伟、蔡翼飞：《中国城镇化格局变动与人口合理分布》，《中国人口科学》2012年第6期。

张车伟等：《人口与经济分布匹配视角下的中国区域均衡发展》，《人口研究》2013年第6期。

张海波、童星：《被动城市化群体城市适应性与现代性获得中的自我认同——基于南京市561位失地农民的实证研究》,《社会学研究》2006年第2期。

张华初、曹玥、汪孟恭:《社会融合对广州市流动人口长期居留意愿的影响》,《西北人口》2015年第36卷第1期。

张继焦:《城市的适应——迁移者的就业与创业》,商务印书馆2003年版。

张江雪:《我国三大经济地带就业弹性的比较——基于面板数据模型(Panel-data model)的实证研究》,《数量经济技术经济研究》2005年第10期。

张京祥、邹军、吴君焰等:《论都市圈地域空间的组织》,《城市规划》2001年第25卷第5期。

张勤:《武汉市就业分布的时空演变研究》,博士学位论文,华中师范大学,2014年。

张晓兰:《东京和纽约都市圈经济发展的比较研究》,博士学位论文,吉林大学,2013年。

张耀军、刘沁、韩雪:《北京城市人口空间分布变动研究》,《人口研究》2013年第37卷第6期。

赵千钧、张国钦、崔胜辉:《对中小城市在城市化过程中的主体地位及城市效率研究的思考》,《中国科学院院刊》2009年第24卷第4期。

赵新平、周一星:《改革以来中国城市化道路及城市化理论研究述评》,《中国社会科学》2002年第2期。

赵艳枝:《外来人口的居留意愿与合理流动——以北京市顺义区外来人口为例》,《南京人口管理干部学院学报》2006年第4期。

赵晔琴:《农民工:日常生活中的身份建构与空间型构》,《社会》2007年第6期。

赵永革:《论中国都市连绵区的形成、发展及意义》,《地理与地理信息科学》1995年第1期。

郑新业、魏楚:《京津冀协同发展背景下的功能疏解与产业协同:基于首都核心区的视角》,科学出版社2016年版。

钟辉勇、陆铭:《中国经济的欧洲化——统一货币区、央地关系和地方政府债务》,《学术月刊》2015年第10期。

周春山、叶昌东:《中国城市空间结构研究评述》,《地理科学进展》2013

年第 32 卷第 7 期。

周建芳:《发达地区育龄流动人口子女入学与社会融合调查》,《西北人口》2008 年第 1 期。

周均旭、胡蓓:《产业集群人才引力效应与成因分析——以佛山为例》,《管理评论》2010 年第 3 期。

周一星:《北京的郊区化及引发的思考》,《地理科学》1996 年第 3 期。

周一星:《城市地理求索:周一星自选集》,商务印书馆 2010 年版。

周一星:《关于明确我国城镇概念和城镇人口统计口径的建议》,《城市规划》1986 年第 3 期。

周一星、于海波:《中国城市人口规模结构的重构（二）》,《城市规划》2004 年第 28 卷第 8 期。

周一星:《中国的城市体系和区域倾斜战略探讨》,载张秉忱主编《中国城市化道路宏观研究》（第 1 版）,黑龙江人民出版社 1991 年版。

周毅:《城市化理论的发展与演变》,《城市问题》2009 年第 11 期。

朱丽娜:《日本东京都市圈对我国都市圈发展的启示》,《上海房地》2018 年第 2 期。

朱顺娟、郑伯红:《从基尼系数看中国城市规模分布的区域差异》,《统计与决策》2014 年第 6 期。

朱相宇、乔小勇:《北京第三产业就业潜力与调整升级——基于产业结构偏离度的国际比较与分析》,《经济体制改革》2014 年第 2 期。

朱宇、余立、林李月、董洁霞:《两代流动人口在城镇定居意愿的代际延续和变化——基于福建省的调查》,《人文地理》2012 年第 27 卷第 3 期。

祝尔娟:《京津冀一体化中的产业升级与整合》,《经济地理》2009 年第 29 期。

卓贤等:《特大城市人口的国际比较》,《中国经济报告》2018 年第 10 期。

宗跃光:《城郊化是大都市发展的重要阶段》,《城市发展研究》2000 年第 5 期。

[德] 沃尔特·克里斯塔勒:《德国南部中心地原理》,常正文、王兴中等译,商务印书馆 2011 年版。

[美] I. 普里戈金:《非平衡态统计力学》,陆全康译,上海科学技术出版

社1984年版。

[英] 埃比尼泽·霍华德:《明日的田园城市》,金经元译,商务印书馆2010年版。

## 二 外文文献

Alonso W, *Location and Land Use*, *Toward a General Theory of Land Rent*, The exploration of Egypt and the Old Testament: Oliphant, Anderson & Ferrier, 1964.

Bale J, Drakakis – Smith, D, *Population Movements and the Third World*, London: Routledge, 1993.

CAO G, LI M, MA Y, et al, "Self – employment and Intention of Permanent Urban Settlement: Evidence from a Survey of Migrantsin China's Four Major Urbanising Areas", *Urban Studies*, Vol. 52, No. 4, 2015.

Cervero R, "Subcentering and Commuting: Evidence from the San Francisco Bay Area, 1980 – 1990", *University of California Transportation Center Working Papers*, Vol. 35, No. 7, 1996.

Champion A, "Population Distribution in Developed Countries: Has Counter – urbanization Stopped?" *Population Distribution & Migration*, No. 3, 1998.

Clark C, "Urban Population Densities", *Journal of the Royal Statistical Society*, Vol. 114, No. 4, 1951.

Fujita M, Ogawa H, "Multiple Equilibria and Structural Transition of Non – monocentric Urban Configurations", *Regional Science & Urban Economics*, Vol. 14, No. 2, 1982.

Fujita M, Thisse J F, "Economics of Agglomeration [electronic resource]: Cities, Industrial Location, and Regional Growth", *University Avenue Undergraduate Journal of Economics*, 2002.

Garreau, Joel, "Edge City: Life on the New Frontier", *Journal of Urban History*, 1991.

Geddes P, "Cities in Evolution: An Introduction to the Town – planning Movement and the Study of Civics", *Geographical Journal*, Vol. 47, No. 4, 1916.

Geddes P, "Cities in Evolution", *Williams and Norgate*, London, 1915.

Geddes P S, *Cities in Evolution*, Routledge/Thoemmes Press, 1998.

Giuliano G, Small K A, "Subcenters in the Los Angeles Region", University of California Transportation Center Working Papers, Vol. 21, No. 2, 1991.

Glaeser E, Resseger M., "The Complementarity between Cities and Skills", *Journal of Regional Science*, No. 50, 2010.

Goldstein S, *The Impact of Temporary Migration on Urban Places: Thailand and China as Case Studies*//J. D. Kasarda and A. M. Parnel, *Third World Cities: Problems, Policies. and Prospects*. Newbury Park: Sage Publications, 1993.

Gordon P, Richardson H W, Wong H L, "The Distribution of Population and Employment in a Polycentric City: The Case of Los Angeles", *Environment and Planning A*, Vol. 18, No. 2, 1986.

Gottmann, Jean, "Megalopolis: The Urbanized Northeastern Seaboard of the United States", *New York: The Twentieth Century Fund*, 1961.

Gottmann J, "Megalopolitan Systems around the World", *Ekistics*, Vol. 41, No. 243, 1976.

Heikkila E, Gordon P, Kim J I, et al, "What Happened to the CBD – Distance Gradient? Land Value in a Polycentric City", *Environment & Planning A*, Vol. 21, No. 2, 1989.

Huang Y Q, Guo F, Cheng Z M, "Market Mechanisms and Migrant Settlement Intentions in Urban China", *AsianPopulation Studies*, Vol. 14, No. 1, 2018.

Hugo G J, "Migration as a Survival Strategy: The Family Dimension of Migration", United Nations, Department for Economic and Social Affairs, Population Division, *Population Distribution and Migration*, 1998.

Jean Gottman, "Megalopolis, or the Urbanization ofthe Northeastern Seaboard", *Urban Planning International*, Vol. 22, No. 5, 2007.

Jerome Adda C D A J, "A Dynamic Model of Return Migration", *Preliminary Version*, Vol. 24, No. 2, 2006.

Johnston R J, Gottmann J, "Megalopolis Revisited: 25 Years Later", *Geographical Journal*, Vol. 154, No. 2, 1988.

Khraif, R. M, "Permanent Versus Temporary Rural Migrants in Riyadh, Saudi Arabia: A Logit Analysis of their Intentions of Future Mobility", *Geo Journal*, No. 26, 1992.

Kim, Sukkoo, and Margo R A, "Chapter 66 Historical Perspectives on U. S. economic Geography", *Handbook of Regional & Urban Economics* 4, No. 4, 2004.

Lang R E, Lefurgy J, "Edgeless Cities: Examining the Noncentered Metropolis", *Housing Policy Debate*, Vol. 14, No. 3, 2003.

Liang Z, "The Age of Migration in China", *Population and Development Review*, Vol. 27, No. 3, 2001.

Marshall J U, "City Size, Economic Diversity, and Functional Type: The Canadian Case", *Economic Geography*, Vol. 51, No. 1, 1975.

Mcmillen D P, Lester T W, "Evolving Subcenters: Employment and Population Densities in Chicago, 1970 – 2020", *Journal of Housing Economics*, Vol. 12, No. 1, 2003.

Mcmillen D P, Mcdonald J F, "Suburban Subcenters and Employment Density in Metropolitan Chicago", *Journal of Urban Economics*, Vol. 43, No. 2, 2015.

Mcmillen D P, Smith S C, "The Number of Subenters in Large Urban Areas", *Journal of Urban Economics*, Vol. 53, No. 3, 2003.

Mills E S, "An Aggregative Model of Resource Allocation in a Metropolitan Area", *American Economic Review*, Vol. 57, No. 2, 1967.

M. P T, Klaasen L H, Molle W T, et al, "Dynamics of Urban Development", *Population & Development Review*, Vol. 9, No. 1, 1983.

Newling B E, "The Spatial Variation of Urban Population Densities", *Geographical Review*, Vol. 59, No. 2, 1969.

Northam R M, *Urban Geography*, New York: John Wiley & Sons, 1979.

Ontario, *Regional Development Branch*, *Design for Development: The Toronto Centred Region*, Toronto: Queen's Printer and Publisher, 1970.

Perroux F, "Economic Space: Theory and Applications", *Quarterly Journal of Economics*, Vol. 64, No. 1, 1950.

Salvati L, Carlucci M, "Urban Growth and Land – Use Structure in Two Mediterranean Regions", *SAGE Open*, No. 4, 2014.

Smeed R J, *The Traffic Problem in Towns*, Norbury, Lockwood, 1961.

Solinge D J, *Contesting citizenship in Urban China: Peasant Migrants, the State, and the Logic of the Market*, Berkeley: University of California Press, 1999.

Tang S S, Hao P, "Floaters, Settlers, and Returnees: Settlement Intention and Hukou Conversion of China's Rural Migrants", *The China Review*, Vol. 18, No. 1, 2018.

Tim Hall, *Urban Geography*, Routledge, 1998.

University C, "Megalopolis or the Urbanization of the Northeastern Seaboard", *Urban Planning International*, Vol. 33, No. 3, 1957.

Wang F, "Regional Density Functions and Growth Patterns in Major Plains of China, 1982–1990", *Papers in Regional Science*, Vol. 80, No. 2, 2001.

Zhang J, "Urbanization, Population Transition, and Growth", *Oxford Economic Papers*, Vol. 54, No. 1, 2002.

Zhu Y, Chen W Z, "The Settlement Intention of China's Floating Population in the Cities: Recent Changes and Multifacetedindividual – level Determinants", *Population, Space and Place*, Vol. 16, No. 4, 2010.

Zhu Y, Lin L Y, "Continuity and Change in the Transition from the First to the Second Generation of Migrants in China: Insightsfrom a Survey in Fujian", *Habitat International*, Vol. 42, No. 2, 2014.

전명진, Identification of Seoul's Employment Centers by Using Nonparametric Methods, 國土計劃, 제38권 제3호, 2003.

金本良嗣・德冈一幸, 日本の都市圏設定基準, 応用地域学研究, No. 7, 2002.

山田浩之・德岡一幸, わが国における標準大都市雇用圏：定義と適用—戦後の日本における大都市圏の分析（2）, 経済論叢（京都大学）, No. 132, 1983.

# 后　记

2021年出版的这本著作《从区划到圈层——国际视野下的京津冀人口发展》是国家社科基金重大项目（18ZDA131）、国家社科基金重点项目（20ARK001）的阶段性成果以及北京社科基金重点项目（15SHA009）的部分结项成果。这本书也是我们在"人口流动"研究领域的第四本系列专著，而前三本专著分别是《流动浪潮下的人口有序管理》（2016）、《首都人口疏解的行与思》（2017）以及《新生代农民工人力资本问题研究》（2020），这四本著作均有幸在中国社会科学出版社出版。

2003年至2006年在北京大学攻读博士学位期间，我主要以人口老龄健康为研究方向，并在博士学位论文的基础之上修改完善书稿，最终出版了《老年人日常生活自理能力的多层次研究》（中国人民大学出版社2008年版），这是国内较早地将多层线性模型（HLM）应用于老年健康领域的著作之一。博士毕业后，我来到北京市委党校（北京行政学院）工作。因受干部教育培训的需求引导，我将自己的研究调整至人口流动领域并积累十余年。在此过程中，陆续出版了《中国流动人口管理报告》（企业管理出版社2009年版）、《当代北京人口》（中国人民大学出版社2014年版）、《北京志·人口志（1995—2010）》（北京出版社2019年版）以及以上提到的在中国社会科学出版社出版的四本人口流动著作（2016—2021年）。

面向"十四五"规划和2035年远景目标，我国人口老龄化与人口流动问题交织共存，并一跃成为事关国家发展大局、影响我国中长期社会经济发展的重大人口问题。作为一名长期从事人口研究的学者，如何将理论阐释的思想性和方法模型的技术性更好地统一到现实应对之中，如何将自己关于人口老龄与人口流动的学术积累形成有效串联，如何基于学者观察、运用学术思维研究好新时代的新现象，并将其升华为中国特色人口学学科的理论创新，这是我未来学术之旅的内在驱动力。我会用自己的研究记录时代变化，在纷繁复杂的现实中寻求真问题，进一步提高学术研究的创新性、逻辑性和严谨性，力争早日成一家之言。

2021年2月于北京西城车公庄大街六号院